KB189197

# 불교음식학 ———— 음식과 욕망

불교음식학 ──────── 음식과 욕망

공만식 지음

불광출판사

# 머리말

이 책은 필자의 영국 런던대 King's College 박사 학위 논문인 「Food and Craving in Early Buddhist Monasticism focusing on Pali Literature」를 한글화한 것이다.

런던에서의 유학 생활 대부분은 음식학(Food Studies)을 배우고 연마하는 과정이었다. 이미 학문적 궤도에 오른 영국 음식학은 개별 학문과의 밀접한 학제 간 연구를 통해 그 연구 성과들을 풍성하게 내놓고 있었고, 유럽과 북미 각국은 개별 국가 당 한두 개 이상의 국제 음식학 콘퍼런스를 개최하면서 활발한 학문적 교류를 하고 있었다.

런던이라는 한 도시에서만도 대학, 연구소, 도서관, 박물관, 음식 운동 단체, 개별 재단에 이르기까지 학기나 방학 중에도 거의 매일 음식학 관련 세미나, 강연, 포럼, 심포지엄 등이 있었다. 런던에서 공부하는 대부분의 시간 중 이러한 음식학 학술 행사에 참가하여 공부하는 것이 나의 주된 일이었다. 그 풍성한 학술 행사에 참가할 기회를 준 런던의 음식학 여건과 학문 풍토에 감사를 드리는 바이다.

음식학은 음식 정책, 식량 문제, 환경 문제와 같은 거시 주제에서부터 시작하여 미식과 파인 다이닝과 같은 미시 주제에 이르기까지 실용성과 다양성이 두드러지는 학문이며 거의 모든 개별 학문을 포괄하는 학제적 성격이 강한 학문이다.

한국에서는 음식에 관한 연구가 '음식인문학'이란 표현으로 불리는 것에서도 알 수 있듯이, 현재 세계 음식학의 내용과 시각, 방법론과는 분리되어 있다. 주로 일본의 음식 연구 영향이 음식 관련 학계나 실물 음식을 다루는 음식계 모두에 있어 강하게 작용하고 있는 듯하다.

　현재 세계의 주류 음식학과 차이가 있는 한국의 풍토에서 영국에서 배운 음식학 내용과 방법론을 통해 우선은 필자의 개인적 주제인 불교 음식 이론의 정립에 시간과 노력을 쏟고자 한다. 이 책은 인도불교 음식 이론에 관한 내용이 주가 된다. 추후 동아시아불교 음식의 이론적 토대가 되는 선불교의 음식 이론을 정립해 보고자 하는 것이 필자의 개인적 바람이며 현대 음식학을 통해 한국 음식문화 연구에 자그마한 디딤돌을 마련하고자 하는 것이 개인적인 염원이다.

　영국에서 귀국한 후 한국 사회에서 현대 음식학 전파와 불교 음식문화 및 한국 음식문화의 학문적 정립을 목적으로 음식학 아카데미를 만들어 강의를 진행해 오고 있다. 한국의 척박한 음식학 여건과 음식 논의의 수준을 고려해 볼 때 아직은 넘어야 할 산이 많지만 우리 음식문화에 대한 긍지와 낙관으로 무장하여 음식학의 새로운 지평을 여는 노정에서 기꺼이 한 톨의 밀알이 되고자 한다.

　이 책은 음식학과 불교학의 시각·내용이 결합된 결과물이다. 불교가 바라보는 음식의 핵심적 요소인 음식의 맛과 양의 문제를 경, 율, 논에 근거하여 다루고 있다.

　1장은 불교에서 음식을 바라보는 근본적 시각이 담긴, 불교 우주론을 다루고 있는 빨리어 경전 『아간냐경』의 내용을 경과 논서를 통해 분석한 내용이다.

　2장은 1장에서 고찰한 불교의 음식에 대한 우주론적 시각에 근거하여, 출가 수행자의 음식에 대한 기존 시각을 거부한 붓다의 태도, 『청정도론』으로 대표되는 상좌부의 음식에 대한 시각, 불교 수행자인 비구들의 음식 수행과 같은 구체적인 예를 통해 1장에서 고찰된 불교 우주론에 대한 이해를 심화시켰다.

3장은 불교 계율의 음식 규정을 다루고 있는 장이다. 이 장에서는 바라제목차에서 음식 계율이 차지하고 있는 위치, 그리고 계율 조항 중 음식과 관련된 가장 중요한 계율인 바일제 식품(食品) 열 개 조항과 음식에 대한 불교 수행자의 에티켓을 다루고 있는 중학법 식품을 다루었으며, 단일 조항으로 음주 관련 조항을 고찰하였다.

4장은 비구니에게만 적용되는 음식 관련 불공계를 다룬 장이다. 대표적인 비구니 불공계인 식산계(食蒜戒)나 자자생곡계(自煮生穀戒) 등을 통해 비구와 비구니에게 적용되는 계율의 차별성과 의미를 고찰하였다.

5장은 불교의 금지 음식을 다루었다. 이 장의 주요한 두 가지 내용은, 1) 우유와 유제품에 대한 인도불교와 중국불교의 차이점, 2) 육식에 대한 초기불교와 대승불교의 시각을 비교·고찰한 것이다.

6장에서는 음식과 관련한 불교의 대표적 수행인 염식상과 신념처를 고찰하였다. 염식상 수행의 목적은 상좌부와 설일체유부·대승불교에 있어 동일하나, 음식의 본질을 규정하는 상이한 시각차에 근거한 수행 방식의 차이가 이 두 불교 전통에 존재함을 고찰하였다. 다음으로는 염처 수행을 고찰하였는데, 이 수행은 불교에서 음식에 대한 갈애의 뿌리를 근절할 근본적 대처법으로 간주된다.

이 책이 나오기까지 많은 분들의 도움이 있었다. 영국 유학 기간 내내 모든 문제에 대해 함께 걱정해 주시고 물심양면의 도움을 아끼지 않으신 장인어른, 장모님께 감사의 말씀을 먼저 올리지 않을 수 없다. 사위로서의 역할은커녕 커다란 짐만 안겨 드려 송구하기 이를 데 없다.

　가장으로서의 역할도 제대로 하지 못하고 늦은 나이까지 공부하는 데에만 세월을 보내는 남편을 가장 가까운 곳에서 지켜보며 수많은 어려움을 견뎌냈던 아내와, 비록 말썽꾸러기지만 내 삶의 에너지 원천인 아들 동욱과 동원의 역할은 그 무엇보다 크다 하지 않을 수 없다.

　이 책의 저본인 필자의 박사 논문이 무사히 마무리될 수 있었던 것은 런던대 King's College 지도교수이신 Kate Crosby와 Andrew Skilton의 큰 도움이 있었다. 그들의 학문적 가르침과 조언에 머리 숙여 감사의 말씀을 드린다. 또한 비록 직접 뵙고 가르침을 받은 관계는 아니지만 그들의 책과 소논문을 통해 큰 학문적 은혜를 입은 인도학자 Patrick Olivelle 교수님과 필자의 종교 음식학적 시각의 지평과 지식을 넓혀 준 인류학자 R. S. Khare 교수님, 그리고 현대 음식학을 배울 수 있는 터전이 되었던 런던대 SOAS, Centre for Food Studies의 Harry G. West 교수님과 Jakob Klein 박사님에게도 감사의 말씀을 전하고자 한다.

　그리고 이 책의 출간 제안부터 마지막 출판까지 책임을 맡아 준 불광출판사 이상근 주간, 힘든 편집과 교정 작업으로 수고해 준 김재호 과장에게 감사의 말씀을 드린다.

　마지막으로 무뚝뚝하시지만 일 년에 몇 번 던지시는 짧은 몇 마디에 골수에 서린 애정을 느끼게 해 주신, 지금은 다른 세상에 가 계신 아버님과 못난 아들을 위해 평생을 분골쇄신의 노력과 애정을 쏟아 부으신 어머님께 이 책을 삼가 받들어 올린다.


도봉구 초안산 기슭에서

공만식

# 차례

- AB     *Aitareya Brāhmaṇa*
- ADh    *Āpastamba Dharma Sūtra*
- AN     *Aṅguttara Nikāya*
- AV     *Atharva-Veda*
- ĀGS    *Āśvalāyana Gṛhya Sūtra*
- Āyārs   *Āyāraṅga(Ācārāṅga) Sūtra*
- BAU    *Bṛhadāraṇyaka Upaniṣad*
- BDh    *Baudhāyana Dharma Sūtra*
- BhP    *Bhāgavata Purāṇa*
- CU     *Chāndogya Upaniṣad*
- DN     *Dīgha Nikāya*
- Ds      *Dhammasaṅgaṇi*
- GDh    *Gautama Dharma Sūtra*
- J       *Jātaka*
- JT      *Jiaxing Tripiṭaka*(Chinese *Tripiṭaka* edited in China)
- Mil     *Milindapañha*
- MN     *Majjhima Nikāya*
- MS     *Manu Smṛti*
- PED    The Pali Text Society's *Pali-English Dictionary*
- ṚV     *Ṛg-Veda*
- ŚB     *Śatapatha Brāhmaṇa*
- SBE    *The Secret Book of East*
- SN     *Saṃyutta Nikaya*
- Sn      *Sutta Nipāta*
- Sp      *Samantapāsādikā*
- T       *Taisho Shinshu Daizhokyo*(Chinese *Tripiṭaka* edited in Japan)
- TĀ     *Taittirīya Āraṇyaka*
- TB     *Taittirīya Brāhmaṇa*
- Thag    *Theragāthā*
- VDh    *Vāsiṣṭha Dharma Sūtra*
- Vin     *Vinaya*
- Vism    *Visuddhimagga*
- X       *Manji zokuzokyo*(Chinese *Tripiṭaka* edited in Japan)
- YDh    *Yajñavalkya Smṛti*

# 1장. 초기불교 우주론과 음식의 본질

이 장에서는 빨리어(Pāli) 대장경, 디가 니까야(Dīgha Nikāya)의 『아간냐경(Aggañña Sutta)』(DN 27)에 근거하여 음식이란 주제를 고찰해 보려고 한다.

이 경전은 우리가 살고 있는 공간적 세계와 인간 사회의 기원에 대한 설명을 담고 있는 경전으로, 흔히 불교의 창조신화로서 자주 언급되는 경전이다. 이 경전을 최초로 영역한 리스 데이비스(T. W. Rhys Davids)와 캐롤라인 리스 데이비스(C. A. F. Rhys Davids)는 이 경전의 영역 제목을 "A Book of Genesis", 즉 '창조의 서(書)'라고 명명했다.[1]

스티븐 콜린스(Steven Collins)는 세계의 창조에 관한 이 경전의 이야기를, 이 경전의 윤리적 내용이 가진 교육적 목적에 주목하여 '신화'로 보기보다는 '비유'로 보았다. 그는 'Aggañña'라는 어휘가 '시원적인 것' 혹은 '최상의 것'이라는 서로 배제하지 않는 두 가지 함의를 가진 것으로 파악하여 이 경전의 제목을 "The Discourse on

---

**1_**   C. A. F and T. W. Rhys Davids, 1921, pp. 77-94. 리스 데이비스가 서구의 독자들을 위해 왜 이러한 선택을 했는가에 대한 논의는 Gombrich, 1992a, p. 159ff.

What is Primary"라고 번역하였다.[2]

『아간냐경』은 음식과 관련한 매우 흥미로운 내용을 담고 있다. 불교 수행자의 음식에 대한 적절한 태도를 다루고 있는데다, 이 경전의 세계관은 음식과 이외의 다른 많은 시스템들, 이를테면 우주, 사회, 심리학, 생리학과의 관계를 보여 준다는 점에서 그렇다.

『아간냐경』과 이 경전 내용에 담겨 있는 세계관 사이의 관계 양상은 몇몇 선학(先學)들에 의해 연구되었는데, 다음 절에서는 본 연구와 관계된 학자들의 연구를 중심으로 살펴보고자 한다.

## 1. 청정성에 관한 바라문의 주장에 대한 비판

『아간냐경』은 힌두 카스트 시스템에서 한 개인의 지위는 그의 청정성을 나타내는 지표란 바라문적 견해에 대해 선명한 비판을 담고 있다. 최초의 인간이 우주를 창조하기 위하여 그의 몸을 제사지냈다는 인도 최고(最古)의 문헌인 『리그 베다(Ṛg-Veda)』 「뿌루샤 찬가 (原人 讚歌, Puruṣa sūkta)」[3]에 따르면, 그의 몸 네 부분에서 힌두 카스트 시스템을 구성하는 사성계급이 생겨났다고 한다 – 브라만, 즉 사제 계급은 그의 입에서, 끄샤뜨리야, 즉 전사 계급은 그의 팔에서, 생산을 책임지고 있는 바이샤 계급은 그의 다리에서, 타 계급에 봉사하

---

**2_** Collins, 1993, p. 331.

**3_** ṚV. X. 90.

는 하천한 수드라 계급은 그의 발에서.

가장 높은 계급은 입에서 나오고 가장 하천한 계급은 발에서 나왔다는 이러한 물리적 기원의 서열 구조는 이들 계급 간 상대적 지위와 청정성을 결정짓는 요인으로 해석되었다.

『아간냐경』의 서두에는 바라문 계급 출신인 두 비구의 이야기가 담겨 있다. 이들 비구의 혈육들은 바라문이라는 최상의 청정성과 사회적 신분을 가진 그들이 바라문 계급보다 하천한, 다양한 계급적 배경을 가진 붓다의 제자들과 함께 불교 수행자가 되었다는 사실을 비난하였다고 붓다에게 전언하고 있다.

붓다는 이 두 비구의 이야기에서 타 계급에 대한 비난의 이유로 등장하는 청정성의 문제에 대해 인도종교에서 일반적으로 수용되는 관념, 즉 여성 생식 시스템의 불청정성과 윤리적 청정성이라는 관념에 근거하여 사성계급에 대한 바라문적 시각을 비판한다[4]: 첫째로, 다른 계급과 마찬가지로 바라문 계급도 피를 잔뜩 뒤집어 쓴 채 여성의 질[5]에서 태어나므로 입에서 태어난 존재가 아니다. 이러한 사실에 근거해 볼 때 바라문 계급만이 육체적으로 청정하다고 주장할 수 없으며 이러한 의미에서는 모든 계급이 다 불청정한 존재이다. 두 번째로 각각의 계급에 속한 사람들 중에는 그 행실이 바른 사람과 살인, 도둑질, 거짓말 등을 하는 행실이 옳지 못한 사람이 있으며

---

**4_** 콜린스는 버가트(Burghart)의 '힌두 사회 시스템의 계급적 모델'(Burghart, 1978)을 상세히 부연 설명하면서 계급적 서열 시스템이라는 관점에서 이 문제를 다루고 있다(Collins, 1993, p. 310).

**5_** 빨리어 'yoni'에 대한 기존의 일반적 해석은 '자궁' 혹은 '태'였다. 여기서는 콜린스의 해석을 따랐다(Collins, 1993, p. 339).

바라문 계급도 마찬가지이다. 따라서 윤리적인 측면에서 바라문 계급만이 청정성을 가졌다고 할 수 없다.

바라문들이 주장하는 청정성의 세 번째 관념은 『리그 베다』 「뿌루샤 찬가」에까지 소급되는 의례에 있어서의 청정성이다.

붓다는 『아간냐경』의 이후 부분에서 세상 만물의 기원에 관한 이야기를 전하고 있다. 여기에서 인간의 욕망은 육체적 차이와 카스트 시스템을 낳고, 농사를 짓고 식량을 저장하는 현재 시스템의 근저적 요인으로 언급된다. 또한 인간들의 행위가 타락했을 때 그것을 처벌하기 위하여 선출된 최초기 왕권의 기원에 관한 신화를 담고 있으며, 어휘(nirukti)나 민간 전승 혹은 종교적 실천에 근거한 다양한 해석과 언어를 포함하고 있다.

이러한 일련의 어휘들은 비구들이 속해 있는 집단인 출가자의 기원을 설명하고 승원 생활의 모델을 제시하기 위해 사용된다. 최초의 출가자들은 욕망과 재가 생활의 선하지 못한 방식을 버린 사람들의 집단으로, 이들은 모두 바라문(brahmin)이라고 불리는데, 이 표현은 초기불교에서 광의의 성스럽고 명상 수행을 하는 사람(jhāyaka)을 지칭하기 위해 사용되었다.

일단의 출가자들이 이러한 실천을 따라가지 못하고 재가 생활로 돌아와 책을 펴내는 생활을 하게 되었을 때 그들은 '명상하지 않는 사람(non-meditators)'을 의미하는 'ajjhāyaka'라고 불렸다. 이 ajjhāyaka를 문자 그대로 해석하면 '공부하는 사람'이며, 접두사 'adhi'와 어근 'i'가 결합된 학문적 교양을 갖춘 바라문을 의미한다 (adhi+i / to approach/study). 그러나 붓다는 이 단어를 다른 의미를 갖는 어휘소에 근거하여 해석한다. 붓다는 ajjhāyaka를 부정 접두사

'a'와 어근 'dhyai'(meditate, jhāyati)로 해석한다. 따라서 그 의미는 '명 상을 하지 않는 자'로 정의된다. 리차드 곰브리치(Richard Gombrich) 가 지적했듯 이러한 파자(破字)는 산스끄리뜨어나 북인도의 쁘라끄 리뜨어, 빨리어 등 다양한 언어에서 볼 수 있다.[6]

『아간냐경』은 이렇듯 바라문 사제를 명상에 실패한 자로 풍자 하고 있다. 책을 다룬다는 것은 명백히 사제이자 학자인 바라문의 주요한 활동에 대한 언급이다. 그러나 붓다는 책을 다루는 이들 바 라문이 명상에 실패한 출가자에 기원을 두고 있다고 설함으로써 유 행(遊行)하는 명상 수행자인 비구보다 열등한 존재임을 보여 주고 있다.

상대적으로 일찍 유럽에서 연구된 빨리어 문헌인 『아간냐경』 은 서양 학자들에 의해 위와 같은 풍자적 내용이 고찰되거나, 불교 가 바라보는 소유권, 왕권, 사회 계급과 같은 사회 이론을 이해하기 위해 많이 연구되어 왔다.[7] 한편 최근 20여 년 동안의 『아간냐경』

---

**6_**  Gombrich, 1992a, p. 163.

**7_**  유럽의 초기 『아간냐경』 연구에 대해서는 Gombrich, 1992a, p. 159ff 참조. 『아간냐경』의 불교 사회 이론 연구로는 탐비아(S. J. Tambiah, 1976): 그는 『아간냐경』을 왕권의 관점에 서 바라보며, 왕권은 인간 사회의 무질서를 바로 세우기 위해 생겨난 것이라 보고 있다. 레이놀즈(F. Reynolds, 1972, pp. 18-21): 그는 세 가지 관점으로 『아간냐경』을 보고 있 다: 1) 왕권의 기능, 2) 국가와 왕권에 대한 사회계약설, 3) 전륜성왕(Cakkavatti)의 모습 과 기능. 콜린스가 지적하고 있듯이(Collins, 1993, p. 313) 『아간냐경』이 가진 풍자적 의도 는 리스 데이비스(C. A. F and T. W. Rhys Davids, 1899, p. 107)와 오프래어티(Wendy O'Flaherty, 1976)도 언급하고 있다. 『아간냐경』의 이러한 풍자적 시각에 대한 연구는 곰브 리치에 의해 진전되었는데, 그는 이러한 풍자를 바라문 문헌과 연관 지어 상세히 연구하였 다(Gombrich, 1992a). 곰브리치는 앞의 연구 이후에 제출한 짧은 논문에서 다음과 같이 주 장하였다: "『아간냐경』은 풍자적으로 권력을 의미하는 'kṣatra'를 땅을 의미하는 'kṣetra'로 바꾸어 놓았고, 이것은 빨리어로 '대지의 소유자' 혹은 '대지의 지배자(khettānaṃ pati)'를 의미하는 끄샤뜨리아 계급의 의미인데 이러한 언어적 지식들은 바라문 문헌에 근원한 것으 로 불교가 그것을 풍자하여 수용한 것이다"(Gombrich, 1992b, p. 213).

연구는 환경과 생태적 이슈에 관련된 주제도 활발히 이루어졌다.[8]

그렇다면 『아간냐경』에 나타난 풍자적 시각에 비추어 이 경전을 풍자적 내용만 담은 것으로 이해할 수 있을까?

초기불교의 음식에 대한 시각을 이해하기 위해 진행된 『아간냐경』 연구 중 두 학자의 논문은 많은 시사점을 던져 주고 있다. 먼저 패트릭 올리벨(Patrick Olivelle)은 세계에 대한 고행자의 시각이란 관점에서 『아간냐경』을 고찰하고 있으며, 스티븐 콜린스는 『아간냐경』이 바른 승원 생활의 원형을 제시하고 있음을 보여 준다.

『아간냐경』의 풍자적 성격에 대한 곰브리치의 주장(주 7 참조)은 일부 타당하다. 하지만 이 경을 단지 '풍자'라는 키워드만으로 규정하기에는 그 내용이 매우 풍부하고 다양하다. 이 때문에 "붓다는 『아간냐경』에서 세계의 기원에 대한 설명을 하려고 한 것이 결코 아니며, 이 경전의 원래 의도는 바로 풍자이다"라는 곰브리치의 견해[9]보다 "만일 『아간냐경』이 순전히 풍자라면 이 경전이 음식과 음식 생산과 성행위, 주거, 사회 구조에 대하여 이 정도로 아주 세밀하고 상세하게 다루고 있는 이유를 설명하기 어려울 것이다"라는 올리벨의 견해에 더욱 공감한다. 올리벨은 다음과 같이 덧붙이고 있다: "이

---

**8**_  라이언(P. D. Ryan, 1998)은 『아간냐경』에서 언급하고 있는 자연계 상태의 악화를 윤리적 관점에서 고찰하고 있다. 사히니(Pragati Sahni, 2008)는 네 가지 요소를 통하여 『아간냐경』을 환경적 관점에서 고찰하고 있다: 1) 인간의 역할, 2) 네 가지 근본 요소(흙, 물, 불, 바람), 3) 식물, 4) 동물(satta).
오카노(Kiyoshi Okano, 2008)는 『아간냐경』과 유사한 내용을 담고 있는 정량부의 문헌을 다루고 있는데, 이 문헌은 동물과 식물이 자신들을 학대하는 인간에게 복수하는 내용을 담고 있다. 그는 또 『아간냐경』을 통해 야생 벼가 나타나기 이전의 최초기 음식들의 다양한 이름을 언어학적으로 고찰하고 있다.

**9**_  Gombrich, 1992a, p. 161.

렇게 왕권의 기원에 대한 불교적 설명과 힌두 문헌인 『링가뿌라나
(Liṅgapurāṇa)』의 상응하는 설명에서 신화를 사용하는 것은 (『아간냐경』
이) 단지 풍자라는 견해에 반하는 것이다."[10]

올리벨의 『아간냐경』과 『링가뿌라나』에 대한 논의는 다음 장에
서 다룰 예정인데, 거기서는 붓다의 음식 섭취에 대한 견해가 다른
출가자 그룹과 어떻게 다른지도 고찰될 것이다. 이 장에서는 불교의
세계 인식에 있어서 음식의 위치를 자리매김하기 위해 『아간냐경』
의 우주론에 대한 고찰에 좀 더 초점을 맞추고자 한다.

『아간냐경』은 음식에 대한 초기불교의 시각을 연구하는 데 있
어 대단히 중요한 자료이다. 왜냐하면 이 경은 음식에 대한 인간의
대응과 관련하여 자연과 인간 모두에 있어서의 우주론적·심리학
적·생리학적·사회적 발전에 대한 불교적 인식을 담고 있기 때문
이다.

음식에 대한 인간의 대응은 세계와 사회의 다양한 양상을 악화
시키는 주요한 요인이다. 『아간냐경』의 우주론은 불교 수행자들에
게, 특히 음식에 관한 적절하거나 부적절한 행위에 대한 내용을 보
여 준다.

불교 수행자들에게 어떻게 행동해야 하는지를 가르치는 데 있
어 중요한 『아간냐경』의 내용은 콜린스의 번역 「The Discourse on

---

**10**_  Olivelle, 1991, p. 36.

What is Primary」[11]에 상세히 설명되어 있다. 콜린스는 『아간냐경』의 음식에 관한 내용이 불교 율장에 담긴 음식에 관한 계율을 정확히 언급하고 있다고 주장한다.[12] 따라서 콜린스의 논문도 이 책의 연구에 있어 중요한 위치를 차지한다.

『아간냐경』을 해석하기 위해 어떤 학자들은 바라문 문헌이나 서양 철학의 문헌과 같은 비불교적 문헌을 사용한다. 이 책에서는 콜린스의 문헌적 범위보다 더 확대된, 빨리어 삼장의 범위를 넘는 다양한 스펙트럼의 불교 문헌이 사용될 것이다. 여기에는 『아간냐경』의 빨리어본과 이에 상응하는 한역본 이외에도 음식의 본질과 윤리 사이의 관계를 논의하기 위하여 『아간냐경』의 내용을 논하고 있는 아비달마 문헌을 비롯한 다양한 논서도 포함된다. 따라서 필자는 이 책에서 빨리어 경전과 그 주석 문헌, 빨리어 『아간냐경』에 상응하는 한역 장아함경(長阿含經, Dīrgha Āgama)의 경전군과 아비달마 논서, 특히 설일체유부와 정량부, 그리고 대승의 논서를 사용하여 연구를 진행하고자 한다.


## 2. 불교 수행자를 위한 우화로서 『아간냐경』

올리벨은 자신의 논문에서 『아간냐경』에 담긴 음식에 대한 시

---

11_  Collins, 1993.

12_  예를 들면 1. 환희를 먹고 산다(Collins, 1993, p. 341), 2. 감탄구 aho rasam (보라, 지미(地味)가 (사라졌다))(Ibid., p. 342), 3. 남녀 성기와 집이 생긴 기원(Ibid., p. 343).

각은 일반 사회의 사회적 삶을 구성하는 음식의 생산, 저장, 요리 등과 같은 행위를 거부하는 인도 수행자 그룹의 시각에 기원한다고 주장한다. 그리하여 그는 이러한 행위를 인도 수행자 – 그는 '고행자(ascetics)'[13]라는 표현을 사용한다 – 들이 기피하는 네 가지 측면, 즉 '생산, 저장, 요리, 소비'에 근거하여 고찰한다.

이들 네 가지 행위에 대한 거부의 정도는 출가자 그룹에 따라 차이가 있지만, 인도의 수행자들은 일반적으로 처음 세 가지, 즉 생산, 저장, 요리하는 것을 피하려 하고, 가능하다면 마지막 요소, 즉 음식의 소비를 줄이거나, 적당히 소비하거나, 심지어는 이를 포기하려는 태도를 가지고 있다고 말할 수 있을 것이다.

올리벨은 『아간냐경』에서 태초의 낙원과 같은 상태를 상실케 한 결정적인 요인은 음식을 먹는 행위였으며 음식을 먹는 행위는 점차 음식에 대한 집착과 의존을 야기하였다고 지적하고 있다.[14] 또한 『아간냐경』은 이 경을 짓거나 편집한 초기불교의 비구들이 개인적인 차원에서뿐만 아니라 사회적이고 우주론적인 차원에서 음식과 집착 사이의 관계를 인지하고 있었음을 보여 준다고 언급하고 있다.

스티븐 콜린스도 『아간냐경』과 출가 수행자의 음식에 대한 태도를 더욱 구체적인 방식으로 연결 짓고 있다. 그는 『아간냐경』의

---

**13_** 필자는 이 책의 저본인 박사 학위 논문에서 불교 수행자를 지칭하기 위해 올리벨이 사용한 'ascetic'이라는 표현 대신 'renouncer'라는 표현을 사용하였다. 그 이유는 불교 수행자가 다른 인도 출가자들과 더불어 많은 고행주의적 수행 요소를 수용하고 있음에도 불구하고 동시에 많은 고행주의적 수행 방식을 거부하고 있다는 측면 때문이다.

**14_** Olivelle, 1987, pp. 31-32.

내용과 비구들이 피해야 할 음식 관련 행위를 상술한 계율 조항을 연결 짓고 있다.[15]

콜린스는 그의 논문 서두에서 사회인류학자인 어네스트 겔너(Ernest Gellner)의 저작을 언급하고 있는데, 겔너는 사회가 발전하면서 농경 사회는 복잡한 사회적 차별과 정교한 노동 분화 – 특별한 지배 계급과 지식 계급의 등장을 가져온다고 말한다.[16] 겔너는 또한 농경 사회는 식량 저장에 의지하기 때문에 그것을 나누고 보호할 강제력을 필요로 하며 폭력을 허용한다고 지적하고 있다.[17] 콜린스는 남아시아의 비폭력이라는 가치와 폭력의 불가피성 혹은 적어도 폭력적 위협 사이의 관계를 이해하기 위해 이러한 시각이 필요함을 언급하고 있다. 그는 또한 겔너의 이론과 왕권 확립에 대한 설명을 하고 있는 『아간냐경』에 언급된 일련의 사건 사이에 두드러진 유사성을 지적하고 있다.[18]

그리고 나서 농경 사회와 계급 사회로 타락하기 이전 자신의 음식을 생산하거나 저장하지 않았던, 낙원과 같은 상태에 존재한 이들을 보여 주기 위하여 경전에 언급된 일련의 불교 계율에 대해 고찰하고 있다.[19] 이러한 내용을 확인하기 위해 콜린스는 『숫따니빠따(Sutta Nipāta)』의 「브라흐마나 담미까경(Brahmana Dhammika Sutta)」

---

15_    Collins, 1993, p. 326.

16_    Gellner, 1983, p. 17. 인용-Collins, 1993, p. 304.

17_    Ibid., p. 275. 인용-Collins, 1993, p. 305.

18_    Collins, 1993, p. 305.

19_    Ibid., pp. 305-306.

과 같은 빨리어 경전을 이용한다.[20] 여기에서 붓다는, 예전의 바라문들은 부와 음식, 성행위에 초연한 삶을 살았다고 묘사하고 있다: "그들은 재산을 소유하지 않았고, 가가호호 탁발을 하여 음식을 해결하였으며, 48년 동안 독신 생활을 하였고, 바라문 계급 안에서만 다우리(bride-price)를 요구함 없이 혼인하였으며, 결혼한 바라문들은 오직 적절한 시간에만 성생활을 하였고, (그들의 신인) 범천(梵天, Brahman)은 꿈에서조차 성행위에 빠지지 않았다."[21] 바라문들이 타락해 재산과 왕의 여자들을 탐하게 되면서 그들은 부를 얻기 위해 찬가를 지었고 재산을 축적하였다. 콜린스는 이러한 『숫따니빠따』의 내용을 통해 사회에서 차별을 야기하는 바라문의 타락 이전 모습이, 탁발에 의지하여 생활하고, 독신 생활을 하며, 재산을 추구하지 않는 불교 수행자의 이상적인 가치와 삶의 방식이라는 관념을 예증하고 있다.

콜린스는 또한 이들 빨리어 경전에 언급된 사성계급의 창조에 관한 설명이 이러한 계급적 구별을 위한 사회적 인가로 간주될 수 없음을 예증하고 있다. 다른 빨리어 경전인 맛지마 니까야(Majjhima Nikāya)의 『아쌀라야나경(Assalāyana Sutta)』(MN 93)에는, 다른 사회에서는 다른 숫자의 사회 계급이 존재하였고 이들 계급은 지방이나 더 작은 단위의 지역에 의해 구분된 존재였기 때문에, 『아간냐경』에 나타난 계급의 기원과 관련된 내용은 역사적 사실을 나타내는 설명이

---

20_  Sn., pp. 284-315.

21_  Collins, 1993, p. 320.

라기보다 윤리적 내용을 설명하기 위한 이야기로 생각해야 한다고 콜린스는 지적하고 있다.[22] 『아간냐경』에서 불교 수행자의 위치는 수직적인 사회 계급 체계의 밖이나 위에 있다.

『아간냐경』에서 또 다른 흥미로운 주제는 음식과 성의 연관에 관한 것이다. 그렇다면 음식과 성은 재산과 같이 단지 불교 수행자가 버려야 할 항목이기 때문에 연관되는가, 아니면 이 둘 사이에 명백하고 긴밀한 직접적인 연관 관계가 존재하는가?

이제 올리벨, 좀 더 자세히는 콜린스가 언급한 빨리어 경전과 불교 상가의 구체적 계율 사이 연관 관계를 고찰한 이후, 음식의 의미와 식탐, 성욕을 아우르는 광의의 '탐심(貪心, lobha)'을 포함, 음식에 대한 집착에 대해 고찰할 것이다. 그러고 나서 우주론적 차원에서, 그리고 이상적인 승원 생활이라는 측면에서 식탐과 성욕의 관계에 대한 불교적 인식이 어떻게 음식과 성 사이의 관계에 대한 생리학적 혹은 의학적 인식에 의해 설명되고 있는지를 보이고자 한다.

앞서 언급한 대로 콜린스는 『아간냐경』과 계율 조항 사이의 상세한 연관 관계를 고찰하면서 이 경에 나타난 음식에 대한 태도와 음식 관련 계율 조항 간의 관련성을 구체적으로 보여 주고 있다.

최초의 음식들은 기(ghee, sappi), 버터(navanīta), 꿀(madhu)
에 비유된다: 이들 식품은 비구와 비구니에게 허용되는

---

**22_** Ibid., p. 323.

오종약 중 세 가지이다(니살기바일제(尼薩耆波逸提, Nissaggiya Pācittiya) 23조).[23]

오종약, 즉 다섯 가지 고급 식품은 비구나 비구니가 병중일 때 섭취가 허용된다. 위에 언급되지 않은 나머지 두 식품은 기름(tela)과 당밀(phāṇita)이다.[24]

지미(地味)를 손가락으로 맛보다: 이것은 중학법(衆學法, Sekhiya) 52조와 53조를 위반하는 것이다.[25]

위 두 가지 조항은 손가락과 발우를 핥는 것을 금하고 있다.

손을 넣어 입안이 가득 차게 음식을 먹어서는 안 된다: 이 것은 중학법 39조, 40조, 42조, 46조를 위반하는 것이다.[26]

위 네 가지 조항은 손을 넣어 볼에 음식을 가득 채우는 것과 같이 한 입에 먹기에는 과도하게 많거나 큰 크기의 음식을 먹는 것을 금지한다.

---

**23_** Ibid., p. 326.

**24_** Vin. III., p. 199.

**25_** Collins, 1993, p. 326.

**26_** Ibid., p. 326.

음식을 8일 동안 저장한다: 이것은 니살기바일제 23조 그리고 바일제(波逸提, Pācittiya) 38조를 위반한 것이다.

위 조항은 7일 이상 오종약을 저장하는 것과 저장 음식을 먹는 것을 금지한다. 이와 관련한 상세한 내용을 담고 있는 콜린스의 논문에서 볼 수 있듯이, 저장된 음식은 7일까지 비구들에게 허용되며 경전에서는 "계율에서 제한하는 7일을 넘기기 전까지"는 무방하다고 언급하고 있다.[27]

콜린스는 불교 수행자들이 이해하는 데 도움이 될 수 있는 우화인 『아간냐경』을 통해 승원에서 요구되는 적절한 행위를 상세히 해석하고 있다. 그는 또한 『아간냐경』과 불교 계율 사이에 상응하는 다른 내용에 대해서도 언급하고 있다: 성행위를 하는 것이 독신을 지켜야 한다는 조항에 어떻게 위배되는가?, 집을 짓는 것이 무거처의 이상과 어떻게 배치되는가?, '위대한 선출(mahasammata)'이라는 술어가 어떻게 승원에서 소임을 맡을 이들을 임명하는 데 있어 모델이 되었는가?[28]

그는 또한 보다 넓은 의미에서 『아간냐경』과 불교 계율 사이의 상응하는 내용에 대해 언급하고 있는데, 인간 삶의 조건을 악화시키는 악행이나 모든 불교도들이 지켜야 할 오계(五戒)에 담겨진 내용들이 그것이다.

---

27_ Ibid., p. 330.

28_ Ibid.

『아간냐경』과 음식에 관련된 인도 출가 수행자의 실천 및 음식과 관련된 빨리율 사이의 연관 관계를 보여 주는 데 있어 올리벨과 콜린스는 『아간냐경』을 해석하기 위한 틀을 제공한다. 이러한 이론적 틀인 불교 우주론과 출가 수행자의 음식 실천 간 관계에 대해서는 다음 장에서 상세히 다룰 것이다. 여기서는 『아간냐경』과 음식 관련 불교 계율 사이의 관계에 대해 위의 대략적 언급만으로 대체하고 본격적인 논의는 차후 음식 계율과 훈채에 대한 이후 부분에서 다루고자 한다.

이 장의 목적은 올리벨과 콜린스가 『아간냐경』에서 말하고자 하는 바를 두 가지 시각에 근거하여 다루는 것이다: 그 하나는 식탐에서 성욕으로의 전화에 관한 것이며, 다른 하나는 인간의 음식에 대한 욕망 – 정확한 불교적 표현으로는 갈애(渴愛) – 에 의한 자연과 인간의 상태 악화이다. 이러한 시각을 고찰함에 있어 『아간냐경』이 의도적으로 역사적 사실로 간주되었는지 그리고 그렇게 간주되어 왔는지를 다룰 것이다.


## 3. 우주, 그 상태의 악화

앞에서 언급한 것처럼, 서양 학자들은 – 주로 곰브리치의 견해에 대한 반론으로 – 『아간냐경』이 언급하고 있는 창조신화에 대하여, 스리랑카 역사가 왕권에 대한 신뢰할 수 있는 모델을 제공해 주었다는 것과는 상관없이, 이 경전이 성립될 당시 의도적으로 사실로서 이해되었는지에 관해 논쟁을 지속해 왔다.

콜린스는 왕권과의 밀접한 관계를 고려한다면 스리랑카와 동남아시아의 불교는 인도의 그것보다 더욱 밀접하게 우주론과 연관되어 있었다고 언급하고 있다.[29] 그는 이러한 점에서 『아간냐경』은 비록 바라문 계급과의 지속적인 긴장 관계 때문에 여전히 반 바라문적 풍자가 담겼을 테지만 그것이 가지고 있었던 우화로서의 원래 측면보다 좀 더 우주론에 대한 설명으로 받아들여졌을 가능성이 많았을 것이라고 말하고 있다. 그의 시각은 부분적으로 그가 발견한 불교 계율과 『아간냐경』의 상응하는 내용을 설명해 줄 빨리어 주석서가 부재하다는 점을 반영한 것이다. 이 경전의 특별한 내용 이외에 다른 이유도 덧붙일 수 있는데 이 시기에 불교 승원이 어떻게 기능했는지에 대한 양상도 한 이유로 언급될 수 있을 것이다.

올리벨처럼 본 연구도, 『아간냐경』 성립 당시 이것이 역사적으로 정확한 것으로 간주되었는가에 대한 논란과 상관없이, 이 경전의 우주론과 우주 생성론을 액면 그대로 다룰 것이다. 왜냐하면 『아간냐경』은 개인이 경험하는 음식에 대한 욕망과 다른 악행, 음식과 우주와 사회가 기능하는 방식 사이의 관계에 대한 초기불교의 인식을 정확하게 보여 줄 수 있는 가정들을 담고 있기 때문이다.

전통적으로 불교는 『아간냐경』에서 발견되는 우주 상태의 악화에 대하여 세 가지에서 시작해 다섯 가지에 이르는 항목으로 분류해 왔다. 이러한 항목 중 하나가 음식의 상태에 관한 항목이다. 예를 들면 설일체유부의 논서인 『아비달마대비바사론(阿毘達磨大毘婆沙論,

---

**29_** Ibid., p. 325.

Abhidharma-mahāvibhāṣa-śāstra)』은 우주 상태의 악화를 네 가지 항목으로 분류한다: 1) 생명 단축, 2) 인간 수의 감소, 3) 음식 질의 하락, 4) 윤리적 타락.[30] 한편 대승 논서인 『유가사지론(瑜伽師地論, Yogācāra-bhumi-śāstra)』은 우주 상태의 악화를 세 가지 항목으로 분류한다: 1) 수명 단축, 2) 체격의 왜소화, 3) 음식을 포함한 생필품 질의 하락.[31] 상좌부 문헌에는 설일체유부나 대승 논서에서 발견되는 우주 상태의 악화에 관한 분류를 언급한 내용이 보이지 않는다. 대신 『아간냐경』과 『짜까밧띠시하나다경(Cakkavattisīhanāda Sutta, 轉輪聖王師子吼經)』(DN 26)의 내용을 종합해 보면 상좌부 문헌의 우주 상태 악화에 대한 항목은 다섯 가지로 분류할 수 있다: 1) 음식 질의 하락, 2) 인간 육체와 외모의 악화, 3) 수명 단축, 4) 자연계 상태의 악화, 5) 윤리적 타락.


## 4. 음식의 객관적 양상과 구성 요소

음식 질의 하락을 설명하면서 『아간냐경』은 음식의 두 가지 중요한 양상인 객관적 측면과 주관적 측면에 관한 내용을 보여 주고

---

**30_** T. XXVII., p. 588a-b. 此瞻部洲 有四衰損 出現於世 謂壽量衰損 有情衰損 資具衰損 善品衰損.

**31_** T. XXX., p. 286a. 爾時有情復有三種最極衰損 謂壽量衰損 依止衰損 資具衰損. 壽量衰損者 所謂壽量極至十歲 依止衰損者 謂其身量極至搩或復一握 資具衰損者 爾時有情唯以粟稗為食中第一 以髮毲為衣中第一 以鐵為莊嚴中第一 五種上味悉皆隱沒 所謂酥蜜油鹽等味及甘蔗變味.

있다. 음식의 객관적 양상이란 색이나 향, 맛과 같은 음식을 구성하는 중요한 물리적 요소를 말한다. 한편 주관적 양상이란 음식에 대한 인간의 대응(response)을 말한다: 음식을 먹거나 수확하는 방식, 음식 맛에 대한 갈구, 식탐 등.[32] 불교 계율과 수행 관련 문헌에서 가장 상세하게 다루어지는 것이 바로 이 주관적 양상인데 각각 계율과 시각을 바꾸는 명상 수행을 통해 음식에 대한 부정적인, 주관적 양상을 바로잡는 내용을 담고 있다.

음식을 객관적인 양상과 주관적인 양상으로 분류하는 것이 도움이 되기도 하지만 이 두 가지 양상은 상호 연관되어 있고 서로를 전제하기 때문에 문자적 의미로만 적용하는 것은 무리가 따른다. 즉 음식의 주관적인 양상은 부분적으로 객관적인 양상에서 나올 뿐만 아니라, 객관적인 양상은 주관적인 양상에 의해 영향 받고, 또 부분적으로는 주관적인 양상으로부터 나온다.

『아간냐경』에 나타난 음식의 주관적 양상에 대해 논의하기 전, 여러 불교 부파들의 논서에 규정된 음식의 객관적 양상에 대해 고찰해 보고자 한다.

불교 부파들은 음식의 객관적 양상을 이해하기 위하여 대단히 중요한 감각 기관의 대상으로서 음식의 특징에 대해 다른 정의를 내리고 있다.

빨리어 불교 주석서인『청정도론(淸淨道論, Visuddhimagga)』은 13장에서 우주 창조의 과정을 설명하며 "최초의 음식은 색과 향과 맛

---

**32_**  DN. III., p. 85.

을 가지고 있으며 그것이 마르면 마치 우유죽 표면의 막과 같다"고 언급하고 있다.[33] 색과 향과 맛이라는 이 세 가지 요소는 『아간냐경』과 『청정도론』의 다른 곳에서도 언급되고 있다.[34] 그러나 빨리어 불교 경전이나 주석서 중 음식의 이러한 요소들에 대한 명확한 설명을 담고 있는 문헌은 보이지 않는다.

다만 이 문헌에서 음식을 규정하는 세 가지 요소에 대한 언급은 설일체유부의 논서인 『아비달마순정리론(阿毘達磨順正理論, Abhidharma-nyāyānusāra-śāstra)』에서 찾아볼 수 있다. 여기에서는 상좌부가 현색(顯色, 색깔)과 형색(形色, 모습·형태), 향, 맛을 음식의 특징으로 규정하고 있다고 서술하고 있다.[35]

한편 『아비달마순정리론』은 음식의 본질을 세 가지로 분류한다: 1) 향(香, gandha), 2) 미(味, rasa), 3) 촉(觸, phoṭṭabba). 이들 세 가지 본질은 그것을 인지하는 감각 기관에 대응하는 것이다. 설일체유부는 육처(六處, six āyatana)에 근거하여 세 본질을 세 종류의 향과 여섯 종류의 맛, 그리고 열한 가지의 촉감으로 분류해 서술하고 있다.[36]

『아비달마순정리론』은 음식의 본질적 요소를 육처 중 향, 미,

---

33_  Nāṇamoli, 1991, p. 413.

34_  Ibid., p. 109, p. 252; DN. III., p. 85.

35_  T. XXIX., p. 510c. 然上座言 所飮噉聚 皆是食體.

36_  Ibid., p. 510a. 향에는 세 가지 종류가 있다: 1) 좋은 향, 2) 나쁜 향, 3) 좋지도 나쁘지도 않은 향(T. XXIX., p. 334b. 香有三種 好香惡香及平等香). 맛에는 여섯 가지 종류가 있다: 1) 단맛, 2) 신맛, 3) 짠맛, 4) 매운맛, 5) 쓴맛, 6) 담백한 맛(Ibid., p. 334b. 此有六種 甘酢鹹辛苦淡別). 촉감은 열한 가지 종류로 분류된다: 1) 땅, 2) 물, 3) 불, 4) 바람, 5) 매끄러움, 6) 꺼끄러움, 7) 무거움, 8) 가벼움, 9) 차가움, 10) 배고픔, 11) 목마름(Ibid., p. 334c. 觸謂所觸 十一為性 即十一實以為體義 謂四大種及七造觸 滑性澁性重性輕性及冷飢渴).

촉의 세 가지로 언급하며 섭취의 대상으로서 음식의 측면을 강조하고 있다. 이 중 촉감은 물질성을 구성하는 네 가지 근본 요소(地, 水, 火, 風)와 음식 섭취가 진행되는 도중, 그리고 식후에 느끼는 양상을 나타낸다.[37]

정리하면 두 불교 부파가 주장하는 음식의 본질적 요소의 차이는 세 번째 요소에 있음을 알 수 있다. 『아비달마순정리론』에 기록된바 설일체유부는 촉감, 그리고 상좌부는 색(色, rūpa) – 눈으로 볼 수 있는 현색과 형색 – 이 언급되어 있다.

음식의 본질적 요소를 설명하고 있는 빨리어 불교 문헌은 보이지 않는다. 단지 『아비달마순정리론』을 통해 상좌부에서 이야기하는 음식의 본질적 요소 중 색에 대한 설명을 볼 수 있다. 따라서 이 논서에서 확인할 수 있는 색에 대한 설명은 설일체유부의 시각을 통한 정보라는 한계를 갖는다.

'눈으로 볼 수 있는 대상', 혹은 '물질성'이라는 의미를 가진 색은 상좌부 전통에서는 색깔과 형태를 의미하며 음식의 세 가지 본질 중 하나로 언급된다고 『아비달마순정리론』에 서술되어 있다.[38] 그런데 설일체유부는 상좌부가 색, 즉 음식의 색깔과 형태를 본질적 요소라고 주장하는 데에 비판적이다. 그것은 인간의 육체를 키울 수 없다는 것이다. 『아비달마순정리론』은 색깔과 형태가 음식의 본질적 요소라는 상좌부의 시각에 대하여, 물질적인 입처(入處, āyatana)[39]

---

37_ 위의 각주 참조.

38_ T. XXIX., 510b.

39_ 물질적인 입처란 육입처(六入處) 중 색깔과 형태 혹은 물질성, 소리, 냄새, 맛, 촉감을 말한다.

에서 음식의 색깔과 형태는 배고픔을 해소해 주거나[40], 우리 몸을 해롭게, 혹은 이롭게 하지 못한다고 주장한다.[41] 따라서 음식의 색깔이나 형태는 그것의 본질적인 요소가 아니며 오직 향, 맛, 촉감만이 음식의 기능이며 본질이라고 결론짓는다.[42] 즉 향과 맛 이외에 상좌부는 눈으로 볼 수 있는 형태인 색을 음식의 객관적인 특성으로 해석하고 수용하는 데 반해 설일체유부는 직접적으로 접촉할 수 있는 물질성을 음식의 본질에 포함시킨다. 설일체유부와 상좌부, 이 두 불교 부파는 색이 가진 두 가지 의미, 즉 '형태와 색깔', 그리고 '물질성'이라는 두 가지 의미 중 각각 하나를 음식의 본질적 요소로 해석하여 수용했다고 할 수 있다.

## 5. 음식과 욕망, 그리고 세계

음식의 요소 중 향과 맛은 견해를 달리하는 설일체유부와 상좌부 모두가 수용하고 있는 본질적 요소이다. 이는 또한 중생을 욕계(欲界)에 결박시키는 두 가지 중요한 요소로서 『아간냐경』에 묘사되어 있는 것처럼, 우리를 음식에 대한 객관적 양상에서 주관적 양상

---

**40**   T. XXIX., p. 510a. 色處何緣不名為食 是不至取根所行故 以契經說 段食非在手中器中 可成食事 要入鼻口 牙齒咀嚼 津液浸潤 進度喉嚨 墮生藏中 漸漸消化 味勢熟德 流諸脈中 攝益諸蟲乃名為食 爾時方得成食事故.

**41**   Ibid., p. 510b. 夫食必依味勢熟德 於身損益 思擇是非 形顯俱非味勢熟德 於身損益 無有功能.

**42**   Ibid.. 又諸段食 要進口中 咀嚼令碎 壞其形顯 香味觸增 方成食事 非未咀嚼香味觸增 分明可了 如已咀嚼 故唯香味觸 是真實食體.

으로 인도한다.

한편 세 번째 요소와 관련하여 『아비달마순정리론』에 서술된
내용에 따르면, 상좌부는 눈으로 볼 수 있는 음식의 색깔과 형태가
우리의 몸을 키우고 이롭게 할 수 있으며 인간의 생명을 지탱시켜
준다는 견해를 가지고 있다. 그러나 『아비달마순정리론』에서 설일
체유부는 이러한 상좌부 견해의 오류를 지적한다.

『아비달마순정리론』은 모든 물질적 입처가 우리 몸을 키우거
나 이롭게 하는 특성과 기능을 가지고 있지 않다고 서술하고 있다.[43]
『아비달마순정리론』은 경전에서 음식의 '색깔과 형태'를 언급하고
있는 것은 음식의 본질(體)을 말하고 있는 게 아니라 음식의 특징(德,
guṇa)을 말하고 있는 것이라고 지적한다.[44]

여기서의 논의를 이해하기 위해 우주를 삼계(三界), 즉 무색계
(無色界, arūpa-dhātu), 색계(色界, rūpa-dhātu), 욕계(欲界, kāma-dhātu)로 구
분하고 있는 불교 우주론의 측면에서 『아간냐경』을 살펴보자.

『아간냐경』의 중생은 욕망을 경험하고 더 낮은 세계로 떨어진
다. 불교 우주론에서 무색계와 색계의 중생은 감각적 욕망이나 성적
쾌락에 떨어지지 않는다. 감각적 욕망이나 성적 쾌락은 욕망을 의미
하는 'kāma'의 주관적이자 객관적 의미이다. 불교 우주론의 삼계와
관련된 음식 분석에서, 음식에 대한 주관적 대응의 기초를 형성할

---

**43**_  Ibid., p. 510c. 是故食體 唯香味觸 非色不能益自根解脫故 夫名食者 必先資益自根大
種 後乃及餘 飮噉色時 於自根大 尚不為益 況能及餘.

**44**_  Ibid.. 又歎食德 非辯食體醫論所言 有可愛飮食 具色香味觸 亦得非體 又擧色相 表香味
觸 亦妙可欣 故作是說.

수 있는 감각, 그리고 음식이라는 두 가지 객관적 요소는 색계와 무
색계에서는 보이지 않는다.

| 감각 기관<br>(根, Sense organs) | 감각 대상<br>(境, Sense objects) | 식<br>(識, Consciousness) |
|---|---|---|
| 눈<br>(cakkhu-dhātu) | 시각적 형태/색깔<br>(rūpa-dhātu) | 안식<br>(cakkhu-viññāṇa dhātu) |
| 귀<br>(sota-) | 소리<br>(sadda-) | 이식<br>(sota-) |
| 코<br>(ghāna-) | 냄새<br>(gandha-) | 비식<br>(ghāna-) |
| 혀<br>(jivhā-) | 맛<br>(rasa-) | 설식<br>(jivhā-) |
| 몸<br>(kāya-) | 촉감<br>(phoṭṭhabba-) | 신식<br>(kāya-) |
| 마음<br>(mano-) | 마음의 대상<br>(dhamma-) | 의식<br>(mano-) |

표 1-1. 십팔계(十八界, The Eighteen Elements)

십팔계(十八界)는 비록 무상한 것이기는 하지만 우리 인식의 안
팎에 존재하는 것에 대한 가장 상세한 분류 체계이다. 『아비달마구
사론(阿毘達磨俱舍論, Abhidharmakośabhāṣya)』은 향계(香界, gandha-dhātu)
와 미계(味界, rasa-dhātu), 그리고 이 둘과 상응하는 식계(識界)인 비식
계(鼻識界, ghāna-viññāṇa dhātu)와 설식계(舌識界, jivhā-viññāṇa dhātu)는
욕계의 성격을 가지고 있다고 규정한다. 상좌부나 설일체유부에서
음식의 본질은 이들 두 요소, 향과 맛에 의해 규정되며 따라서 음식
은 욕계의 본질을 가장 잘 드러내는 존재로 규정될 수 있다. 『아비달
마구사론』은 음식의 향과 맛이 욕계적 본질을 가지고 있다는 시각을
다음과 같이 요약하고 있다.

욕계에 18계가 존재한다.

색계에는 14계만이 존재한다.

향과 맛, 그리고 이들과 상응하는 두 식(識)은 오직 욕계에
만 포함된다.

무색계에는 세 가지(識界, 意界, 法界)만이 존재한다.[45]

삼계 중 가장 높은 단계인 무색계에는 마음과 정신성, 마음의
대상만이 존재한다. 무색계 아래의 색계에는 향과 맛이 존재하지 않
는데 이것이 색계와 욕계를 구분한다. 색계에서 향과 맛, 그리고 이
와 상응하는 비식계와 설식계를 배제시킨다는 사실을 통해 이들 네
가지가 특히 욕망의 생기와 밀접한 관계가 있음을 알 수 있다. 따라
서 이들은 오직 욕계에만 속하는 요소들이다. 이들은 음식의 객관적
양상으로부터 주관적 양상에 대한 고찰로 우리를 인도하는데 여기
서 말하는 주관적 양상은 음식에 대한 심리적 대응을 의미한다. 빨
리어 주석 문헌인 『청정도론』은 물질적인 음식(kabaḷīkāra āhāra)이 가
진 위험성에 대해 명확히 언급하고 있다.

음식이 존재할 때, 욕심이 존재하고 기쁨이 존재하고 탐욕
(渴愛, craving)이 존재한다.[46]

---

**45_**  Ibid., p. 7b. 欲界繫十八 色界繫十四 除香味二識 無色繫後三.

**46_**  Vism., p. 341.

음식이 탐욕과 갈애를 야기한다는 점은 불교 문헌 곳곳에서 자주 언급되고 있다. 예를 들어 『자따까(Jātaka)』는 음식 맛의 위험성에 대한 많은 이야기를 담고 있다. 그중 한 이야기에서는 고기 맛에 빠진 출가 수행자가 고기에 대한 욕심을 채우기 위해 붓다의 전신인 도마뱀을 잡아먹으려 한다.[47] 또 다른 이야기는 한 비구의 어머니가 자신의 아들을 환속시키기 위해 어느 여인에게 부탁하여 어린 시절 좋아했던 음식을 지속적으로 바치도록 해 결국 그 맛에 빠진 비구가 환속하게 된다는 내용이다.[48]

위에 언급한 첫 번째 이야기에서는 음식 맛에 대한 탐착이 출가 수행자의 윤리를 파괴하였으며, 두 번째 이야기에서 그것은 출가 수행자로 하여금 출가 생활을 저버리고 재가 생활로 돌아가게 하는 원인으로 묘사된다.

『아비달마순정리론』은 음식을 애착의 원인이라고 언급하고 있다. 이 설일체유부 논서는 나아가 음식에 대한 애착이 생기는 과정을 설명한다.

음식을 통해 희구하고 애착하는 마음이 생긴다.
이로 인해 여러 즐거운 느낌이 생기며
즐거운 느낌으로 말미암아
애착들이 생겨난다.

---

**47_** J., No. 138.

**48_** Ibid., No. 14.

애착이 생기고 나면

이것에 집착하여 필요한 것으로 여긴다.

때문에 음식을 애착의 가까운 원인이라고 한다.[49]

음식은 그 존재만으로 욕망과 탐착의 잠재적 원인이 된다. 『아간냐경』은 이러한 탐욕의 과정을 상세히 묘사하고 있다.

그때 지미(地味)는 물 위에 퍼져 나갔다. 이것은 마치 끓인 우유죽의 표면이 식었을 때와 마찬가지로 퍼져 나갔다. 그것은 색깔과 향과 맛이 있었는데, 그 색은 달콤한 기나 버터와 같았고 그 맛은 아주 맑은 꿀과 같았다.

비구들이여, 그때 천성적으로 탐욕스러운 어떤 중생이 "이게 뭘까?"라고 생각하며 손가락으로 지미의 맛을 보았다. 지미를 맛보았을 때, 그는 즐거운 느낌이 들었고 그에게 욕망이 생겨났다. 다른 중생도 그 중생을 따라 손가락으로 지미를 맛보았다. 그들도 또한 즐거운 느낌이 들었고 욕망이 생겨났다. 비구들이여, 그때 이 중생은 손으로 입이 터지게 지미를 먹기 시작하였다.[50]

『아간냐경』의 이 단락은 음식의 존재가 욕망을 자극하고 야기

---

**49**_ T. XXIX. p. 513a. 何緣於食 生於希愛 因此發生諸樂受故 緣樂受故 諸愛得生 諸愛已生 執為資具 由食是愛 隣近生因.

**50**_ Collins, 1993, pp. 341–342.

하는 요인임을 보여 주고 있다. 이 단락은 또한 먹는 것에 집착하게 되는 과정과 먹는 것을 통하여 음식 맛에 빠지게 되는 과정을 연결시키고 있다. 『청정도론』이 주장하고 있듯 음식이란 존재 그 자체가 탐욕과 갈애를 야기할 수 있지만 일반적으로 말해 음식에 대한 욕망이 생기는 것은 음식을 먹는 행위의 결과이다. 『아간냐경』은 태초의 중생이 음식의 맛과 양, 두 가지 측면에서 음식에 대한 욕망을 가지고 있었으며 그 결과 물리적 세계가 창조되기 시작하였다고 기술하고 있다.[51]

빨리어 『아간냐경』에 상응하는 한역 장아함 『세기경(世記經)』에는 음식을 좀 더 많이 먹은 태초의 중생은 외모가 흉하게 되었으며 적게 먹은 중생은 좋은 외모를 가지게 되었다고도 기술되어 있다. 이와 같이 음식에 대한 욕망에 얼마나 빠졌는가에 따라 생긴 태초 중생 간 차이가 그려졌다.[52]

『아간냐경』에 묘사된 음식은 탐닉을 야기하는 특징을 가지고 있는데, 음식에 대한 욕망은 세계 창조의 원인으로 간주되고 있다.[53] 한편 음식의 맛은 음식의 양과 분리될 수 없는데 『아간냐경』 또한 음식의 양과 맛의 제어를 강조하고 있다.

---

51_ DN. III., pp. 85-86.

52_ T. I., p. 148a.

53_ DN. III., pp. 85-88.

# 6. 음식과 성욕의 관계

『아간냐경』은 성적인 차이, 즉 남성과 여성의 성기가 생기고 성욕을 느끼게 된 것은 태초의 중생이 음식을 먹는 행위를 한 결과였다고 서술하고 있다. 불교와 바라문 문헌에서의 음식과 성의 연관에 대한 내용은 다음 장에서 다루고, 여기서는 『아간냐경』이 이 두 가지를 어떻게 연관시키고 있는지에 초점을 맞추어 상세히 다루고자한다.

성 기관이 생겨난 기원을 언급하기 전에 『아간냐경』은 태초의 중생이 먹었던 음식의 질이 그들의 탐욕 때문에 지속적으로 저하되고 있었음을 묘사하고 있다. 일련의 음식들이 등장하는 가운데 쌀의 등장은 중생의 상태를 악화, 즉 남녀의 성 기관이 발생하는 새로운 단계를 야기했다.

> 비구들이여, 덩굴 음식이 사라지자 그 중생에게 쌀이 생겨났는데 이 쌀은 경작을 하지 않아도 잘 자랐다. 그 쌀은 가루가 없었고 껍질이 없었으며 향기로운 냄새가 났고 언제든 먹을 수 있었다. 저녁 끼니를 위해 저녁에 수확을 하면 다음 날 아침 다시 다 자라 수확할 수 있는 상태가 되었다. 아침에 아침 끼니를 위해 수확하면 저녁이 되어 다시 다 자라 수확할 수 있는 상태가 되었다. (때문에) 따로 모든 쌀을 수확할 필요가 없었다. 비구들이여, 그 중생은 오랫동안 경작하지 않아도 자라는 그 쌀을 먹으며 지냈다. 이 중생이 (이 쌀을) 얼마만큼 많이 먹었느냐에 따라 그들의 몸이 더 딱

딱하게 변했으며 얼굴 모습도 좋은 외모나 혹은 추한 모습으로 변했다. 어떤 중생에게는 여성의 성기가, 다른 중생에게는 남성의 성기가 생겨났다. 여성은 남성을 뜨겁게 갈망하는 눈으로 쳐다보았고, 남성도 여성을 마찬가지로 갈망하였다. 그들이 서로를 바라보자 강렬한 정욕이 그들에게 생겨났고 뜨거움이 온몸을 덮었다. 다른 중생이 그들이 성행위를 하는 것을 보고는, 어떤 중생은 그들에게 흙을 던졌고 어떤 중생은 재를 던졌으며 어떤 중생은 소똥을 던지며 말했다: "꺼져 버려라, 이 더러운 것들. 꺼져 버려라, 이 더러운 것들!", "어떻게 인간이 그런 짓을 다른 사람에게 할 수 있는가?"[54]

『아간냐경』은 남녀의 성기가 생기게 된 원인은 오랫동안 쌀을 먹었기 때문이라고 서술하고 있다. 그럼 불교 부파들이 남녀 간 성적 차이의 발생을 어떻게 이해하고 있는지 알아보기 위해 초기경전의 물질적 음식에 대한 분류와 후대 설일체유부와 대승불교 논서의 분류를 살펴보고자 한다.

『아간냐경』에서 태초의 중생은 처음 희열(歡喜, pīti)을 먹고 살았다. 그러나 시간이 지나면서 그들은 희열 대신 물질적인 음식(地味)을 먹기 시작하였다. 이러한 행위가 그들의 상태를 악화시켰고 그들은 색계에서 욕계의 상태로 떨어졌다. 『아간냐경』은 이 색계의 중생

---

54_ Collins, 1993, pp. 343-344.

이 왜 물질적인 음식을 먹게 되었는지에 대한 설명을 하고 있지 않다. 그러나 장아함『세기경』은 태초의 중생에게 물질적 음식이 필요하게 된 이유에 대한 실마리를 제공하고 있다.[55]

> 장구한 시기가 지난 후 이 세계는 다시 확장되기 시작했다.
> 이렇게 세계가 확장될 때 그들의 공덕과 업과 수명이 다한
> 중생은 광음천(光音天, ābbassarā)에서 죽어 이 세상에 태어
> 났다. 이들은 희열을 먹고 살며 스스로 빛을 발하고 하늘을
> 나는 화생(化生, opapātika)적 존재였다.[56]

이 경전은 최초의 중생이 그들을 색계의 중생으로 존재할 수 있게 했던 공덕과 업, 수명이 다해 색계의 광음천에서 욕계로 떨어졌다고 설명한다. 색계에 머물 때, 그들은 희열을 먹고 살았다. 그런데 욕계로 떨어지면서 물질적 음식을 먹을 운명에 처하게 된 것이다. 욕계의 최초 단계에서는 이전에 색계의 존재로서 그들을 존재케 했던 공덕의 잔존한 여력으로 잠시 희열을 먹고 살았지만 이 공덕이 완전히 고갈되자 물질적인 음식을 먹게 된 것이다. 이들의 육체적 모습에 대한 음식의 변화가 갖는 의미에 대해서는 아래에서 다룰 것이다.

---

**55_** 『아간냐경』은 불교 우주론에서 고찰해야 할 음식에 대해 충분한 언급을 하고 있지 않으며 빨리어 주석 문헌도 음식 분류에 대한 만족할 만한 설명을 제공해 주지 않는다. 이러한 이유로 태초의 음식에 대한 양상을 고찰하기 위해 그에 관한 상세한 내용을 담고 있는 한역 문헌을 사용하였다.

**56_** T. I., p. 145a.

『아간냐경』은 희열에서 쌀로 음식의 상태가 점차 하락하고 그 결과 남녀의 성 기관이 생겨난 과정을 언급하고 있다. 그러나 이 경전은 음식의 변화와 음식 질의 하락이 왜 남녀의 성 기관을 생기게 했는가에 대한 자세한 설명을 하고 있지 않다. 후대 경전 문헌과 주석 문헌 들은 음식의 질에 대하여 그것을 분류하기 위해 '미묘한 음식(微細食[57] 혹은 細食[58])' 혹은 '거친 음식(麁食[59] 혹은 麁段食[60])'이라는 특정한 술어를 사용한다. 나중에 살펴보겠지만 이들 술어는 음식과 성 기관의 관계를 이해하는 데 있어서도 유용한 지표이다.

먼저 『아비달마구사론』에서의 음식 분류를 고찰하고자 한다. 여기에서는 『아간냐경』에 나타난 음식을 다음과 같이 분류하고 있다.

| | |
|---|---|
| 욕계 | 1. 미묘한 음식: 지미(地味) → 맛있는 버섯 → 바달라따(badālatā) 덩굴 |
| | 2. 거친 음식: 야생 쌀 |
| 색계 | 색계에는 물질적인 음식이 존재하지 않음<br>희열과 즐거움이 음식이 됨 |

표 1-2. 『아비달마구사론』의 『아간냐경』 음식 분류[61]

『아비달마구사론』은 『아간냐경』에 나타난 음식을 명확하게 분

57_  T. XXX., p. 300a.

58_  T. XXIX., p. 509c.

59_  Ibid..

60_  T. XXX., p. 300a.

61_  T. XXIX., p. 65b-c.

류하고 있다. 이 논서에 따르면 야생 쌀이 생겨나기 이전에 태초의 중생이 먹었던 세 가지 종류의 물질적 음식은 미묘한 음식으로 분류되지만 야생 쌀은 거친 음식으로 분류된다. 그렇다면 미묘한 음식과 거친 음식의 본질적인 차이는 무엇인가?

『아비달마구사론』은 『아간냐경』에서의 음식 변화에는 두 가지 단계가 있다고 서술하고 있다.

먼저 야생 쌀이 등장하기 이전, 중생은 '지미(地味. 최초로 생겨난 물질적인 음식)', '버섯(두 번째 물질적 음식)', 덩굴 식물인 '바달라따(badālatā. 세 번째 물질적 음식)'를 차례대로 먹고 살았으며 이들 음식은 '미묘한 음식'으로 분류된다. 이들 음식은 배설물이 생기지 않았으며 태초 중생에게는 남성과 여성의 성적 구별이 존재하지 않았다.[62]

야생 쌀이 등장한 이후, 중생은 야생 쌀을 먹고 살았고 이 쌀은 '거친 물질적 음식'으로 분류된다. 이 새로운 거친 음식을 먹은 후에는 소화되지 않은 거친 음식의 찌꺼기를 배설할 배설 기관이 태초 중생의 몸에 생겨났다. 그것은 또한 남성과 여성의 생식 기관이기도 하였고 차례로 성욕이 생겨나게 되었다.[63]

미묘한 음식과 거친 음식의 근본적인 차이는 그 음식이 배설물을 만들어 내는가의 여부에 달려 있다고 『아비달마구사론』은 언급하고 있다. 아래에서 살펴보겠지만 이 배설물은 남녀의 성 기관 발생과 밀접하게 연관되어 있다는 점에서 매우 중요하다. 그렇다면

---

**62_**　Ibid., p. 65b.

**63_**　Ibid., p. 65c.

『아비달마구사론』의 이러한 규정은 다른 불교 문헌에서도 논의되고 있는 내용인가? 이러한 주제를 다루고 있는 다른 문헌들을 더 살펴보기로 하자. 설일체유부 논서인『아비달마순정리론』은 음식을 다음과 같이 분류하고 있다.

| 욕계 | 1. 거친 물질적 음식 : '미묘한 물질적 음식'에서 언급된 다섯 중생을 제외한 인간과 동물 등의 욕계 중생을 위한 음식 |
|---|---|
| | 2. 미묘한 물질적 음식 : 향이 음식인 중유(中有)[64]와 욕계의 신격들, 태초의 중생, 작은 벌레와 갓난아이를 위한 음식 |
| 색계 | 색계에는 미묘한 음식이나 거친 음식이 존재하지 않음 |
| 무색계 | 무색계에는 미묘한 음식이나 거친 음식이 존재하지 않음 |

표 1-3. 『아비달마순정리론』의 음식 분류[65]


『아비달마순정리론』 또한 미묘한 음식과 거친 음식의 차이는 음식을 먹고 배설물을 생기게 하는가의 여부에 달려 있다고 언급하고 있다. 미묘한 음식에 대하여 이 논서는 "그것은 더러운 상태로 변하지 않으며 마치 기름이 모래 속으로 흡수되듯이 신체의 부분 속으로 흘러들어 간다"[66]고 서술하고 있다.

우리는 여기에서『아비달마순정리론』도『아비달마구사론』과 유사하게 음식을 분류하고 있음을 보게 되는데,『아비달마순정리

---

**64_** 죽고 나서 아직 새로운 삶을 받지 않은, 삶과 죽음의 중간적 존재.

**65_** T. XXIX., p. 509c

**66_** Ibid.. 細謂中有食 香為食故 及天劫初食 無變穢故 如油沃砂.

론』에서 흥미로운 점은 중유(中有)에 대한 언급이다. 중유는 아비달마 논서와 유식 문헌에 자주 언급되는 존재이다. 불교에서는 모태에 중유가 착상하는 것을 아기의 생명이 시작되는 것으로 보고 있다. 여기서 중유는 욕계의 존재로 분류되는데 배설물을 만들지 않는 향기를 음식으로 삼는 청정한 존재로 규정된다.

다음으로 대승 논서인 『유가사지론』에서 말하는 미묘한 음식과 거친 음식에 대한 규정을 고찰해 보고자 한다.

| 욕계 | 1. 거친 물질적 음식 : 인간, 동물, 아귀를 위한 음식 |
| | 2. 미묘한 물질적 음식 : 태아나 육욕천(六欲天)의 신격을 위한 음식(음식은 신체에 흡수되어 신체의 일부를 구성한다: 여기서 음식은 완전히 소화되어 배설물을 남기지 않음) |
| 색계 | 색계에는 거친 물질적 음식이나 미묘한 물질적 음식이 존재하지 않음 |
| 무색계 | 무색계에는 거친 물질적 음식이나 미묘한 물질적 음식이 존재하지 않음 |

표 1-4. 『유가사지론』의 음식 분류[67]

『유가사지론』에서도 배설물의 유무는 미묘한 음식과 거친 음식을 분류하는 중요한 기준이다: 미묘한 음식은 배설물을 생기게 하지 않고 완전히 소화되어 신체의 각 부분을 형성시킨다.

『유가사지론』에서 눈길을 끄는 부분은 중생 분류에서 언급하고 있는 태아의 존재이다.

---

**67_** T. XXX., p. 300a. 一切三界有情壽命安住 段食一種唯令欲界有情壽命安住 又於那落迦受生有情 有微細段食 謂腑藏中有微動風 由此因緣彼得久住 餓鬼傍生人中有麤段食 謂作分段而噉食之 復有微細食 謂住羯羅藍等位有情及欲界諸 天 由彼食已 所有段食流入一切身分支節 尋即消化無有便穢.

티베트불교 학자인 프란시스 가렛(Frances Garrett)은 1) 천신, 2) 지옥 중생, 3) 아귀, 이들 세 존재를 '종교적으로 상상된' 존재라고 이야기한다. 여기에서 태아는 가렛이 분류한, 종교적으로 만들어진 존재가 아님에도 불구하고 거친 음식을 먹고 사는 인간과 달리 미묘한 물질적 음식을 먹는 존재로 규정되고 있다. 미묘한 음식과 거친 음식의 차이를 좀 더 알아보기 위해 태아에 대한 주석 문헌의 인식과 어떤 방식으로 태아가 먹고 사는가에 대해 살펴보기로 하자.

상윳따 니까야(Saṃyutta Nikāya)에 대한 주석서이자 5세기 붓다고사(Buddhaghosa)가 저술한 『사랏타빠까시니(Sāratthappakāsinī)』는 "태아의 배꼽이 청련(靑蓮)의 줄기처럼 속이 빈 관에 의해 어머니 복부의 막과 연결되어 있으며 이 관을 통해 지속적으로 영양분을 받아들여 태아가 살 수 있는 것이다"라고 서술하고 있다.[68] 구나와르다나(Gunawardana)는 탯줄이 어머니로부터 태아에게 영양분을 공급한다는 이러한 인식은 이전에 존재했던 "어머니가 무엇을 마시든 먹든 핥든, 그 모든 것은 태아(kalala)에게 가며 태아의 성장을 돕는다"라는 인식보다 발전된 것이라고 지적하고 있다.[69]

다만 가렛은 불교의 태아학(embryology)이 의학자가 보기에 과학적이기보다 좀 더 '종교적'일 수 있다고 언급한다.[70] 이러한 시각은 티베트불교 의학에서 태아와 태어난 이후의 인간에 대해 의학적 원리를 적용함에 있어 차이가 있다는 점을 강조한다: 아마도 이러한

---

**68_**  Gunawardana, 1984-1985, p. 14.

**69_**  Ibid., p. 15.

**70_**  Garrett, 2008 : p. 64.

태도는 왜 불교 우주론이 인간이라는 존재를 다르게 분류하는지 설명해 줄 수 있을 것이다.

이처럼 태아와 태어난 인간 사이의 차이는 티베트불교 의학과 불교 우주론에서 두드러진다. 하지만 태아가 태어난 인간과 다른 방식으로 영양분을 흡수하고, 성인과는 다른 방식으로 배설물을 제거한다는 점은 현대 의학에서도 언급하고 있다.[71]

다른 한편 앞서 이야기한『아비달마순정리론』의 분류에서 미묘한 음식을 먹는 존재 중 하나를 '갓난아이(嬰兒)'라 언급하고 있는 점도 주목된다. 이는 태아를 미묘한 음식을 먹는 존재로 분류한『유가사지론』과 다른 내용인데, 태아와 이미 태어난 사람을 구별하는 티베트불교 의학과 빨리어 주석서인『사랏타빠까시니』에 있는 불교 의학 전통을 고려할 때 갓난아이에 대한 언급은 이례적이라고 할 수 있다. 그 이유는 갓난아이의 경우 성인과 마찬가지로 동일한 신체 구성 요소를 가진 존재로 간주되기 때문이다.

이처럼『아간냐경』,『아비달마구사론』,『아비달마순정리론』, 그리고 대승의『유가사지론』에 이르기까지 미묘한 음식과 거친 음식에 대한 분류는 몇몇 차이를 제외하고 거의 대동소이하다. 그러나 빨리어 경전인『아간냐경』과 이에 상응하는 한역 장아함『세기경』의 또 다른 이역(異譯)인『기세경(起世經)』은 미묘한 음식과 거친 음식에 대한 다른 규정을 보여 주고 있다.

---

**71_** 다섯째 주부터 태아는 영양분을 섭취하고 배설물을 어머니의 태반과 연결된 탯줄을 통해 처리한다(Webster et al., 2012, p. 16).

| | |
|---|---|
| **욕계** | 1. 거친 물질적 음식<br>　1) 인간을 위한 음식: 쌀, 보릿가루, 콩, 생선, 고기<br>　2) 육욕천을 위한 음식(아수라, 사천왕, 삼십삼천, 야마천(yāma),<br>　　도솔천(tusita), 화락천(化樂天, nimmānaratī), 타화자재천(他化自在天,<br>　　parinimmita-vasavattī)): 천상계 음료, 수다(須陀, sudhā)<br>　3) 용(龍, nāga), 가루라(迦樓羅, garuḍa) 등을 위한 음식: 생선, 거북, 악어,<br>　　두꺼비, 뿔 없는 어린 용, 뱀, 수달, 금비라(金毘羅, kimbila) |
| | 2. 미묘한 물질적 음식<br>　인간, 육욕천, 용, 가루라 등을 위한 음식: 옷으로 몸 덮기, 마사지,<br>　씻기, 목욕, 몸 닦기, 피부에 오일 바르기 등을 미묘한 음식으로 규정 |
| **색계** | 색계에는 거친 음식도 미묘한 음식도 존재하지 않음 |
| **무색계** | 무색계에는 거친 음식도 미묘한 음식도 존재하지 않음 |

표 1-5. 『기세경』의 음식 분류[72]


　『기세경』도 물질적인 음식을 미묘한 음식과 거친 음식으로 분류한다. 그러나 『기세경』이 묘사하고 있는 미묘한 음식에 대한 규정은 이전 문헌들이 언급한 내용과는 판이하게 다르다. 여기에서 언급하고 있는 미묘한 음식은 앞서의 문헌들에서 다루었던 물질적인 음식이 아니라 옷으로 몸의 온도 유지하기, 마사지, 오일 바르기 등 우리 몸에 대한 일종의 물리적 케어라 할 수 있다. 이러한 『기세경』의

---

**72**　T.I., p. 345b-c. 何等眾生應食 麤段及微細食 諸比丘 閻浮提人 飯食麨豆 及魚肉等 此等名為段之食 覆蓋按摩 澡浴揩拭 脂膏塗摩 此等名為微細之食 瞿陀尼人 弗婆提人 麤段微細 與閻浮提略等皆齊等 欝單越人 身不耕種 自然而有成熟粳米 為麤段食 覆蓋澡浴 及按摩等 為微細食 諸比丘 一切諸龍金翅鳥等 以諸魚鼈黿鼉蝦蟇虬蟠虵獺金毗羅等 為麤段食 覆蓋澡浴等 為微細食 諸阿修羅 以天須陀妙好之味 以為麤段 諸覆蓋等 以為微細 四天王天 并諸天眾 皆用彼天須陀之味 以為麤段 諸覆蓋等 以為微細 三十三天 還以彼天須陀之味 以為麤段 諸覆蓋等 以為微細 如三十三天 乃至夜摩天 兜率陀天 化樂天 他化自在天等 並用彼天須陀之味 以為麤段 諸覆蓋等 以為微細 自此以上 所有諸天 並以禪悅法喜為食 三摩提為食 三摩跋提為食 無復麤段及微細食.

미묘한 음식에 대한 내용은 우리 몸의 기능을 보존하고 증대시키기 위한 마사지, 오일 치료 – 식물과 동물에서 추출한 오일은 건강을 증진시키기 위해 사용되었다[73] – 와 같은 『아유르 베다(Āyur-Veda)』의 의학적 케어를 상기시킨다. 따라서 『기세경』에 나타난 음식 분류의 내용이 다른 문헌들과 구별되는 차이점은 인간 육체에 대한 비(非)음식적 케어들이 음식이란 개념 속에 포함되어 있다는 점이다.

앞서 보았듯이 『아간냐경』은 남녀의 성 기관들이 거친 음식을 먹기 시작한 이래 생겨나게 되었다고 서술하고 있다. 『아비달마구사론』에 언급되어 있듯이 거친 음식은 몸에 배설물을 생기게 하며 이렇게 생긴 배설물은 배설 기관을 필요로 한다. 대소변이 통과하는 배설 기관은 또한 성 기관이기도 하다. 물질적 음식 이외에 다양한 종류의 물리적 케어를 음식 개념으로 수용하는 『기세경』의 규정을 제외한다면, 우리가 앞서 음식 분류와 관련해 다룬 문헌들은 거친 음식을 먹는 것과 배설물을 배출할 필요, 성 기관의 출현, 성욕과 성행위 들이 가진 연관 관계를 보여 주고 있다고 할 수 있다. 이것은 성욕이 궁극적으로 음식 혹은 먹는 행위에 의해 야기되며 이 두 가지 요소들은 서로 긴밀하게 연관되어 있음을 시사한다.

음식과 성욕 간의 관계는 종교적 실천에 있어서 중요한 의미를 가져왔다. 경량부(經量部, Sautrāntika) 논서로 추정되는 『성실론(成實論, Satyasiddhi Śāstra)』은 이러한 실천적 측면을 잘 보여 주고 있다.

---

**73_**  Wujastyk, 1998, pp. 139-140.

최초의 음식인 지미(地味)를 먹었을 때, 그것을 많이 먹은 중생은 그들의 광휘를 잃어버렸다.

이와 같이 연속적으로 늙음, 병, 죽음이 찾아왔다. 나이를 먹어 100세에 가까워짐에 따라 많은 종류의 괴로움이 찾아왔다. 음식에 대한 탐욕 때문에 (원래 가지고 있었던) 그러한 이로움들을 상실한 것이다. 따라서 우리는 음식에 대하여 바르게 이해하여야 한다. 음식에 대한 욕망 때문에 음욕이 생겨나고 음욕 때문에 다른 정신적인 괴로움이 생겨난다. 다른 정신적인 괴로움 때문에 선하지 못한 행위가 생겨난다. 선하지 못한 행위 때문에 삼악취(三惡趣)가 늘어나며 천상계의 존재와 인간들에 해를 끼친다. 이러한 까닭에 모든 육체적 쇠약함과 정신적 괴로움은 모두 탐식으로 말미암아 그렇게 된 것이며 노(老), 병(病), 사(死) 또한 음식으로 말미암는 것이다. 음식, 이것은 (인간이) 깊이 탐착하는 것이다. 음욕이 비록 중하다고 하더라도 (모든 이를) 괴롭히지는 못하는데 음식의 경우에는 젊은이와 늙은이, 재가자와 출가자 모두를 막론하고 음식 때문에 괴로움을 당하지 않는 자가 없다.[74]

---

**74**_ T. XXXII., pp. 348c-349a. 始食地味 食之多者即失威光 如是漸漸有老病死 至今百歲 多諸苦惱 皆由貪著食故失此等利 是故應正觀食 又貪著飮食故生婬欲 從婬欲故生餘煩 惱 從餘煩惱造不善業 從不善業增三惡趣 損天人眾 是故一切衰惱皆由貪食 又老病死 相皆由飮食 又食是深貪著處 婬欲雖重 不能惱人 如爲食者 若少壯老年在家出家 無不 爲食之所惱也.

이 논서는 식탐과 그것이 파생시키는 문제, 그리고 음욕에 의해 야기되는 번뇌에 대하여 상세히 서술하고 있으며, 이러한 모든 선하지 못한 욕망이 본질적으로 음식에 대한 욕망에서 기인한다고 결론 짓고 있다.


## 7. 인간의 행위와 자연과의 관계

『아간냐경』과 이와 관련된 빨리어 및 한역 문헌들은 인간의 선하지 않은 행위 때문에 자연과의 상태가 악화된다고 서술하고 있다. 불교 우주론에서 다양한 자연과 인간의 조건을 다루는 데 있어 윤리는 가장 중요한 이슈이다. 이 절에서는 음식과 관련하여 자연과 인간 수명, 인간의 신체와 이들 간의 관계에 대하여 고찰해 보고자 한다.

먼저 자연의 악화에 대하여 살펴보자. 『세기경』은 이상적인 자연의 상태를 다음과 같이 묘사하고 있다.

1) 대지는 부드럽고, 발로 밟았을 때 들어갔다가 발을 들면 대지가 다시 원래대로 올라온다. 대지는 평평하여 손바닥과 같고 표면에 높낮이가 없다.
2) 물은 맑고 청정하고 오염이 없다.
3) 도랑이나 구덩이, 가시나 그루터기가 없다.
4) 모기, 쇠파리, 독사, 말벌, 전갈, 호랑이, 표범, 즉 사나운 동물들이 없다.

5) 돌이나 모래가 없고 보석만 있다.

6) 음양이 조화하고(陰陽調柔) 네 가지 기운(차가움, 시원함, 따스함, 뜨거움)이 조화롭고 순조로우며(四氣和順)[75] 날씨는 춥지도 덥지도 않으며 괴로움도 고생도 존재하지 않는다.[76]

이뿐 아니라 태초의 이상적인 음식의 상태도 다음과 같이 묘사된다.

> 이 세상에는 껍질이 없고 저절로 자라는 쌀이 있었다. 그것은 하얀 꽃다발을 닮았고 도리천의 음식 같은 다양한 맛을 가지고 있었다. 그 땅에서는 항상 저절로 나타나는 밥솥이 있었다. 그곳에는 염광(焰光)이라 불리는 보배 구슬이 있었으며 그것을 솥의 밑에 두면 밥이 되고 밥이 되면 빛이 사라졌다. 따라서 땔감을 구할 필요도 없었으며 사람이 공을 들여 노력할 필요도 없었다.[77]
>
> (…)
>
> 모든 사람들은 자신의 양만큼 먹을 수 있었고 그 주인이 일어나지 않으면 밥은 없어지지 않았고 그 주인이 일어난 이

75_ Hermann and Zheng Jiusheng, 2011, pp. 45-58.

76_ T. I., p. 118a.

77_ Ibid., 其土常有 自然粳米 不種自生 無有糠檜 如白花聚 猶忉利天食 眾味具足 其土常有自然釜鍑 有摩尼珠 名曰焰光 置於鍑下 飯熟光滅 不假樵火 不勞人功.

후에야 밥은 사라진다. 그 밥은 신선하고 깨끗함이 마치 하
얀 꽃다발 같았고 그 맛이 아주 훌륭하여 도리천의 음식과
같았으며 그들이 이 밥을 먹으면 모든 병들이 사라졌고 기
력이 충만해졌으며 안색이 온화하고 기쁜 기색을 보였으
며 쇠약하고 수척한 모습을 볼 수 없었다. 이 세상에 사는
사람들의 신체 모습은 모두 비슷하였으며 체격과 얼굴 모
습이 같아 분간할 수 없었으며 그들의 얼굴 모습은 앳되어
마치 염부제의 20대와 같았다.[78]

『세기경』에 묘사된 최초기 자연계와 음식의 질은 비윤리적인
행위의 결과에 의해 악화된다. 『세기경』은 이 점을 명백하게 지적하
고 있다.

이때 사람들은 많은 올바르지 못한 짓들을 했으며 삿되고
전도된 견해를 가지고 있었으며 열 가지 악업을 저질렀다.
이러한 악행 때문에 세상에 비가 내리기는 하나 모든 풀들
은 말라 죽고 오곡은 익지 않았으며 단지 줄기와 잎만 남았
다.[79]

---

**78_** Ibid., p. 119a. 自恣食之 其主不起 飯終不盡 若其主起 飯則盡賜 其飯鮮潔 如白花聚 其
味具足 如忉利天食 彼食此飯 無有眾病 氣力充足 顏色和悅 無有衰耗 又其土人身體相
類 形貌同等 不可分別 其貌少壯 如閻浮提二十許人.

**79_** Ibid., p. 144b. 爾時 人民多行非法 邪見顛倒 為十惡業 以行惡故 天不降雨 百草枯死 五
穀不成 但有莖稈.

이 경전은 인간의 비윤리적인 행위가 자연계와 음식의 이상적인 상태를 악화시킨다고 서술하고 있다. 여기서 언급된 '열 가지 악업(十惡業)'은 단지 열 가지 종류만을 의미한다기보다 모든 종류의 악행을 의미하는 개념으로 이해될 수 있을 것이다. 『세기경』은 부모에 대한 불효, 스승과 어른에 대한 불공경과 함께 열 가지 착하지 못한 행위가 다음과 같이 자연계의 상태를 악화시킨다고 서술하고 있다.

1) 세상이 온통 가시로 뒤덮인다.
2) 모든 곳에 모기, 쇠파리, 말벌, 도마뱀, 뱀이 들끓는다.
3) 금, 은, 크리스털이 땅속으로 사라진다.
4) 세상에 온통 돌과 모래 같은 쓸모없는 것들만 존재한다.
5) 세상은 온통 도랑, 개천, 산골짜기, 비탈로 가득하며 평평한 땅은 전혀 없다.[80]

선하지 못한 비윤리적인 행위와 더불어 자연계는 초기의 유토피아적 상태를 상실하고 중생이 살 수 없는 조건을 가진 부적합한 장소가 된다. 결국 태초에 존재했던 자연계의 이로움은 더 이상 존재하지 않게 된다. 『세기경』과 『짜까밧띠시하나다경』은 십불선법(十不善法)과 오계의 위반을 자연계와 인간의 수명, 인간의 신체를 악화시키는 전형적인 악행이라고 규정한다. 이와 관련한 이슈는 아래의 인간 수명에 관한 절에서 상세히 논의될 것이다.

---

**80_**   Ibid., p. 144a-c.

『세기경』의 「삼중겁품(三中劫品)」은 중생의 윤리가 타락한 이후 음식의 질에 대하여 묘사한다. 여기에는 불선법이 만연하자 극심한 기아와 고난이 닥친 사회의 음식에 대해 상세히 서술되어 있다. 이 시기는 '기아겁(飢餓劫)'이라고 불리며, 다음과 같이 요약될 수 있다.

1) 사람들이 악행을 행하자 비는 내려도 모든 풀들이 시들었다. 오곡은 영글지 않았으며 줄기와 잎사귀만 남았다. 사람들은 길과 도로의 더러운 땅에 버려진 곡식을 먹고 생존했다. 이것을 '기아(飢餓)'라고 한다.

2) 기아겁에 사람들은 길거리와 시장의 도살장과 무덤가에서 뼈들을 모아 그 뼈를 고아 우러난 국을 먹고 살았는데 이것을 '백골기아(白骨飢餓)'라 한다.

3) 기아겁에는 파종한 오곡이 초목으로 변하였으며 초목의 꽃이 떨어지면 밟혀 땅속에 묻힌 그 꽃들을 파서 삶아 먹으며 살았는데 이것을 '초목기아(草木飢餓)'라 한다.[81]

기아겁의 중생은 죽게 되면 아귀처(餓鬼處)에 떨어지는데 그 이유는 이들 중생이 다른 이들을 질투하고, 탐욕적이며, 다른 사람들과 어떤 것도 나누려 하지 않고, 괴로움을 당하고 있는 사람들에 대한 배려가 전혀 없기 때문이라고 『세기경』 「삼중겁품」은 서술하고

---

**81_** Ibid., p. 144b-c.

있다. 이 경전은 윤리적이지 못한 행위가 인간을 인간계에서 아귀계로 떨어지게 할 뿐만 아니라 음식의 질도 하락시킨다고 언급하고 있다.[82]

『아간냐경』에 나타난 불교 우주론을 다루고 있는 불교 문헌 가운데 가장 흥미로운 것은 아마도 정량부(正量部, Sāmmitīya) 소속의 한 문헌일 것이다.[83] 제목이 알려져 있지 않은 이 정량부 문헌은 인간과 자연(동물과 식물)의 관계를 다루고 있다.

빨리어 문헌인 『아간냐경』[84]과 한역 문헌인 『세기경』[85]에서 식물은 자연의 일부로 언급되고 있다. 이들 문헌에서 태초의 식물은 활수하고 풍부하게, 인간에게 이상적인 식재료를 제공하는 존재이지만 인간과 자연의 상호 관계에 있어서는 수동적인 존재로 묘사된다. 한편 이들 문헌은 동물에 대한 언급을 하고 있지 않다. 그러나 정량부 문헌의 우주론에서는 동물과 식물에 대한 인간의 비윤리적 행위에 대하여 동식물이 적극적으로 대응하는 것으로 묘사된다.

일본학자 오카노 기요시〔岡野 潔〕의 번역에 따르면, 이 정량부 문헌의 내용은 다음과 같은 시기로 나누어진다.

---

**82**_  Ibid.

**83**_  이 문헌은 오카노 기요시〔岡野 潔〕가 1998년에 편집한 두 문헌 중 하나이다(Sarvarakṣitas Mahāsaṃvartanīkathā. Ein Sanskrit-Kāvya über die Kosmologie der Sāṃmitīya Schule des Hīnayāna-Buddhistmus, Tohoku-Indo-Tibetto-Kenkyūsho-Kankokai, Monograph Series I, Sendai). 본 내용을 위해 사용된 자료는 오카노의 2002년 논문(「インド正量部の宇宙論的歴史における人間と動物と植物の関係」, 『日本佛教學會年報』. Vol. 68, pp. 71-85)에 들어 있는 산쓰끄리뜨 원전에 대한 일본어 번역문이다.

**84**_  DN. III., pp. 86-88.

**85**_  T. I., pp. 118-119.

1) 브라흐마 신이 세계를 창조한 때(2~7절)

2) 브라흐마 세계로부터 지상에 이르는 세계의 형성(8~30절)

3) 디가 니까야 『아간냐경』에 해당하는 부분(31~97절)

4) 『아간냐경』 우주론의 지속(98~131절)

5) 현 시기에 대한 설명(132~146절)

6) 현재겁(現在劫)의 궁극적인 목적에 대한 묘사(147 이후 절)[86]

위에서 언급된 여섯 가지 구분 중 네 번째가 여기서 언급할 자연에 대한 내용과 관계되어 있다. 이 시기는 세 단계로 구분되며 각각의 단계는 아래의 표 1-6에서 보듯 두 가지 하위 단계로 나누어진다.

| 단계 | 관계 | 상세 내용 | 특징 |
|---|---|---|---|
| 1 | 인간과 식물 | 쌀 맛이 비록 저하되기는 했지만 보리, 밀, 참깨, 꿀랏타(kulattha) 콩, 무드가(mudga) 콩, 마샤(māṣa) 콩 등이 나타났다(99절). 당시 참깨와 보리는 맛있는 즙을 가지고 있었으며 사탕수수는 껍질이나 잎이 없는 최고의 질을 가지고 있었다(101절).[87] | 조화와 자발적 조력 |
| | 인간과 동물 | 소들은 스스로 새끼를 낳고 인간에게 자발적으로 우유를 제공해 주었다(102절). 당시 버터와 기는 인간의 노력 없이 저절로 만들어졌다(103절). 당시 코끼리와 말이 나타났으며 그들 자신의 의지로 길들여졌다(104절).[88] | |

86_  Okano, 2002, p. 78.

87_  Ibid., p. 80.

88_  Ibid..

| | | | |
|---|---|---|---|
| 2 | 인간과 동물 | 동물들이 일과 수레 끄는 데에 이용되자 인간에게 그들의 몫을 요구하였다. 소들은 더 이상 자발적으로 인간에게 우유를 제공하지 않았고, 인간은 자신의 힘으로 우유를 짜야 했다.[89] | 적대적 관계의 시작 |
| | 인간과 식물 | 사탕수수는 잎으로 덮였으며(117절) 참깨는 원래 있었던 즙을 상실했다(118절). 이와 같이 다양한 식물들의 질이 악화되었으며 인간의 수명 또한 짧아졌다.[90] | |
| 3 | 인간과 동물 | 그 후 땅의 소유주들은 거만해졌고 동물들에게 할당된 몫을 주지 않았으며 동물들 또한 인간에게 복종하지 않았다(120절). 말과 코끼리 등 사람이 탈 수 있는 동물들은 길들여지지 않았고 채찍질을 당했다. 때문에 이 동물들은 인간을 혐오했으며 단단히 묶여졌다(123절).[91] | 인간과 자연 (동식물) 간의 적대 |
| | 인간과 식물 | 사탕수수는 두꺼운 껍질로 덮였으며 그 즙을 얻기 위하여 인간들은 힘들게 짜야만 했다. 참깨도 그 기름을 얻기 위해서는 힘든 노동이 필요했다.<br>세 번째 단계 이후 세계는 타락했다: 삿된 견해를 가진 사람들이 거짓된 가르침을 사람들에게 가르쳤고 식재료의 질은 심각하게 악화되었다. 사람들이 힘들게 일해도 좋은 질을 가진 참깨, 사탕수수, 우유, 곡식을 얻기가 대단히 어려워졌다.<br>인간은 질 낮은 음식에 익숙해졌고 수명은 짧아졌다.[92] | |

표 1-6. 정량부 문헌에 나타난 인간과 자연(식물과 동물)의 관계

위의 표에서 볼 수 있듯 이 문헌은 인간의 비윤리성에 의해 점

---

**89**_ Ibid., p. 81.

**90**_ Ibid., pp. 81–82.

**91**_ Ibid., pp. 82–83.

**92**_ Ibid., p. 83.

증하는 인간과 자연(동물과 식물)의 관계 악화 경향을 보여 주고 있다.

첫 번째 단계에서 확인되는 인간과 자연의 조화롭고 도덕적인 관계는 인간에게 최상의 질을 가진 음식과 동식물로부터의 자발적인 봉사를 제공해 주었다.

두 번째 단계에서 인간이 동물을 탈 것과 같은 도구로 대하기 시작하면서 동식물과의 관계에 균열을 가져왔으며 동식물에게서 얻게 되는 음식의 질은 점차 악화되었다.

세 번째 단계에서는 인간과 동식물 간 관계의 지속적인 악화를 다루면서, 인간의 사악한 행위에 의해 야기되는 비윤리성이 음식의 질 하락과 이후의 수명 단축을 야기한다고 결론짓고 있다. 덧붙여 말하면 이 문헌은 동식물을 인간의 비윤리성을 벌하는 능동적 행위자로서 해석하고 있는 듯하다.

인간과 동식물 간 점증하는 적의는 동식물과 인간 삶의 조건에 심각한 영향을 미친다. 그러나 이러한 적대적 관계는 피할 수 없는 것이 아니다. 왜냐하면 이 문헌은 음식의 질 하락과 수명의 극단적 악화도 인간이 그 윤리성을 회복한다면 원래 상태로의 복원이 가능하다고 보고 있기 때문이다.

이제 불교 우주론에서의 인간 수명에 대해 살펴보도록 하자. 『아간냐경』은 인간의 수명에 대한 언급을 하고 있지 않다. 따라서 이 문제를 다루기 위해 『짜까밧띠시하나다경』을 살펴보지 않을 수 없다. 이 경전의 내용상 두드러진 특징은 인간의 수명 단축이 비윤리적 행위와 관계있다고 보는 시각이다. 이 경전에 나타난 비윤리적 행위와 수명 단축 사이의 관계는 다음과 같다.

| 비윤리적 행위 | 수명 단축 |
|---|---|
| 살생 | 80,000세에서 40,000세로 단축 |
| 거짓말 | 40,000세에서 20,000세로 단축 |
| 삿된 말 | 20,000세에서 10,000세로 단축 |
| 사음 | 10,000세에서 5,000세로 단축 |
| 욕설과 험담 | 5,000세에서 2,500세로 단축<br>어떤 중생은 2,000세로 단축 |
| 질투와 증오 | 2,500세에서 1,000세로 단축 |
| 사견 | 1,000세에서 500세로 단축 |
| 근친상간, 탐욕, 동성애 | 500세에서 250세 혹은 200세로 단축 |
| 부모, 수행자, 바라문, 장로들에 대한 비공경 | 250세에서 100세로 단축 |
| 가족 간 증오, 성냄, 살의 | 100세에서 10세로 단축[93] |

표 1-7. 비윤리성과 수명 단축

이 도표는 인간의 비윤리적 행위가 증가함에 따라 줄어드는 수명을 보여 주고 있다. 『짜까밧띠시하나다경』에 언급되고 있는 열 가지 종류의 비윤리적 행위는 불교 문헌에서 일반적으로 언급되는 십불선법[94]의 내용과 다른데 이 경전은 일반 불교 문헌의 십불선법과 공유하고 있는, 살생, 거짓말, 욕설, 악의와 같은 신(身), 구(口), 의

---

**93**_ DN. III., pp. 69-72.

**94**_ 십불선법의 내용은 다음과 같다: 1) 살생, 2) 도둑질, 3) 사음, 4) 거짓말, 5) 악담, 6) 욕설, 7) 험담, 8) 질투, 9) 악의, 10) 사견.

(意)의 비윤리적 행위 외에 부모, 수행자, 바라문, 장로에 대한 윤리 같은 조화로운 사회적 관계를 강조하는 특징을 보이고 있다.

『짜까밧띠시하나다경』 외에 십불선법이 수명과 신체, 음식, 윤리성[95]에 대한 훼손의 원인으로서 간주되는『아비달마대비바사론』에서도 확인할 수 있듯 십불선법은 자연과 음식, 인간의 수명을 악화시키는 본질적 원인으로 기능한다.

『짜까밧띠시하나다경』에 따르면, 인간의 수명이 열 살까지 단축될 때 기, 버터, 참기름, 당밀, 소금과 같은 맛있는 식재료는 사라지고 인간은 피(稗. kudrūsa)와 같은 거친 음식을 주식으로 먹기 시작한다고 한다.[96] 수명과 음식 질의 직접적 연관은 다른 문헌의 내용을 통해서도 찾아볼 수 있다. 앞서 언급한 정량부 문헌을 통해 자연계와 인간의 상태 악화 순서를 이해할 수 있을 것이다.

1) 비윤리성이 자연계의 상태를 악화시킨다.
2) 자연계의 손상은 음식의 질을 악화시킨다.
3) 음식의 손상된 질이 인간 수명을 단축시킨다.[97]

『짜까밧띠시하나다경』에는 오계의 위반이 열거되고 있는데, 살생, 도둑질, 거짓말, 사음, 음주는 인간의 수명을 단축시키는 원인으로 간주된다. 여기서 좀 더 흥미롭고 중요한 점은 이 경전이 오계

---

**95**_ T. XXVII., p. 588a-b.

**96**_ DN. III., p. 71.

**97**_ Okano, 2002, p. 83.

가 아닌 육계(六戒), 즉 '적당한 음식 섭취'를 여섯 번째 계율로 언급하고 있는 점이다.[98] 이 경전에서 적당한 음식 섭취가 수명을 늘리는 원인이라고 명확히 서술하고 있기 때문에, 식탐은 비윤리적인 것으로 간주되고 이는 곧 수명 단축의 직접적 원인일 수 있음을 의미한다.[99]

이렇듯 『짜까밧띠시하나다경』에 나타난 윤리성과 음식의 질, 수명 사이의 연관을 고찰해 보면 비윤리성은 수명 단축의 원인으로, 식탐은 비윤리적인 행위로 간주됨을 알 수 있다. 이 경전에 따르면 인간은 수명을 늘리기 위해서 윤리적으로 살고 적정한 양의 음식을 먹어야만 하는 것이다.

이제 우리가 앞서 다루었던 문헌들에 나타난 우주론에 대한 논의에서 음식, 윤리성, 인간 신체의 왜소화 사이의 관계를 요약해 보자.

『아간냐경』은 음식과 음식 섭취로 인해 인간의 신체가 열등해졌다고 언급하고 있다. 그러면서 음식 섭취와 인간 신체의 열등화 간의 관계에 초점을 맞추고 있다. 이 경전은 언제 어떻게 태초의 중생이 이 세상에 존재했었는지에 대해 이야기하고, 최초의 음식인 지미를 많이 먹어 "그들의 몸이 딱딱해지고 보기 좋거나 추한 외모가 생겼고 좋은 외모를 가진 사람들은 추한 외모를 가진 사람들을 경멸했다"[100]고 서술하고 있다.

---

**98**_  DN. III., p. 63.

**99**_  Ibid..

**100**_ Collins, 1993, p. 342.

『아비달마구사론』은 음식 섭취를 통해 인간의 몸이 딱딱해지고 무거워졌다고 기술하고 있다.[101] 한편 『유가사지론』은 윤리적 타락과 함께 인간의 신체가 줄어들어 손바닥만 해졌다고 서술하고 있다.[102] 『성실론』에서 볼 수 있듯 음식의 본질은 욕망되어지는 것이며 따라서 식탐은 종교 수행자에게 영원히 위험한 것이다.

『아간냐경』, 설일체유부의 『아비달마순정리론』, 그리고 대승의 『유가사지론』은 음식과 남녀 성기의 기원 그리고 이후 성욕이 생겨나는 것을 연쇄적으로 연관되어 있는 문제라 사고한다. 이러한 관계는 주석서 시기에 와서 명확해지는데, 이들 주석서는 음식의 타입, 즉 그것이 미묘한 음식인가 혹은 거친 음식인가에 따라 우리 몸에서의 소화와 음식의 흡수를 설명한다.

앞에서 고찰한 모든 문헌들은 음식의 객관적·주관적 양상, 자연, 인간을 밀접하게 연결 짓는다. 자연은 부분적으로 음식의 한 형태로서 인간 욕망의 대상이다. 비윤리성에 기반한 인간의 욕망은 자연의 질적 악화를 야기할 수 있다. 그 결과 음식의 질은 더욱 악화되고 그 과정은 하향식 나선 구조를 갖는다. 음식 질의 저하는 이후 인간의 수명 단축을 야기하고 그들의 신체를 크기와 외모의 측면에서 열등하게 만든다. 음식의 질 수준은 인간의 윤리적 수준에 비례하며 인간의 윤리성은 자연과 인간 사이의 질을 결정하는 요인이다.

---

**101_** T. XXIX., p. 65b. 爾時方名初受段食 資段食故身漸堅重.

**102_** T. XXX., p. 286a. 依止衰損者 謂其身量極至一搩或復一握.

음식 저장과 성, 카스트적 집착에 기반한 사회를 버리기로 결심함으로써 『아간냐경』에 언급된 출가자인, 최초기의 비구들은 타락하는 경향에서 벗어나려고 할 뿐만 아니라 - 콜린스가 제안한 것처럼 - 식탐과 성욕, 비윤리, 그리고 이로 인해 발생하는 이후의 악행에 영향을 받지 않았던 태초 중생의 위대한 청정성을 염원한다.

필자는 여기서 음식의 질과 인간의 육체적 열등화 사이의 관계가 물리적 신체와 거친 음식, 미묘한 음식 간 차이의 이해를 통해 연결되어 있다는 점을 보였다. 물질적 음식은 욕망을 야기한다. 욕망에 빠지는 것은 음식적 미묘함을 상실케 하는 것이다. 거친 음식은 배설물을 발생시키고 우리 육체가 배설 기관을 갖는 것을 불가피하게 한다. 이러한 배설 기관은 바로 성 기관이다. 또 흥미로운 점은 음식 상태의 차이 그 자체가 바로 다른 세계의 특징이라는 점이다. 색계나 무색계는 물질적인 음식을 가지고 있지 않다. 오직 욕계만이 미묘한 음식과 거친 음식, 두 가지를 모두 가지고 있다. 불교에서 이러한 우주론적 세계는 명상을 통해 성취되는 정신적 상태와 조응한다. 청정한 정신적 상태(jhāna)는 무색계와 색계, 두 가지 단계로 나뉘며 욕계의 부정적인 심소(心所, 마음 작용)가 없는 상태이다.

# 2장. '먹는다'는 결정

# 1. 『아간냐경』의 해석

음식은 단지 먹을 수 있는 대상이 아니라 또한 사고의 대
상이다. (…) '음식은 우주에 대한 힌두의 개념을 설명하기
위한 주요한 원리와 그것의 체계와 궤를 같이 하고 있다
(Khare, 1976, p. 131).'[103]

만약 음식이 (우주론에 나타나 있듯이) 자연과 사회, 그 모두를
창조한 우주적 코드라면, 음식에 대한 한 개인의 행위는 우
주에 대한 한 개인의 행위에 대한 코드이다.[104]

위에 인용한 문장은 패트릭 올리벨의 소논문 「From Feast to
Fast: Food and the Indian Ascetic」에 언급된 내용들이다. 올리벨

---

**103**_ Olivelle, 1991, p. 17.

**104**_ Ibid., p. 23.

은 이 논문에서 다양한 종류의 인도 우주론이 보이는 음식에 대한 시각과 음식의 위치 사이의 관계를 고찰하고 있다. 그는 각각의 우주론이 어떻게 음식에 대한 종교적·사회적 관계를 다르게 해석하는지를 설명한다.

앞 장에서 우리는 초기불교의 우주 생성론적 신화와 우화로서의 『아간냐경』에서 음식의 위치를 고찰했다. 『아간냐경』의 음식에 대한 인식과 성욕과 같은 다른 악행과의 관계를 분석함에 있어서 『아간냐경』의 내용이, 우주를 욕계, 색계, 무색계로 나누는 초기불교 우주론과 정확하게 일치함을 발견했다. 또한 거친 음식과 남녀의 성 기관 사이의 관계가 주석서 시대의 불교 문헌을 통해 볼 수 있는 내용인, 소화와 관련된 생리학적·의학적 해석을 통해 이해될 수 있다는 점도 알게 되었다. 따라서 비록 『아간냐경』이 바라문 문헌, 특히나 곰브리치가 예로 든 『리그 베다』의 「뿌루샤 찬가」에 대한 풍자라는 점[105]을 일정 부분 인정한다 하더라도, 필자는 『아간냐경』이 당대 불교의 우주론적 세계관에 확고하게 기반하여, 한편으로는 음식과 욕망과 다른 악행, 또 다른 한편으로는 중생과 세계의 다양한 조건 사이의 관계를 설명해 주고 있다는 주장에 동의한다.

올리벨은 『아간냐경』과 힌두 『링가뿌라나』, 두 문헌을 통해 우주론과 음식에 대한 태도 사이의 관계를 고찰한다. 『링가뿌라나』도 우주 상태의 악화에 대해 설명하고 있다. 그러나 이 문헌에서의 우주 상태 악화는 네 유가(yuga, 우주의 시기 구분 중 한 시기)라는 시기적 구

---

105_ Gombrich, 1992a.

분에 의한 것이다.

물론 여러 가지 점에서 『링가뿌라나』는 『아간냐경』에 상응하는 내용들을 담고 있다. 곰브리치가 확인하고 있는 이 두 문헌에 나타난 대응 - 베다적 시각을 풍자를 통해 전복 - 의 유사성은 바라문 전통 그 자체에서도 발견된다. 초기 베다적 시각을 얼마나 거부하는가를 보여 주는 이 두 문헌 간 설명의 차이는 후대 우주론적 신화가 대변하는 그룹들의 교학과 교리에 특유한 것이다. 즉 『아간냐경』과 『링가뿌라나』의 우주 생성론적 타락에 관한 신화들은 각각의 신앙 체계를 반영한다.

올리벨이 지적하고 있듯이, 이 두 문헌은 창조를 긍정적인 것에서 부정적인 것으로 보는 후기 베다 시대의 근본적 태도 변화를 공유하고 있다. 이들의 부정적인 우주론은 이 두 문헌에 언급되어 있는 창조적인 공동 활동에 대한 출가자들의 거부와 관계되어 있다.[106] 「뿌루샤 찬가」는 우주의 창조를 긍정적인 것으로 보는 데 반해, 『링가뿌라나』와 『아간냐경』은 부정적인 것으로 본다.

올리벨에 의하면 『아간냐경』에 묘사된 최초의 출가자들이 마을을 떠나고, 인간 사회의 노력과 악을 버리려 하는 방식은 지속적인 존재의 우주, '쁘라브릿띠(Pravṛtti)'를 의미하는 후기 베다 시대의 실재 개념 측면에서 볼 수 있다. 그것은 행위를 의미하며, 특별히 의례적 행위를 말한다. 한편 '니브릿띠(Nivṛtti)'는 그와 반대되는 것을 의미하는데 우주적 과정의 전변을 뜻한다. 그것은 행위하지 않음과 완

---

**106**_ Olivelle, 1991, p. 29.

전한 고요를 의미한다.[107]

윤회(saṃsāra)의 지속을 피하고자 하는 출가 수행자에게 쁘라 브릿띠의 양상들은 반드시 피해야 할 것들이다.[108] 이것은 인도 출가 수행자 전통에서 음식에 대한 전체적인 태도를 설명한다: 음식은 쁘라브릿띠의 일부로서 피해야 할 것이다. 그러나 올리벨에 따르면 『링가뿌라나』에서 '먹는 것' 그 자체는 타락의 원인으로 확인되지 않는다. 그것은 우주의 점차적 상태 악화의 한 단계로 묘사되는데, 왜냐하면 태초에는 음식도, 음식을 먹을 필요도 존재하지 않았기 때문이다.[109] 『링가뿌라나』의 우주 생성론 신화의 문맥에서, 출가 수행자가 열망하는 각각의 낙원적 상태는 음식이 없는 상태이다.

다른 학자들에 의해서는 주목되지 않은 『리그 베다』의 「뿌루샤 찬가」와 『아간냐경』 사이의 상응하는 것들 중 흥미로운 점 하나는, 『아간냐경』이 모든 존재를 먹는 것과 먹지 못하는 것으로 분류하는 『리그 베다』의 범주화에 이의를 제기하지 않는다는 것이다.[110]

『아간냐경』에서는 중생이 먹는 것에 대해 이견을 달고 있지 않다: 이 경에서 최초의 중생은 욕계에서 물질적인 거친 음식을 먹기 전에 비물질적 음식인 희열을 먹고 살았다.

올리벨이 지적한 불교와 힌두 문헌 간 차이는 다음과 같다. 힌두 문헌에서 세계의 악화는 욕망에 의한 것이더라 하더라도 유가 사이클

---

**107**_ Ibid., p. 32.

**108**_ Ibid., p. 33.

**109**_ Ibid., p. 31.

**110**_ ṚV. X. 90. 4. 참조 Olivelle, 1995b, p. 368.

의 자동적인 과정이라 여긴다. 이에 반해 불교 문헌에서 세계 악화의 원인은 인간의 행위이다. 음식과의 관계에서 인간의 비윤리성은 성적 비윤리성을 직접적으로 야기한다. 음식에 대한 이러한 인식은 콜린스가 이 경을 보듯 우화로서 『아간냐경』의 모습을 보여 준다. 앞 장에서 필자는 왜 이 경전을 불교 상가의 계율에 대한 우화로 간주하는지를 설명했다. 『아간냐경』에 나타나는 전형적인 출가 수행자가 마을에서의 생활을 포기했을 때, 그들은 먹는 것을 완전히 그만둔 것이 아니라 생산과 음식 저장에 관여하는 것을 그만둔 것이었다. 상응하는 불교 계율은 먹는 방식을 정하며, 음식과 욕망, 성행위 그리고 다른 악행이 연관되어 있음에도 불구하고 먹는 것을 금지하지는 않는다.

인도종교에 나타나는 음식과 성의 연관은 앞에서 언급한 올리벨의 쁘라브릿띠와 니브릿띠의 분석을 성적 차원에서도 적용시키는 것을 가능케 하며, 다른 인도 전통에서는 다른 표현을 발견하게 된다. 예를 들면, 『브리하드아라냐까 우빠니샤드(Bṛhadāraṇyaka Upaniṣads)』와 『찬도갸 우빠니샤드(Chandogya Upaniṣads)』 같은 초기 우빠니샤드 문헌에서, 제사의례로써 인간의 신체적 상징을 통해 성과 음식의 연관을 살펴볼 수 있다. 이것은 『리그 베다』 「뿌루샤 찬가」의 기저를 이루는 주제의 확장이지만 의례의 내면화라는 경향은 힌두 고행주의에서 제사불과 의례 행위의 내면화에서 그 정점을 보게 된다. 그러나 불교에서는 행위의 윤리화에서 그 정점을 볼 수 있을 것이다.[111] 우빠니샤드는 다음과 같이 언급하고 있다.

--------

111_ Collins, 1993.

고타마여 남자는 사실 불이다. (…) 바로 그 불 속에서 신들
은 음식을 제공한다. 정액은 바로 그 헌공에서 생기는 것이
다. 고타마여, 여자는 사실 불이다. (…) 바로 그 불 속에서
신은 정액을 제공한다. 태아는 바로 그 헌공에서 생기는 것
이다.[112]

위와 같이 우빠니샤드의 문맥에서 확인할 수 있는 '불', '희생의
례', '음식', '자손을 갖는 것'은[113] 모두 불교에서 부정적인 것으로 간
주된다. 우리는 비구들의 성적 관계를 금지하는 첫 번째 계율 조항
에서 그러한 내용을 찾아볼 수 있다.

『아간냐경』은 다시 베다의 견해를 풍자하는데, 이번에는 제사
적 의미에서 불구덩이로 묘사되는 여성의 성기(yoni, vagina)에 대한
베다의 시각을 풍자한다. 『아간냐경』은 베다의 시각을 문자 그대로
수용하는데, 남성의 성기를 여성의 질 속에 넣는 것은 그것을 불구
덩이에 넣는 것이다. 불, 희생의례, 성적 관계, 자손의 중요성과 같
은 쁘라브릿띠의 양상을 거부하는 것은 『아간냐경』에서 수행자들이
전형적인 재가적 행위와 불 지피는 것을 거절하는 내용에서 확인할
수 있다.

올리벨은 음식에 대하여 베다에 기반한 태도와 출가 수행자에

---

**112**_ BAU. 6. 2. 12-1 ; CU. 5. 7-8. 인용·Olivelle, 1995b, p. 373.

**113**_ 동일한 우빠니샤드에서 불사(不死)를 성취하는 수단으로써 자손은 지식보다 아래에 위치하
는 것으로 격하되어 있다. 그러나 세속적 힘을 갖는 수단으로써 자손은 여전한 중요성을 가
지고 있다. Olivelle, 1997 참조.

기반한 태도 사이의 이분법을 언급하고 있다. 거기서 깨달은 사람은 모든 것이 음식인 사람(베다적 패러다임)이거나 (음식이) 필요하지 않은 사람이며 따라서 음식의 영역을 초월한 사람이다.[114]

음식을 완전히 거부하는 것은 어떤 힌두 출가 수행자 그룹에게 있어 선택의 문제였다. 올리벨은 '물만 먹고 사는 사람'과 '공기만 마시고 사는 사람'[115]을 포함하는 『바우다야나 다르마 수뜨라(Baudhāyana Dharma Sūtra)』(기원전 2세기 중엽~서기 시작)[116]의 숲속 수행자 분류에 주목한다. 그러나 이미 보았듯이 전형적인 불교 출가 수행자는 음식을 전적으로 부정하지 않으며 단지 그 생산과 저장만을 거부한다.

인도문화 속 음식에 관한 광범위한 글을 써 온 칼레(R. S. Khare)는 "힌두에게 음식은 본질적으로 상호 연관된 두 가지 차원을 나타낸다 – 생존을 위한 영양소와 우주론적 창조의 문화적 원리"라고 언급하고 있다.[117] 앞서 이야기하였듯 어떤 힌두 출가 수행자들은 우주론적 창조 과정에서 초탈하기 위해 음식을 완전히 거부한다. 그들이 이렇게 할 수 있는 것은 고행자로서 그들의 지위적 특징 때문이다. 여전히 존재하는 이러한 출가 수행자 전통 속에서 자이나교는 음식

---

**114_** Olivelle, 1995b, p. 376.

**115_** Olivelle, 1991, p. 25.

**116_** 올리벨은 『바우다야나 다르마 수뜨라』의 성립 연대와 관련하여 까네(P. V. Kane)의 견해를 소개한다. 그는 이 『바우다야나 다르마 수뜨라』의 성립 연대를 기원전 2세기 중엽에서 서기의 시작까지로 잡고 있다. 필자는 『바우다야나 다르마 수뜨라』의 성립 연대와 관련하여 이 견해를 수용한다.

**117_** Khare, 1976b, p. 119. 인용-Olivelle, 1995b, p. 369.

의 제거를 가장 강조하는 종교이다: "스스로 아사(餓死)에 이르는 자이나교의 예는 음식이 인간과 세상을 연결시키는 마지막 연결고리라는 관념과 명백하게 연결되어 있다."[118] 그런데 자이나교의 두 지파인 공의파(空衣派, Digambaras)와 백의파(白衣派, Śvetambaras) 사이에 이와 관련한 논쟁이 있었다. 공의파는 깨달은 사람은 배고픔을 느끼지 않으며 음식에 의존하지 않는다고 주장한다.[119] 그러나 백의파에 따르면 깨달은 사람도 먹으며 "먹는 것과 배고픔은 근본적으로 전지함을 얻는 것과 상충되지 않는다"[120]라고 주장한다. 음식에 대한 이러한 태도의 차이는 깨달은 존재의 본질과 우주와의 상호 작용에 대한 이해에 있어서의 차이를 반영한다. 먹는 행위에 대한 공의파의 견해에 따르면 깨달음을 얻은 이후의 지나(Jina)는 세속적인 것과 상관없는 존재가 된다.

『아간냐경』에서 세계 악화의 원인은 탐욕이다. 불교 우주론은 욕계 이상의 세계에서의 음식 존재를 수용하면서 '탐욕 없이 먹는다'는 관념을 상정한다. 이것은 붓다 전기에 반영되어 있다: 처음 고행 생활을 하면서 붓다는 음식 섭취를 최소화하려 하였다. 그러나 아래에서 고찰하겠지만, 그러한 극단적인 단식이 수행에 도움이 되지 않기 때문에 그만두게 된다.

이제 고행주의를 거부한 붓다의 이야기를 고찰한 후, 초기불교와 주석서 시대의 불교가 '먹는다는 행위'와 '먹는다는 위험'이 가진

---

**118_** Olivelle, 1995b, p. 376.

**119_** Dundas, 1985, p. 168.

**120_** Ibid., p. 177.

긴장 관계를 어떻게 해소했는가를 고찰하고자 한다: 음식과 음식문화에서 무엇이 가치 있는 것으로 여겨지고 무엇이 거부되었는가? 인도의 초기 출가 수행자 전통에서 음식에 대한 불교의 독특한 접근 방식은 어떻게 형성되었는가?

## 2. 극단적 형태의 단식 거부

음식 섭취를 극단적으로 줄이는 고행주의적 음식 수행에 대한 붓다의 거부와 그가 주창한 음식에 대한 입장은 맛지마 니까야『마하사짜까경(Mahāsaccaka Sutta)』(MN 36)에서 찾아볼 수 있다. 이 경에서 붓다는 그가 행한 극단적인 고행의 결과에 관해 자이나교 교도인 삿짜까(Saccaka)에게 설명한다.

> 그러나 이렇게 몸을 괴롭히는 고행을 통해서 나는 초월적 상태도, 현자의 칭찬을 얻을 만한 어떤 수승한 지식이나 통찰도 얻지 못하였다. 깨달음을 향한 다른 길이 있을까?[121]

먹는 것을 극단적으로 줄이는 고행을 했음에도 불구하고 이는 초월적 상태나 수승한 지혜, 통찰과 같은 깨달음, 도움이 될 만한 정신적 능력을 얻는 데 기여하지 않았다.

---

**121**_ Ñāṇamoli and Bodhi, 1995, p. 220.

맛지마 니까야『마하시하나다경(Mahāsīhanāda Sutta)』(MN 12)에서 붓다는 자신이 깨달음을 얻기 전 그가 수행했던 다양한 고행에 대하여 언급하고 있다.[122]

올리벨이 언급한 힌두 문헌과 마찬가지로 이러한 불교 문헌은 비록 그것이 이들 고행적 전통이 속하는 종교 그룹으로부터 직접 나온 문헌은 아니지만, 초기불교 시대 이전과 붓다 당대의 고행주의적 수행 모습들을 알려 준다. 특히 이들 불교 경전은 다양한 종교 그룹의 음식, 옷, 거처와 관련된 여러 고행주의적 실천에 관한 정보들을 제공해 준다.

아래는 음식과 관계된 붓다의 고행적 실천 항목들을 열거한 것이다.

| 맛 | 양과 빈도 |
| --- | --- |
| 1. 생선을 받지 않는다 | 1. 한 집에서 한 입 얻기 |
| 2. 고기를 받지 않는다 | 2. 두 집에서 두 입 얻기 |
| 3. 독주를 마시지 않는다 | 3. 일곱 집에서 일곱 입 얻기 |
| 4. 과일주를 마시지 않는다 | 4. 하루에 한 덩이로 살기 |

---

**122_** 붓다의 고행적 수행에 관한 내용을 담고 있는 빨리어 경전과 그와 상응하는 한역 경전은 다음과 같다.
DN. I., pp. 165-166 = T. I., p. 102c.
DN. I., pp. 40-41 = T. I., p. 47c.
MN. I., p. 238 = 없음.
MN. I., p. 307 = T. I., p. 712b.
MN. I., p. 342 = 없음.
MN. I., p. 412 = 없음.
AN. I., pp. 295-296 = 없음.

| | |
|---|---|
| 5. 발효된 것을 마시지 않는다 | 5. 하루에 두 덩이로 살기 |
| 6. 채소를 먹는다 | 6. 하루에 일곱 덩이로 살기 |
| 7. 수수를 먹는다 | 7. 하루에 한 번 먹기 |
| 8. 야생 쌀을 먹는다 | 8. 이틀에 한 번 먹기 |
| 9. 가죽 껍질을 먹는다 | 9. 칠 일에 한 번 먹기 |
| 10. 이끼를 먹는다 | 10. 보름에 한 번 먹기 |
| 11. 쌀겨를 먹는다 | |
| 12. 쌀 씻은 물의 거품을 먹는다 | |
| 13. 참깨 가루를 먹는다 | |
| 14. 풀을 먹는다 | |
| 15. 소똥을 먹는다 | |
| 16. 숲속의 뿌리 식물을 먹는다 | |
| 17. 숲속 과일을 먹는다 | |
| 18. 떨어진 과일을 먹는다 | |

표 2-1. 깨달음 이전 음식의 맛, 양, 먹는 빈도수에 관한 붓다의 고행 항목[123]

고행적 음식 수행의 특징은 곡류, 숲속 뿌리 식물, 숲속 과일과 같은, 요리를 하거나 준비가 필요 없는 주운 음식물을 먹는 것에 있다. 이 수행은 맛이란 측면에 있어서 술, 생선, 고기와 같은 고급 음식을 피하고 대신 풀, 야채, 과일 등을 주요 음식으로 삼았으며 음식

---

**123_** MN. I., pp. 77-78.

의 양과 섭취의 빈도수를 극단적으로 줄이는 것을 목적으로 한다.

붓다는 『짜까밧띠시하나다경』에서 '종교적 청정은 음식물의 섭취를 극단적으로 줄임으로써 성취될 수 있다'고 믿는 종교 그룹의 존재를 언급하고 있다. 그는 대추 열매와 꼴라(Kola) 열매, 그리고 콩으로 고행적 음식 수행을 하는 수행자들에 관한 두 가지 경우를 소개하고 있다. 아래는 꼴라 열매를 이용한 한 고행자 그룹의 극단적음식 수행을 설명한 것이다.

> 그들은 말한다: "꼴라 열매를 먹고 살자.", 그리고 그들은 꼴라 열매를 먹었다. 그들은 꼴라 열매 가루를 먹었고, 꼴라 열매 물을 먹었고, 꼴라 열매 음료를 만들었다. 나는 하루에 꼴라 열매 하나를 먹었던 때를 기억한다. (…)
> 하루에 꼴라 열매 한 알로 먹고 살자 나의 몸은 대단히 수척해졌다. 너무 적게 먹었기 때문에 나의 사지는 덩굴 줄기와 대나무 줄기 조각들을 묶어 놓은 것 같았다. 너무 적게 먹었기 때문에 나의 등은 낙타 발굽처럼 되었다. 너무 적게 먹었기 때문에 나의 척추 뼈가 돌출하여 마치 실에 꿴 구슬들 같았다. 너무 적게 먹었기 때문에 나의 갈비뼈는 돌출하여 마치 지붕 없는 헛간의 서까래처럼 앙상했다. 너무 적게 먹었기 때문에 나의 눈은 쑥 들어가서 마치 깊은 우물 속의 물처럼 보였다. 너무 적게 먹었기 때문에 나의 머리 가죽은 쭈글쭈글해지고 생기를 잃어 마치 녹색의 쓴 조롱박이 바람과 태양에 쭈글쭈글해지고 시든 것과 같았다. 너무 적게 먹었기 때문에 나의 뱃가죽은 등짝에 가서 붙어서 내가 나

의 뱃가죽을 만지면 척추 뼈가 잡혔고 내가 등뼈를 만지면 뱃가죽이 잡혔다. 너무 적게 먹었기 때문에 몸을 풀어 주기 위해 손으로 사지를 비비면 뿌리까지 뽑힌 털들이 내 몸에서 떨어졌다.[124]

붓다는 후에 자신의 첫 번째 제자들이 되는 다섯 명의 비구들과 이러한 수행을 오랫동안 실천했다. 이러한 고행적 수행을 하는 붓다가 수자따(Sujātā)로부터 한 그릇의 죽을 받아먹었다는 사실은 음식에 관한 고행주의적 수행 원칙을 위반한 행위였으며, 이것은 또한 붓다의 음식에 대한 시각이 근본적으로 바뀌었음을 의미하는 사건이었다. 붓다의 이러한 시각은 다른 고행자의 음식에 관한 태도와 구별되는 불교의 중도적 음식관을 성립시켰다.

나는 생각했다: "감각적 쾌락과 불선법과 상관이 없는 그러한 즐거움을 내가 왜 두려워해야 하는가!" 나는 생각했다: "나는 그러한 즐거움을 두려워하지 않는다. 왜냐하면 그것은 감각적 쾌락과 불선법과 관계가 없기 때문이다." 나는 생각했다: "지나치게 수척해진 몸으로 그러한 즐거움을 얻는다는 것은 쉬운 일이 아니다. 만일 밥이나 빵 같은 단단한 음식을 먹으면 어떨까? 그리고 나는 밥이나 빵 같은 단단한 음식을 먹었다.(…)"

---

**124_** Ñāṇamoli and Bodhi, 1995, p. 105.

그의 음식 섭취는 고행주의적 음식 수행이 결박하고 있었던 깨달음을 위한 에너지의 해방을 맛보는 중요한 경험이었다.

내가 단단한 음식을 먹고 힘을 회복하면서 나는 감각적 쾌락과 불선법으로부터 벗어나게 되었다.[125]

붓다는 비록 음식이 쾌락을 야기할 수 있다 할지라도 그러한 쾌락은 피할 수 없는 것이 아니라는 사실을 인식하였다. 붓다의 주장에 따르면 음식의 적당한 섭취를 통해 건강한 몸과 마음에 생길 수 있는 즐거움은 감각적 쾌락으로 기능하지 않으며 이러한 경험은 불선법을 야기하지도 않는다. 그는 또한 음식을 적당히 섭취하면 깨달음을 얻는 데 이바지하지만 음식량을 과도하게 줄이면 육체적·정신적 기능을 손상시킬 수 있을 것이라고 생각했다.

이제 이들 경전을 통해, 종교적 이상 성취를 위해서 극단적으로 음식량을 줄이는 출가 수행자의 시각을 살펴보기로 하자.

그때 다섯 비구들은 다음과 같이 생각하면서 나를 기다리고 있었다: "만일 우리의 고따마 수행자가 큰 성취를 이루었다면 우리에게 알렸을 것이다." 그러나 내가 밥과 빵을 먹자, 다섯 비구는 다음과 같이 생각하면서 나를 혐오하며 떠났다: "수행자 고따마는 이제 호사스러운 삶을 살고 있다. 그는

---

**125_** Ibid., p. 220.

깨달음을 구하기를 포기하고 호사스런 생활에 빠졌다."[126]

음식 섭취를 극도로 줄이는 수행을 하던 다섯 비구들은 붓다가 제대로 된 식사를 하였다는 소리를 듣고 붓다 자신의 종교적 수행을 포기했다고 간주했다. 다섯 비구의 말을 통해 우리는 이들 비구가 극단적 형태의 수행으로서 최소한의 음식 섭취를 유지하는 것을 그들의 종교적 실천, 궁극적으로 그들의 종교적 이상 성취에 있어 중요한 요소로 간주하고 있었음을 알 수 있다.

많은 불교 문헌들은 음식 섭취의 극단적 제한이 이들 다섯 비구들의 종교적 목적 성취에 매우 중요한 것이었음을 확인해 주고 있다. 위에서 언급한 『마하시하나다경』에서 다섯 비구는 붓다가 먹은 식사를 '호사스런' 것으로 묘사한다. 『고승법현전(高僧法顯傳)』에는 다섯 비구들이 가진 음식 관련 수행관이 훨씬 더 명확하게 드러난다. 이들은 다음과 같이 말한다: "붓다가 예전에는 하루에 참깨 한 알, 곡식 한 톨만을 먹었는데도 깨달음을 얻을 수 없었다. 이제 속세에서 신(身), 구(口), 의(意), 삼행을 제어하지 않는데 어떻게 해탈을 얻을 수 있겠는가?"[127] 또한 오분율(五分律, Mahīśāsaka Vinaya)에서 다섯 비구는 붓다가 음식에 대한 탐욕을 가졌다고 생각하고 있는 것으로 언급되어 있다.[128]

요약하면 『마하사짜까경』에서 묘사하고 있듯이 붓다는 극단적으로 음식량을 제한하는 수행을 거부한 것으로 서술된다. 이 경전은

---

**126_** Ibid..

**127_** T. LI., p. 864a.

**128_** T. XXII., p. 104b.

인도 고대 출가자들의 다양한 수행들을 언급하면서 붓다가 음식물을 극단적으로 줄이는 수행의 정점까지 경험했음을 전하고 있다. 붓다는 이러한 경험을 통해 음식량을 극단적으로 줄이는 것이 깨달음을 성취하는 데 결코 도움이 되지 않음을 깨닫게 된 것이다. 그러한 극단적 음식 수행은 오히려 수행자의 신체를 손상시키고 깨달음에 다가갈 수 있는 수행자의 능력을 훼손시킨다고 생각했다.

붓다는 음식에 의해 생기는 쾌락이나 편안함에 집착하지 않는다면, 종교적 이상 성취에 있어 장애가 되지 않는다는 사실을 깨달았다. 이러한 논지의 내용은 빨리어 주석 문헌인 『청정도론』에도 언급되어 있는데, 여기서 음식은 육체와 육체의 생명 기능을 유지하기 위한 것으로 설명된다.[129] 다시 『마하사짜까경』의 설명으로 돌아가 보면, 붓다는 적절한 양의 음식을 먹은 후 자신의 육체적·정신적 상태가 어떠했는지를 다음과 같이 묘사하고 있다.

> 단단한 음식(밥과 빵)을 먹자, 다시 육체적 힘을 얻었고 감각적 쾌락으로부터 아주 초연해졌으며 불선법으로부터 초탈하게 되었으며, 심사(尋伺)를 동반한, 초탈함으로 인해 생기는 희열과 기쁨과 함께하는 첫 번째 선정(jhāna)에 들어가 머물렀다. 그러나 그러한 즐거운 느낌이 나의 마음에 침범하여 머물지 않았다.[130]

---

**129**_ Vism., p. 32.

**130**_ Ñāṇamoli and Bodhi, 1995, p. 220.

붓다는 음식을 먹고 나서도 감각적 쾌락이나 불선법에 집착하지 않았으며 육체적 에너지를 다시 얻었다고 말하고 있다. 그러고 나서 붓다는 빨리어 불교 문헌에서 깨달음으로 가는 길에 중요하고 본질적인 요소로 간주되는 선정 단계(jhāna)에 들어갈 수 있었다고 언급하고 있다.

맛지마 니까야 『마하사꾸루다이경(Mahāsakuludāyi Sutta)』(MN 77)에서 붓다는 음식과 관련하여 더 이상 고행주의적 수행 방식을 따르지 않았음을 진술하고 있다. 붓다는 유행자(遊行者)인 우다이(Udāyi)가 붓다를 칭송할 목적으로 언급한 붓다의 다섯 가지 특징을 오히려 논박한다. 우다이가 열거한 붓다의 다섯 가지 특징은 다음과 같다.

1) 붓다는 최소량의 음식만을 먹으며 그것을 칭찬한다.
2) 붓다는 탁발식만을 먹으며 그것을 칭찬한다.
3) 붓다는 어떤 종류의 가사든 만족하며 그것을 칭찬한다.
4) 붓다는 어떤 종류의 거처든 만족하며 그것을 칭찬한다.
5) 붓다는 홀로 고요하게 지내는 것을 좋아하며 그것을 칭찬한다.[131]

붓다는 위의 다섯 가지 특징 가운데 음식과 관련된 앞의 두 항목 중 먼저 첫 번째에 대해 논박한다.

---

**131_** Ibid., pp. 424-425.

우다인이여, 만일 나의 제자들이 '사문 고따마는 적게 먹고 적게 먹는 것을 칭찬한다'고 생각하여 나를 명예롭게 생각하고 존경하며 높이 떠받들고 공경하며 나를 의존하여 살고 명예롭게 생각하고 존경한다면, 한 컵이나 반 컵의 음식 혹은 빌바(Bilva) 열매 하나와 빌바 열매 반쪽을 먹고 사는 나의 제자들이 있다. 그러나 나는 때때로 나의 발우 가득 음식을 채워 식사하거나 때로는 그보다 더 먹을 때도 있다. 따라서 만일 나의 제자가 '사문 고따마는 적게 먹고 적게 먹는 것을 칭찬한다'라고 생각하여 나를 명예롭게 생각한다면 반 컵의 (…) 음식을 먹는 나의 제자들은 이러한 측면 때문에 나를 명예롭게 여기거나 존경하거나 높이 떠받들고 공경하지 않을 것이며 그들은 나를 의존하여 살지도 명예롭게 여기지도 존경하지도 않을 것이다.[132]

이 경전에서 붓다는 자신에 대한 존경이 얼마나 적게 먹고 있는가라는 사실에 근거해서는 안 된다고 주장하고 있다. 위의 인용문에서 확인할 수 있듯 붓다보다 적게 먹고 사는 몇몇 제자들과 때로 발우 가득 혹은 그보다 더 많은 음식을 먹는 붓다 자신을 예로 들며 음식물을 적게 먹는다는 사실이 수행자의 위치를 나타내는 지표가 되어선 안 된다고 주장하는 것이다.

붓다는 여기서 한 단계 더 나아가 그가 탁발식에 의존할 뿐만

**132_** Ibid., p. 424.

아니라 재가자들의 초대식인 '청식(請食)'도 수용하고 있음을 언급하고 있다. 더욱이 청식 시 비구들에게 호화로운 음식이 제공될 경우 그 음식을 먹는 것이 허용된다는 사실도 언급하고 있다.

> 우다인이여, 만일 나의 제자들이 '사문 고따마는 어떤 종류의 탁발식에도 만족하고 탁발식에 만족하는 것을 칭찬한다'고 생각하여 나를 명예롭게 생각하고 존경하며 높이 떠받들고 공경하며 나를 의존하여 살고 명예롭게 생각하고 존경한다면, 탁발식을 먹고 집집마다 한 집도 거르지 않고 탁발을 하며 음식을 탁발하는 것을 기뻐하며 그들이 들어간 집에서 초대하여 앉기를 청해도 그러한 초대식을 거부하는 나의 제자들이 있다. 그러나 나는 때때로 맛있는 밥과 다양한 반찬과 커리를 제공하는 청식을 먹는다. 따라서 만일 나의 제자들이 '사문 고따마는 어떤 종류의 탁발식에도 만족하며 탁발식에 만족하는 것을 칭찬한다'는 생각으로 나를 명예롭게 여긴다면 (…) 탁발식을 먹는 나의 제자들은 이러한 이유로 나를 명예롭게 생각하고 존경하며 높이 떠받들고 공경하며 나를 의존하여 살고 명예롭게 생각하고 존경하지 않을 것이다.[133]

---

133_ Ibid., p. 425.

## 3. 불교에서 허용된 고행, 두타행

붓다는 음식에 대한 집착을 가지고 있지 않기 때문에 음식의 맛에 대하여 두려움을 가지고 있지 않았다고 말한다. 그런데 앞서 언급한 경전에서 제한적인 음식 수행, 즉 한 종류의 과일만을 먹거나 혹은 집집마다 다니며 탁발하는 방식으로 음식의 종류나 획득 방식에 제한을 가하는 제자들에 대해 언급하고 있다. 이러한 고행적 수행은 불교에서도 허용되었지만 – 올리벨이 인용한 힌두 전통과는 달리 – 붓다는 제한적 음식 섭취 능력을 종교적이고 정신적인 진일보와 동일시하지 않았다. 그렇다면 왜, 불교에 고행적 수행이 존재하는가?

『테라가타(Theragāthā)』 923송은 음식에 대한 탐욕을 가지고 있지 않고, 먹는 것에 만족을 아는 비구의 음식에 대한 태도를 다음과 같이 묘사하고 있다.

맛이 있든 없든 양이 적든 많든 탐욕과 집착 없이 음식을
먹어라. 나는 생존하기 위해 음식을 먹었다.[134]

『청정도론』은 다양한 종류의 청정을 얻는 데 있어서 '탐욕이 없는 것'과 '만족을 아는 것'이 중요한 역할을 하며 이러한 덕성은 허용된 고행적 수행, 즉 두타행(頭陀行, dhutaṅga)을 수행함으로써 계발할

---

134_ Thag., 923.

수 있다고 언급하고 있다.[135]

빨리어 문헌에서 두타행, 즉 두땅가는 '번뇌를 제거하는 실천행'을 의미한다.[136] 이는 음식, 옷, 거처와 같은, 삶에서 기본적으로 요구되는 필수품과 관련되며 번뇌(kilesa)를 야기하는 충동과 욕망을 제어할 수 있는 능력을 계발하기 위한 불교 수행이다.[137]

두타행을 의미하는 'dhutaṅga'에서 'Dhūta/dhuta'는 어근 'dhū'에서 파생하였으며, 문자 자체의 의미는 '흔들린', '움직인', '털어 낸'이다.[138] 불교 문헌에서 Dhūta/dhuta는 '번뇌를 털어 낸' 혹은 '청정한'의 의미이다. 빨리어 주석가 담마빨라(Dhammapāla)는 Dhūta가 다음과 같은 두 가지 대상을 지시한다고 해석하고 있다.

1) 번뇌를 제거한 사람
2) 번뇌를 제거하는 실천행[139]

'Aṅga'라는 단어는 구성 요소나 요인을 의미한다. 빨리어 어휘 dhutaṅga에 해당되는 산스끄리뜨어는 dhūtaguṇa이다. 따라서 이 단어는 '청정한 사람의 양상이나 특성' 혹은 '청정한 사람을 만드는 요인들'이라고 해석할 수 있을 것이다.

---

135_ Vism., p. 59.

136_ Abe, 2001, p. 6.

137_ Ibid., 91.

138_ PED. 342.

139_ Abe, 2001, pp. 5-6.

『청정도론』은 13가지 두타행(terasa dhutaṅgāni)[140]을 언급하고 있으며 이러한 고행은 탐욕(lobha)과 어리석음(moha)을 가지고 있는 비구들이 수행하는 데 적당하다고 말하고 있다.[141]

『청정도론』에서 언급된 이 13가지의 두타행 항목은 경전에서 언급된, 허용된 고행적 수행 항목들을 체계화해 놓은 것이다. 빨리어 문헌인 『청정도론』과 달리, 한역 문헌인 증일아함경(增一阿含經, Ekottara Āgama)은 12가지의 두타행 항목을 언급하고 있으며 이러한 전통은 대승불교 문헌으로 이어지고 있다.

여기서는 먼저 『청정도론』의 13가지 두타행을 언급하고, 도표를 통해 빨리어 경전의 다른 두타행을 살펴볼 것이다. 이후 증일아함경과 대승경전에 나타난 12두타행의 개요를 서술할 것이다.

『청정도론』의 13두타행 항목은 아래와 같다.

1) 분소의(糞掃衣, paṃsukūlikaṅga)

2) 삼의(三衣, tecīvarikaṅga)

3) 상걸식(常乞食, piṇḍapātikaṅga)

4) 차제걸식(次第乞食, sapadānacārikaṅga)

5) 일좌식(一坐食, ekāsanikaṅga)

6) 일발식(一鉢食, pattapiṇḍikaṅga)

7) 시후불식(時後不食, khalupacchābhattikaṅga)

---

140_ Vism., p. 81.

141_ Ibid., p. 104. Kassa dhūtāṅga sevanā sappāyā ti rāgacaritassa c'eva mohacaritassa ca.

8) 아란야주(阿蘭若住, āraññikaṅga)

9) 수하주(樹下住, rukkhamūlikaṅga)

10) 노지주(露地住, abbhokāsikaṅga)

11) 총간주(塚間住, sosānikaṅga)

12) 수득부구(隨得敷具, yathāsanthatikaṅga)

13) 상좌불와(常坐不臥, nesajikaṅga)[142]

이들 13가지 두타행을 의식주의 세 범주로 구분해 설명하면 다음과 같다.

### 옷과 관련된 두타행

1) 분소의: 비구들은 남들이 버린 쓸모없는 천과 옷을 입는다. 재가자들이 기부한 옷은 거부한다.

2) 삼의: 비구들은 모두 세 벌의 옷만을 소유한다: 외투(saṅghāṭī), 상의(uttara-āsaṅga), 내의(antara-vāsaka).

### 음식 및 식사와 관련된 두타행

3) 상걸식: 비구들은 승가식, 청식과 같은 14종류의 식사를 거부하고 탁발을 통해서만 음식을 얻어먹는다.

4) 차제걸식: 비구들은 한 집이나 한 마을도 건너뛰지 않고 집집마다 그리고 마을마다 돌면서 탁발을 한다. 단지

---

142_ Abe, 2001, pp. 34-35.

탁발하는 데 위험이 존재하는 마을이나 도로는 건너뛰는 것이 허락된다.

5) 일좌식: 비구들은 하루에 한 번만 식사 자리에 앉는 것이 허락된다. 그날의 첫 번째 식사 자리에서 일어나면 그날은 다시 음식을 먹어서는 안 된다.

6) 일발식: 비구들은 그날의 첫 번째 발우의 음식만을 먹을 수 있다. 두 번째 발우의 음식은 허락되지 않는다.

7) 시후불식: 비구들은 하루에 한 번 배를 채울 수 있다.

## 거처와 관련된 두타행

8) 아란야주: 비구들은 승원에 거주하지 않고 숲속에 거주한다.

9) 수하주: 비구들은 실내에 거주하지 않고 나무 밑에 거주한다.

10) 노지주: 비구들은 실내에 거주하지 않고 나무로 가려지지 않은 곳에 거주한다.

11) 총간주: 비구들은 묘지나 무덤가에 산다.

12) 수득부구: 비구들은 자신들을 위한 별도의 잠자리 없이 몸을 누일 만한 곳이 있으면 그곳에서 잔다.

13) 상좌불와: 비구들은 항상 앉아 있고 눕지 않는다.

이상 13가지 두타행을 짧게 설명하였다.

이제 음식 및 식사와 관련된 다섯 가지 두타행에 관하여 좀 더 상세하게 고찰하고자 한다. 비록 초기 빨리어 경전이 두타행을 언급

하고 있지만 이들 문헌에서 두타행은 완성되어 있지 않으며 그 설명
도 불충분하다. 따라서 빨리어 불교 문헌의 두타행을 이해하기 위해
두타행의 완성된 내용을 담고 있는 『청정도론』을 주된 문헌 자료로
사용할 것이다. 또한 두타행에 관한 자료는 빨리어 문헌 외에도 많
은 한역 자료들이 존재한다. 내용의 적합성에 따라 이들 빨리어 혹
은 한역 두타행 자료가 이용될 것이다.


◆ **상걸식**

이 두타행은 다른 형태의 음식 획득 방식을 거부하고 걸식을 통
한 수행을 하겠다고 말하는 순간 성립된다.[143] 이를 실천하는 비구는
14종의 음식을 거부하는데 그 항목들은 다음과 같다.


1) 불교 상가에 제공된 음식(僧伽食, saṅgha-bhatta)

2) 특정한 비구에게 제공된 음식(指定食, uddesa-bhatta)

3) 초대식(招待食, nimantana-bhatta)

4) 제비뽑기를 통해 제공되는 음식(籌食, salāka-bhatta)

5) 반월의 첫째 날에 비구들에게 제공되는 음식

　　(月分食, pakkhika-bhatta)

6) 포살일에 제공되는 음식(布薩食, uposathika-bhatta)

7) 달의 첫째 날에 제공되는 음식(月初食, pāṭipadika-bhatta)

8) 방문한 비구에게 제공되는 음식(到來者食, āgantuka-bhatta)


**143**_ Vism., p. 66.

9) 떠나는 비구에게 제공되는 음식(出發者食, gamika-bhatta)

10) 아픈 비구에게 제공되는 음식(病者食, gilāna-bhatta)

11) 아픈 비구를 간병하는 비구에게 제공되는 음식

    (看病者食, gilā-nupaṭṭhāka-bhatta)

12) 승원에 제공된 음식(精舍食, vihāra-bhatta)

13) 청식을 받는 비구들의 지도자로 초대받은 집에서 제공

    하는 음식(村近家食, dhura-bhatta)

14) 각각의 기부자가 자기 차례에 제공하는 음식

    (時分食, vāra-bhatta)[144]


이 두타행은 이것을 실천하는 비구가 위에 언급한 14종의 음식
을 받아먹으면 파기된다.[145] 이 두타행의 실천은 다음과 같은 이로움
을 가져다준다.


1) 이 두타행은 비구들로 하여금 탁발 음식에 만족하게 만
   든다.

2) 이 두타행은 음식의 맛에 대한 탐욕을 제거해 준다.

3) 이 두타행은 비구들로 하여금 검소한 삶을 따르게 해 준
   다.[146]

**144_** Ibid.; Abe, 2001, pp. 39-40.

**145_** Vism., p. 67.

**146_** Ibid..

빨리어 주석 문헌인 『청정도론』보다 이른 시기의 빨리어 문헌을 한역한 논서로 알려져 있는 『해탈도론(解脫道論, Vimuttimagga)』도 두타행 항목 중 걸식행을 『청정도론』과 매우 유사한 내용으로 설명한다. 다만 이 두 문헌의 차이점은, 『청정도론』의 경우 먹는 것이 금지된 14가지 음식을 열거하고 있는 반면, 『해탈도론』은 단지 세 가지의 초대식 – 사식청(似食請, 일반적 초대식), 취청(就請, 방문하여 제공하는 초대식), 과청(過請, 반복적으로 제공하는 초대식) – 만을 언급하고 있다는 점이다. 『해탈도론』에 따르면 걸식 두타행은 이 세 청식을 먹음으로써 파기된다.[147]

한편 『해탈도론』은 걸식 두타행이 음식 맛에 대한 탐욕을 제거할 수 있다고 서술하고 있다.[148] 이러한 견해는 『유가사지론』도 언급하고 있는데, 이 논서는 음식의 맛과 양에 대한 탐욕이 존재한다고 이야기한다. 이러한 두 가지 종류의 탐욕은 선한 마음의 배양을 방해하는데, 이를 제거하고, 음식 맛에 대한 탐욕을 제어하기 위해서는 걸식 두타행을 닦아야 한다고 언급하고 있다.[149]

◆ **차제걸식**

탐욕적인 탁발을 거부하고, '나는 집집마다 탁발하는 차제걸식

---

147_ T. XXXII., p. 405a. 云何為失 答請有三種 一似食請 二就請 三過請 除此三種請受乞食 若受三請 是失乞食.

148_ Ibid.. 云何乞食功德 依心所願進止自由 不希供饍 消除懈怠 斷減憍慢不貪滋味.

149_ T. XXX., p. 422c. 於飮食中 有美食貪及多食貪 能障修善 為欲斷除美食貪故 常期乞食 次第乞食.

을 하겠다'는 말에 의해 두타행이 성립된다.[150] 이 두타행을 하는 비구는 그가 걸식하는 마을이나 도로, 집에 위험이 없는지를 항상 살펴야 한다. 이 때문에 비구는 위험한 장소를 우회하고 다른 장소로 가기 위해 마을에 일찍 들어가야 한다. 그러나 탁발 시간이 되면 도착한 마을에서 탁발을 해야 하며, 그곳을 건너뛰어서는 안 된다. 만일 그가 음식을 전혀 얻지 못했다면 마을을 떠날 수 있다.[151]

이 두타행을 닦는 비구가 맛있는 음식을 주는 집에서만 탁발을 하면 이 두타행은 파기된다.[152] 이를 통해 얻을 수 있는 이로움은 다음과 같다.

1) 이 두타행은 가족의 지원을 받는 것을 피하게 해 준다.
2) 이 두타행은 자신과 가까운 신자가 음식을 가져다주는
   것을 기대하지 않게 해 준다.
3) 이 두타행은 탐욕 없는 생활로 이끌어 준다.[153]

만일 이 두타행을 닦고 있는 비구가 어떤 집에서 맛있고 많은 양의 음식을 얻었다면, 그는 이 집을 다시 방문해서는 안 된다. 만일 어떤 집을 이전에 방문했었는지 그 여부가 의심스러울 때는 그 집에

---

**150_** Vism., p. 67.

**151_** Ibid., pp. 67-68.

**152_** Ibid., p. 68.

**153_** Ibid..

서 탁발하는 것을 피해야 한다.[154] 이 두타행을 통해 제거되는 '음식 맛에 대한 탐욕(美食貪)'이나 '음식량에 대한 탐욕(多食貪)'과 관련하여 『청정도론』과 『해탈도론』은 어떠한 언급도 하고 있지 않다. 그러나 『유가사지론』은 이 두타행을 닦으면 '음식 맛에 대한 탐욕'을 제거(斷除)할 수 있다고 언급하고 있다.[155]

◆ **일좌식**

여러 번 먹는 것을 거부하고, '나는 일좌식을 하겠다'라는 말에 의해 이 두타행이 성립된다.[156]

이 두타행을 닦는 비구는 적당한 자리를 골라 앉아야 한다. 그가 식사하는 도중 은사가 들어오면, 그는 제자의 의무를 다하기 위해 자리에서 일어날지 혹은 자리에서 일어나지 않고 먹던 것을 다 먹을지를 선택할 수 있다.[157]

이 두타행을 닦는 비구가 음식을 먹기 위해 하루에 한 번 이상 자리에 앉으면 이 두타행은 파기된다.[158] 이를 닦으면 다음과 같은 이로움이 있다.

1) 이 두타행은 음식 맛에 대한 탐욕을 없애 준다.

<hr>

154_ T. XXXII., p. 405a.

155_ T. XXX., p. 422c.

156_ Vism., p. 69.

157_ Ibid..

158_ Ibid..

2) 이 두타행은 탐욕 없는 생활을 하게 해 준다.[159]

『해탈도론』은 이 두타행과 관련하여 세 가지 제한 – 좌변(坐邊), 수변(水邊), 식변(食邊) – 이 존재한다고 서술하고 있다. 좌변, 즉 착석 제한은 한 번 먹고 나서는 다시 앉을 수 없음을 의미한다. 수변, 즉 물 제한은 식사 후 물을 받아 자신의 발우를 씻은 후에 다시 음식을 먹을 수 없음을 의미한다. 식변, 음식 제한은 그날 식사의 마지막 한 입을 먹었다는 생각을 한 후에는 다시 음식을 먹을 수 없음을 의미한다. 그러나 약을 먹거나 물을 마시는 것은 허락된다.[160]

『범망경고적기(梵網經古跡記)』는 『유가사지론』을 인용하여 이 두타행이 음식량에 대한 탐욕을 제거해 준다고 서술하고 있다.[161]

◆ **일발식**

비구가 두 번째 발우의 음식을 거부하거나 '나는 일발식을 수용하겠다'고 하면 이 두타행이 성립된다.[162] 이 두타행을 닦는 비구는 생선과 죽을 한 발우에 섞는 것과 같은, 여러 가지 종류의 음식을 한 발우에 받는 혐오스런 방식을 피할 수 있다. 그러나 꿀이나 설탕과 같이 혐오스럽지 않은 음식은 한 발우에 받아야 한다.

---

**159_** Ibid..

**160_** T. XXXII., p. 405b. 問云何受一坐食 云何為邊 云何為失 答邊有三種 謂坐邊水邊食邊 云何坐邊 食已猶坐 受水洗鉢不得更食 此謂水邊 云何食邊 若於揣食生最後想 若吞不更食 此謂食邊 若經二坐則失一食 除水藥等.

**161_** T. XL., 715a.

**162_** Vism., p. 70.

두 번째 발우의 음식이 허락되지 않기 때문에 이 두타행을 닦는 비구는 적절한 양의 음식을 받아야만 한다. 한 발우의 식사가 끝나면 나뭇잎도 허락되지 않는다.[163] 이 두타행은 비구가 두 번째 발우의 음식을 받는 순간 파기된다.[164]

이 두타행은 다음과 같은 이로움을 가져다준다.

1) 이 두타행은 음식 맛에 대한 탐욕을 없애 준다.
2) 이 두타행은 과도한 바람을 그만두게 해 준다.
3) 이 두타행은 음식의 목적을 알게 해 주며 음식의 바른 양에 대한 판단을 배우게 해 준다.
4) 이 두타행은 탐욕 없는 생활을 하게 해 준다.[165]

『해탈도론』은 일발식을 '절량식(節量食)'이라고 부른다.[166] 이 두타행을 닦는 비구는 자신이 먹는 음식의 양이 과도한지 부족한지를 알아야 한다. 그는 불필요한 음식을 받아서는 안 되고, 음식의 양을 헤아리며 탐닉에 빠져서는 안 된다. 『해탈도론』은 이 두타행이 음식의 양을 제어하게 해 위를 편안하게 만들어 주며 탐욕을 제거하게

---

**163_** Ibid..

**164_** Ibid..

**165_** Ibid..

**166_** T. XXXII., p. 404b. 謂乞食次第乞食 一坐食節量食 時後不食. 『대지도론(大智度論, Mahāprajñāpāramitā Śāstra)』(T. XXV., p. 537a)과 『소품반야바라밀경(小品般若波羅蜜經, Aṣṭādaśasāhasrikā Prajñāpāramitā Sūtra)』(T. VIII. p. 570b)도 일발식을 절량식이라고 부른다.

해 준다고 서술하고 있다.[167]

◆ **시후불식**

정식으로 식사를 하고 나서 추가로 음식 먹는 것을 거부하거나 '나는 시후불식을 실천하겠다'라는 말에 의해 이 두타행이 성립된다.[168]

만족하게 먹고 나서 나중에 다시 음식을 먹어서는 안 된다.[169] 만족스럽게 먹은 후 다시 음식을 먹으면 이 두타행은 파기된다.[170] 이는 다음과 같은 이로움을 준다.

1) 이 두타행은 추가적으로 음식을 먹는 위반 행위를 하지 않게 해 준다.
2) 이 두타행은 과도하게 음식을 먹지 않게 해 준다.
3) 이 두타행은 음식을 쌓아 두거나 찾게 하지 않는다.
4) 이 두타행은 탐욕 없는 생활을 하게 해 준다.[171]

『해탈도론』은 수행자가 스물한 입의 음식을 먹은 후에는 더 이상 음식을 먹어서는 안 된다고 언급하고 있다.[172] 『범망경고적기』는

---

167_ T. XXXII., p. 405b.

168_ Vism., p. 71.

169_ Ibid..

170_ Ibid..

171_ Ibid..

172_ T. XXXII., p. 405b. 云何受持邊 已食二十一摶食 不當更受.

이 두타행이 음식량에 대한 탐욕을 없애 준다고 서술하고 있다.[173]

빨리어 문헌의 13가지 두타행 항목들은 여러 경전에 산재해 있는데, 이것이 처음으로 모두 언급된 문헌은 빨리어 율장의 보유편(補遺, Paivāra)이다. 이 보유편은 빨리어 율장의 마지막 부분으로 이전 부분에서 다루어진 계율을 요약하거나 분석하고 있는 부분이다. 다만 빨리어 율장 보유편의 항목들이 질서 있게 정리되어 있는 것은 아니다. 반면 『청정도론』에는 13가지 두타행이 의식주의 순서로 열거되어 있다.

『숫따니빠따』와 『우다나(Udāna)』는 상대적으로 짧은 두타행 항목만을 언급하고 있는데, 이들 문헌이 다루고 있는 두타행은 아란야주, 걸식, 분소의, 삼의뿐이다. 이 네 가지 두타행은 의식주(의: 삼의, 분소의, 식: 걸식, 주: 아란야주)에 관한, 상대적으로 기본적인 사항만을 언급하고 있다.

한편 『숫따니빠따』의 일부에 대한 초기 주석서로 간주되는 『마하니데사(Mahāniddesa)』를 포함하여 일반적으로 후대 문헌으로 여겨지는 쿳다까 니까야(Khuddaka Nikāya)의 다른 문헌들은 『숫따니빠따』와 『우다나』보다 좀 더 긴 두타행 항목을 가지고 있다. 이 항목에는 앉되 눕지 않는 장좌불와와 같이 좀 더 극단적 형태의 수행이 포함되어 있다.[174]

---

**173_** T. XL., p. 715a.

**174_** Abe, 2001, pp. 114-115 ; Turner, Cox and Bocking, 2013, pp. 1-16.

대승불교 문헌은 12가지 두타행을 언급하고 있다. 『소품반야 바라밀경(小品般若波羅蜜經, Aṣṭādaśasāhasrikā Prajñāpāramitā Sūtra)』에 언급된 12두타행에는 차제걸식 두타행이 포함되어 있지 않다.[175] 『마하반야바라밀경(摩訶般若波羅蜜經, Pañcaviṃśatisāhasrikā Prajñāpāramitā Sūtra)』[176]과 『대지도론(大智度論, Mahāprajñāpāramitā Śāstra)』[177]도 12두타행을 언급하고 있는데, 이 두 문헌에는 어떠한 잠자리나 거처도 받아들이는 두타행, 즉 수득부구가 언급되어 있지 않다.

한편 『마하사꾸루다이경』에서 붓다는 제자들의 수행을 묘사하면서 두타행 항목에 포함되어 있지 않은 빌바 열매만을 먹고 살거나, 줍거나 쓰레기 더미를 뒤져 얻은 음식을 먹는 것과 같은 고행적 실천을 포함시키고 있다. 이러한 고행적 실천행의 모습은 다른 불교 문헌에서도 확인되는데 빨리어 경전인 『자따까』의 이야기에서는 숲속 과실과 식물의 뿌리 등만을 먹고 사는 수행자의 모습이 빈번하게 나타난다.[178]

---

175_ T. VIII., p. 570b.

176_ Ibid., p. 320c.

177_ T. XXV., p. 537a.

178_ 빨리어 문헌인 『자따까』는 붓다의 전신인 보살과 고행자 들이 히말라야에서 야생 과일과 식물의 뿌리, 나무껍질 등을 먹고 살며 소금, 식초, 양념 등을 얻기 위해 와라나시(Vārānasī)나 다른 지역(국경 마을이나 라자가하(Rājagaha))으로 내려오는 많은 이야기를 가지고 있다. 이 『자따까』에서 고행적 생활 방식은 각 이야기의 주인공인 보살과 고행자에게 아주 흔한 일상으로 묘사된다. 그런데 앤드류 스킬튼(Andrew Skilton)은 빨리어 「칸띠와디 자따까(Khantivādi Jātaka)」와 상응하는, 주로 산스끄리뜨 대승 문헌에 나타난 끄샨띠와딘(Kṣāntivādin) 이야기를 고찰하였는데, 그는 근본설일체유부율에 들어 있는, 빨리어 『자따까』의 이야기와 다른 이야기를 자신의 소논문에서 소개하고 있다. 이 이야기에서 고행자인 끄샨띠와딘은 음식이 떨어지자 음식을 조달하기 위하여 와라나시에 다녀오겠다며 스승에게 허락을 구한다. 이 이야기에서 "그는 '나는 숲속의 풀만으로는 살 수 없어(na śaknomi āraṇyakābhir oṣadhībhir yāpayitum)!'라고 외친다."(Gnoli, 1978, p. 7. 번

빨리어 율장 보유편과 『청정도론』 등은 허용된 고행주의적 수행, 즉 두타행을 체계화하려고 하지만, 경전이나 『자따까』 등의 증거들을 통해 보면 힌두 고행자에 대하여 올리벨이 언급한 다양한 종류의 고행적 수행을 붓다의 제자들이 더 잘 실천해 왔었던 것처럼 보인다: 올리벨이 언급한 음식에 관한 고행으로는 숲속에서 얻을 수

---

역 Skilton, 2002, p. 127). 스킬튼은 끄산띠와딘이 불교적 맥락에서 승원에서의 화상(和尚, upadhyāya)을 의미하는 스승을 가지고 있었다는 사실에 놀라움을 표현한다(Skilton, 2002, p. 127). 근본설일체유부율의 끄산띠와딘 이야기는 비고행적 음식 소비 양상을 증명해 주고 있을 뿐만 아니라 동시에 고행적 음식 수행이 존재하고 있었음을 보여 주고 있다. 빨리어 『자따까』는 붓다의 전신인 보살과 고행자의 고행주의적 음식 수행에 관한 모습을 전해 주고 있다.

| 『자따까』 | 고행 실천 장소 | 음식 | 세속 사회 방문 이유 | 방문 장소 |
|---|---|---|---|---|
| 173. Makkata | 히말라야 | 과일과 나무껍질 | × | |
| 180. Duddada | 히말라야 | × | 소금과 양념 | 마을 |
| 235. Vacchanakha | 히말라야 | × | 소금과 양념 | 와라나시 |
| 246. Telovāda | 히말라야 | × | 소금과 양념 | 와라나시 |
| 313. Khantivādi | 히말라야 | 과일 | 소금과 식초 | 와라나시 |
| 372. Migapotaka | 히말라야 | 과일 | × | × |
| 376. Avāriya | 히말라야 | 과일 | 소금과 식초 | 와라나시 |
| 380. Āsaṅka | 히말라야 | 과일과 뿌리 | × | × |
| 403. Aṭṭhisena | 히말라야 | × | 소금과 식초 | 와라나시 |
| 406. Gandhāra | 히말라야 | 과일 | 소금과 식초 | 국경 마을 |
| 418. Aṭṭhasadda | 히말라야 | × | 소금과 식초 | 와라나시 |
| 426. Dīpi | 히말라야 | × | 소금과 식초 | 라자가하(왕사성) |

표 2-2. 『자따까』에 나타난 고행주의적 음식 수행

위의 도표에 따르면 『자따까』에 등장하는 고행자들은 과일, 식물의 뿌리와 나무껍질과 같은 야생의 식재료에 의지하여 생존한 듯하며 세속의 도시나 마을로 내려와 소금, 식초와 같은 그들의 생명과 건강을 지키는 데 필수 불가결한 식품들을 얻었다. 그러나 근본설일체유부율의 끄산띠와딘 이야기는 이러한 고행주의적 음식 수행을 공유하고 있는 것 같지는 않으며 이 문헌의 음식에 대한 시각은 『자따까』의 그것과는 명백히 다르다는 것을 보여 주고 있다.

있는 것만 먹기, 야생 곡류 먹기, 구근이나 뿌리 먹기, 과일 먹기, 연채류 먹기 등이 있다.[179]


## 4. 비시식 : 경전에 나타난 오후불식

『마하사꾸루다이경』에서 붓다는 먹는 양이나 음식을 제한하는 다른 수행에 그다지 신경 쓰지 않는다고 언급하고 있지만, '비시식(非時食, Vikālabhojana)', 즉 '오후불식'이라는 규정은 행자나 비구, 비구니의 십계(十戒) 중 하나가 되어 지금까지도 남방불교 국가에서 실천되어 오고 있다.

빨리율 바일제(Pācittiya) 37조에 따르면 오후불식 규정은 붓다가 제정한 것인데 많은 경전 문헌들, 특히 맛지마 니까야의 『라뚜끼꼬빠마경(Laṭukikopamā Sutta)』(MN 66)이 이와 관련된 상세한 내용을 담고 있다. 그런데 이 규정이 어떻게 생겼는지에 관한 빨리율과 『라뚜끼꼬빠마경』의 설명은 아주 다르다.

이 경전에서 붓다와 이야기를 나누고 있는 사람은 비구 우다인(Udāyin)[180]이다. 그는 원래 비구들이 하루에 세 번을 먹었는데 붓다

---

**179**_ Olivelle, 1991, p. 25.

**180**_ 우다인(Udāyin)이란 이름은 『마하사꾸루다이경』에도 등장하는데 여기에서는 우다인을 유행자로 언급하고 있다. 유행자인 우다인이 붓다에 대한 존경심으로 불교에 개종하였을 가능성도 생각해 볼 수 있다. 그러나 이 두 경전의 내용을 통해 볼 때 『마하사꾸루다이경』의 우다인은 고행적 음식 수행을 찬양하는 입장으로 언급되고, 『라뚜끼꼬빠마경』에서는 그가 붓다의 말씀으로 인해 하루의 식사 횟수를 줄임으로써 음식량, 음식 맛과 관련한 어려움을 겪었다는 내용으로 미루어 동명이인의 가능성을 생각해 볼 수 있다.

가 첫 번째로 점심을 포기하게 하고, 두 번째로는 저녁을 포기하게
하였다고 진술하고 있다.[181] 우다인은 이러한 규정이 처음에는 실천
하기 어려웠다고 술회한다. 왜냐하면 재가자들이 주식이 아닌 맛있
는 음식은 낮에 주고, 그날의 가장 좋은 음식은 저녁에 요리하기 때
문이었다. 하지만 붓다의 말씀에 따라 이러한 식사를 포기하고 그가
깨달은 것은 이 두 끼 식사의 포기가 비구들을 모든 종류의 위험에
서 구해 주었다는 점이다. 우다인은 밤에 탁발했을 때 비구들이 맞
닥뜨린 문제들을 언급하고 있다.

칠흑같이 어두운 밤에 탁발을 위해 동네를 다니게 되면 오
물통에 빠지거나 하수도에 떨어지거나 가시덤불 속에 들
어가거나 잠자고 있는 소 위로 넘어지곤 했다. 비구들은
범죄를 이미 저지른 혹은 계획하고 있는 불한당을 만나거
나 여자들에게 성적으로 유혹 당했다. 한번은 내가 칠흑같
이 어두운 밤에 탁발을 나갔는데, 한 여인이 솥을 닦고 있
었다. 그녀는 번개가 칠 때 그 섬광으로 나를 보았는데 공
포에 질려 비명을 질렀다: "살려주세요. 악마가 나타났다!"
나는 그녀에게 말했다: "자매여, 나는 악마가 아닙니다. 나
는 탁발하고 있는 비구입니다." "그렇다면 비구의 부모는
다 죽어 버려라! 칠흑같이 어두운 밤에 자신의 배를 채우
기 위해 탁발하며 돌아다니기보다 차라리 푸줏간 백정의

**181_** MN. I., p. 448.

날카로운 칼로 자신의 배를 갈라 펼쳐 놓는 것이 낫겠구
나!" 나는 다음과 같은 생각을 했던 것이 기억난다: "세존
께서 얼마나 많은 우리의 고통스런 상태를 제거해 주셨는
가! 세존께서 얼마나 즐거운 상태를 우리에게 가져다 주셨
는가! 세존께서 얼마나 많은 우리의 불선법을 제거해 주셨
는가! 얼마나 많은 선법을 우리에게 가져다 주셨는가!"[182]

이 경전은 오후불식의 정당성을 펼치기 위해 야간 탁발이 가진
신체적 위험성을 언급하고 있다. 하지만 오후불식의 본의를 피력하
고 있는 것은 이 경의 마지막 부분으로 세속 사회와 거리두기, 다섯
가지 감각적 쾌락의 제거, 색계정과 무색계정 수행이 오후불식의 목
적으로 언급된다.

우다인이여, 다섯 종류의 감각적 쾌락이 있다. 무엇이 다섯
인가? 눈으로 볼 수 있는 형태들이 원해지고 갈망의 대상
이 되며 즐거움의 대상이 되며 마음에 드는 대상이 되며 감
각적 욕망과 연결되고 성욕을 자극한다. 귀로 들을 수 있는
소리 (…) 코로 맡을 수 있는 냄새 (…) 혀로 맛볼 수 있는 맛
(…) 몸으로 느낄 수 있는 촉감이 원해지고 갈망의 대상이
되며 즐거움의 대상이 되며 마음에 드는 대상이 되며 감각
적 욕망과 연결되고 성욕을 자극한다. 이것들이 다섯 가지

---

**182_** Ibid., pp. 448-449.

종류의 감각적 쾌락이다.

우다인이여, 이들 다섯 가지 감각적 쾌락에 의존하여 생기
는 즐거움과 기쁨은 감각적 쾌락, 더러운 쾌락, 거친 쾌락,
무시해야 할 쾌락이라 불린다. 나는 이러한 종류의 쾌락은
추구되어서는 안 되며, 계발되어서는 안 되며, 배양되어서
도 안 되며, 두려워해야 한다고 말한다.[183]

붓다는 명상할 힘을 주고, 보다 높은 선정 수행을 가능케 하는
음식의 중요성을 강조하지만 그럼에도 불구하고 음식은 집착을 야
기하는 토대가 될 수 있기 때문에 두려워하고 경계해야 할 대상이라
는 점을 강조하고 있다. 이 경전은 '메추라기의 비유'라고 불린다. 왜
냐하면 작고 중요하지 않은 덩굴이 메추라기처럼 작은 새에게는 도
망갈 수 없는 덫이 될 수 있음을 경고하고 있기 때문이다. 마찬가지
로 식사 규정은 사소하고 심각한 문제가 아닐 수 있지만 누군가에게
는 그들의 능력을 계발하는 데 주요한 장애가 될 수 있다. 따라서 불
교에서 음식 섭취를 줄이는 문제는 음식 섭취량을 심하게 줄이려는
시도라기보다 선호하는 음식 맛의 유혹이나 음식을 둘러싼 사회적
상황을 피하고 밤에 탁발하면서 맞닥뜨리는 위험에서 벗어나기 위
한 것이다.

이러한 규정을 제정한 또 다른 이유는 『끼따기리경(Kīṭāgiri
Sutta)』(MN 70)에서 볼 수 있는데, 이 경에서 붓다는 건강상의 이점을

---

**183_** Ibid., p. 454.

들어 밤에 음식 먹는 것을 삼가야 함을 역설하고 있다.

비구들이여, 나는 밤에 음식을 먹는 것을 삼가한다. 그렇게 하기 때문에 나는 병이나 육체적 괴로움이 없이 건강하고 기력이 넘치고 편안하게 머물 수 있는 것이다. 비구들이여, 밤에 음식 먹는 것을 삼가라. 그렇게 함으로써 비구들은 병이나 육체적 괴로움도 없고 건강하고 기력에 넘치며 편안하게 머물 수 있을 것이다.[184]

이 경에서 붓다는 밤에 먹는 음식이 병과 고통을 야기한다고 말하고 있다. 『까까쭈빠마경(Kakacūpama Sutta)』(MN 21)에서 붓다는 오후불식에 대하여 동일한 이유를 제시하고 있다.

비구들이여, 나는 (하루에) 한 번만 먹는다. 그렇기 때문에 나는 병이나 괴로움이 없고 건강하고 기력이 좋고 편안하게 머무는 것이다. 비구들이여, (하루에) 한 번만 먹어라. 그렇게 함으로써 그대들은 병이나 괴로움이 없고 건강을 향유하며 기력이 좋고 편안하게 머물 수 있을 것이다.[185]

『라뚜끼꼬빠마경』에서 언급하는 오후불식의 이유는 육체적 위

---

**184_** Ibid., p. 473.

**185_** Ñāṇamoli and Bodhi, 1995, pp. 134-135.

험과 감각적 유혹을 피하기 위함이었지만 이 두 경전, 『끼따기리경』과 『까까쭈빠마경』에서는 건강의 문제를 주요한 이유로 언급한다.

그런데 『끼따기리경』과 『밧달리경(Bhaddāli Sutta)』(MN 65)에서 비구들은 이러한 규정을 적용하는 것에 반대한다. 『끼따기리경』에서 일군의 비구들은 자신들의 경우 하루에 세 번, 아침, 점심, 저녁을 먹으면서 아주 건강한데, 붓다 자신에게 잘 맞는다고 해서 왜 그들이 정오 이후에 음식을 먹지 않아야 하는지를 붓다에게 묻고 있다. 붓다는 불평하는 그들을 꾸짖으면서 그들에게 무엇이 가장 이로운지를 가장 잘 알고 증명할 사람이 자신이라고 언급하고 있다.

한편 『밧달리경』에서 비구 밧달리는 오후불식이 자신에게는 너무 큰 걱정을 야기하기 때문에 이 규정을 받아들일 수 없다고 거절한다. 붓다는 그에게 타협안을 제시한다. 즉 하루에 한 번 음식을 탁발하더라도 새로운 습관에 익숙해질 때까지 음식 일부를 가져가 나중에 먹는 것을 허락하였다. 처음에 밧달리는 이것을 거부했지만 후에 자신의 행동에 대하여 붓다에게 사과하였다.[186]

오후불식에 대한 또 다른 이유는 구나발타라(求那跋陀羅, Guṇabhadra)가 번역한 대승경전에서 발견된다. 『불설십이두타경(佛說十二頭陀經)』은 다음과 같이 언급하고 있다.

(비구들은) 다음과 같은 태도를 가져야 한다. 하루에 한 끼를 구하는 데 있어서조차도 나는 여러 가지 방식으로 끊임없

---

**186_** MN. I., p. 124. 새로운 음식 규정에 관한 이러한 예외에 관해서는 Huxley, 1996, p. 149.

이 방해를 받는다. 그런데 어찌 아침, 점심, 저녁, 세 끼를 구할 수 있겠는가? 그것이 그 자체로는 해로운 것이 아니라 하더라도 하루 중 반을 허비할 것이다.[187]

위에서 언급한 다른 이유들과 달리 이 경전은 정오 이후의 식사에 문제가 있다기보다는 오히려 그러한 식사로 인한 과중한 시간 소비를 주요 문제로 지적하고 있다. 많은 끼니를 위한 잦은 탁발이 본질적인 중요성을 갖는 종교적 수행에 장애가 된다는 점을 지적하고 있는 것이다.

요약하면 아침에 한 끼만 먹는 규정은 음식 맛과 음식량에 대한 집착을 여전히 갖고 있었던 일부 비구들의 반대에도 불구하고 붓다에 의해 제정되었다. 붓다는 오후불식이 건강에 좋다는 이유를 들고 있지만 이 규정을 세우기 위한 다양한 이유들이 경전에 언급되고 있다: 육체적 위험 회피, 음식에 대한 집착 탈피, 종교적 수행 시간 확보. 이와 같이 붓다와 같은 깨달은 존재에게 음식은 그 자체로 심리적 문제가 되지 않지만 깨닫지 못한 사람에게는 여러 문제들을 야기할 수 있으며, 육체적 건강에 해로울 수 있고, 출가 수행자인 비구들의 삶의 모습을 재가자의 그것에 가깝게 만들 수 있다. 이러한 음식 규정의 이유들은 불교만의 것이라기보다 당대 수행자들의 음식 관습에 영향을 받았을 것으로 생각된다.

---

**187_** T. XVII., p. 721a. 四者應作是念 我今求一食尚多有所妨 何況小食中食後食。若不自損
則失半日之功.

## 5. 명상수행의 예비단계로서의 음식수행

붓다는 당시 수행자들이 가진 음식에 대한 관념과 풍토와 달리 음식의 맛과 양에 대한 두려움을 가지고 있지 않았다. 『마하시하나다경』에 언급되어 있듯 붓다가 강조하고자 했던 것은 쾌락이나 음식 그 자체를 피하기보다는 음식이 야기하는 쾌락으로부터 정신적으로 초연해지는 것이었다. 음식의 맛과 양에 집착하지 않았기 때문에 그는 명상 수행을 할 수 있었고, 깨달음을 성취할 수 있었다.

붓다가 가진 음식의 맛과 양에 대한 태도와 명상 수행 간의 연관성은 중국 대승불교 문헌에도 지속적으로 등장하고 확장되었다. 중국 천태종은 이 두 가지 요소들 – 음식에 대한 태도와 그것과 명상 수행 간의 연관 – 을 다루고 있다. 이 종파의 문헌에는 이러한 요소 외에도 음식의 의학적 가치가 좀 더 두드러지게 나타나 있다. 천태종 문헌인 『석선바라밀차제법문(釋禪波羅蜜次第法門)』은 바르게 명상 수행을 하기 위해 음식의 양을 제어해야 한다고 설명하고 있다.

우리가 음식을 너무 과도하게 먹으면, 신체 에너지의 흐름이 막혀 몸이 갑갑함을 느낀다. 거의 모든 신체 에너지가 막히면, 마음이 닫히고 막히며 명상 수행을 해도 마음이 불안하게 된다.
너무 적게 먹으면, 신체는 수척해지고 마음은 안정되지 않고 우리의 의지력은 약해진다. 이 모든 것들은 명상 수행을 향한 길을 얻을 수 없게 하는 것들이다. (…)
우리가 음식의 정확한 양을 알면 항상 즐겁고 평온한 자리

에 머물며 평온한 마음은 종교적 노력을 향유케 한다. 이것
이 붓다의 가르침이다.[188]

이 천태종의 선(禪) 수행서는, 수행자는 먹는 데 있어서 양극단
을 피해야 하며 너무 적게 먹어서도, 많이 먹어서도 안 된다는 사실
을 강조하고 있다. 이 문헌에서 강조되는 음식에 대한 균형 잡힌 태
도는, '적당량의 식사'가 사선정(四禪定, 4 jhāna)의 성취와 관련되어
있다고 말하는 『세카경(Sekha Sutta)』(MN 53)처럼 명상 수행과 연관되
어 있다. 이외에도 천태종의 명상 수행 문헌인 『마하지관(摩訶止觀)』
은 음식과 의학적 치료를 연결시키고 있는데, 이것은 천태종의 명
상 수행에서 중요한 요소가 되고 있다. 이 문헌은 음식의 두 가지 측
면을 언급하고 있다. 그중 첫 번째는 특정한 식품과 사대(四大, catāro
mahābhūtā)의 관계이다.

음식 먹는 것을 제어하지 못하면 병이 생긴다. 매운 성질을
가진 생강과 계피는 '화기(火氣, fire element, tejo dhātu)'를 증
가시킨다. 달고 차가운 성질을 가지고 있는 사탕수수와 꿀
은 '수기(水氣, water element, āpo dhātu)'를 증가시킨다. 배는
'풍기(風氣, wind element, vāyo dhātu)'를 증가시키며 기름과
지방은 '토기(土氣, earth element, paṭhavi dhātu)'를 증가시킨다.

---

188_ T. XLVI. p. 489b. 食若過飽 則氣急身滿 百脈不通 令心閉塞坐念不安 若食過少 則身
羸心懸 意慮不固 此皆非得定之道. (…) 經云 飯食知節量 常樂在閑處 心靜樂精進 是名
諸佛教.

118

(예를 들면) 그것은 우리가 열이 있을 때 오이가 열을 내리는
데 도움이 되는 것과 같다. (…)
화기가 신체의 아랫부분에 있을 때는 음식이 잘 소화되고
내부 장기에 활기가 넘친다. 속담에서 말하기를, "당신이
장수하기를 원한다면 발을 따뜻하게 하고 머리를 차게 해
야 한다. 화기가 신체의 윗부분에 있게 되면 음식을 먹어도
잘 소화되지 않고 몸은 불안함을 느낀다. 이것이 몸과 마음
의 병을 야기한다."[189]

이 천태종 문헌은 수행자로 하여금 육체적·정신적 병과 고통을
피하는 데 도움이 되는 의학적 조언, 적절한 명상 수행을 제공한다.
여기에서 특정 음식의 맛은 수행자가 그 수행을 통해 해탈을 구하고
붓다가 될 수 있는 명상 수행을 위해 분석된다.
　이 문헌에서 언급되고 있는 음식의 두 번째 의학적 측면은 일반
적인 음식의 맛과 오장, 즉 심장, 간, 비장, 폐, 신장의 질병과의 관
계이다.

음식의 오미(五味)는 오장에 이롭거나 해로울 수 있다. 신
맛은 간에 이로운 반면 비장에는 해가 된다. 쓴맛은 심장에
이로우나 폐에는 해가 될 수 있다. 매운맛은 폐에는 이로우
나 간에는 해로울 수 있다. 짠맛은 신장에는 이로우나 심장

---

**189**_ Ibid., p. 107a.

에는 해가 될 수 있다. 단맛은 비장에는 이로우나 신장에는 해가 될 수 있다. 다섯 가지 장기 중 하나가 오미 중 하나의 맛에 의해 해를 입었다면 그 해로운 맛을 피하고 이로운 맛을 섭취해야 한다.[190]

이 천태종 문헌은 명상 수행의 목적을 위해 일반적인 음식 맛의 특징과 기능을 상술한다. 이 문헌은 음식의 맛과 양에 대한 태도가 일종의 의학적 체계로 발전했음을 보여 주고 있는데 이 의학적 체계는 수행자가 종교적 이상을 추구하는 데 필요한 내용들을 제공해 준다.

맛지마 니까야의 『마하시하나다경』이나 『마하사꾸루다이경』에 묘사된 것처럼, 붓다가 음식에 대한 당대 출가 수행자들의 시각을 거부한 점은 당대의 여러 종교 수행자 그룹 속에서 음식에 대한 불교적 시각을 독특한 것으로 만들었다: 불교는 음식의 필요성을 수용한다. 다시 말해 비구들이 그들의 종교적 목적을 달성할 수 있게 해주는 육체적 에너지와 힘이라는 이로움을 긍정한다. 음식에 대한 시각의 중요성과 초기불교에서 발견되는, 그리고 후대 불교에서 확장된 '적당한 음식 섭취'의 중요성은 중국 천태종의 문헌에 대한 고찰을 통해서도 확인할 수 있다. 『석선바라밀차제법문』은 명상 수행자의 경우 극소량과 극대량이라는 음식 섭취의 양극단을 피해야 함을 강조하고 있다. 수행 문헌인 『마하지관』에서는 음식 섭취에 있어 두

---

**190_** Ibid., 次食五味增損五藏者 酸味增肝而損脾 苦味增心而損肺 辛味增肺而損肝 鹹味增腎而損心 甜味增脾而損腎 若知五藏有妨 宜禁其損而噉其增.

극단을 피해야 한다는 태도가 체계적인 매뉴얼로 발전되었는데, 이 매뉴얼에서 의학적 지식은 전승되어 온 음식에 대한 불교적 태도로 승인되고 있다.


## 6. 음식이 가진 위험성: 맛과 양

앞서 우리는 붓다가 어떻게 당대 고행주의자들의 음식량과 음식 종류의 최소화라는, 음식에 대한 시각을 거부했는지 보았다. 붓다는 탁발뿐 아니라 초대식까지도 허용하였으며, 초대식에서의 고급 음식들도 허용하였다. 이러한 음식에 대한 붓다의 태도는, 음식은 최적의 육체적·정신적 기능을 위해 중요하며 문제가 되는 것은 음식 그 자체가 아니라 음식에 대한 욕망이라는 시각에 근거한다. 음식에 대한 욕망에서 벗어나는 것은 쉽지 않은 수행자의 이상이다. 그러나 실제 수행 속에서 이러한 이상을 성취한 경우들이 초기와 후대 불교에 알려져 있다.

이 절에서는 경전과 주석서를 통해 음식과 연관된 심리적 문제에 관한 내용들을 살펴보려고 한다. 여기에서는 경전과 주석서들이 음식이 야기하는 위험성을 어떻게 논의하고 또한 비구들에게 그 위험성을 경고하기 위하여 어떠한 대안들을 제시하고 있는지를 살펴볼 것이다.

5세기경에 쓰인 빨리어 주석 문헌인 『청정도론』은 음식에 대한 혐오상을 일으키는 수행, 염식상(厭食想, āhāre paṭikūla saññā)을 소개하면서 다음과 같은 서술을 하고 있다.

음식이 존재할 때 집착이 존재한다.
그리고 그것은 심각한 위험을 야기한다.[191]

대승불교 문헌들도 또한 음식이 집착을 야기할 수 있다는, 음식이 가진 특징을 지적한다. 『유가사지론』은 음식이 욕망을 야기하는 맛을 가지고 있다고 서술하고 있다.[192] 이러한 집착에 관하여 오분율은 "음식 맛에 대한 집착은 번뇌(垢)이다"라고 명확히 표현하고 있다.

우리는 좋은 맛에 집착하게 되고 (좋은) 소리와 색깔을 좇는다.
나는 이러한 것들을 번뇌(kilesa)로 간주한다. 따라서 나는 불[193]을 숭배하는 짓을 하지 않는다.

여기서의 집착은 음식에 대한 탐욕으로 경험되며 긍정적 경험인 '음식 맛에 의한 즐거움'은 탐욕의 전제 조건이다. 맛에 대한 경험과 탐욕, 집착의 좀 더 밀접한 관계 발전을 고찰하기 위하여 불교 승원의 일상적 실천을 위한 우화로서 기능하는 『자따까』를 통해 이 이야기들이 음식에 대한 집착이 야기하는 위험성을 비구들에게 어떻게 경고하는지 살펴보고자 한다.

---

**191**_ Vism., p. 341.

**192**_ T. XXX., p. 501b. 段食所有愛味 於彼追求執取受用.

**193**_ T. XXII., p. 110a. 성냄(dosa), 무지(moha)와 더불어 탐욕(lobha)은 디가 니까야(DN. III., p. 217)에서 '불'이라고 언급된다.

비록 『자따까』가 붓다의 전신인 보살에 관한 이야기들로 일반적으로는 대중적 문학 형식으로 받아들여지지만, 현존하는 『자따까』를 조사해 보면 주로 비구들이 어떻게 행동해야 하는지에 대한 지침을 주는 내용으로 구성되어 있다는 사실을 알 수 있다.[194] 몇몇 『자따까』 이야기는 음식 맛이 야기하는 위험성에 대한 안내서와 같은 내용을 제공한다. 빨리어 『자따까』 14번째 이야기인 「와따미가 자따까(Vātamiga Jātaka)」는 음식 맛에 빠졌을 때의 위험성에 대한 명백한 경고의 내용을 담고 있다. 아래는 이 이야기를 요약한 내용이다.

> 부유한 젊은 귀족이 라자가하(Rājagaha, 王舍城)에 살고 있었다. 어느 날, 그는 죽림정사에서 붓다의 법문을 듣고 비구가 되고 싶었다. 그는 처음 부모의 허락을 얻지 못했지만 7일 동안 음식을 먹지 않으며 부모를 압박한 결과 마침내 허락을 얻게 되었다. 그는 음식과 관련된 두타행을 실천하는 수행자가 되었다. 그는 불교 교단에서 지적이며 전도유망한 비구가 되었다.
> 라자가하의 명절이 되었을 때, 이 비구의 어머니는 아들의 부재와 그가 붓다와 함께 사왓띠(Sāvatthi, 舍衛城)로 떠난 사실 때문에 애통해 하고 있었다. 한 하천한 젊은 여인이 그 어머니가 우는 것을 보고 그 이유를 물었다. 그 어머니의

---

**194**_ Crosby, 2014, Chapter 4.

비통한 마음과 아들의 귀환을 얼마나 갈망하는지를 듣고 나서 그 젊은 여인은 아들이 좋아했던 음식이 무엇이었는지를 물었다. 아들을 돌아오게 해 주면 많은 사례를 하겠다는 말을 듣고 그 여인은 필요한 경비와 많은 수행원을 데리고 사왓띠로 떠났다. 사왓띠에 도착한 후, 이 여인은 그 비구가 자주 탁발을 하러 다니는 거리에 거처를 정했다. 그녀는 비구가 탁발을 하러 거리에 오면 그가 어릴 적 좋아하던 음식과 마실 것을 제공했다. 비구가 자신이 어릴 적 좋아했던 음식 맛에 빠졌음을 감지한 여인은 비구가 탁발을 나왔을 때 병을 핑계로 그가 자신의 방에 들어오도록 만들었다. 음식 맛에 빠진 비구는 자신이 좋아하던 음식을 보시하던 그녀가 보이지 않자 그녀를 찾아 그녀가 누워 있는 방에까지 들어가게 되었다. 이렇게 그는 계율을 위반하게 되었다.[195]

그녀는 자신이 사왓띠에 온 이유를 설명했고 비구는 음식 맛에 대한 탐닉 때문에 비구 생활을 그만두었다. 많은 수행원들과 함께 이들 두 사람은 비구의 부모가 기다리는 라자가하로 돌아왔다.[196]

이 이야기는 음식 맛에 대한 집착이 야기하는 위험성을 잘 보여

**195**_ Pācittiya 44조: 만일 비구가 사적으로 여성과 격리된 자리에 앉으면 바일제이다.
Pācittiya 45조: 만일 비구가 사적으로 여성과 함께 앉으면 바일제이다.

**196**_ J. I., pp. 157-158.

주고 있는데, 지적이고 열성적인, 그것도 음식 관련 두타행을 닦는 수행자가 어릴 적 자신이 좋아했던 음식을 지속적으로 제공받음으로써 야기된 음식에 대한 쾌락에 의해 자신의 종교적 결연함을 어떻게 파괴시켰는지 잘 묘사하고 있다. 아래의 도표는 음식 맛에 대한 집착에 의해 야기된 위험성을 다룬 『자따까』 이야기를 정리·요약한 것이다.

| 『자따까』 | 주인공 | 집착한 음식 | 집착의 결과 |
|---|---|---|---|
| 14. Vātamiga | 비구 | 어렸을 적부터 좋아하던 음식 | 환속 |
| 138. Godha | 고행자 | 도마뱀 고기 | 고기를 먹기 위해 도마뱀을 죽임(살생) |
| 255. Suka | 비구 | 음식 | 식탐 때문에 사망 |
| 407. Mahākapi | 왕 | 망고 | 망고를 먹는 원숭이를 죽임 |
| 423. Indriya | 비구 | 맛있는 커리와 반찬이 곁들여진 죽과 밥 | 비구로서의 품위 손상 |
| 466. Samudda-vāṇija | 목수 | 맛있는 음식 | 목수와 그의 500명의 가족들이 물에 빠져 죽음 |
| 511. Kimchanda | 전에 왕이었던 고행자 | 망고 | 망고의 맛에 빠져 어떤 음식도 먹지 않음 |
| 512. Kumbha | 재가자들 | 술과 고기 | 도시가 사라짐 |

표 2-3. 『자따까』에 나타난 음식이 야기하는 위험

위에서 볼 수 있듯 음식 맛에 빠져 자신이 지켜야 할 윤리성을 상실한 행동의 결과로 동물을 죽이거나, 비구나 고행자로서의 품위를 상실하거나, 그들의 지위나 건강 등을 잃거나, 그들의 거처가 파괴되기도 한다. 위 도표는 음식 맛에 대한 집착이 윤리적·물질적·사회적 문제, 심지어는 생명을 잃는 경우도 야기하는 경우를 보여주고 있다.

대승경전인『육도집경(六度集經)』은 음식 맛에 빠진 극단적인 경우에 대한 이야기를 전하고 있다. 이 경전에는 한 왕에 대한 이야기가 담겨 있는데, 그는 현명하고 존경받는 왕이었으나 후에 고기 맛을 탐닉하게 되었다. 이야기는 다음과 같다.

한 왕국을 정의롭게 다스리는 왕이 있었다. 그는 사자처럼 힘이 셌으며 그 빠르기는 새를 잡을 정도였다. 어느 날 왕국의 요리사는 요리에 쓸 고기를 찾을 수 없었는데 막 죽은 사람 시체를 사용하여 겨우 고기 요리를 만들 수 있었다. 이 요리는 이전에 동물 고기로 만들었던 요리보다 훨씬 더 맛이 있었고 왕은 이전에 만들었던 요리들은 맛이 없었다고 요리사를 질책했다. 요리사는 새로운 고기 요리는 인육으로 만들었음을 고백했다. 요리사의 고백을 들었음에도 왕은 요리사에게 다른 사람 모르게 인육으로 계속 요리를 하라고 지시했다. 요리사는 사람을 죽여 왕을 위해 고기 요리를 준비했다. 연속되는 살인으로 왕국은 혼란에 빠졌고 관리들은 그 살인 사건을 조사하여 요리사를 체포하였다. 요리사는 그가 사람을 죽인 것은 왕이 원하는 고기 요리를 준비하기 위함이었다고 자백했다. 신하들은 왕에게 백성을 자애롭게 통치하기 위해 그러한 잔인한 짓을 그만두라고 간청했지만 왕은 신하들의 요청을 거부했다. 고기 맛에 빠진 왕은 신하들의 간청을 묵살했고 대신 자신의 식사를 위해 아이들을 죽여도 될지를 신하들에게 물었다.

신하들은 왕을 권좌에서 끌어내려 왕국에서 쫓아내 버렸다.[197]

이 경전에 묘사된 왕은 인육의 맛에 빠지기 전 현명하고 정의로운 존재로 묘사된다. 하지만 인육의 맛에 대한 집착 때문에 윤리성과 왕국을 통치할 지위를 상실한다. 이 경전에서 붓다는 음식 맛에 빠진 사람은 관대하지 않고, 관대하지 않은 사람은 들개나 늑대와 같은 사악한 마음을 가질 수 있으며, 그러한 사악한 마음 때문에 도둑질을 하거나 사람을 죽일 수 있고, 따라서 그는 세상 사람들의 적이 될 수 있다고 설명한다.[198]

음식 맛에 대한 집착은 개인적으로 윤리적 문제를 야기할 수 있으며 나아가 사회적 문제로도 확대될 수 있음을 이 경전은 보여 주고 있다. 따라서 비구들은 음식이 가진 위험성을 인식해야만 한다고 붓다는 충고한다. 붓다는 탁발 음식에 대한 적절한 태도를 강조한다: 비구들은 "음식에 마음이 끌리거나 그것에 마음을 빼앗기거나

---

197_ T. III., p. 22b-c.

198_ Ibid., p. 22b.

그것에 집착해서는 안 된다."

만일 비구가 탁발 음식이 주는 쾌락에 빠지면 그들의 행위는 악화되어 다른 사람에게 사악해지고 해로운 존재가 된다고 붓다는 경고한다. 음식에 대한 쾌락으로부터 벗어나는 것은 비구들이 함양해야 할 평정하고 자애로우며 깨어 있는 심적 태도에 도움이 된다고 붓다는 생각한 듯하다.

음식 맛에 대한 집착의 문제는 맛지마 니까야 『짜뚜마경(Catuma Sutta)』(MN 67)에서도 다루어지고 있다. 앞에서 언급한 「와따미가 자따까」에서처럼 이 경에서도 음식은 어떤 비구들에게 있어 상가에 머물기 힘들게 만드는 주요한 요소로 확인된다. 이 경은 비구로 하여금 승원 생활을 저버리게 만드는 네 가지 위험을 설명한다.

| 위험에 붙여진 이름 | 비구 신분 포기 이유와 계율 규정 | 집착의 대상 |
| --- | --- | --- |
| 악어의 위험[199] | 식재료의 다양성은 제한되며 음식은 정오 이전에만 먹을 수 있다. | 음식 |
| 파도의 위험 | 비구들은 비록 자신보다 어리다 할지라도 자신보다 먼저 구족계를 받은 비구들을 존중해야만 한다. | 사회적 지위 |
| 소용돌이의 위험 | 재가 생활이 허용하는 다섯 가지 감각적 쾌락을 즐기는 것이 금지된다. | 감각적 즐거움 |
| 상어의 위험 | 성행위는 엄격하게 금지된다. | 성행위 |

표 2-4. 네 가지 승원 생활 포기 이유[200]

---

**199_** 원래 경전의 순서에서는 '파도의 위험'이 첫 번째에 놓여 있지만 음식에 대한 위험성을 말하는 '악어의 위험'을 강조하기 위하여 첫 번째 위치에 배치했다.

**200_** MN. III., pp. 459-462.

『짜뚜마경』은 이러한 네 가지 이유 때문에 비구들이 승원 생활을 그만둘 수 있다고 언급하고 있다. 이들 네 가지 이유 중 세 가지는 식욕, 성욕, 감각적 즐거움과 같은 개인적 욕구이며, 나머지 한 가지는 상가 내에서의 지위와 관련된 사회적 욕구에 기반한 것이다. 어떤 비구에게는 음식의 맛이나 양 혹은 음식을 먹는 횟수와 같은 음식과 관련된 이슈가 그들이 승원 생활을 그만두는 주된 이유일 수 있고, 또 다른 비구에게는 성적 욕구나 감각적 즐거움을 향유할 수 있는 기회의 원천적 박탈이 승원 생활을 포기하게 하는 이유가 될 수 있었을 것이다. 그런데 다음 절에서 고찰하겠지만 불교나 기독교에서 수행자가 승원 생활을 그만두는 이유는 유사성이라기보다 동일성이라고 표현해야 할 정도로 대단히 닮은 모습을 보이고 있다.

## 7. 기독교 수도원 생활의 유사한 문제점

　흥미롭게도 우리는 음식에 대한 집착과 관련하여 불교와 기독교의 시각이 매우 유사하다는 걸 알 수 있다. 식탐은 기독교 수행자가 수도원 생활을 포기하게 할 수 있다고 초기 기독교 사막 수행자인 존 캐시언(John Cassian, 360~435년)은 언급하고 있다.

| 1. 비시(非時)에 음식 섭취 | 적당한 시간이 아닌데 음식을 먹는 것은 수도원의 단조로운 생활에 대한 혐오를 야기하고, 수도원 생활에 대한 두려움을 증가시키며, 수도원에 머무는 것을 참을 수 없게 한다. |

| | |
|---|---|
| **2. 배부르게 먹기** | 배가 부르게 먹는 것은 음식의 양이 주는 즐거움에 굴복하는 것이며 그것은 성욕을 야기한다. |
| **3. 좋은 음식에 대한 갈망** | 고급 음식에 대한 욕망은 음식 맛이 주는 쾌락에 굴복하는 것이다. 이러한 식탐은 고급 음식과 특별한 양념으로 특징된다. |

표 2-5. 세 종류의 식탐[201]

기독교에서 식탐은 '일곱 가지 중죄' 중 하나이며, 캐시언의 식탐 분류는 불교의 그것보다 좀 더 상세하다. 그는 수사(修士)들이 수도원 생활을 포기하는 이유를 음식과 관련된 세 가지 양상, 즉 시간, 양, 맛으로 분석한다. 식탐은 수도원 생활에서의 영적 친교를 제거하고, 세속성을 강화시키며, 고급 음식은 종교 수행자가 자신의 영적 이상 추구의 길을 잃어버리게 하는 유혹이라고 인식한다.

또 다른 기독교 사막 수행자인 에바그리우스(Evagrius ponticus, 345~399년)는 빵, 소금, 물이 종교 수행자에게는 가장 적절한 음식이며, 식탐은 수행자가 종교적 실천에서 진일보하는 것을 막는 첫째가는 방해물이라고 주장한다.[202] 식탐은 병을 생기게 하고, 지성을 오염시키며, 육체를 허약하게 만들고, 우리를 피폐하게 하며, 간통의 원천이라고 그는 언급하고 있다.[203] 특히 신을 향한 길로 나아가기 위해서는 식탐을 극복하는 것이 무엇보다 중요하다고 지적한다. 그는 식탐이 첫 번째 죄이며, 음식에 대한 탐욕은 불복종을 야

---

**201_** Hill, 2011, p. 136.

**202_** Ibid., p. 129.

**203_** Ibid., p. 130.

기하고, 인간이 에덴동산에서 쫓겨나게 된 것은 음식의 달콤한 맛 때문이었다고 설명한다. 나아가 장작이 많으면 많을수록 불길이 커지는 것처럼, 음식량이 많아지면 많아질수록 욕망을 살찌운다고 주장하고 있다.[204]

이들 기독교 사막 고행 수행자들은 종교 수행자들이 영적 이상을 추구하고 성공적인 종교적 실천을 하기 위해서는 식탐을 반드시 극복해야 한다고 인식하고 있다. 그들은 또한 수도원 생활에서 식탐은 영적 추구를 위험에 빠뜨리고 세속성을 지속적으로 강화시킨다고 이해한다. 나아가 식탐은 불가피하게 성욕을 야기하며 사회적 안정성과 조화를 파괴한다고 언급하고 있다.[205] 이외에도 식탐은 또한 가치라는 측면에서 비이성적이고 불청정한 것으로 이해된다.[206]

마지막으로 성 토마스 아퀴나스의 식탐과 윤리 사이의 관계를 밝히는 식탐에 대한 신학적 정의를 볼 수 있는데, 그는 다음과 같이 말하고 있다: "식탐은 중죄이다. 왜냐하면 그것은 음식과 식사의 쾌락을 위한 과도한 욕망 때문에 윤리적 선이 드러나야 하는 삶의 이상적인 질서로부터 이탈시키기 때문이다."[207]

---

**204_** Ibid., p. 127.

**205_** Ibid., p. 134.

**206_** Ibid., p. 121.

**207_** Ibid., p. 124.

## 8. 식탐에서 성욕으로

　식탐과 더불어 종교 수행자가 빠지기 쉬운 주요한 위험 중 하나는 성욕이다. 앞서 1장에서 보았듯이 『아간냐경』은 남녀의 성기와 성욕은 음식과 음식 먹기에서 기원한 것이라고 설명한다. 이 절에서는 성욕은 상세히 다루지 않고 식탐과의 연관 속에서 성욕의 위험성에 대해 몇 가지 예를 다루고자 한다.

　앞서 우리는 음식이 개인에게 다양한 문제와 위험성을 야기할 수 있음을 보았다. 식탐이 더욱 문제가 되는 건 음식이 성욕의 원인으로 기능한다는 점이다.

　비구들은 음식에 대한 집착을 피할 수 있고, 음식에 대한 탐닉 때문에 불교 상가로부터 추방되지는 않는다. 그러나 불교에서 성행위는 가장 엄중한 계율인 바라이죄(Pārājikā) 중 하나이며 이 계율을 위반했을 때는 불교 상가에서 영원히 추방된다.

　『아간냐경』에서 남녀의 성기는 음식을 먹은 결과로 생겨났다고 서술되어 있다. 나아가 이 경전은 성기와 성욕이 생겨난 과정을 묘사하고 있다. 그 내용을 다시 한 번 살펴보자.

　비구들이여, 이들 중생은 인간의 재배 노력 없이도 잘 크는 쌀을 자신들의 음식으로 삼아 오랫동안 먹고 살았다. 이들 중생이 얼마만큼 많이 먹었느냐에 따라, 그들의 몸이 훨씬 더 딱딱해졌고 잘생기거나 혹은 추한 얼굴 모습이 생기게 되었다. 여성의 성기가 중생에게 생겨났고 남성의 성기가 중생에게 생겨났다: 여자들은 강렬하고 넘치는 욕망을 가

지고 남자들을 쳐다보았고 남자들도 마찬가지로 여자들을
바라보았다. 그들이 서로 강렬하게 갈망하는 내부의 욕정
으로 쳐다보았을 때 그들의 몸은 불길에 휩싸였다: 이 불
길 때문에 그들은 성행위를 했다.[208]

　　이 경전은 세 가지 요소, 즉 음식, 성기, 성욕의 연속적인 연관
을 보여 주고 있다. 불교 우주론에서 음식과 성욕은 본질적으로 연
관되어 있다. 『성실론』은 음식에 대한 집착이 성욕을 야기하고, 성욕
은 마음에 번뇌를 야기하며, 심적 번뇌는 불선법을 야기한다고 서술
하고 있다. 결국 모든 괴로움과 고통은 음식에 대한 탐욕에 의해 시
작되며 음식은 성욕의 발생에 이바지한다고 이 논서는 언급하고 있
다.[209] 설일체유부의 『아비달마대비바사론』은 '불만족'과 세 가지, 즉
남녀의 성기, 물질적 음식에 대한 탐욕, 그리고 성욕을 연관시킨다.

　　욕계에는 남녀의 성기가 존재한다.
　　이것이 '불만족(恚結)'이라는 번뇌가 있는 이유이다.
　　이것은 모든 중생에게 남녀의 성 기관이 존재하기 때문에
　　다른 중생에 대한 불만족을 지속적으로 야기하기 때문이다.
　　색계나 무색계에는 불만족이라는 번뇌가 없다. 왜냐하면
　　그곳에는 남녀의 성 기관이 존재하지 않기 때문이다.

---

208_ Collins, 1993, pp. 343-344.

209_ T. XXXII., p. 348c.

물질적인 음식에 대한 탐욕이 존재한다.

이것이 불만족이라는 번뇌가 존재하는 이유이다.

이것은 물질적인 음식에 대한 욕망 때문에 모든 중생이 지속적으로 불만을 갖기 때문이다.

색계나 무색계에는 불만족이라는 번뇌가 없다. 왜냐하면 물질적인 음식에 대한 욕망이 없기 때문이다.

성욕이라는 번뇌가 있다.

이것은 모든 중생이 성욕이라는 번뇌 때문에 불만을 지속적으로 갖기 때문이다.

색계와 무색계에는 불만족이라는 번뇌가 없다. 왜냐하면 성욕이라는 번뇌가 없기 때문이다.[210]

이 문헌에서 성적 욕망은 세 가지 근본 번뇌 중 하나인 불만족(瞋恚)을 야기한다. 여기서 세 가지 요소, 즉 성기, 식탐, 성욕의 내적 연관은 '불만족'이라는 번뇌를 통해 보이는데, 이는 욕계를 특징짓는 요소들이다.

『아간냐경』의 불교 우주론에 따르면, 물질적 음식에 대한 욕망은 우주가 전개되는 첫 번째 원인으로 기능한다. 이 욕망은 남녀의 성 기관을 생기게 하고, 그 결과 성욕이 생기게 된다. 이들 욕망은 지속적으로 불만족을 만들어 내며 따라서 이 세계는 욕계로 규정된다. 그러나 색계와 무색계는 남녀, 물질적 음식, 성욕이 존재하지 않

---

210_ T. XXVII., p. 289a-b.

으며 따라서 불만족이라는 번뇌가 일어나지 않는다.

매일의 탁발에서 비구들은 두 종류의 위험에 노출된다: 식탐과 성욕. 다양한 불교 문헌에서 발췌한 내용으로 구성된 문헌인 『경률이상(經律異相)』의 한 이야기는 비구가 탁발 시 어떻게 성적 위험에 직면하게 되는지를 보여 준다.

> 정신적인 번뇌를 모두 제거했다고 생각한 한 비구가 탁발 중에 동네 술집에 가게 되었다. 술집 여주인이 비구에게 음식을 보시했을 때 그녀의 모습으로 인하여 그에게 성적 욕망이 일어났다. 그는 자신의 발우에서 보릿가루와 커드를 꺼내 그녀에게 주었다. 이것을 보고 그녀도 또한 성적 욕망을 느꼈고 하얀 이를 드러내며 그에게 미소를 지었다. 그는 그녀의 몸을 만지지도 않고 이야기해 보지 않고도 성적 욕망을 느꼈지만, 그녀가 웃을 때 그녀의 (하얀) 이 때문에 그는 부정관(asubha bhāvanā)의 하나인 뼈를 떠올리게 되었고, 우리 몸이 모두 뼈로 구성되어 있다는 사실을 관찰한 후에 그 비구는 아라한과를 성취하게 되었다.[211]

이 이야기를 인용한 것은 음식을 얻어야 하는 필요가 비구들을 성적 문제가 야기될 수 있는 상황에 밀어 넣을 수 있다는 점을 보이

---

**211_** T. LIII., p. 97c. 이 이야기의 원래 이야기는 『아소까와다나(Asokāvadāna)』의 번역본인 『아육왕경(阿育王經)』(T. L., p. 166c)에 나온다. 이 이야기를 요약한 내용은 『부법장인연전(付法藏因緣傳)』(T. L., p. 312b01-7)에도 나온다.

기 위함이다. 『성실론』은 '음식→성욕→심적 번뇌→불선법'으로 이들 요소의 연속적인 관계를 설명하면서 음식과 성욕 사이의 연관성을 명확하게 해 주었다. 『아비달마대비바사론』은 이 관계에서 심적 번뇌의 본질적 특징이 '불만족'임을 설명해 주는 실마리를 제공한다. 삼독심 중 하나인 진에(瞋恚)의 또 다른 표현은 '불만족'이라고 할 수 있다. 위의 이야기에서 매력적인 여인을 본 비구는 자신이 독신의 계율을 지켜야 한다는 사실에 불만스러웠기 때문이다. 심적 번뇌로서 그의 불만족 혹은 진에는 비구인 그로 하여금 성관계를 금지하는 바라이죄를 범하게 할 수도 있었을 것이다. 그러나 이 경우에서는 여성의 성적 매력에 끌린 바로 그 순간 육체의 혐오상에 관한 명상적 통찰이 그의 수행 공력으로 발현되어 깨달음을 얻는 원인이 되었다.

빨리어 불교 문헌에서 대승불교 문헌에 걸친 예에서 비록 음식이 성공적인 종교적 실천을 위해 필요하다고 인식되기는 하지만, 음식은 욕망과 다른 불선법에 연관되기 때문에 또한 위험스러운 것으로 규정된다.

# 3장. 불교 계율의 음식 규정

앞 장에서는 불교의 우주론적 견해를 담고 있는 『아간냐경』에서 음식에 대한 탐욕이 세계와 윤리적 삶 악화의 주요한 동인으로 간주됨에도 불구하고, 음식과 관련하여 불교가 다른 출가자 그룹과 어떻게 다른 시각을 취했었는지를 고찰하였다.

비록 거친 음식을 먹는 것이 남녀 성 기관의 차이와 성적 욕망을 야기하는 원인으로 간주되지만, 고대 인도의 출가 수행자 전통과 달리 붓다는 음식의 섭취량을 최소화하는 것과 수행자의 수행 수준, 그리고 종교적 혹은 영적 깨달음의 수준을 등치시키지 않았다.

붓다의 이러한 인식은 두 가지 이유에 근거하고 있었다: 1) 음식을 통해 얻어진 육체적 힘은 깨달음을 얻는 데 필요한 것이기 때문이며, 2) 음식에 대한 탐욕 없이 음식을 소비하는 게 가능하다고 사고했기 때문이었다. 불교에서 탐욕 그 자체는 문제로 간주되지만 깨달은 자들은 음식에 대한 탐욕에서 벗어나 있다고 말한다.

그렇다면 깨닫지 못한 자들은 어떠한가? 앞 장에서 우리는 음식 섭취에 관하여 몇 가지 제한 규정이 가해지는 것을 보았다. 비록 음식에 대한 집착을 제어하기 위하여 두타행(2장 참조)을 닦는 것이 허용되지만 그러한 제한은 음식의 양이나 타입에 관한 것은 아니다. 그것은 시간과 관련된 오후불식에 관한 것이었다. 사문인 우다인이 지적하듯 오후불식은 비록 재가자들이 가장 훌륭한 혹은 가장 맛있는 음식을 준비하는 낮 시간에 탁발하지 못하는 것을 의미했지만, 이는 음식에의 탐욕을 제어하기 위한 조치라기보다는 밤에 탁발할 경우 생길 수 있는 위험, 늦은 시간에 먹지 않는 것이 건강에 좋다는 생각, 자주 탁발을 함으로써 수행에 지장을 초래할 수 있다는 논리에 근거하여 정당화되었다. 또한 음식이 야기하는 위험에 대한 경고는 음식 그 자체에 대한 탐욕뿐 아니라 음식에 대한 탐욕에 굴복함으로써 야기될 수 있는 문제 행동에 대해서도 언급하고 있다.

후대 불교 문헌들은 음식 절제의 중요성을 강조하기 위하여 잠재적인 의학적 문제들을 상세히 부연하고 있다. 그리하여 명상 수행을 하는 불교 수행자는 음식에 대하여 극단적인 배제나 탐닉적 태도를 취해서는 안 된다고 권고한다.

불교 경전에서는 불교 수행자의 음식에 대한 집착은 수행에 있어서 큰 문제를 야기하는 것으로 언급되며, 이것은 불교 수행자가 불교 교단을 떠나게 되는 네 가지 주요한 원인 중 하나로 언급된다. 이에 대한 붓다의 답은 바로 불교 계율이다.

> 비구들이여 그대들이 온전히 계율을 지킨다면 그대들은
> 온전히 그 목표를 성취할 수 있을 것이다. 만일 부분적으로
> 지킨다면 부분적으로 성취할 것이다.[212]

---

212_ AN. I., p. 234. 인용 Huxley, 1996, p. 144.

비구의 승원 생활을 규정하는 227개의 빨리율 바라제목차(Pāli Pāṭimokkha) 중에서 거의 사분의 일을 차지하는 50가지 계율이 음식과 관련되어 있다. 비구니들의 생활을 규정하고 있는 311개의 바라제목차 조항 중에도 거의 육분의 일인 54가지 계율 조항이 음식과 연관되어 있다.

다른 바라제목차와 마찬가지로 음식에 관한 계율 조항도 붓다와 관계되어 있다. 율장 경분별(經分別)은 계율의 성립을 설명하고 있는 율장의 일부이다. 이 장에서 우리는 각각의 계율이 어떻게 성립했는가에 대한 경분별의 설명을 살펴봄으로써 음식에 관한 바라제목차의 계율 조항을 고찰할 것이다.

현존하는 다양한 율장 문헌들은 계율 조항과 그 성립에 있어 다소 차이를 보이고 있다. 따라서 이 장에서는 빨리율과 다양한 한역 율장 문헌들을 통해 음식과 관련하여 당시 불교 상가가 대처하고자 했던 다양한 문제들을 비교·고찰해 보고자 한다.

## 1. 불교 율장에서 음식 계율의 위치

여기서는 전체 빨리율 조항 가운데 음식에 대한 욕망을 최소화하고, 음식을 얻는 데 있어 재가 사회와의 마찰을 피하기 위한 계율 등 음식과 관련된 제반 계율을 살펴보고자 한다.

아래의 표는 빨리율 전체를 바라제목차의 일반적 분류에 근거하여 상가에서 제명되는 중죄인 바라이죄에서부터 도덕적 비난 이외에 특별한 제재가 가해지지 않는, 적절한 행위 규범을 규정하고 있는 중학법까지 모든 계율 가운데 음식 관련 계율을 언급하기 위한 것이다. 표의 오른쪽 항목은 음식과 관계된 계율 조항이다.

| | 비구 바라제목차: 총 227개 조항 | 음식 관련 조항 |
|---|---|---|
| 1 | 바라이법(波羅夷, Pārājika): 4개 조항 | |
| 2 | 승잔법(僧殘, Saṅghādisesa): 13개 조항 | |
| 3 | 부정법(不定, Aniyata): 2개 조항 | |
| 4 | 니살기바일제법(尼薩耆波逸提, Nissaggiya Pācittiya): 30개 조항 | No. 23: 1개 조항(7일 이상 음식 저장 금지 조항) |
| 5 | 바일제법(波逸提, Pācittiya): 92개 조항 | Nos. 29, 31~43(이 중 Nos. 31~40은 식품(食品) 10개 조항), 51: 15개 조항 |
| 6 | 바라제제사니법(波羅提提舍尼, Pāṭidesanīya): 4개 조항 | Nos. 1~4: 4개 조항 |
| 7 | 중학법(衆學, Sekhiya): 75개 조항 | Nos. 27~56: 30개 조항 |
| 8 | 멸쟁법(滅諍, Adhikaraṇasamatha): 7개 조항 | |

표 3-1. 비구 바라제목차 중 음식 관련 조항

| | 비구니 바라제목차: 311개 조항 | 음식 관련 조항 |
|---|---|---|
| 1 | 바라이법: 8개 조항 | |
| 2 | 승잔법: 17개 조항 | Nos. 5~6: 2개 조항(정욕을 품은 남자로 부터 음식을 받는 것 금지) |

| 3 | 니살기바일제법: 30개 조항 | No. 25: 1개 조항(7일 이상 음식 저장 금지) |
|---|---|---|
| 4 | 바일제법: 166개 조항 | Nos. 1, 7, 117~126(식품 10개 조항), 132: 13개 조항(No. 1. 마늘에 관한 조항, No. 7. 날곡식에 관한 조항, No.132. 음주에 관한 조항 등) |
| 5 | 바라제제사니법: 8개 조항 | Nos. 1~8: 8개 조항 |
| 6 | 중학법: 75개 조항 | Nos. 27~56: 30개 조항 |
| 7 | 멸쟁법: 7개 조항 | |

표 3-2. 비구니 바라제목차 중 음식 관련 조항

비구나 비구니의 올바른 음식 섭취 행위에 관한 계율 조항인 '비시(非時, 즉 오후)에는 음식을 먹어서는 안 된다(vikālabhojanā veramaṇī sikkhāpadaṃ samādiyāmi)'는 바일제 식품(食品) 열 개 조항 중 하나에서 볼 수 있다. 따라서 바라제목차 조항의 체계에서 음식 섭취에 관한 문제가 심각한 위반으로 간주되지 않는다는 점이 다소 의아할 수 있다.

위에 언급된 바라제목차의 구조 내에서 음식 관련 조항들은 주로 바일제법과 바라제제사니법, 중학법에 위치하고 있다. 이들 계율은 덜 중한 계율 위반과 관련된 범주에 속한다. 음식 관련 계율 조항들이 낮은 위치에 놓여 있다는 사실은 앞 장에서 고찰한 경전에서 볼 수 있었던 붓다가 가진 시각을 확인해 주는데, 음식에 대한 제한이 출가 수행자의 수행 진전을 나타내는 지표가 아닌 덜 중요한 이슈로 간주됨을 보여 준다. 그럼에도 불구하고 음식과 관련된 문제는 매일의 일상과 관련된 이슈이며, 이러한 범주의 계율 조항들은 비구와 비구니의 구체적인 일상생활과 밀접하게 연관되어 있다는 측면에서 그 중요성을 간과할 수 없는 조항들이다. 게다가 75가지 중학법의 조항들은 대개 수행자가 매일의 일상적 문제에 대하여 어떻게 대처하여 행동하여야 하는지에 대한, 주로 수행자들의 행동거지에 관한 것들이다. 율장의 다른 계율 조항과 다르게 중학법은 신참 비구들에게 비구 십계와 함께 적용된다.

율장에서 음식과 관련된 계율은 비구의 경우 50개 조항이 있는데 이것은 전체 계율 조항의 20퍼센트가 넘는 비율이다. 한편 비구니 바라제목차에는 비구니에게만 해당되는 음식 관련 계율 조항들이 있다. 승잔법에 두 조항(다섯 번째와 여섯 번째), 바일제법에 두 조항(첫 번째와 일곱 번째), 바라제제사니법에 여덟 조항(첫 번째에서 여덟 번째까지)이 그것인데, 이들 조항은 비구니에 대한 음식 규정이 비구에게 적용되는 것보다 엄격했음을 보여 주고 있다. 비구니와 관련된 음식 조항들은 이후 4장에서 고찰될 것이며, 이 장에서의 초점은 비구에 관한 계율이다.


## 2. 열 가지 음식 관련 바일제 조항

빨리율 바일제법은 92개의 조항을 가지고 있다. 바일제법을 위반하는 경우, 그 비구는 계율을 어긴 적이 없는 비구들 앞에서 그의 죄(desanā)를 참회하여야 한다.[213]

---

213_ Vin. IV., p. 15.

빨리율 바일제 31번째 조항에서 40번째 조항에 이르는 음식 관련 조항들은 흔히 '식품(食品)'으로 불리는데, 이들 조항은 승원 생활에서의 다양한 음식 이슈들을 다루고 있다.[214] 이 열 가지 조항들은 다음과 같다.

31조. 아프지 않은 비구는 공공 급식소에서 한 번 음식을 먹을 수 있다. 그러나 한 번 이상 먹으면 바일제이다.[215]

32조. 대중식은 적절한 때 이외에는 바일제이다. 적절한 때란 아플 때, 옷을 보시할 때, 가사를 만들 때, 여행할 때, 배를 탈 때, 성대한 행사가 있을 때, 수행자가 음식을 제공할 때이다. 오직 이때만이 적절한 때이다.[216]

33조. 한 곳에서 음식 공양을 받고 또 다른 곳에서 음식 공양을 받으면 적절한 때 이외에는 바일제이다. 적절한 때란 아플 때, 옷을 보시할 때, 가사를 만들 때이다. 오직 이때만이 적절한 때이다.[217]

---

214_ Hirakawa, 1994, p. 341.

215_ Vin. IV., p. 70. agilānena bhikkhunā eko āvasathapiṇḍo bhuñjitabbo tato ce uttariṃ bhuñjeyya pācittiyaṃ.

216_ Ibid., p. 74. gaṇabhojane aññatra samayā pācittiyaṃ. Tatthāyaṃ samayo gilānasamayo cīvaradānasamayo cīvarakārasamayo addhānagamanasamayo nāvābhirūhanasamayo mahāsamayo samaṇabhattasamayo ayaṃ tattha samayo.

217_ Ibid., p. 77. paraṃparabhojane aññatra samaya pācittiyaṃ. Tatthāyaṃ samayo gilānasamayo cīvaradānasamayo cīvarakārasamayo. Ayaṃ tattha samayo.

34조. 비구가 신도의 집에 초대를 받아 빵과 밥을 권유받을 때, 원한다면 두세 그릇은 상관없으나 그 이상을 받으면 바일제이다. 두세 그릇을 받아 돌아오면 다른 비구들과 나누어 먹어야 한다. 오직 이렇게 하는 것만이 올바른 행위이다.[218]

35조. 비구가 식사를 마치고 더 이상 음식 받기를 거절한 후 잔식이 아닌 식사나 간식을 먹으면 바일제이다.[219]

36조. 만일 비구가 이미 식사를 마치고 음식 받기를 거절한 비구에게 '비구여, 이 음식을 드시오'라고 하여 고의로 계율을 어기게 만들어 그 음식을 먹게 하면 바일제이다.[220]

37조. 만일 비구가 비시(非時)에 밥이나 간식을 먹으면 바일제이다.[221]

38조. 만일 비구가 저장해 놓았던 밥이나 간식을 먹으면 바일제이다.[222]

---

218_ Ibid., p. 80. bhikkhuṃ pan'eva kulaṃ upagataṃ pūvehi vā manthehi vā abhihaṭṭhuṃ pavāreyya ākaṅkhamānena bhikkhunā dvittipattapūrā paṭiggahetabbā. Tato ce uttariṃ paṭiggaṇheyya pācittiyaṃ.

219_ Ibid., p. 82. yo pana bhikkhu bhuttāvī pavārito anatirittaṃ khādaniyaṃ vā bhojanīyaṃ vā khādeyya vā bhuñjeyya vā pācittiyaṃ.

220_ Ibid., p. 84. yo pana bhikkhu bhikkhuṃ bhuttāviṃ pavāritaṃ anatirittena khādanīyena vā bhojanīyena vā abhihaṭṭhuṃ pavāreyya "handa bhikkhu khāda vā bhuñja vā" ti jānaṃ āsādanāpekkho bhuttasmiṃ pācittiyaṃ.

221_ Ibid., p. 85. yo pana bhikkhu vikāle khādaniyaṃ vā bhojaniyaṃ vā khadeyya vā bhuñjeyya vā pācittiyaṃ.

222_ Ibid., p. 87. yo pana bhikkhu sannidhikārakaṃ khādaniyaṃ vā bhojaniyaṃ vā khādeyya vā bhuñjeyya va pācittiyaṃ.

39조. 다음과 같은 음식은 미식이다: 기, 버터, 기름, 꿀,
　　　당밀, 생선, 고기, 우유, 커드. 만일 비구가 병중이
　　　아닌데도 자신이 먹기 위해 이와 같은 미식을 요구
　　　하여 먹으면 바일제이다.[223]
40조. 만일 비구가 물이나 이쑤시개를 제외하고 주지 않은
　　　음식을 입에 넣으면 바일제이다.[224]

위에 제시한 빨리율 바일제 중 31조는 비구가 공공 급식소에서
한 번 이상 음식 먹는 것을 금지한 조항이다.

31조. 아프지 않은 비구는 공공 급식소에서 한 번 음식을
　　　먹을 수 있다. 그러나 한 번 이상 먹으면 바일제이다.

먼저 빨리율에서 이 조항이 성립된 인연담을 살펴보자.

사왓띠에서 자선을 베푸는 동업조합이 공공 급식소에서
보시할 음식을 장만하고 있었다. 이때 육군비구는 가사를
입고 발우를 들고 사왓띠로 탁발을 나갔지만 음식을 얻지
못하였기 때문에 음식을 얻기 위해 공공 급식소에 갔다.

---

**223_** Ibid., p. 88. yāni kho pana tāni paṇītabhojanāni seyyath' īdaṃ sappi, navanītaṃ, telaṃ, madhu, phāṇitaṃ, maccho, maṃsaṃ, khīraṃ, dadhi, yo pana bhikkhu evarūpāni paṇītabhojanāni agilāno attano atthāya viññāpetvā bhuñjeyya pācittiyaṃ.

**224_** Ibid., p. 90. yo pana bhikkhu adinnaṃ mukhadvāraṃ āhāraṃ āhareyya aññatra udakadantapoṇā pācittiyaṃ.

그들은 다음날에도 그곳에 갔고, 그 다음날에도 갔다. 그리고 그들은 생각했다. '우리는 내일 이 공공 급식소에 또 올 텐데 성가시게 승원으로 돌아가곤 한다. (밤에 여기 머무는 것과 내일 다시 올 텐데 돌아가는 것이) 무슨 차이가 있는가?' 음식을 한 번 먹고 떠나는 다른 종교의 수행자들과 달리 그들은 공공 급식소에 머물며 계속 거기서 음식을 먹었다. 그들의 행위 때문에 사람들은 다음과 같이 그들을 비난했다: "어떻게 이들 석가족의 아들들은 계속 공공 급식소에 머물면서 음식을 먹는단 말인가? 공공 급식소의 음식은 그들만을 위한 것이 아니라 모두를 위한 음식인데." (이 때문에) 붓다는 만일 비구가 공공 급식소에서 한 번 이상 음식을 먹으면 바일제라고 규정했다.[225]

이 계율 조항에 대한 설명에 앞서 위의 인연담에 등장하는 공공 급식소에 대해 살펴볼 필요가 있다.

빨리율은 공공 급식소에서의 한 끼 식사는 허락하고 있다. 마하승기율(摩訶僧祇律, Mahāsāṃghika Vinaya)도 빨리율과 마찬가지로 공공 급식소에서의 한 끼 식사는 허용하고 있다.[226] 한편 오분율 또한 이들 두 율장과 마찬가지로 공공 급식소에 관한 내용을 언급하고 있다.[227]

---

225_ Ibid., pp. 69-70.

226_ T. XXII., p. 351c.

227_ Ibid., p. 51b.

그런데 이들 계율에 언급되고 있는 공공 급식소는 어떠한 기능을 하는 곳이었을까? 위의 인연담을 통해 우리는 이들 공공 급식소가 수행자들에게 음식을 보시하는 기능을 하고 있었음을 알 수 있다.

설일체유부율인 십송률(十誦律, Sarvāstivādin Vinaya)에서는 공공 급식소란 표현 대신 '복덕사(福德舍)'라는 명칭을 사용하는데, 이 급식소가 공덕을 쌓을 수 있는 장소로 하룻밤 숙박과 한 끼 식사가 제공되는 장소라고 규정하고 있다.[228]

잡아함경(雜阿含經, Saṃyukta Āgama) 403경은 붓다가 비구들과 함께 마가다왕이 세운 복덕사에서 하룻밤을 머물렀다고 언급하고 있다.[229] 또한 잡아함경 997경에는 복덕사를 건립하는 것, 여행자를 위해 우물을 파고 나무를 심는 것, 다리를 세우는 것, 강을 건널 수 있는 배를 만드는 것의 공덕을 서술하고 있다.[230] 십송률은 복덕사에 대하여 다음과 같이 설명하고 있다.

사문(沙門, samaṇa)과 바라문(婆羅門, brāhmaṇa)이 복덕사에 오면 재가자들이 나아가 맞이한 후 그들에게 예를 표한다. 그런 다음 재가자들은 따뜻한 물로 그들의 발을 씻겨 주고 기름을 발라 준다. (…) 다음 날 재가자들은 정중하게 좋은 향과 맛의 전채, 후식, 본 음식을 수행자들에게 제공한다.[231]

---

228_ T. XXIII., p. 89c.

229_ T. II., p. 108a.

230_ Ibid., p. 261b.

231_ T. XXIII., p. 89c.

요약하면 공공 급식소는 사문과 바라문에게 식사와 숙박을 제공하기 위하여 건립된 시설이라고 할 수 있다. 위에서도 보았듯이 다양한 계급의 사람들, 즉 왕, 동업조합의 사람들, 개인들이 복덕을 쌓기 위하여 공공 급식소, 즉 복덕사를 건립했다.

이들 율장 문헌에 따르면, 비구는 음식을 얻을 수 있는 여러 가지 선택이 있었던 듯하다. 육군비구가 탁발을 나가서 음식을 얻지 못하자 공공 급식소를 찾았듯이, 비구에게는 초대식, 매일의 탁발, 공공 급식소 등 음식을 얻을 수 있는 최소 세 번의 가능성이 있었던 것이다.[232]

이 바일제 조항의 인연담에서 악행과 방종을 대표하는 육군비구[233]는 그날 탁발에서 음식을 얻지 못하자 공공 급식소에 갔던 것으로 서술된다. 이로 보아 급식소에 가는 것은 일반적으로 허용되는

---

**232_** 이 절의 뒷부분인 바일제 40조에는 음식을 얻는 방식과 먹는 방법이 상세하게 분류되어 있다.

**233_** 육군비구는 비구들이 해선 안 되는 행위에 대한 예증을 하기 위해 율장 문헌 전체에 등장한다. 이들이 저지르는 행위는 자신들의 잇속만을 차리는, 대부분 대단히 부적절하거나 수용할 수 없는 성격의 것들이다.
　이들은 불교 상가가 재가자와의 갈등을 피하기 위해 비구들의 비이성적이고 이기적인 행위를 경계하기 위한 목적으로 인연담에 등장한다.
　쇼펜은 육군비구가 계율과 붓다의 교리적 가르침에 정통하다는 점을 지적하고 있다. 이들은 그들이 가진 이러한 지식을 자신들의 이익을 위해 반복적으로 사용하고 있음을 보여 준다. 자신들을 위해 좋은 거처를 얻거나 자신들이 좋아하는 좋은 음식을 탐닉하는 데 특히 이 지식들을 사용한다. 쇼펜은 육군비구가 거처와 음식이라는 측면에서 인도의 고전 희곡에 나오는 어릿광대(vidūṣka)와 같은 우스꽝스러운 역할을 맡고 있다고 지적한다(Schopen, 2007, p. 208). 십송률에 근거한 연구에서 쇼펜은 육군비구 중 두 명의 특징적인 인물에 주목한다. 이 둘 중 우빠난다(Upananda)는 음식에 특히 관심이 많으며 우다인은 여성에 대하여 관심이 많다.
　그런데 사분율 바일제 31조의 내용 이후 부분에는 위의 악행을 대표하는 육군비구와는 정반대의 육군비구도 등장한다. 이 모범적인 비구들은 쉽게 만족하고, 탐욕이 없으며, 두타행을 닦고, 덕행을 배우기를 좋아하는, 염치를 아는 비구들로 묘사되고 있다(T. XXII.). 이러한 모범적인 비구들에 대한 묘사는 해당 바일제 규정을 위반하는 행위와 대비되는 긍정적 행위를 보여 주는 장치로 기능하는 듯하다.

일상적인 일이었던 듯하다.

　　그들이 왜 공공 급식소에 계속 머물렀는가에 대한 이유를 명확히 들고 있지는 않지만, 육군비구가 승원과 공공 급식소 사이를 매일 왕복하는 것을 쓸데없는 일로 여겼음을 보여 주고 있다. 그들은 계속 공공 급식소에 머물기로 결정한다. 이것은 육군비구가 그들의 게으름, 탁발 시 음식 얻기의 불확실성, 그리고 애쓰지 않고 편안하게 음식을 제공받는 편의를 즐기기 위해서였을 것이다. 빨리율 바일제 31조와 동일한 조문을 담고 있는 사분율(四分律, Dharmaguptaka Vinaya) 바일제 31조는 음식의 맛과 양에 대한 언급을 담고 있다.

　　붓다가 사왓띠 기수급고독원에 머물고 계셨다. 그때 비구들이 머물 만한 장소를 가지고 있지 않은 꼬살라의 한 마을이 있었다. 마을의 재가자들은 비구들이 숙박하고 음식을 제공할 장소를 세웠고 그곳에 머무는 사람은 누구든지 음식을 얻을 수 있었다. 곧 육군비구가 꼬살라의 그 마을에 가고자 하였는데, 마을에 도착하자 그들은 맛있고 귀한 음식을 제공받았다. 이 때문에 그들은 둘째 날에도 머물렀고 또한 맛있고 귀한 음식을 제공받았다. 육군비구는 다음과 같이 생각했다: "우리가 유행하는 것은 순전히 음식 때문이다. 이제 우리가 원하던 장소를 찾았으니 배불리 먹어 보자." 이 때문에 재가자들은 "석가족의 아들인 이 비구들은 만족과 창피함을 모른다. 이들은 정의로운 법을 안다고 하는데 그 정의로운 법은 어디로 갔는가?"라고 하면서 육군비구를 조롱하고 경멸하였다. "육군비구는 자주 우리의 공

공 급식소에서 음식을 얻었다. 이것은 마치 우리에게 계속
음식을 제공해 달라는 것이나 진배없다." 그러나 원래 이곳
은 단지 하루 동안 머무는 수행자들에게만 음식을 제공하
게 되어 있는 것이다.[234]

빨리율 바일제 31조와 달리 사분율 바일제 31조는 이들 육군비
구가 유행하는 목적이 맛있고 귀한 음식을 얻기 위한 것이라고 명확히
서술하고 있다. 육군비구는 또한 그들이 공공 급식소에 계속 머무는
이유를 음식이 훌륭하기 때문이라고 말하고 있다. 반면 빨리율 바일
제 31조는 탁발을 하는 데 필요한 노력에 강조점을 두고 있는 듯하다.
그렇다면 이 바일제 조항은 탁발을 위해 이곳저곳을 다녀야 하는 힘든
유행 걸식 생활에 대한 기피와 맛있고 귀한 음식에 대한 욕망이 야기
하는 두 가지 행위의 제어와 연관되어 있다고 말할 수 있을 것이다.

32조. 대중식은 적절한 때 이외에는 바일제이다. 적절한 때
란 아플 때, 옷을 보시할 때, 가사를 만들 때, 여행할
때, 배를 탈 때, 성대한 행사가 있을 때, 수행자가 음
식을 제공할 때이다. 오직 이때만이 적절한 때이다.

빨리율 바일제 32조는 비구들이 네 명 이상의 집단으로 재가자
들로부터 오종식(五種食) 중 한 가지 이상을 가지고 준비된 음식을

**234_** T. XXII., p. 655a.

받아서는 안 된다는 규정이다.[235] 여기서의 음식은 간식이 아닌 정식 식사를 의미한다. 5대광율이 규정한 정식 식사를 의미하는 오종식은 다음과 같다.

| 빨리율 | 사분율 | 마하승기율 | | 오분율 | 십송률 | |
|---|---|---|---|---|---|---|
| 밥(odana) | 밥(飯) | 밥(飯) | 밥(飯) | 밥(飯)<br>또는<br>건반(乾飯) | 밥(飯) | 밥(飯) |
| 보릿가루<br>(sattu) | 보릿가루<br>(麨) | 보릿가루<br>(麨) | 보릿가루<br>(麨) | 보릿가루<br>(麨) | 보릿가루<br>(麨) | 보릿가루<br>(麨) |
| 생선<br>(maccha) | 생선<br>(魚) | 생선<br>(魚) | 생선<br>(魚) | 생선<br>(魚) | 생선<br>(魚) | 생선<br>(魚) |
| 고기<br>(maṃsa) | 고기<br>(肉) | 고기<br>(肉) | 고기<br>(肉) | 고기<br>(肉) | 고기<br>(肉) | 고기<br>(肉) |
| 죽<br>(kummāsa)[236] | 건반<br>(乾飯)[237] | 면<br>(麵)<br>vol.15[238] | 보리밥<br>(麥飯)<br>vol.16[239] | 로띠<br>(餅, Roti)[240] | 로띠<br>(餅, Roti)<br>vol.8[241] | 건미<br>(糒)<br>vols.13[242]<br>& 56[243] |

표 3-3. 5대광율이 규정하는 오종식

---

235_ Vin. IV., p. 74.

236_ Ibid., p. 83.

237_ T. XXII., p. 656b.

238_ Ibid., p. 350c.

239_ Ibid., p. 354c.

240_ Ibid., p. 52c.

241_ T. XXIII., p. 56a.

242_ Ibid., p. 9b.

243_ Ibid., p. 416a.

비구들에게 대중식이 허용되는 일곱 가지 경우는 다음과 같다.

1) 비구가 아플 때 대중식이 허용된다.
2) 가사를 보시 받을 때 대중식이 허용된다.
3) 가사를 만들 때 대중식이 허용된다.
4) 여행 시에 대중식이 허용된다.
5) 배를 탈 때 대중식이 허용된다.
6) 큰 모임이 있을 때 대중식이 허용된다.
7) 수행자의 식사 시간에 대중식이 허용된다.[244]

이제 빨리어 율장을 통해 이 계율 조항이 성립된 인연담에 대하여 살펴보도록 하자.

그때 명성이 사라져 가고 있었던 데와닷따는 라자가하의 다람쥐에게 먹이를 주는 대나무 숲에서 그를 따르는 비구들과 음식을 먹고 있었는데, 그는 재가자들에게 좋은 음식을 달라고 반복적으로 요청하고 있었다. 이 소문은 재가자들을 통해 퍼져 나갔고 사람들은 말했다: "어떻게 석가족의 자제인 이 비구는 반복적으로 재가자들에게 음식을 요구하여 그것을 자신을 따르는 비구들과 먹을 수 있는가?"

---

244_ Vin. IV., pp. 71-73.

(…) 대중식은 바일제 위반이다.[245]

붓다의 사촌인 데와닷따는 전형적인 악한으로 그려진다. 대개 그의 잘못된 행위의 원인은 붓다에 대한 질시 때문인 것으로 묘사된다. 그러나 사실 데와닷따는 불교 교단 내에서 또 다른 그룹을 이끄는 종교 지도자였다.[246]

이 빨리율 바일제 32조는 데와닷따와 그를 따르는 비구들이 재가자들에게 맛있는 음식을 반복적으로 요청한 사실을 서술하고 있다. 재가자들은 그들이 좋은 식재료를 사용한 귀한 음식을 달라고 한 행위를 비난하고 있다. 빨리율 바일제 32조의 내용에 상응하는 사분율 바일제 33조는 이 계율이 성립된 또 다른 인연담을 들려준다.

붓다는 라자가하의 기사굴산(Gṛdhrakūṭa)에 머물고 있었다. 그때 데와닷따는 자신의 부왕인 빔비사라왕을 살해한 아자따삿뚜(Ajātaśatru)를 부추겨 붓다를 살해하려고 하였다. 이 때문에 그는 악명을 얻었고 재가자들에 의한 물질적 보시가 줄어들었다. 이러한 시기에 그는 다섯 비구들과 함께 탁발을 나갔다. (…)

---

245_ Ibid., p. 70.
246_ Huxley, 1996, p. 162.

**3장. 불교 계율의 음식 규정**                                                     155

그때 다른 비구들은 데와닷따가 붓다를 죽이려고 시도하였고, 그는 또한 아자따삿뚜로 하여금 자신의 부왕을 죽이도록 교사했다는 소식을 들었는데, 데와닷따는 이 때문에 악명을 얻었고 그는 다섯 비구들과 탁발을 나가 집집마다 다니면서 음식을 얻었다.

그때 저 다른 비구들은 붓다의 처소에 가서 그에게 예의를 표하고 한 곳에 앉았다. 비구들은 이러한 사실을 붓다에게 알렸다. 비구들의 말을 듣고 난 후 붓다는 비구들을 모이도록 하여 데와닷따에게 물었다: "데와닷따여, 다섯 비구들과 함께 집집마다 돌며 탁발을 하였는가?" (데와닷따가 대답했다.) "그렇습니다, 세존이시여." 그때 붓다는 여러 가지 방식으로 데와닷따를 꾸짖으며 말했다. "너는 해서는 안 되는, 수행자의 예의가 아닌, 청정한 행위가 아닌, 붓다의 가르침을 따르는 행동이 아니고, 해서는 안 될 잘못된 행동을 하였다." (붓다는 다시 데와닷따에게 물었다.) "데와닷따여, 너는 다섯 비구들과 함께 집집마다 다니며 탁발을 하였는가?" "데와닷따여, 나는 다양한 방편으로 재가자들에게 이로움과 자비를 베풀었다. 어리석은 데와닷따여, 너는 어찌하여 다섯 비구들과 집집마다 돌며 탁발을 하였는가?" 여러 가지 방식으로 데와닷따를 나무란 붓다는 비구들에게 말했다. (…) 만일 비구가 대중식을 먹으면 바일제이다.[247]

---

**247**_ T. XXII., p. 657c.

사분율 바일제 33조에서는 빨리율 바일제 32조에서 언급된 것과 같은 고급 음식에 대한 언급은 보이지 않는다. 여기서는 데와닷따와 그를 따르는 다섯 비구들이 탁발을 나가 재가자들에게 무거운 부담을 지웠다는 사실에 대하여 질책한 듯 보인다.

빨리율 바일제 32조에 상응하는 오분율 바일제 32조 또한 대중식 금지 계율에 관련된 비슷한 인연담을 서술하고 있다.

붓다가 라자가하에 머물고 계실 때, 데와닷따는 한 가족으로 하여금 네 명, 다섯 명, 열 명의 비구들을 초대하도록 하였다. 장로 비구들은 대중식을 하는 이 비구들을 꾸짖었다: "왜 너희들은 데와닷따를 섬기고 대중식을 하는가?" 장로 비구들은 이 문제를 붓다에게 말씀 드렸다. 이 때문에 붓다는 비구들을 소집하였고 대중식을 한 비구들에게 물었다: "너희 비구들은 데와닷따가 개인적으로 요청한 대중식을 정말 먹었는가?" 비구들이 대답하였다: "그렇습니다, 세존이시여." 붓다는 그 비구들을 여러 가지 방식으로 꾸짖고 말했다. (…) 만일 대중식을 먹으면 바일제이다.[248]

오분율의 인연담도 데와닷따와 그를 추종하는 비구들이 재가자들에게 경제적 부담을 주었기 때문에 비난하고 있는 듯하다. 재가자들에게 경제적 부담을 지웠다는 사실은 "데와닷따가 한 가족으로

---

248_ Ibid., p. 50b.

하여금 네 명 혹은 다섯 명 혹은 열 명의 비구들을 식사에 초대하게 하였다"라는 언급으로부터 추측할 수 있다.

이들 빨리율, 사분율, 오분율의 인연담은 몇 가지 공통적인 언급을 하고 있다.

1) 데와닷따와 그를 따르는 비구들에 대한 언급
2) 데와닷따와 그를 따르는 비구들과 대중식에 대한 언급
3) 붓다에 의한 비구 소집(빨리율은 제외)

이들 율장 문헌이 공통적으로 언급하고 있는 데와닷따와 그를 추종하는 비구들 그리고 대중식의 연관은 무엇을 의미하는 것인가? 빨리율과 사분율, 오분율 이외의 율장 문헌에서는 위에 언급된 공통적인 요소에 대하여 어떤 인연담을 소개하고 있는지 살펴보자.

빨리율 바일제 32조에 상응하는 십송률 바일제 36조의 인연담은 다음과 같이 서술하고 있다.

붓다가 라자가하에 머물고 계셨다. 그때 아자따삿뚜왕과 그의 신하들과 장군들은 데와닷따를 추종하고 있었다. 백성들은 데와닷따를 후원하였으며 그에게 전채와 후식이 포함된 식사와 보릿가루로 만든 음료가 포함된 식사를 제공하였다. (…) 데와닷따는 백 명이나 이백 명 혹은 삼백 명 혹은 사백 명 혹은 오백 명의 그를 존경하고 따르는 비구들과 라자가하에 들어갔으며 전채와 후식이 포함되고 보릿가루로 만든 음료가 포함된 호화로운 식사를 하였다. 붓다

의 가르침의 깊은 의미를 이해하고 오랫동안 청정함을 닦은 많은 장로 비구들도 라자가하에 들어가 탁발을 하였으나, 그들은 하룻밤 동안 묵은 밥을 얻거나 혹은 아무것도 얻지 못하였다. 이와 같이 그들은 자신의 허기와 배를 채우지 못하였다. 그들은 상한 보리 음식을 얻거나 아예 음식을 얻지 못하였다. 이와 같이 그들은 자신의 허기진 배를 거친 음식으로도 채우지 못하였다.

욕심이 없고 만족을 아는 비구가 (데와닷따와 그를 추종하는 비구들에 대한) 문제를 듣고 마음이 즐겁지 않았다. (…) 그는 이 문제를 붓다에게 알렸고 붓다는 이 문제와 관련된 비구들을 소환했다. 붓다는 그 비구들을 여러 가지 이유로 다음과 같이 질책하였다: "어떻게 비구가 자신을 존경하고 따르는 백 명 혹은 이백 명 혹은 삼백 명 혹은 사백 명 혹은 오백 명의 비구들과 함께 라자가하에 들어가 전채와 후식이 따르는, 그리고 보릿가루로 만든 음료가 포함된 호화로운 식사를 할 수 있는가?" 불법의 깊은 의미를 이해하고 오랫동안 청정함을 닦은 많은 장로 비구들이 (라자가하에) 들어가 탁발할 때, 그들은 하룻밤 묵은 밥을 얻거나 아예 음식을 얻지 못하였다. 이와 같이 그들은 허기진 배를 채우지 못하였다. 그들은 보리로 만든 상한 음식을 얻거나 아예 음식을 얻지 못하였다. (그는) 다양한 이유로 그 비구들을 질책하고 그들에게 말하였다: "세 명 이상의 비구가 음식을 먹는 대중식을 금지할 것이다. 그 이유는 두 가지이다: 첫번째는 재가자에 대한 자비심으로 그들을 보호하기 위함이요, 두 번째는 삿되고 탐욕적인 비구의 힘과 영향력을 제거하고 그들이 상가와 교리를 세워 기존 상가와 다툴 수 없게 하기 위함이다." (…) 만일 비구가 대중식을 하면 바일제이다.[249]

빨리율 바일제 32조와 상응하는 이 십송률 바일제 36조도 대중식이 금지되는 이유를 다수의 비구들에게 식사를 제공해야 하는 재가자들을 보호하기 위한 것이라고 말하고 있다. 그런데 여기에서 눈여겨보아야 할 점은 대중식이 금지되는 또 다른 이유로서 상가 분열을 막기 위한 목적이 언급된다는 점이다.

이 인용문에서 붓다는 대중식의 금지를 삿되고 탐욕적인 비구들로 하여금 별개의 상가와 교리를 정립할 수 없도록 하기 위한 것이라고 언급하고 있다. 상가와 교리의 별립은 상가 분열을 의미한다.

파갈마승(破羯磨僧, karmabheda)은 동일한 계(sīmā) 안의 비구들이 포살, 자자, 갈마를 별도로 하는 것을 의미한다. 이것은 실질적인 상가 분열이며 새로운 상가의 성립으로 간주된다. 한편 파법륜승(破法輪僧, cakrabheda)은 붓다의 가르침에 반하는 다른 교리를 세우는 것을 말한다.[250] 이 두 술어가 함께 파승가(破僧伽, saṅghabheda)의 개념을 형성한다. 그러나 각 부파의 율장에 따르면 파승가의 개념은 차이를 보인다. 마하승기율에서는 파갈마승만으로도 파승가가 성립된

249_ T. XXIII., p. 93c.

250_ Vin. II., pp. 180–206 ; T. XXII., pp. 16c–21c, pp. 281c–284c, pp. 590b–596c ; T. XXIII., pp. 24b–26b.

다.[251] 반면 십송률에서는 파법륜승만으로 파승가가 성립된다.[252] 한편 빨리율, 사분율, 오분율에서 파승가의 규정은 파갈마승과 파법륜승, 두 가지 개념을 모두 포함한다.[253]

요약하면 빨리율 바일제 32조에서 데와닷따와 그를 따르는 비구들이 호화로운 음식과 관련해 수행자로서 적절치 못한 행위를 하는 것을 묘사하고 있지만, 네 명 이상의 비구들의 대중식을 금하는 이 조항의 주된 목적은 삿되고 탐욕스런 비구들이 재가자들에게 물질적인 부담을 끼치는 것을 막고, 상가의 분열을 막는 것이다.

33조. 한 곳에서 음식 공양을 받고 또 다른 곳에서 음식 공양을 받으면(展轉食) 적절한 때 이외에는 바일제이다. 적절한 때란 아플 때, 옷을 보시할 때, 가사를 만들 때이다. 오직 이때만이 적절한 때이다.[254]

빨리율 바일제 33조는 비구가 초대식을 받고 또 다른 초대식을 받는 것을 금지하고 있다. 이 계율 조항이 성립된 이유를 고찰하기 위해 먼저 그 인연담을 살펴보도록 하자.

붓다가 웨살리 대림에 있는 중각강당에 계셨는데 맛있는

---

251_ T. XXII., p. 489c.

**252_** T. XXIII., p. 266b.

**253_** Vin. II., p. 204 ; T. XXII., p. 166a, p. 913b.

**254_** Vin. IV., p. 77.

음식이 웨살리의 여러 사람들에 의해서 준비되고 있었다. 이때 한 가난한 일꾼이 "충심을 가지고 마련한다면 좋고 나쁜 음식은 없을 것이다"라고 생각하였다. (…)

그 가난한 일꾼은 자신의 주인에게 가서 말했다: "주인어른, 저는 상가와 붓다를 위해 음식을 보시하려고 합니다. 저에게 임금을 주시면 감사하겠습니다." (…) 주인인 끼라빠띠까(Kirapatika)는 신앙심 깊고 덕이 많은 사람이라 그 일꾼에게 임금보다 더 많은 돈을 주었다. 그러자 그 일꾼은 붓다의 처소에 갔다. (…) 그 일꾼은 붓다에게 말씀을 드렸다: "내일 저의 식사 공양을 받아 주시겠습니까?" 붓다는 침묵으로써 승낙하였다. (…)

사람들이 이 소식을 듣고 말했다: "가난한 일꾼이 붓다와 비구를 식사에 초대하였다." 그리고 그들은 많은 종류의 단단한 음식과 부드러운 음식으로 그 가난한 일꾼을 도왔다. 시간이 되자 그 가난한 일꾼은 붓다에게 음식이 준비되었음을 알렸다.

그러자 붓다는 가사를 입고 발우를 가지고 그 가난한 일꾼의 집으로 갔다. (…) 그 가난한 일꾼이 비구들에게 음식을 드릴 때 비구들이 그에게 말했다: "조금만 주시오. 조금만 주시오." 가난한 일꾼이 말했다: "사양하지 마시고 많이 드십시오. 단단한 음식과 부드러운 음식 모두 많이 준비되어 있습니다. 원하시는 만큼 드십시오." 그러자 비구들이 말했다: "다름이 아니라 아침에 여기 오기 전에 이미 음식을 먹었습니다. 그래서 적게 달라고 한 것입니다." 이 때문에 그 가난한 일꾼은 비구들을 경멸하고 비난하였다. 그는 이 일을 주변에 다음과 같이 이야기했다: "어떻게 이 비구들은 나에게 초대를 받아 식사 공양을 하기 위해 나의 집에 올 때 다른 집에서 먼저 음식을 먹고 올 수 있는가?" (…) 붓다는 그 비구들을 꾸짖고 초대식 이전에 음식을 먹는 것은 바일제 위반이라는 규정을 정하셨다.[255]

이 인연담에서 가난한 일꾼의 식사 공양에 초대받았던 비구들은 자신들이 일꾼의 집에 오기 전에 음식을 먹었음을 고백하고 있다. 아마도 비구들은 가난한 사람의 초대식이라는 사실을 알고 음식의 양이 부족할 것이라는 판단 아래 다른 곳에서 미리 음식을 먹었을 것이다. 빨리율 바일제 33조에 상응하는 오분율 바일제 31조는 가난한 일꾼의 집에 오기 전에 비구들이 음식을 먹은 이유에 대하여 명확하게 서술하고 있다.

붓다가 라자가하에 계실 때, 가난한 일꾼이 살고 있었다. 그는 다른 사람과 마찬가지로 붓다와 비구들을 식사 공양에 초대하려는 바람을 가지고 있었지만 가난하여 그러지 못하였다. 그는 자신의 품삯을 모아 붓다와 비구를 식사 공양에 초대하기로 결심했다. 붓다와 비구들을 초대하기 위한 충분한 음식을 마련할 돈을 모은 후 가난한 일꾼은 자신

---

**255_** Ibid., pp. 76-77.

의 주인에게 그가 붓다와 비구를 초대할 수 있게 음식을 마련해 달라고 부탁했다. 그 주인은 일꾼의 돈독한 신앙심에 감명 받아 일꾼의 임금보다 몇 배나 많은 돈을 주어 그를 도왔다. 그 가난한 일꾼이 붓다가 계신 곳을 방문하여 세상에서 가장 맛있는 음식을 드렸을 때, 귀신조차 그 일꾼의 신앙심에 감명을 받아 그를 도와주었다. 그때 라자가하는 명절이었고 많은 재가자들이 비구들을 식사에 초대했다. 비구들은 조금만 먹으려 하였으나 거듭 권하는 바람에 비록 조금씩만 먹었으나 결국은 배가 가득 차게 되었다. 음식이 준비되자 가난한 일꾼은 식사가 준비되었음을 알렸다. 비구들은 그들의 자리 바깥에 모여 앉았고 오직 붓다만이 방 안에 앉았다. 그 가난한 일꾼은 솜씨 좋게 음식을 내었다. 비구들이 음식을 조금만 달라고 하자 가난한 일꾼은 생각했다: '이 비구들이 내가 가난하여 음식이 충분치 않다고 생각하여 그러는가? 이 음식이 먹을 만하지 않아서 그런가?' 그 가난한 일꾼은 비구들에게 물었고 창피함을 모르는 한 비구가 대답했다: "우리는 그대의 집에 음식이 충분치 못할 것을 염려하여 여기에 오기 전에 다른 집에서 먹었습니다."[256]

이 인연담은 비구들이 미리 음식을 먹고 온 이유를 서술하고 있

---

[256]_ T. XXII., p. 49b.

는데, 그 이유는 초대받은 집에서 충분한 양의 음식을 먹을 수 없을 것을 염려했기 때문이라고 언급하고 있다.

사분율 바일제 32조는 이 조항의 성립과 관련하여 빨리율, 오분율과는 다른 이유를 제시하고 있다. 여기서 보시자는 가난한 일꾼이 아니라 라자가하의 대신이며 따라서 가난하기 때문에 음식이 모자랄 것이라는 염려는 그다지 타당하지 않은 경우이다. 인연담은 다음과 같다.

> 대신은 고기 요리와 같은 호화로운 음식들을 준비했고 그것을 비구들에게 내었다. 그러나 비구들은 그 이전에 쌀로 만든 죽과 단단한 음식을 먹었기 때문에 음식을 많이 먹으려고 하지 않았다.[257]

대신의 집에서 음식을 먹기 전에 비구들이 죽을 먹은 이유는, 안다까윈다(Andhakavinda, 阿那頻頭) 지역에서 그들이 또 다른 초대식에 참석했기 때문이었다. 안다까윈다 지역의 사람들은 붓다가 단단한 음식을 먹기 전에 죽을 먹어도 좋다고 허락하였다는 말을 듣고 죽을 마련하여 비구들에게 제공하였다.[258] 이 인연담에서 문제가 발생한 이유는 두 번의 초대식을 수용하였기 때문이며, 비구들이 배를 곯지 않기 위하여 미리 음식을 먹은 것은 아니었다.

---

**257**_ Ibid., p. 656a.

**258**_ Ibid..

이 사분율 조항은 또 다른 인연담을 담고 있다. 이 인연담은 붓다와 비구들을 식사에 초대하고자 했던 라자가하의 음악가와 관련된 것이다. 수년째 기근이 들었지만 사람들이 붓다와 비구들에게 후하게 음식 공양을 올리는 것을 보고, 이 음악가는 자신도 간절히 공양을 올리고자 했다. 그는 여러 종류의 맛있는 음식과 고기 요리를 비구들을 위해 준비했지만 비구들은 음식을 그다지 많이 먹지 않았다. 빨리율과 오분율에 보이는 것과 같은, 보시자가 가난하다는 문제와는 달리 여기서는 음식을 제공한 음악가가 자신이 불교도가 아니라는 점 때문에 발생한 문제라 생각한다.[259] 이 인연담에서 비구들은 이때가 명절이었고 다른 재가자들이 이미 그들에게 음식을 제공했기 때문에 음악가의 집에 도착하기 이전, 음식을 먹었다고 고백하고 있다. 이 음악가는 비구들의 행위 때문에 그들을 비난하였다.[260]

비록 붓다와 비구들에게 음식을 보시한 이후 불교도가 되었지만 사분율 바일제 32조에 등장하는 두 명의 재가자들은 불교도가 아니었다. 음식이 부족할 것이라는 우려가 존재하지 않았던 위의 두 인연담에서 비구들은 보시자의 집에 도착하기 이전에 많은 음식을 먹었다. 그럼에도 불구하고 공양 후 붓다가 그들이 제공한 음식에 대하여 칭찬을 아끼지 않았고, 이 재가자들은 불교도가 되었다.

사분율의 이 두 가지 인연담은 이미 약속된 재가자의 초대식을

**259_** Ibid., p. 656c.

**260_** Ibid..

잘 먹지 못하는 상황에 대한 이유로 단단한 음식을 먹기 전에 죽을 먹어도 좋다고 한 붓다의 허락과 명절이라는 특수한 상황을 들고 있다. 때문에 이 두 인연담에서는 비구들의 일방적인 잘못을 주장하기는 어려운 점이 있다. 이러한 점들을 모두 고려해 볼 때 전전식(展轉食)을 금지하는 이 바일제 조항의 목적은 불교 상가와 재가 사회 사이의 감정적 갈등을 피하고자 하는 것이라고 생각할 수 있다.

사분율의 인연담은 이 계율 조항을 붓다와 비구들에게 음식 공양을 제공한 후 불교에 대한 신앙을 천명한 사람들과 연결 짓고 있다. 즉 수행자에게 음식을 제공하는 관습은 불교만의 것이라기보다 당시 인도 사회 일반의 관습이며 비구들의 행위에 대한 타당성 여부는 사회의 일반적 관습에 의해 평가되고 있는 것이다.

앞서 살펴본 빨리율과 오분율의 인연담들에서 비구들은 초대식이 부족할 것을 염려하여 미리 음식을 먹었기 때문에 탐욕이라는 요소와 연관이 없지 않지만 후에 언급된 사분율의 두 인연담은 음식에 대한 탐욕을 제어하는 것과는 관계가 없어 보인다.[261]

전전식에 관한 빨리율과 상응하는 십송률 바일제 31조는 사분율 바일제 조항과 유사한 인연담을 들려주고 있다. 십송률의 이 조항에서는 권세 있는 대신이 붓다와 비구들을 식사에 초대한다. 대신의 집에 오기 전에 음식을 먹어 비구들이 음식을 많이 먹지 않자 붓다는 비구들을 꾸짖고 바른 비구는 음식을 자주 먹지 않는 비구라고

---

**261_** Ibid., p. 656b.

정의한다.[262]

　요약하면 빨리율 바일제 33조는 불교 상가와 재가 사회 간의 감정적 충돌을 피하는 데 그 일차적 목적이 있다고 할 수 있다. 이 조항은 또한 빨리율과 오분율 바일제의 경우처럼 음식에 대한 양적 탐욕을 제어하는 것과도 관계되어 있다 할 수 있는데, 십송률 바일제에서 확인되는, 과도한 횟수의 음식을 먹는 비구들에 대한 붓다의 질책은 이 계율 조항이 음식의 양에 대한 탐욕을 막기 위한 조치와 관계되어 있다는 점을 보여 주고 있다. 사분율 바일제 32조에서는 비록 음식에 대한 탐욕을 제어해야 한다는 내용을 찾기 어려우나 장소를 달리하여 반복되는 식사에 대한 부정적 행간을 읽을 수 있다.

> 34조. 비구가 신도의 집에 초대를 받아 빵과 밥을 권유받
> 을 때, 원한다면 두세 그릇은 상관없으나 그 이상을
> 받으면 바일제이다. 두세 그릇을 받아 돌아오면 다
> 른 비구들과 나누어 먹어야 한다. 오직 이렇게 하는
> 것만이 올바른 행위이다.[263]

　빨리율 바일제 34조는 재가자가 권유하더라도 음식을 두세 그릇 넘게 받거나 그렇게 받아 온 음식을 혼자 먹으면 바일제라 하고

---

**262_** T. XXIII., p. 88c.

**263_** Vin. IV., p. 80 ; Hirakawa, 1994, pp. 375-376.

있다. 음식을 받아 온 비구는 다른 비구들과 나누어 먹어야 하며, 다른 비구들은 그 음식을 얻기 위해 동일한 재가자의 집을 같은 날 방문해서는 안 된다는 조항이다. 이 조항은 세 가지 문제를 다루고 있다: 1) 음식량의 제한 문제, 2) 음식 공유의 문제, 3) 타 비구들의 방문에 의한 동일 재가자의 경제적 부담 가중 문제. 비구는 비록 재가자가 원하는 만큼 가져가라고 권하더라도 음식의 양을 스스로 제한해야 한다.

이 조항이 다루고 있는 문제 중 세 번째 내용은 이 계율 조항이 성립된 인연담에 상세히 기술되어 있다.

붓다가 사왓띠 기수급고독원에 머물고 계실 때였다.
까나(Kāṇā)라는 결혼한 여인이 친정을 방문하였다. 그녀의 친정어머니는 사돈댁에 보낼 음식을 마련하고 있었는데 사위로부터 자신의 처를 빨리 보내달라는 연락을 받았다. 그때 한 비구가 친정어머니의 집에 탁발을 왔다. 그 어머니는 만들고 있었던 쌀떡을 비구에게 주었다. 탁발을 마치고 돌아간 그 비구는 다른 비구에게 음식 얻은 이야기를 해 주었고 다른 한 비구가 같은 집에 탁발을 나갔다. 그 친정어머니는 그 비구에게도 그녀가 만든 쌀떡을 주었다. 두 번째 비구가 돌아간 후, 그는 다른 비구에게 그 이야기를 하였고 세 번째 비구가 같은 집에 탁발을 나갔다. 그 친정어머니는 그에게도 쌀떡을 보시하였다. 그 친정어머니는 비구들에게 그녀가 만든 음식을 모두 주었다. 까나의 남편은 자신의 아내에게 빨리 돌아오도록 또다시 연락을 취하였다. 까나의 친정어머니는 "빈손으로 시댁에 돌아가는 것이 아니다"라고 하면서 음식을 다시 준비하였다. 그러나 앞에서와 같은 일로 음식이 모두 없어졌다. 까나의 남편은 세 번째로 연락을 취하였다: "저는 아내 까나가 돌아오기를 기다리고 있습니다." 까나의 어머니는 "시댁에 빈손으로 돌아가는 것이 아니다"라고 하면서 다시 음식을 준비하였다. 그러나 그 어머니가 음식을 마련하자 (앞에서와 마찬가지로) 음식이 남아나지 않았다. (아내가 돌아오지 않자) 까나의 남편은 새로운 아내를 구했다.[264]

이 인연담에서는 신앙심 때문에 비구들에게 음식 주는 것을 거부할 수 없었던 까나의 친정어머니 집에 비구들이 끊임없이 방문함으로써 까나가 남편을 잃는 심각한 결과까지 야기된 이야기를 들려준다. 까나의 어머니가 딸의 시댁에 보내기 위한 음식을 만들었다면 아마도 재료 등 여러 가지에 신경을 쓴 맛있는 음식이었을 것이다. 어떻게 이러한 일이 발생할 수 있는가를 추측하기는 그다지 어렵지 않다.

다른 율장의 인연담을 통해 왜 이러한 일이 발생하였는지 살펴보자. 빨리율 바일제 34조에 상응하는 마하승기율 38조의 인연담은 이러한 사태를 발생시킨 비구들 사이의 대화를 들려주고 있다.

---

**264**_ Vin. Ⅳ., pp. 78–79.

탁발 음식을 얻은 후, 그 비구는 승원으로 돌아가 다른 학식 있는 비구들과 그것을 나누어 먹었다. 이 비구들이 말하였다: "이 음식은 아주 맛있는데 어디서 얻었는가?" 그 비구가 답했다: "저는 이 음식을 애꾸눈을 가진 여인의 집에서 얻었습니다." 이 이야기를 듣자, 다른 비구들도 그 집에 가서 처음 비구들이 얻었던 동일한 음식을 좀 더 많이 얻었다.[265]

이 인연담은 한 비구가 탁발해 온 음식의 이야기를 들은 다른 비구들이 그 음식의 좋은 맛에 이끌려 애꾸눈을 가진 동일한 재가자의 집에 방문하였음을 명확히 서술하고 있다. 이 비구들은 '그 음식이 대단히 맛있다(此餠甚好)'고 평가하고 있다. 빨리율 바일제 34조와 상응하는 오분율 바일제 34조에서 처음 음식을 얻었던 비구는 다른 비구들에게 자신이 음식을 얻었던 재가자의 집에 가 볼 것을 권하기까지 한다.

그 여인은 다양한 종류의 떡을 발우에 넣어 비구에게 주었다. 그 음식을 얻고서 (승원에 돌아 온) 비구는 다른 비구들에게 말했다: "이러저러한 집에 가면 맛있는 음식이 있고 거기서 그대들도 음식을 얻을 수 있을 것이다." 이 이야기를 듣고 모든 비구들이 그 집에 가서 음식을 얻었다. 때문에

---

**265_** T. XXII., p. 360c.

그 여인은 준비한 음식을 모두 비구들에게 주었고, 결국 음
식이 바닥났다.[266]

이 인연담에서 처음 음식을 얻은 비구는 그 음식을 '맛있다'고
평가하며 다른 비구들에게도 권한다. 이 두 율장 문헌은 비구들이
동일한 재가자의 집에서 음식을 얻은 이유가 음식 맛에 대한 욕심에
서 비롯되었음을 명백히 서술하고 있다. 이러한 점을 통해 이 계율
조항이 성립된 데에는 그러한 탐욕적 행위를 제어하기 위한 목적도
있었으리라 생각할 수 있다.

빨리율 바일제는 이 계율 조항에 대한 또 다른 인연담을 전한
다. 이 이야기에 등장하는 재가자는 상인들과 여행을 떠나려 하고
있었다. 그 재가자가 여행용 음식을 준비하고 있을 때, 비구들이 그
를 방문하여 음식을 받아 갔다. 결국 그 재가자는 상인들과 함께 여
행을 떠날 수 없었고, 나중에 혼자 여행을 떠났다가 도중에 강도를
당한다. 이 소문을 듣고 사람들은 다음과 같이 비구들을 비난했다.

"어찌하여 석가족의 아들인 이들 비구는 (음식을) 탁발하는
데 절제라는 것을 알지 못하는가?" 자신의 여행용 음식을
전부 다 비구들에게 주고 홀로 여행을 떠난 그는 강도를 당
했다.[267]

**266**_ Ibid., p. 51b.

**267**_ Vin. IV., p. 80.

이 인연담에서 사람들은 비구들이 음식에 대한 절제가 부족하며 음식에 대한 탐닉에 빠졌다고 비난하고 있다.

요약하면 빨리율 바일제 34조는 동일한 재가자의 집에서 반복적으로 탁발하는 것을 금지하기 위해서 만들어졌다고 할 수 있는데, 이러한 탁발 행위의 근저에는 음식에 대한 탐욕이 존재하고 있으며, 이 계율 조항을 다루는 여러 율장의 인연담은 특별히 좋은 맛을 가진 음식에 대한 탐욕을 명확히 서술하고 있다.

> 35조. 비구가 식사를 마치고 더 이상 음식 받기를 거절한
> 후 잔식이 아닌 식사나 간식을 먹으면 바일제이다.[268]

빨리율 바일제 35조는 비구가 음식을 먹고 만족한 이후, 식사든 간식이든 음식을 더 먹어서는 안 된다는 규정이다. 즉 재가자의 초대식에서 음식을 먹고 만족한 뒤, 더 이상 음식 받기를 거절한 다음에는 그날 또 다른 음식을 먹어서는 안 된다. 그러나 다른 비구에 의해 '잔식'이라고 공식적으로 선언된 음식은 먹을 수 있다.[269] 빨리율은 음식을 만족스럽게 먹고 나서도 잔식으로 선언된 음식은 비록 잔식을 선언한 비구가 병자라도 먹는 것이 가능하다고 하고 있다.[270]

이 바일제 조항의 제정 목적이 무엇인지 알아보기 위해서 이 조항의 인연담을 살펴보도록 하자. 붓다가 사왓띠 기수급고독원에 머

---

268_ Ibid., p. 82.

269_ Ibid., pp. 81-82.

270_ Ibid., p. 82.

물고 계셨을 때 한 바라문이 비구들을 식사에 초대했다. 자신의 음식을 먹고 나서 몇몇 비구들은 그들의 친척집이나 예전 자신의 집에 가서 음식을 더 먹었으며 다른 비구들은 자신의 발우를 들고 나가 탁발하여 음식을 더 얻어먹었다. 그 바라문은 비구들이 충분히 음식을 먹었다며 이웃사람들을 식사에 초대했다. 그러나 비구들이 바라문의 집을 나간 후 다른 곳에서 음식을 먹는 것을 본 그의 이웃사람들이 이 사실을 바라문에게 알려 주었고, 그 바라문은 다음과 같이 비구들을 비난했다.

> "어떻게 이 비구들은 우리 집에서 음식을 먹은 후에 다른 곳에 가서 다시 음식을 먹을 수 있는가? 이것은 그들이 원하는 만큼 내가 음식을 제공하지 못했기 때문인가?"[271]

해당 오분율 바일제 조항 35조는 기근 시의 모습을 서술하고 있다. 붓다가 라자가하에 계실 때, 당시는 기근이 심해 비구들이 대부분의 지역에서 충분한 음식을 얻기가 어려운 시절이었다. 그래서 비구들은 재가자들이 음식을 제공하기로 했다는 라자가하로 돌아왔다. 재가자들은 자신들의 형편에 따라 다양한 종류의 곡식으로 음식을 만들어 비구들에게 보시했다. 가난한 재가자들은 쌀이 없었기 때문에 콩이나 보리를 내놓았고 재가자들의 지도자는 그것으로 음식을 마련했다. 그러나 늙거나 아픈 비구들은 거친 곡식으로 만든 음

---

271_ Ibid., p. 81.

식을 먹을 수가 없었다. 그들은 이 음식을 거지나 외도 수행자에게 주고 그들의 친척집에 가서 음식을 먹었다. 재가자들이 이것을 보고 다음과 같이 비난했다.

우리는 우리 아이들이나 아내 그리고 우리의 먹을 것을 아껴서 비구들을 위해 이 음식을 준비했다. 그런데 어떻게 이 음식을 변변찮게 보고 그것을 거지나 외도 수행자에게 주어 버리고서 여전히 음식을 탐할 수 있는가? 이들 비구는 해탈을 구하고 노(老), 병(病), 사(死)에서 벗어났다고 말한다. 그런데 어떻게 그들은 맛있고 많은 음식을 구한단 말인가? 수행자라는 이들 비구에게 종교적 실천이나 예의가 존재하는가?[272]

이 오분율 바일제 조항은 연로하거나 아픈 비구들이 거친 음식을 피하고 좀 더 먹을 만한 음식을 구하고 있는 모습을 서술하고 있다. 그런데 동일한 오분율 바일제는 또 다른 인연담을 들려주고 있다.

비구 발난타(跋難陀, Upananda)는 다른 비구들과 함께 재가자의 지도자가 보시한 음식을 먹었다. (식사 후) 그는 재가자의 지도자 집에 가서 맛있는 음식(美好食)을 구해 먹었다.

---

272_ T. XXII., p. 52b.

그 재가자 지도자가 말했다: "스님은 다른 스님들과 함께 식사를 하지 않았습니까?" 그 비구가 대답했다: "내가 거기서 다른 비구와 함께 음식을 먹었지만 당신에게 개인적인 복덕을 쌓게 해 드리려고 여기에 온 것입니다." 이 말을 듣고 그 재가자 지도자는 그 비구를 질책했다: "지금 기근이 들었고 식량이 부족합니다. 때문에 우리는 (비구에게 보시할) 음식을 함께 마련하였습니다. 그럼에도 불구하고 어떻게 스님은 이 음식을 하찮게 보고 더 호화롭고 맛있는 음식을 탐할 수 있습니까?"[273]

이 인연담은 비구가 기근임에도 불구하고 맛있는 음식에 대한 자신의 욕심에 따라 행동한 모습을 서술하고 있다. 이 비구는 초대식에 초청받아 음식을 먹은 후에도 맛있는 음식을 찾아 재가자 지도자의 집을 방문하였다.

빨리율 바일제 35조에 상응하는 마하승기율 바일제 33조는 조금 다른 인연담을 전하고 있다. 이 인연담에서 바라문은 비구들을 식사에 초대했고 비구들은 식사를 했다. 비구들이 떠난 후 그 바라문은 식사를 한 그 비구들이 승원 앞에서 떡을 먹었다는 사실을 알았다.

한편 빨리율 바일제 35조에 상응하는 사분율 바일제 35조는 그 도입부에서 '하루에 한 끼' 식사를 칭찬하고 있다.

---

273_ Ibid..

이처럼 빨리율 바일제 35조는 식사의 횟수와 관련되어 있다. 이는 식사 시간에 관한 계율 조항인 빨리율 바일제 37조와 관련지어 생각해 볼 수 있다.

(빨리율 바일제 36조, '만일 비구가 이미 식사를 마치고 음식 받기를 거절한 비구에게 "비구여, 이 음식을 드시오"라고 하여 고의로 계율을 어기게 만들어 그 음식을 먹게 하면 바일제이다'[274]는 빨리율 바일제 35조와 대동소이한 내용을 가지고 있어 별도로 언급하지 않고 빨리율 바일제 37조로 넘어간다.)

> 37조. 만일 비구가 비시(非時)에 밥이나 간식을 먹으면 바일제이다.[275]

빨리율 바일제 37조는 비구가 정오를 넘어 음식을 먹으면 바일제 위반임을 규정한 계율 조항이다. 그런데 이 계율 조항이 성립된 이유에 대해서는 율장 문헌의 설명과 경전 문헌의 설명에 차이가 있다.

빨리어 율장 문헌은 이 바일제 37조가 어떻게 제정되었는지를 서술하고 있다. 붓다가 라자가하 대림 가운데 있는 다람쥐에게 먹이를 주는 장소에 머물고 계셨다. 그때 라자가하의 산 정상에서 축제가 벌어지고 있었다. 17명 비구들이 이 축제를 보러 갔다. 비구들이 있는 것을 본 재가자들이 그들에게 단단한 음식을 보시했고 비구들은 그 음식을 먹었다. 그 비구들은 승원으로 돌아가서 육군비구에게

---

**274_** Vin. IV., p. 84.

**275_** Ibid., p. 85.

그 이야기를 했다. 육군비구는 17명 비구들이 비시식을 했다고 질책했다.[276]

빨리율은 17명의 비구들이, 비시식이 불교 계율에 어긋난다는 사실을 알면서도 왜 음식을 먹었는지에 대한 설명을 하고 있지 않다. 이와 관련한 상세한 인연담을 우리는 십송률 바일제 37조에서 볼 수 있다. 붓다가 사왓띠에 계실 때 마침 축제가 열리고 있던 시기였다. 많은 사람들이 음식을 준비하여 공원으로 가서 축제를 즐겼다. 이때 17명의 비구들도 축제를 보러 갔다. 그들을 보고 재가자들이 그들의 잘생긴 외모를 칭찬했다. 이 이야기는 다음과 같다.

재가자들은 17명의 비구들에게 술과 음식을 제공하고 물었다: "스님들은 이 음식을 먹을 수 있습니까?" 비구들이 대답했다: "그대들은 먹을 수 있지만 우리는 먹을 수 없다." 그럼에도 불구하고 이들 17명의 비구들은 (모든 술과 음식을 가져갔다). (그것을) 먹고, 비구들은 인사불성이 되었다. 인사불성이 된 그들은 머리와 손을 흔들며 기수급고독원으로 돌아와서는 중얼거렸다: "오늘 우리는 제대로 놀았고 이로움과 행운도 따랐다. 슬픔이나 괴로움 따위는 없었다."[277]

**276_** Ibid..

**277_** T. XXIII., p. 95b.

이 인연담에서 17명의 비구들은 술에 취하여 인사불성이 되었다고 묘사되어 있다. 빨리율 바일제 65조에 따르면, 이 17명의 비구들은 어렸고 밤에 음식을 찾아 울고불고 하며 소란을 야기했다고 한다. 이 때문에 붓다는 20세 이하인 자가 비구가 되는 것을 금지시키는 규정을 제정했다.[278]

빨리율 바일제 85조는 비시에 마을에 들어가는 것을 금지하고 있다. 비시란 정오부터 다음 날 새벽까지이다.

이 계율 조항에 대한 빨리어 율장 인연담에서 육군비구는 마을에 들어가 재가자들과 세속사를 함께 입에 올린다. 육군비구가 재가자들과 함께 입에 올린 주제는 음식, 음료, 술에 관한 것들이다. 때문에 육군비구는 재가자들로부터 비난받았다.[279]

빨리율 바일제 85조와 상응하는 오분율 바일제 83조도 또한 이 계율 조항을 제정되게 한 인연담을 담고 있다. 여기서 육군비구는 탁발을 하기 위해 한 마을에 들어가서는 대로변에서 재가자들과 세속사를 떠들었다. 이것을 보고 다른 재가자들이 다음과 같이 육군비구를 비난했다.

"이곳은 출가자들이 잡담을 하고 떠드는 장소가 아니다. 왜 (이 비구들은) 숲속에 머물면서 자신의 감각 기관을 다스리지 않는가?" 다른 재가자들이 말했다: "이 비구들은 붓다의 가

---

278_ Vin. IV., pp. 128-130.

279_ Ibid., p. 164.

르침에서 즐거움을 찾지 않고 승원의 계율도 존중하지 않는다. 잡담의 즐거움에 빠져 그들은 해가 지는 줄도 모른다."[280]

빨리율 바일제 85조와 상응하는 사분율 바일제 83조는 이 계율 조항 성립과 관련하여 다소 차이가 있는 인연담을 들고 있다. 여기서 비구 발난타는 비시에 마을에 들어가 재가자와 도박을 하였다. 그 도박판에서 돈을 잃은 한 재가자가 비구들이 비시에 마을에 들어왔다고 비난했다.[281] 때문에 이 계율 조항이 성립되었다고 한다.

빨리율 바일제 85조와 상응하는 십송률 바일제 80조의 인연담에서는 비구인 가류타이(迦留陀夷, Kaluludāyin)가 아픈 여인에게 설법을 하기 위해 한 마을에 들어간다. 그 여인은 비구 가류타이에게 가지 말고 계속 설법을 해 줄 것을 요구했다. 가류타이 비구는 해가 질 때까지 설법을 계속했다. 그가 떠나려 했을 때는 이미 밤이었다. 그가 마을 똥구덩이를 지날 때, 강도가 그의 머리를 잘라 똥구덩이에 던졌다.

이들 인연담은 비시, 즉 오후에 마을에 들어가는 것에 대한 계율 조항의 성립 상황들을 제시하면서 만일 비구들이 오후 늦게 마을에서 재가자들과 어울렸을 경우 겪을 수 있는 다양한 문제들을 다루고 있다. 이들 이야기 중에는 비구가 도박을 하거나 살해당하는 내

**280**_ T. XXII., p. 70a.

**281**_ Ibid., p. 692c.

용이 담겨 있지만 보다 일반적인 경우는 음식, 술, 세속사와 관련된 인연담들이다. 이러한 시각에 근거하여 볼 때, 이 계율 조항은 재가자들의 생활이 활발한 낮 시간이나 위험한 밤 시간에 비구들이 재가자들과 어울리는 것을 방지하기 위한 장치로서의 역할을 하였을 것으로 생각된다. 이는 빨리율 바일제 37조와 관련하여 비구가 비시에 탁발하러 갔을 경우 닥칠 수 있는 문제에 대해 설명한 비구 우다인 관련 이야기, 즉 맛지마 니까야의 『라뚜끼꼬빠마경』(2장 참조)의 내용과 유사하다.

따라서 음식 그 자체와 관련이 없다 하더라도 비시에 재가자와 만나는 것을 금지한 이 계율 조항은 비시, 즉 오후에 음식을 먹지 말아야 한다는 것을 규정한 빨리율 바일제 37조의 기능을 강화하는 데 기여할 수 있었을 것으로 생각된다.

빨리율 조항이 제정되기 이전에도 정오 이후 식사를 해선 안 된다는 음식 관례를 불교 상가가 가지고 있었다는 사실은 육군비구가 17명의 비구들을 비판한 이야기를 통해서도 알 수 있다.

사분율은 정오 이후에 식사를 해서는 안 된다는 이 계율 조항의 성립과 관련된 두 가지 인연담을 전하고 있다. 그 첫 번째 이야기는 라자가하에서 명절 축제를 본 비구 난타(難陀, Nanda)와 발난타가 재가자들이 보시한 음식을 먹고 늦게 승원에 돌아왔다는 내용이며[282], 두 번째 이야기는 밤늦게 탁발을 나가 임신한 여인을 놀라게 한

---

**282_** Ibid., p. 662c.

비구 가류타이에 관한 이야기이다.[283] 이 이야기는 맛지마 니까야의 『라뚜끼꼬빠마경』에 나오는 우다인에 관한 이야기를 상기시킨다. 사분율은 오후불식이 성립된 계기를 이 두 가지 일이 발생하였기 때문이라고 서술하고 있다. 오분율의 오후불식에 관한 인연담도 사분율의 그것과 매우 유사하다. 여기서 가류타이는 밤에 탁발하다가 임신한 여인을 놀라게 했는데 그 여인은 가류타이의 행동을 다음과 같이 비난하였다.

> 왜 당신은 당신의 배를 칼로 가르지 않는가? 이렇게 칠흑 같은 밤에 당신은 탁발식을 구하는구려. 다른 출가자들(沙門婆羅門, samaṇas와 brāhmaṇas)은 하루에 한 끼만 먹고 그것에 만족한다. 왜 당신은 밤낮없이 절제도 없이 먹는가?[284]

이 여인의 말은 출가자의 행위에 대한 재가자의 시각이라는 측면에서 매우 흥미롭다. 이 여인의 이야기를 통해 밤에 탁발식을 구하는 것이 수행자들의 관례에 어긋나는 일이라는 사실을 알 수 있으며, 비구 가류타이는 음식에 불만족하고 음식에 대한 탐욕에 지배받는 비구로 비쳐지고 있음을 보여 주고 있다. 그러므로 이 여인은 가류타이 비구에게 밤에 탁발하는 것이 출가자로서 적절한 행위가 아니므로 스스로 배를 가르라는 욕설을 한 것이다. 이 이야기를 통해

---

**283_** Ibid..

**284_** Ibid., p. 54a.

볼 때 불교 상가 이전에 존재했던 종교 그룹에 의해 만들어진 수행자들만의 음식 관행이 있었던 듯하다.

기원전 5세기~기원후 2세기(보다 상세한 것은 4장 참조) 힌두 관습법을 다루고 있는『바우다야나 다르마 수뜨라』는 수행자가 탁발을 하는 시간에 대하여 언급하고 있다: "그 (수행자)는 재가자가 우유를 짤 때 (즉 아침에)만 (음식을) 탁발해야 한다."[285] 마찬가지로 기원전 2세기에서 기원후 2세기경에 성립된『마누법전(Manu Smṛti)』은 탁발을 나가는 것이 허락되는 시간의 숫자(횟수)를 명확히 언급하고 있다: "그는 하루에 한 번 탁발해야 한다."[286]

식사 시간과 관련된 실천들은 두타행 속에서도 발견할 수 있다.『청정도론』의 13가지 두타행 가운데 두 가지 실천행, 즉 일좌식(一坐食)과 시후불식(時後不食)은 음식을 먹는 시간과 관계되어 있다 (2장 참조).

요약해 보면 빨리율 바일제 35조와 37조는 다른 계율 조항이지만 이들 계율은 종교적 실천행이라는 측면에서 서로 밀접하게 관계되어 있다. 비록 이들 계율 조항이 음식에 대한 탐욕을 조복시킨다는 목적을 가지고 있다고 하더라도 이들 조항의 목적은 빈번한 탁발 행위에 의해 야기되는 번잡함과 위험을 제거하기 위한 것으로 보인다.

38조. 만일 비구가 저장해 놓았던 밥이나 간식을 먹으면

---

285_ BDh. II. 10. 18. 6.

286_ MS. VI. 55. a.

바일제이다.[287]

빨리율 바일제 38조는, 비구는 다음 날 먹을 음식을 저장해서
는 안 되며 전날 밤에 먹다 남은 음식을 먹는 것을 금지하는 조항
이다.

앞서 2장에서 본 바와 같이 음식 저장을 금지하는 계율은, 콜
린스도 인지하였듯이 『아간냐경』에서도 그 행간의 의미로 파악되
고 있다.[288] 음식의 생산과 저장을 피하는 것은 비구가 세속적인 것,
즉 쁘라브릿띠적 행위(2장 참조)를 피하는 것을 가능케 하는 것과 관
계가 있으며 세간의 생활과 불교 승원 생활을 구별 짓는 중요한 특
징이다.

『아간냐경』에 의하면 사람들이 음식을 저장하기 시작하면서부
터 문제가 발생하기 시작한다. 빨리율 니살기바일제 23조는 오종약,
즉 기, 버터, 기름, 꿀, 당밀을 7일 이상 저장하는 것을 금지하고 있
다. 음식 저장의 문제는 많은 빨리어 니까야 문헌들에서도 볼 수 있
는 내용이다. 예를 들면 맛지마 니까야 『산다까경(Sandaka Sutta)』(MN
76)은 음식을 저장하는 것을 깨달음을 구하는 비구가 할 수 없는 다
섯 가지 행위 중 하나에 포함시키고 있다.

산다까여, 번뇌가 소멸된, 궁극적 지혜로 완전한 해탈을 얻

---

287_ Vin. IV. p. 87.

288_ Collins, 1993, p. 326.

은 비구는 다섯 가지를 범하지 않는다. 번뇌가 소멸한 비구는 중생의 생명을 의도적으로 빼앗지 않는다. 그는 주어지지 않은 것을 취하지 않는다. 즉 훔치지 않는다. 그는 성적 관계에 탐닉하지 않는다. 그는 고의로 거짓말을 하지 않는다. 그는 이전의 재가 생활에서 했던 것 같이 (그것들을) 저장함으로써 감각적 즐거움을 향유하지 않는다.[289]

이 다섯 가지 행위는 비시에 음식을 먹어선 안 된다는 규정 대신에 들어가 있는 음식 저장 금지 내용을 제외하고 불교의 십계 중 가장 중요한 오계의 내용과 동일하다. 냐냐모리와 보디(Ñāṇamoli and Bodhi) 비구는 이 경전에 관한 빨리어 주석서에 따르면 "그것들을 저장하는 것"이라는 문구에서 '그것'은 "음식과 즐거움을 가져오는 물품"을 의미한다고 언급하고 있다.[290]

이들 문헌은 저장된 음식과 감각적 즐거움을 연결 짓고 있다. 『아간냐경』이나 비구가 어떻게 행동하여야 하는가와 관련된 다른 문헌들에서 음식을 저장하는 것은 음식에 대한 탐욕에 근거한 행동으로 언급되고 있다.

빨리율 바일제 38조의 성립에 관한 인연담에서 비구 벨라타시사(Belaṭṭhasīsa)는 전날 탁발에서 얻어먹고 남은 음식을 말려서 저장했다. 다음 날 그는 탁발을 나가지 않고 말린 음식에 물을 부어 먹었

---

**289**_ Ñāṇamoli and Bodhi, 1995, p. 420. 이 경전 이외에 다른 경전에서도 음식 저장에 관한 내용이 언급되고 있다: DN. I., p. 6; DN. III., p. 235; AN. IV., p. 370.

**290**_ Ñāṇamoli and Bodhi, 1995, p. 1283, note 756.

다. 이 비구가 탁발을 나가지 않자 다른 비구들은 이 비구가 먹을 것을 어떻게 해결하는지 걱정되었다. 비구 벨라타시사는 자신은 음식을 저장하여 먹는다는 사실을 밝혔고, 이것이 이 계율 조항이 성립된 이유이다.[291]

이 인연담에서 비구 벨라타시사가 음식을 저장한 이유는 매일 탁발 나가야 하는 불편함을 피하기 위한 것으로 보인다. 이러한 점은 빨리율 바일제 38조에 상응하는 사분율 바일제 38조 인연담에서도 명확히 보인다. 이 인연담에서 비구 가라(迦羅)는 생각한다: "탁발은 피곤한 일인데 왜 매일 탁발을 나가야 하는가?", "먼저 탁발한 음식을 먹은 다음 (다음 날을 위해) 좀 더 얻어 가면 어떨까?" 그는 자신의 생각을 실천에 옮겼고 다른 비구들은 이 비구를 보지 못하자 걱정하게 되었다. 이틀 후 이 비구를 보게 되자 비구들은 전날 무슨 일이 있었는지 이 비구에게 물었다. 비구 가라는 그가 한 일을 설명했고 이것이 이 계율 조항을 성립시킨 이유가 되었다.[292] 이 사분율의 전체 인연담은 반복적인 탁발 행위에 피곤함을 느낀 비구들이 그 피곤함을 피하기 위하여 음식을 저장하였음을 보여 주고 있다.

빨리율 바일제 38조에 상응하는 오분율 바일제 39조는 음식물을 저장하는 두 번째 이유를 보여 주고 있다. 이 인연담에는 공연이 행해지는 라자가하의 한 사원이 등장한다.

많은 사람들이 맛있는 음식을 가지고 이 공연을 보기 위해 왔

---

291_ Vin. IV., pp. 86-87.

292_ T. XXII., pp. 662c-663a.

다. 이곳에서 비구들은 그들이 먹고도 남을 만큼의 많은 음식을 얻었다. 그들은 많은 음식을 먹고, 먹고 남은 음식을 가지고 돌아왔다. 그들은 자신들이 머무는 곳 구석구석에 음식물을 저장했다. 시간이 지나자 음식에 구더기가 생기기 시작했고, 쥐들이 음식을 먹기 위해 벽을 갉아 뚫기 시작했다. 이 인연담은 다음과 같이 계속된다.

> 이 모습을 보고 재가자들이 물었다: "누가 이 음식을 저장했는가?" 사람들이 대답했다: "석가족 비구들이 저장했다." 그러자 재가자들이 이를 비난했다: "이 비구들은 의도적이고 탐욕적으로 음식을 얻고는 그것을 낭비하는 것에 대해서는 우려하지 않는다. 이것은 비구가 취할 적절한 행동이 아니다. 이것은 수행자가 취할 태도에 반하는 것이다."[293]

이 인연담들은 비구들이 음식을 저장하는 행위에 대한 두 가지 종류의 동기를 보여 준다: 첫 번째는 반복적인 탁발에서 오는 불편함을 피하려는 욕구와 관련된 것이며, 다른 하나는 음식에 대한 탐욕이다.

여기에서 반복되는 탁발을 피하려는 데에는 다음 날 탁발에서 음식을 얻을 수 있을지에 대한 우려도 자리 잡고 있다. 이러한 점은 위에 언급된 마지막 인연담에서 비구들이 음식을 저장해 놓고는 바

---

**293**_ Ibid., p. 54b.

로 먹지 않아 음식이 상해서 썩고, 파리와 쥐가 들끓을 때까지 버려 두었다는 내용에서도 짐작할 수 있다.

경전 문헌들을 살펴보면 비구 또는 심지어 붓다조차도 음식을 얻는 것이 쉽지 않았다는 사실을 알 수 있다. 증일아함경은 비구들이 바라문 마을에서 음식을 얻지 못한 사실을 말해 주고 있다.[294] 비록 이 경전에서 비구들이 음식을 얻지 못한 것은 마구니(māra)의 획책 때문이라고 표현하고 있으나 우리는 이 이야기를 통해 불교 출가 수행자와 바라문 계급 사이에 존재하는 적대감을 간파할 수 있다. 잡아함경의 한 이야기에서는, 붓다조차 바라문 마을에서 음식을 얻지 못하는 어려움을 겪었음을 보여 주고 있다.[295]

십송률 또한 음식을 얻는 것이 쉽지 않음을 기술하고 있는데 그 이유는 앞서의 사회적인 원인 외에 기근, 즉 자연재해로 인한 것임을 언급하고 있다.[296]

위의 계율과 경전 문헌의 사례를 통해 볼 때 탁발을 통한 음식 확보는 불안정성이 상존하는 일이며, 따라서 음식 저장의 문제는 불편함의 회피라는 이유보다 음식의 안정적 확보라는 원인에 의해 야기된 행위라고 사고하는 것이 보다 실상에 근접한 파악이 될 것이라 생각된다.

39조. 다음과 같은 음식은 미식이다: 기, 버터, 기름, 꿀,

---

**294**_ T. II., p. 772b.

**295**_ Ibid., p. 288a.

**296**_ T. XXII., p. 86b.

당밀, 생선, 고기, 우유, 커드. 만일 비구가 병중이 아닌데도 자신이 먹기 위해 이와 같은 미식을 요구하여 먹으면 바일제이다.[297]

빨리율 바일제 39조는 비구가 자기 자신을 위해 값비싸고 호화로운 아홉 가지 식재료로 만든 음식을 요구하여 먹는 것을 금하는 규정이다. 물론 이 계율 조항은 비구가 병중일 때 적용되지 않는다. 여기서 그 인연담을 통해 빨리율 바일제의 이 계율 조항이 성립하게 된 이유를 알아보자.

사왓띠에서 육군비구가 호화로운 음식을 요구하여 먹었다. 그러자 재가자들은 이 비구들이 호화로운 음식을 탐닉하였다며 다음과 같이 비난하였다: "어떻게 비구들이 자신들을 위하여 호화로운 음식을 요구하여 먹을 수 있는가?", "누가 그런 호화로운 음식들을 즐거워하지 않겠는가?", "누가 그런 맛있는 음식을 좋아하지 않겠는가?"[298]
호화로운 음식, 즉 기(sappi), 버터(navanīta), 기름(tela), 꿀(madhu), 당밀(phāṇita), 생선(maccha), 고기(maṃsa), 우유(khīra), 커드(dadhi), 비구가 이와 같은 호화로운 음식을 아프지 않은데도 먹으면 바일제이다.[299]

---

**297_** Vin. IV., p. 88.

**298_** Ibid., p. 71. Kassa sampannaṃ na manāpam, kassa sāduṃ na ruccatīti.

**299_** Ibid..

이 계율 조항을 이해하기 쉽게 보여 주기 위하여 자신의 이로움을 추구하는 것으로 악명 높은 육군비구를 이용한다. 그리하여 불교 계율은 음식에 대한 탐욕에 대응하는데, 이 계율은 비구들이 사람들이 탐닉하는 호화로운 음식을 보시물로 구하고자 갈구하는 것을 제어한다. 다른 불교 부파의 계율도 또한 다양한 미식 식재료들을 언급한다. 아래의 표 3-4는 5대광율이 언급하고 있는 미식 식재료들을 비교한 것이다.[300] 이들 계율이 언급하고 있는 미식 식재료는 상당 부분 겹치고 있으나 식재료의 종수나 종류 등에서 다소의 차이를 보여 주고 있다. 5대광율 중 빨리율이 가장 긴 미식 식재료 목록을 가지고 있다.

| | 빨리율 | 사분율 | 오분율 | 마하승기율 | 십송률 |
|---|---|---|---|---|---|
| 1 | 우유(khīra) | 우유(油) | 우유(油) | 우유(油) | 우유(油) |
| 2 | 커드(dadhi) | 커드(酪) | 커드(酪) | 커드(酪) | 커드(酪) |
| 3 | 생선(maccha) | 생선(魚) | 생선(魚) | 생선(魚) | 생선(魚) |
| 4 | 고기(maṃsa) | 고기(肉)[301] | 고기(肉) | 고기(肉) | 고기(肉) |
| 5 | 기(sappi) | | 기(酥, ghee) | 기(酥, ghee) | 기(熟酥, ghee) |
| 6 | 기름(tela) | | 기름(油)[302] | 기름(油) | 기름(油) |
| 7 | 꿀(madhu) | | | 꿀(蜜) | 버터(生酥) |

---

**300**_ 이들 미식 식재료와 관련된 불교 우주론에 대해서는 이 책 1장과 콜린스(Collins, 1993, p. 326) 참조.

**301**_ T. XXII., p. 664b.

**302**_ Ibid., p. 55b.

| 8 | 당밀(phāṇita) | | 당밀(石蜜)[303] | 육포(脯)[304] |
| 9 | 버터(navanīta)[305] | | | |

표 3-4. 5대광율에 규정된 미식 식재료[306]


빨리율 바일제의 이 계율 조항에 관한 인연담과 타 부파의 그
것을 비교함으로써 이 계율과 관련된 보다 상세한 내용을 파악할 수
있을 것이다. 아래는 빨리율 바일제 39조에 상응하는 마하승기율 바
일제 39조의 인연담이다.


사왓띠에서 육군비구는 재가자들에게 다음과 같이 보시
음식을 요청하여 얻었다: 그들은 기가 있는 집에서는 기를
얻었고, 기름이 있는 집에서는 기름을 얻었고, 우유가 있는
집에서는 우유를 얻었고, 커드가 있는 집에서는 커드를 얻
었고, 꿀이 있는 집에서는 꿀을 얻었고, 당밀이 있는 집에
서는 당밀을 얻었고, 생선이 있는 집에서는 생선을 얻었고,
고기가 있는 집에서는 고기를 얻었다.
재가자들은 다음과 같이 말하면서 육군비구의 행실을 비
난했다: "붓다는 다양한 방식으로 소욕지족(小欲知足) 하고


---

**303**_ Ibid., p. 361c.

**304**_ T. XXIII., p. 97a.

**305**_ Vin. IV., p. 88.

**306**_ 비교의 편의를 위하여 미식 식재료의 언급 순서를 바꾸었다.

괴로움을 겪는 것을 주저하지 않으며 음식에 만족하는 비
구들을 칭찬하는데 이들 비구들은 거친 음식 받기를 싫어
하는구나."[307]

　이 인연담에서 재가자들은 육군비구가 붓다의 가르침을 웃음
거리로 만드는 것에 대하여 비난하고 그들이 종교적 이상을 조금이
라도 가지고 있는지 묻고 있다.[308] 이 인연담은 종교 수행자가 음식
맛에 탐닉하는 것이 그들의 자격에 심각한 해가 된다는 재가자의 시
각을 보여 주고 있다.
　육군비구의 행위를 질책하면서 붓다는 그러한 행위를 '불선행
(不善行)'으로 규정하고, 특정한 행위를 금지하고 있음을 언급하고
있다.[309] 붓다는 육군비구의 행위가 잘못된 것이며 그들의 행위는
'바른 법'도 아니고, '바른 계율' 혹은 '붓다의 가르침'도 아니라고 질
책한다. 나아가 붓다는 이러한 행위가 '선(善)'을 증장시키는 것에 역
행한다고 말한다.[310] 여기서 붓다는 자신의 견해를 피력하고 있는데,
그의 견해에 따르면 비구들이 좋은 음식을 구하고 탐닉하는 것은 덕
있는 행위가 아니며 붓다의 가르침과 실천행에 근거하여 보았을 때
수용할 수 없는 것이라고 하고 있다.

---

**307_** T. XXII., p. 361c.

**308_** Ibid..

**309_** '악사(惡事)'라는 말은 불교 문헌에서 자주 언급되는 표현이다. 이것은 비구가 종교적 이상
　　　 성취를 하는 데 있어서 범죄 행위, 부적절한 행위, 악행을 의미한다. 예: T. XXII., p. 4a, p.
　　　 324c, p. 361c.

**310_** T. XXII., p. 361c.

오분율 바일제 41조를 보면, 육군비구가 좋은 음식을 달라는 자신들의 요구를 들어 주지 않자 그들에게 음식을 준 재가자들에게 공개적으로 화를 내며 공격적인 태도를 보이고 있다.

붓다가 라자가하에 계실 때, 몇몇 재가자들이 승원에 와서 비구들의 숫자가 얼마나 되는지 물었다. 비구들은 승원에 이러저러한 숫자의 비구들이 있다고 대답했다. 재가자들이 비구들에게 말했다: "내일 초대하고 싶습니다. 비록 음식은 변변치 않으나 내일 오셔서 저희의 식사를 받아 주십시오." 육군비구가 재가자들에게 말했다: "만일 당신들이 우유, 커드, 기, 기름, 생선, 고기로 우리를 대접한다면 당신들의 공양을 받을 것이다." 재가자들은 돈을 빌려서라도 그 식재료들을 사서 음식을 장만하겠다고 답했다. 이렇게 답한 후 그들은 집으로 돌아갔다. 그들은 돈을 빌려 그러한 식재료를 사려 하였으나 사지 못하였다.

다음날 음식을 장만한 후 재가자들은 승원에 식사가 준비되었음을 알렸다. 가사를 입고 발우를 든 비구들은 그 재가자의 집에 가서 자리를 잡았다. 물과 음식이 제공되자, 육군비구는 재가자들이 우유, 커드, 기, 기름, 생선, 고기가 들어 있는 음식을 장만하지 않았다고 질책했다.

재가자들이 돈을 빌려 그러한 식재료를 사려고 하였으나 살 수 없었다고 말하자, 육군비구는 발우를 뒤엎고 가 버렸다.

재가자들은 육군비구가 좋은 음식을 얻지 못하자 발우를 뒤엎고 가 버렸다고 다른 사람들에게 말하였다: "그들이 왕이나 대신들이란 말인가?", "재가 생활을 떠난 수행자가 해탈을 구하고 탁발한 음식에 만족해야 하는데 육군비구는 음식 맛에 집착한다.", "그들은 수행자의 덕목을 닦지 않고 수행자의 길을 버렸다."[311]

이 인연담은 미식을 요구하는 비구들의 행위가 그들의 윤리적·수행적 실패를 보여 줄 뿐만 아니라 과도한 재정적 부담을 재가자에게 지울 수 있음을 보여 주고 있다. 모욕을 당한 재가자들은 육군비구에 대하여 그들이 왕이나 대신이라도 되느냐고 묻는다. 이 물음을 통해 우리는 이러한 미식들은 특권을 가진, 권세 있는 사람들이나 일상적으로 먹을 수 있는 음식임을 알 수 있다. 이러한 미식들은 일반 대중을 위한 일상적인 음식 재료는 아니었을 것으로 생각된다. 때문에 이들 음식은 소량만 사용되거나 비구가 의학적인 이유로 절박하게 필요할 때에만 사용되었다.

육군비구와 그들의 방종함에 분개한 재가자들의 이 이야기는 수행자의 적절한 행위에 대해 종교 수행자와 재가자 사이의 공유된 이해가 있었음을 시사한다. 이러한 이해가 비구와 비구니는 미식을 추구하거나 요구해서는 안 된다는 계율을 성립시킨 듯하다. 다른 수행자 그룹과 달리 붓다는 음식 섭취를 최소화하는 것을 출가 생활의 정신적 진일보를 나타내는 것으로 생각하지 않았지만(2장 참조), 광의의 문화적 맥락에서 재가자가 출가자의 행위에 대해 가졌던 인식

311_ Ibid., p. 55a-b.

은 비구가 어떻게 먹어야 하는가를 알려 준다: 비구는 음식에 대한 탐욕이 없어야 하며 음식에 대한 적당함과 만족이라는 덕목을 가져야 하는 존재로 인식되고 있었음을 알 수 있다.

　　앞서 고찰한 빨리율과 마하승기율, 그리고 십송률[312], 사분율[313], 근본설일체유부율(根本說一切有部律, Mūlasarvāstivādin Vinaya)[314]의 계율 조항들은 미식을 구성하는 음식 종류와 미식에 대한 유사한 내용들을 가지고 있다. 불교 계율에서 비구는 재가자가 공양하는 미식을 먹을 수는 있으나 비구가 자신이 먹기 위하여 재가자에게 미식을 줄 것을 요구하는 행위는 금지된다. 이 계율 조항과 관련된 모든 불교 율장 문헌은 이 바일제 조항의 가장 중요한 요점을 의학적 필요가 없음에도 불구하고 미식을 구하는 것과 같이 비구가 음식의 맛에 탐닉하는지의 여부라고 간주한다. 그것이 문제가 되는 것은 비구가 미식을 먹는다는 사실 그 자체보다 수행자인 비구들이 음식에 대하여 가지고 있는 태도, 즉 음식에 대한 탐착과 같은 수행자의 덕목에 어긋나는 태도 때문인 것으로 생각된다.[315]

　　40조. 만일 비구가 물이나 이쑤시개를 제외하고 주지 않은
　　　　　음식을 입에 넣으면 바일제이다.[316]

---

312_ T. XXIII., p. 97a.

313_ T. XXII., p. 664b.

314_ T. XXIII., p. 828a.

315_ Vin. IV. p. 88.

316_ Ibid., p. 90.

빨리율 바일제 40조는 물이나 이쑤시개를 제외하고 그에게 주어지지 않은 음식을 먹어서는 안 된다는 계율이다.[317] 이 계율의 인연담은 웨살리 대림의 중각강당에서 시작된다.

묘지에 한 비구가 살고 있었다. 넝마로 만든 옷을 입고 있는 그는 사람들이 주는 물건을 받지 않았고, 묘지에 남아 있거나 나무 밑 혹은 집의 문지방에 있는 죽은 조상을 위해 바친 음식을 먹었다.

사람들은 그 비구가 자신들의 조상을 위해 남겨 둔 음식을 먹었다고 비난했다. 나중에 사람들은 그 비구가 힘이 세고 비만한 것에 대해 그가 자기 조상들의 사체를 먹었기 때문이라는 결론을 내렸다. 재가자들은 격노했고 이 때문에 붓다는 이 계율 조항을 제정하였다.[318]

빨리어 율장 약품(藥品, Bhesajjakhandha)에는 한 비구가 인육을 먹은 경우가 서술되어 있다. 여기서 이 비구는 자신의 병을 치료하기 위하여 한 여인의 허벅다리 살을 먹었다.[319] 이 일화는 빨리어 율장에서 금하는 열 가지 고기 중 하나인 인육을 먹는 것을 금지하게 만든 인연담이다. 인육을 먹는 것은 다른 금지된 고기를 먹는 것보다 더 심각한 것으로 간주되었다(5장 참조). 이 인연담에서 비구가 병을 치료하기 위해 인육을 먹은 것은 당시의 의학적 처방에 따른 것이었던 듯하다.

인육과 관련된 다른 두 가지 예를 『자따까』에서 찾아볼 수 있

317_ Ibid.
318_ Ibid., pp. 89-90.
319_ Vin. I., pp. 216-218.

다. 이는 마하사뜨와(Mahāsattva)왕자가 자신의 살을 굶주린 암컷 호랑이에게 제공한다는 이야기이며, 또 하나는 시위(Sivi)왕이 비둘기의 생명을 구하기 위해 자신의 허벅다리 살을 매에게 제공한다는 이야기이다.[320] 이 두 이야기에서 주인공들은 다른 중생의 생명을 구하기 위해 자신을 희생하는데 이것은 보살(bodhisattva)이 반야(般若, pāramī)를 성취하기 위한 수단이다.

다양한 대승불교 문헌들은 육신공양(肉身供養)에 대하여 언급하고 있다. 『법화경(法華經, Saddharmapuṇḍarīka Sūtra)』도 또한 자신의 살, 신체의 일부, 장기를 위에서 제시한 『자따까』 이야기의 경우와 같은 이유로 다른 이에게 보시하는 이야기를 전한다. 이처럼 인육은 주로 다른 중생의 생명을 구하기 위해 자신을 희생하는 것과 연관되며 그 결과 종교적인 덕목을 성취하는 것과 관계되어 있다. 이것과 다른 예외적인 경우가 의학적인 이유로 인육을 먹는 빨리어 율장 약품의 사례이다.

빨리율 바일제 40조의 인연담에서 재가자들은 묘지에서 종교적 수행을 하는 한 비구가 자기 조상의 사체를 먹었을 것이라 추측한다. 이러한 추측은 종교적 실천으로서 인육을 먹는 수행자의 존재를 전제하고 있다고 생각할 수 있다. 실제 힌두교에는 그들의 종교적 이상을 성취하기 위하여 인육을 먹는 극단적인 형태의 종교적 실천이 존재한다.

---

**320_** Grey, 1994, p. 222. 『자따까』 499번째 이야기인 「시위 자따까(Sivi Jātaka)」에는 시위왕이 소경에게 자신의 눈 하나를 보시하는 이야기가 전해온다. 그러나 시위왕에 대한 회화에서는 눈, 신체 부분, 살이 다른 중생을 위해 보시되고 있다.

인육을 먹는 수행을 실천하는 힌두 쉬바파의 아고리(Aghori) 그룹 성립 시기는 불교 율장 문헌의 성립 시기보다 늦고, 할라(Hala)의 『사따사이(Sattasaī)』에 언급되어 있는 쉬바파 아고리의 선구자들인 까빠리까(Kāpālikas)와 라꿀라(Lākulas)는 기원후 3~5세기의 인물로 추정되고 있으나[321] 이러한 수행의 원류에 해당하는 형태가 시기적으로 좀 더 소급되어 올라갈 수 있는 가능성도 배제할 수는 없을 것이다.

빨리율 바일제 40조에 상응하는 사분율 39조의 인연담은 이 계율 조항의 성립과 관련된 사왓띠 기수급고독원에서의 이야기를 담고 있다. 한 비구가 불교의 고행적 수행을 하기로 결심하고 탁발식을 먹고 분소의를 입으며 생활하고 있었다. 당시 사왓띠의 재가자들은 죽은 부모나 형제자매 그리고 남편을 위해 대로변 교차로, 집의 문지방, 개천가, 나무 밑, 돌 옆, 사당 안에 음식을 가져다 놓곤 하였다. 한 번은 재가자가 죽은 조상을 위해 의례를 드리고 음식물을 바쳤는데, 비구가 그 음식을 가져다 먹었다. 이것을 본 재가자는 그 비구를 혐오하고 다음과 같이 비난하였다.

출가자이자 석가족의 아들인 이 비구는 창피함을 모르고 남이 주지 않은 것을 취해서는 안 된다는 계율도 위반한다. 우리는 음식을 장만하고 의례를 치르고 죽은 부모나 형제를 위해 음식을 바치는데, 저 비구는 그 음식을 가져가 먹

---

**321_** Lorenzen, 1972, p. 13.

어 치운다. 저 비구는 마치 우리가 그를 위해 음식을 차려 놓은 것처럼 행동한다. 우리는 이 음식을 차리고 우리의 돌아가신 부모와 형제자매를 위해 의례를 드린다. 그런데 이 비구가 음식을 가져가 먹어 치운다.[322]

위에서 언급한 빨리율 바일제 40조와 사분율 바일제 39조의 인연담들은 자신들의 조상을 위해 바친 음식을 비구들이 먹는 것에 대한 재가자들의 분노를 담고 있다.

인도 사회에는 베다 시대부터 조상 숭배의 전통이 있었고, 이것은 재가자들이 매일 해야 할 다섯 가지 의무 중 하나를 구성해 왔다. 이것은 다섯 가지 큰 제사(pañca-mahāyajña)라 불린다: 1) 신에 대한 제사(devayajña), 2) 조상에 대한 제사(pitṛyajña), 3) 중생에 대한 제사(bhūtayajña), 4) 사람에 대한 제사(manuṣyayajña), 5) 베다에 대한 제사(brahmayajña).

『따이띠리야 아란야까(Taittirīya Āraṇyaka)』는 이러한 제사를 다음과 같이 설명한다.

다섯 가지 큰 제사가 있다. 이들 제사는 매일 행해지고 매일 완수되는 것이다: 신에 대한 제사, 조상에 대한 제사, 중생에 대한 제사, 사람에 대한 제사, 베다에 대한 제사. 단지 나무 조각 하나를 불 속에 넣더라도 그는 (신들에 대한) 제

---

**322_** T. XXII., p. 663c.

사를 완수한 것이다. 만일 조상들에게 음식 공양(svadhā)을 한다면, 아니 물이라도 조상들께 바친다면, 그는 조상들에 대한 제사를 완수한 것이다. 만일 그가 중생에 대하여 (음식 등을) 공양한다면, 그는 중생에 대한 제사를 완수한 것이다. 만일 바라문에게 음식을 보시한다면 그는 사람에 대한 제사를 완수한 것이다. 만일 하나의 릭(ṛc), 야주스(yajus), 또는 사만(sāman) 같은 베다의 게송을 배운다면, 그는 베다에 대한 제사를 완수한 것이다.[323]

후대 가정 제사 문헌인 그리햐 수뜨라(Gṛhya Sūtra) 시대에 조상 제는 슈라다(śrāddha) 의례의 형태로 대체되는데 슈라다 의례는 네 가지 형태가 있다.

1) 빠르와나 슈라다 제(Pārvaṇa śrāddha, 초하루 슈라다 제): 조상에게 매달 음식(piṇḍas)을 바치는 제사로, 음식을 조상에게 바치는 삔다삐뜨리야즈냐(piṇḍapitryajña)의 전례가 되었다.
2) 에꼬디슈따 슈라다 제(Ekoddiṣṭa śrāddha, 망부 슈라다 제): 살아 있는 아버지와 죽은 조상의 중간적 존재로 아귀인 사망한 아버지에게 음식을 바쳐 생존할 수 있게 하는 제사.
3) 사삔디까라나 슈라다 제(Sapiṇḍīkaraṇa śrāddha, 망자인 혈육

**323_** TĀ. 2. 10. 1.

과의 결속을 강화하려는 제사): 망자의 아들이 자신의 아버지
를 아귀의 상태에서 조상의 지위로 높이는 제사.

4) 아브유다이까 슈라다 제(Ābhyudayika śrāddha, 번영 슈라다
제): 제주는 결혼식, 아들의 탄생과 같은 경사스러운 날
에 조상의 긍정적이고 이로운 모습을 이야기하기 위하
여 이 제사를 지낸다.[324]

조상들을 위한 이 슈라다 제의 주된 목적은 조상에게 음식을 바
치기 위한 것이다.[325] 이 슈라다 제는 돌아가신 아버지나 조상을 위
한 제사일 뿐만 아니라 조상에게 음식을 제공하는 후손들의 공덕을
위한 것이기도 하다. 인도 학자인 매튜 세이어스(Matthew R. Sayers)는
앙굿따라 니까야(Aṅguttara Nikāya)의 『자누쏘니경(Jāṇussoṇi Sutta)』과
『뻬따왓투(Petavatthu)』와 같은 불교 문헌들은 슈라다 제의 영향을 보
여 준다고 언급하고 있다.[326]

『뻬따왓투』의 「벽 밖에 있는 아귀들(tirokuḍḍapetavatthu)」[327] 장은
불교가 슈라다 제를 수용한 모습을 상세하게 보여 주고 있다.

14. 그들은 벽의 바깥, 교차로, 네거리에 서 있다. 그들은
자신의 집에 돌아가 문설주에 서 있다.

---

324_ Sayers, 2013, p. 71.

325_ Ibid..

326_ Ibid., p. 91.

327_ Ibid., p. 94.

15. 아무리 많은 단단하고 부드러운 음식과 음료가 제공되더라도, 그들의 행위 때문에 아무도 그 중생을 기억하지 못한다.

17. "우리 친척들을 위해 이것을 바친다! 우리 친척들이 행복하기를!" 그들은 거기에 모인다. 모인 저 아귀인 친척들은 경의를 표하며 많은 음식과 음료에 기뻐한다.

18. "우리 친척들이 장수하기를, 그들의 음덕으로 우리는 (이것을) 얻었다. 우리는 존경을 받았고 보시자에게는 과보가 없지 않을 것이다."

23. 당연히 눈물이나 슬픔 혹은 어떤 애통해 할 만한 일도 생기지 않는 것이 돌아가신 친척들의 음덕으로 이와 같이 계속될 것이다.

24. 그러나 견고하게 확립된 상가에 베풀어지는 이러한 보시는 즉각적으로 오랫동안 그들에게 이로움을 주게 될 것이다.

25. 이제 친척에 대한 이러한 의무는 언명되고 아귀들은 큰 존숭을 받았고 권능은 비구들에게 바쳐졌고 그들이 부여하는 공덕은 적지 않다.[328]


빨리율 바일제 40조와 사분율 바일제 39조에서 보았듯이, 『뻬따왓투』 또한 아귀가 빈번하게 출몰하고 후손들이 그들의 죽은 조상

---

**328_** Pv. 1. 5. 14-25.

들을 위해 음식을 놓아두는 장소로 벽이나 교차로, 네거리, 집의 문설주 등을 언급하고 있다. 위에 언급된 『뻬따왓투』17~18게송을 보면 돌아가신 조상과 후손 사이의 관계는 일방적이지 않고 상호적이다. 죽은 조상들은 음식을 얻고 존경을 받으며 행복해 한다. 한편 후손들은 그들의 조상들에 의해 장수하도록 기원을 받는다. 일반적으로 베다 제사가 가져다주는 이로움은 '장수', '세속적 부', '번영', '아들', '보호', '성공' 등이다.[329] 비록 『뻬따왓투』는 후손들을 위해 단지 장수만을 언급하고 있지만 슈라다 제에 관한 바라문 문헌들은 '의식주 세 가지'를 열거하고 있고,[330] 이러한 세 가지 요소들은 죽은 조상과 그 후손 사이에 상호적인 것이다.[331]

앙굿따라 니까야 『자누쏘니경』에서 붓다는 바라문인 자누쏘니에게 슈라다 제를 드리는 과보를 설명한다. 이 경에서 붓다는 슈라다 제를 설명하고 있지만 제사의 내용은 바라문 문헌에서 설명되고 있는 내용과 동일하지 않다.

붓다는 십선법(十善法)에 근거하여 윤리적 행위를 강조하는데 이러한 행위는 사후 생처를 결정짓는 요소이며 조상에 대한 후한 공양은 사후에 제공받을 음식을 보장한다.[332] 붓다는 보시한 음식을 제공받을 이는 사문과 바라문이라고 설명한다.[333] 그러나 위의 게송

---

329_ Ibid., p. 3.
330_ Ibid., p. 99.
331_ Ibid.
332_ AN. V., p. 271.
333_ Ibid..

24~25에서 보았듯이 『뻬따왓투』는 최고의 보시처를 불교 상가라고 언급하고 있다. 한편 앙굿따라 니까야의 『자누쏘니경』에서 보시는 슈라다 제를 지내는 것과 마찬가지 과보를 가져오는 것으로 간주되고 있다.[334]

앞서 언급한 사분율 바일제 39조는 조상 숭배 관념과 조상에게 바친 음식을 먹은 비구의 행위 사이에 갈등 양상을 보여 주고 있다. 네거리, 집의 문 앞, 개천 변, 나무 밑, 돌 옆 및 사당에 차려진 음식은 비구가 먹을 수 있는 음식이 아니라 재가자들이 조상들을 위해 준비한 음식이다. 이 음식은 그들 조상의 사후 복리와 관계될 뿐만 아니라 음식을 바치는 후손인 그들의 장수와 세속적 부 등에 관계되어 있다. 따라서 비구들의 행위에 대하여 재가자들이 격노한 것은 이들의 조상 숭배 관념에 비추어 보았을 때 당연한 일이며 비구들의 행위를 절도로 간주한 것은 오히려 자연스러운 것으로 여겨진다.

빨리율 바일제 40조와 상응하는 오분율 바일제 37조의 인연담은 비구와 재가자 사이의 심각한 잠재적 갈등 양상을 나타낸다. 붓다가 라자가하에 머물고 있었을 때, 비구들이 그들이 아는 사람들 집에 들어가서 그들에게 주어지지 않은 음식을 먹었다. 재가자들은 이러한 행위 때문에 비구들을 질책했다.

우리는 갈색의 분소의를 입고 주지 않은 음식을 먹는 이들

**334_** Ibid., p. 269. 인용·Sayers, 2013, p. 93.

악행자를 보는 것이 즐겁지 않다.[335] 주지 않은 것을 먹는 것은 절도이다.[336]

이 인연담에서 재가자들은 비구들의 행위를 명백히 절도라고 비난한다. 오분율 바일제 37조는 또한 대가섭(Mahākassapa)에 대한 이야기를 하고 있다. 그는 분소의를 입고 거리에 버려진 음식을 주워 먹었다. 2장에서 보았듯이 고대 인도에서 이것은 수행자에게 허용되는 음식을 얻는 방식이다.[337] 그러나 이것을 본 재가자들은 그를 다음과 같이 비난한다.

이 수행자는 개와 같다. (그는) 깨끗하지 않고 혐오스러운 음식을 주워 먹는다. 어떻게 그를 우리 집에 들일 수 있겠는가?[338]

대가섭은 잘 알려진 불교 두타행자이고, 그가 한 행동은 '버려진 음식'[339]을 얻는 방법이다. 올리벨은 수행자가 사용하는 다양한 종류의 음식 획득 방법을 설명하고 있다. 그는 먼저 네 종류의 방법

---

**335_** 갈색 옷은 비구가 입는 외투(kaṣāya)를 의미한다. 이 승복은 찢어진 천으로 만들어졌고 청, 황, 적, 백, 흑과 같은 오현색을 피한다. 사분율은 갈색은 청, 흑과 나무껍질 색(T. XL., p. 86b)을 의미한다고 한다. 승복은 의도적으로 보기에 좋지 않게 만들어졌다. 승복을 이렇게 만드는 이유는 옷에 대한 욕망을 제거하기 위한 것이다.

**336_** T. XXII., p. 53a.

**337_** Ibid., p. 357a.

**338_** Ibid., p. 53a.

**339_** 수행자의 음식적 실천에 관해서는 다음을 참조. Olivelle, 1987, pp. 23-26.

을 언급하고 있다.

1) 꾸띠짜까(Kuṭīcaka, 가장 낮은 단계): 이 걸식은 적은 숫자의 비구들이 사용하는 방식이다. 그는 걸식한다. 아니, 좀 더 정확히 말해 그는 자신의 아들이나 친척집에서 얻어 먹는다.

2) 바후다까(Bahūdaka): 그는 일곱 집에서 탁발하여 음식을 얻는다.

3) 함사(Haṃsa): 이 방식은 음식을 얻는 특별한 방식과 관련된 것이 아니라 특별한 형태의 단식과 관련되어 있다.

4) 마두까라(Mādhukara, 꿀벌 방식): 그는 꿀벌이 꿀을 모으듯 임의대로 한 입의 음식을 많은 집에서 탁발한다.

다음으로 두 가지 종류의 방식이 있다.

1) 뚜리야띠따(Turīyātīta): 이 방식은 '소의 서원(govrata)'이라고 불린다. 이 방식에서 수행자는 소를 흉내 내어 자신의 입을 이용해 땅바닥에 떨어진 음식을 먹는다.

2) 아와두따(Avadhūta): 이 방식은 비단뱀의 생활 방식(ajagaravṛtti)과 관계되어 있다. 이 방식에서 고행자는 능동적으로 음식을 얻으려고 요청하지 않고 마치 비단뱀이 먹이를 기다리듯이 수동적으로 누군가가 그에게 음식을 주기를 기다린다.

세 번째로는 앞서 언급한 분류가 겹치는 두 가지 방법이 있다.

1) 빠니빠뜨라(Pāṇipātra): 이 방식에서는 발우가 사용되지 않고 주어지는 음식은 손으로 받고 음식이 주어지는 즉시 먹는다.
2) 우다라빠뜨라(Udarapātra): 이 방식에서는 손조차 사용하지 않고 입을 사용하여 땅바닥에서 바로 음식을 먹는다. 이것은 위에 언급된 '소의 서원' 방식과 동일한 듯하다.[340]

비구들이 음식에 대한 탐욕을 가지고 있지 않더라도 이러한 방식의 음식 획득 방식은 재가자들이 혐오스럽고 깨끗하지 못하다 생각할 수 있다고 붓다는 지적하고 있다. 이 때문에 붓다는 비구들이 버려진 음식을 취하거나 먹는 것을 금지시켰다. 버려진 음식을 먹는 경우는 바일제보다 낮은 처벌인 돌길라(突吉羅, Dukkaṭa)죄에 처해진다.[341]

빨리율 바일제 40조에 상응하는 십송률 바일제 39조에 따르면, 그럼에도 불구하고 버려진 음식으로 먹고 사는 것은 불교 상가에서 허용된 듯 보인다. 십송률은 이러한 방식의 실천을 수용한 비구가 버려진 물품, 즉 버려진 음식, 버려진 옷, 버려진 발우, 버려진 지팡

---

340_ Olivelle, 1987, pp. 23-24.

341_ T. XXII., p. 53a.

이, 버려진 가죽신 등으로 생활하였다고 설명하고 있다.

　　마하가라(摩訶迦羅)는 버려진 물품으로 생활하는 두타행을
수용한 비구였다. 그는 강하고 살이 쪘고 혈색이 좋았다.
한번은 그가 탁발을 하려고 하였을 때 성문지기는 그를 보
고 생각했다: "전염병이 돌고 있었을 때 이 비구는 탁발을
하지 않았다. 전염병이 사라지자 그는 성에 들어왔다. 그는
강하고 살이 쪘으며 혈색이 좋아 보인다. 아마도 그는 인육
을 먹었음에 틀림없다." 이 소문은 사왓띠에 퍼져 나갔고
이 때문에 이 계율 조항이 제정되었다.[342]

　　빨리율 바일제 40조에 상응하는 마하승기율 바일제 35조 또한
이 계율 성립에 관한 인연담을 전하고 있다. 비구 아나율(阿那律)이
사왓띠에 들어갔을 때, 그는 쌀, 풀, 소똥, 제사 도구를 담은 상자를
허리춤에 끼고 가는 여인을 보았다. 아나율은 거리 이곳저곳을 다니
면서 탁발을 하였으나 아무것도 얻지 못하였다. 그가 물가에 갔을
때 아나율은 그 여인을 다시 보았다. 그녀는 땅에 물을 끼얹어 깨끗
이 한 후 풀을 깔아 도구를 놓고 제사를 지냈다. 그리고는 사방에 쌀
을 뿌리며 "똑똑한 새들아 와서 먹으렴, 똑똑한 새들아 와서 먹으렴"
하고 말하였다. 그녀가 이러고 있을 때 아나율은 나무 아래 서 있었
는데 그의 초능력 때문에 새들이 와서 쌀을 먹으려고 하지 않았다.

────

342_ T. XXIII., p. 96a.

그러자 그 여인은 아나율에게 다음과 같이 말하고 그 자리를 떠났다: "당신은 마치 애꾸눈을 가진 새처럼 항상 사람을 쫓아다니는구려."[343]

이 인연담에 나오는 여인은 고대 인도에서 재가자의 매일의 의무라고 간주되었던 5대 제사 중 하나인 중생에 대한 제사를 지냈던 것으로 보인다. 이 제사에서 보시된 쌀의 합당한 수령자는 동물들이며, 이 인연담에서는 새라고 할 수 있다. 이것이 이 여인이 비구에게 화가 난 이유이다. 이 바라문의 5대 제사는 빨리어 불교 문헌에서 말하는 다섯 가지 보시(pañcabali)와 상응한다. 그러나 다섯 가지의 내용은 서로 약간의 차이가 있다.

| 다섯 가지 보시 | 다섯 가지 제사 |
| --- | --- |
| 1. 친척들에 대한 보시 | 1. 신에 대한 제사 |
| 2. 손님에 대한 보시 | 2. 조상에 대한 제사 |
| 3. 죽은 자에 대한 보시 | 3. 중생에 대한 제사 |
| 4. 왕에 대한 보시 | 4. 인간(바라문)에 대한 제사 |
| 5. 신에 대한 보시[344] | 5. 베다에 대한 제사(베다 독송과 학습)[345] |

표 3-5. 불교 문헌의 다섯 가지 보시와 바라문 문헌의 다섯 가지 제사

---

**343**_ T. XXII., p. 357a.

**344**_ AN. II., pp. 187–188.

**345**_ TĀ. 2. 10. 1.

마하승기율 바일제 35조와 십송률 바일제 39조는 모두 고행적 탁발 방식을 설명하고 있지만 버려진 음식을 다르게 규정한다. 십송률은 무청(羅蔔葉), 고수풀(胡荽葉), 바질(羅勒葉)과 같이 망자에게 바쳐졌다 버려진 것을 '분소식(糞掃食)'이라고 규정하는데, 비구들은 이것을 물에 깨끗이 씻어 먹을 수 있다.[346] 마하승기율 바일제 35조는 버려진 음식을 '사당에 바쳐진 귀신을 위한 음식'이라 하고 있다.[347]

이 두 율장 문헌이 다른 사람이 버린 물품으로 생활하는 두타행을 설명하는 이유는 당시에 존재했던 어떤 형태의 두타행이 여기서 언급되듯 문제를 야기하기 때문이다. 그 결과, 먹는 것과 관련된 두타행을 하는 비구에게 어떤 것이 허용되고 어떤 것이 허용되지 않는지를 명확히 하기 위하여 이 바일제 조항들이 제정된 것이다.

위의 두 율장 문헌에서 언급된 비구들, 즉 마하승기율의 아나율이나 십송률의 마하가라는 불교 두타행을 닦는 수행자였고 그들은 다른 사람이 버린 음식을 먹고 살았다. 이 율장 문헌들은 이들 음식이 버려진 음식이라고 명백히 설명하고 있다.

요약하면 빨리율 바일제 40조의 인연담은 후대 쉬바파 아고리 수행자와 같이 화장터에서 사체를 먹는 극단적 형태의 고행 수행자의 존재 때문에 재가자들이 고행적 수행을 하는 비구를 오해할 수 있음을 보여 주고 있다.

---

**346_** T. XXIII., p. 96a.

**347_** Ibid., p. 357a.

사분율 바일제 39조도 또한 조상에게 바친 음식을 먹는 비구의 행동이 당시 재가자들의 조상 숭배에 대한 명확한 관념과 충돌을 일으킬 수 있음을 보여 주고 있다. 오분율 바일제 37조는 주어지지 않은 음식을 허락 없이 먹은 비구에 관한 인연담을 소개하고 있고, 그 두 번째 이야기는 거리에서 버려진 음식으로 생활하는 비구의 내용을 담고 있다. 이들 네 가지 인연담에 나오는 비구들의 행동은 당대 조상 숭배 관념과 배치되는 것이었으며 불교 상가는 재가 사회와의 갈등을 피하기 어려웠을 것이다.

## 3. 금주 조항

51조. 알코올이나 발효주를 마시면 바일제이다.[348]

빨리율 바일제 51조는, 비구는 곡주나 과일주를 마셔서는 안 된다고 규정하고 있다. 이 계율 조항을 다루기 전에 술이 불교 문헌에서 어떻게 다루어지는지 약술해 보자. 대승불교에서 음주는 오계 중 하나로 금지된다.[349]

---

**348**_ Vin. IV., p. 110. Surāmerayapāne pācittiyaṃ.

**349**_ 십계(十戒)도 또한 음주에 관한 계율을 포함하고 있다. 십계는 다음과 같다.
1) 살생을 하지 않는다.
2) 도둑질을 하지 않는다.
3) 사음을 하지 않는다.
4) 거짓말을 하지 않는다.
5) 술을 마시지 않는다.

오계는 흔히 불교도의 가장 중요한 윤리적 기준으로 간주된다. 오계로 금지되는 것은 살생, 도둑질, 사음, 거짓말, 음주이다. 불교 계율은 음주를 마음챙김과 깨어 있음을 상실케 하는 것과 동일시한다. 마음의 질적 상태가 한 사람의 윤리적 혹은 비윤리적 행위에서 선도적 역할을 한다는 불교의 가르침을 고려한다면, 마음챙김은 불교의 가르침에서 높이 평가되는, 깨달음의 길에서 중요한 마음의 능력이다.

음주가 야기하는 좀 더 심각한 문제는 그것이 싸움, 도둑질, 폭력, 살인과 같은 사회적 문제들을 일으킬 수 있다는 점이다. 사분율은 음주가 다툼을 야기하고, 상황을 악화시킨다고 말한다.[350]

『아비달마순정리론』은 음주의 속성을 다음과 같이 규정한다.

음주는 마음을 방종하게 만들고 윤리적 질서를 따르지 않게 만든다. (…) 그러므로 붓다는 음주가 우리로 하여금 죄를 짓게 하고 올바른 마음챙김과 지혜를 막고 계율을 위배하게 하며 정견을 상실케 하고 무지를 야기한다고 인식하고 있다. 따라서 음주는 불교도가 해서는 안 되는 행위라는 것을 알아야만 한다고 말한다.[351]

6) 비시(非時)에 음식을 먹지 않는다.
7) 노래, 춤, 연주, 공연 관람을 하지 않는다.
8) 향수, 화장품, 화환을 사용하지 않는다.
9) 높은 의자에 앉지 않고 호화로운 침대에서 자지 않는다.
10) 돈을 받지 않는다.

**350_** T. XXII., p. 1005c, p. 1012a.

**351_** T. XXIX., p. 560b.

『아비달마순정리론』은 음주를 모든 문제를 야기할 수 있는 원인으로 간주한다. 나아가 이 문헌은 음주가 번뇌를 극단적인 상태로 만든다고 지적하고 있다.[352]

장아함경은 붓다를, 음주 버릇을 버리고 그것으로부터 초연하다고 묘사한다.[353] 따라서 붓다는 "오늘부터 나를 스승으로 생각하는 사람들은 풀잎 끝에 달린 한 방울의 술도 입에 대서는 안 된다"고 말한다.[354]

불교 문헌에서 음주는 일반적으로 성적 욕망과 관계된 것으로 언급된다. 증일아함경은 술과 성적 욕망에 빠진 사람들은 창피함과 만족을 모른다고 말하고 있다.[355] 또한 음주는 흔히 방종과도 연관된다. 중아함경(中阿含經, Madhyama Āgama)은 술과 방종에 빠진 사람은 다음과 같은 여섯 가지 일을 겪게 된다고 서술하고 있다: 1) 부의 상실, 2) 다양한 질병, 3) 수많은 다툼, 4) 비밀 폭로, 5) 분별과 자기 보호의 부족, 6) 지혜의 완전한 상실과 무지의 증가.[356]

술은 먹을 수 있는 음식으로 언급된다. 그러나 불교 상가의 입장에서는 다른 음식과 아주 다른 속성을 가진 음식이다. 오분율에서 술은 식육과 연관되어 언급된다.[357] 마하승기율은 술을 비시에 음식

---

352_ Ibid., p. 638c.

353_ T. I., p. 89a.

354_ Benn, 2005, p. 232.

355_ T. II., p. 591b.

356_ T. I., p. 639c.

357_ T. XXII., p. 4a, p. 21c.

먹는 것, 그리고 성적 욕망과 연결해 언급한다. 이 율장 문헌은 이 세 가지, 즉 비시 식사, 음주, 성행위는 재가 사회에서는 허용되지만 불교 승원에서는 허용되지 않는다고 말하고 있다.[358] 술이 다른 음식과 별도로 다루어지는 것은 그것이 다양한 사적 그리고 사회적 문제들을 야기할 수 있기 때문이다.

붓다고사의 분류에 근거하여, 마리아 하임(Maria Heim)은 바라제목차를 '비난받을 만한', 그리고 '비난받지 않는' 계율로 분류한다. 그녀는 이 두 표현이 붓다고사와 『밀린다빵하(Milindapañha)』에 근거하고 있다고 설명하고 있다.

> 붓다고사는 '비난받을 만한' 위반을 '세상 사람들로부터 비난받을 만한(lokvajja)' 위반으로 해석한다. 한편 '비난받지 않는' 위반은 '불교 계율 안에서 비난받는(paṇṇattivajja)'으로 해석한다.[359] 첫 번째는 살인 등과 같은 일반적으로 비난받는 행위인데 이 죄는 누가 그 죄를 짓더라도 비난받는 것이다. 두 번째는 오직 불교 상가 내에서만 금지되는 행위이다. 흥미롭게도 『밀린다빵하』는 이러한 구별을 들어 열 가지 불선법(Akusalakammapatha)은 보편적으로 비난받을 만한 것이지만 비시에 먹는 것과 물에서 노는 것과 같은 것은 오직 불교 상가 내에서만 비난받을 행동이라고 말한다.[360]

**358_** Ibid., p. 289b.

**359_** Vin. V., p. 115; Sp. VII., p. 1319. 인용-Heim, 2014, p. 146.

**360_** Mil., p. 266. 인용-Heim, 2014, p. 146.

음주를 금지하는 빨리율 바일제 51조는 다음과 같은 인연담을 전한다. 꼬삼비 근처에 헝클어진 머리를 한 고행자가 사람들이 두려워하는 초능력을 가진 독사를 가지고 있었는데 비구인 사가따(Sāgata)가 그 고행자의 오두막 수행처를 방문했다. 사가따가 그 독사가 살고 있는 방에 들어갔을 때 뱀이 그를 공격했다. 그러나 사가따는 그의 뛰어난 초능력으로 뱀을 제압했다. 사가따 비구가 나중에 탁발하기 위하여 꼬삼비에 들어갔을 때, 어떤 재가자들이 사가따에게 그가 좋아하지만 얻기 힘든 것이 있느냐고 물었다. 그때 육군비구가 그들에게 다음과 같이 대답했다.

빨간색의 좋은 술이 있다. 비구들은 그것을 구하기 어려운데 그것을 좋아한다. 그것을 달라.[361]

술을 마신 후, 사가따는 꼬삼비 성문에 쓰러졌다. 붓다가 그의 제자들과 함께 이 광경을 목격하고는 비구들이 술을 마시는 것을 금지하고 다음과 같은 이유를 말씀하셨다.

1) 예의 상실(취한 사가따는 그의 발을 붓다 쪽으로 향한 채 잤다)
2) 초능력 상실(취한 사가따는 뱀을 제어하지 못했을 것이다)
3) 먹기에 알맞지 않은 음식(음주는 의식 상실을 야기한다)[362]

---

361_ Vin. IV., p. 109.
362_ Ibid., p. 110.

이것은 술에 대한 욕심보다 음주의 결과에 초점을 맞추고 있다.

빨리율 바일제 51조에 상응하는 사분율 바일제 51조도 비슷한 이야기를 언급하고 있다. 여기서의 주인공은 꼬삼비왕인데 그는 뱀을 굴복시켜 준 것에 대한 감사의 보답으로 사가따에게 맛있는 음식과 독주를 대접한다. 사가따는 취하여 땅에 쓰러졌고 토했다. 붓다는 술에 취하게 되면 사가따라 하더라도 조그마한 뱀조차 다룰 수 없다고 하면서 그를 질책했다. 나아가 붓다는 음주의 열 가지 폐해를 다음과 같이 언급하였다.

1) 안색이 좋지 않아진다.
2) 육체적 힘을 잃는다.
3) 시력이 나빠진다.
4) 화를 잘 낸다.
5) 생계 방편과 부를 상실한다.
6) 질병이 늘어난다.
7) 다툼이 늘어난다.
8) 명성은 잃고 악명은 확산된다.
9) 지혜가 줄어든다.
10) 죽어서 사람들을 삼악도(三惡道)에 떨어지게 한다.[363]

사분율 바일제 51조, 마하승기율 바일제 76조, 십송률 바일제

---

[363]_ T. XXII., p. 672a.

79조는 음주와 관련하여 모두 동일한 인연담을 서술하고 있다.[364] 추가로 오분율 바일제 57조는 그 인연담의 시작 부분에서 이 음주 관련 계율 조항이 성립되기 이전에 있었던 술에 취한 비구들의 행위에 대한 예를 보여 주고 있다.

그들은 구덩이에 떨어지거나 벽에 부딪혀 옷이 찢어지고, 발우를 깨뜨리고, 자신들의 몸을 상하게 했다.[365] 이 때문에 재가자들은 그들의 행위가 비구로서는 적절치 못한 것이라고 비난하였다. 이 율장 문헌에서 사가따는 술과 고기를 원하였으며 그것을 먹었다. 한편 다른 율장 문헌에서 사가따는 재가자들의 보시에 의한 희생자로 표현되거나 또는 다른 이의 술책에 의한 희생자로도 표현되는데 이 경우에도 그는 명백하게 술과 고기를 요청한다. 사가따의 이러한 행위는 술에 대한 집착을 제어하지 못하는 것과 연결되어 있다.

요약하면 음주 금지는 주로 술 자체의 위험성과 관계되어 있다. 이와 대조적으로 음식과 관련하여 어떤 행위를 금지하는 계율의 인연담에서 주요하게 관련되어 있는 초점은 재가자가 느끼는 감정이다. 인연담은 반복하여 수행자의 처신이 재가자의 기준에 부응하는가를 다룬다. 또한 비구들이 비시에 음식을 구하면서 겪는 어려움 혹은 음식을 얻으려는 노력을 하지 않으려 하면서 겪는 어려움을 다루고 있다. 이들 계율 조항이 제어하려고 하는 문제들은 다음과 같다.

---

364_ Ibid., pp. 386c-387a ; T. XXIII., pp. 120c-121a.

365_ T. XXII., p. 59c.

- 음식 맛에 대한 과도한 관심
- 특정 음식에 대한 선호
- 음식량에 대한 과도한 관심
- 정오 이후 비시에 먹기
- 재가 사회 일상에 대한 과도한 연관, 수행자답지 않은 세속사에 대한 관심
- 심야와 같은 위험한 시간에 다니기
- 음식을 얻을 수 있는 원천 독점하기
- 후한 보시자 한 명에게 과도한 요구
- 보시된 음식에 대한 감사와 관련하여 재가자의 감정 해치기
- 동물이나 망자에 대한 음식 헌공과 같은 타 종교 신자의 종교적 의례 침해
- 망자에 대한 음식 헌공물 훔치기
- 수행자로서의 품위 손상(예: 개처럼 땅바닥의 음식 먹기)
- 저장된 음식으로 인한 해충과 같은 위생 문제
- 전염병이 돌던 시기, 저장된 음식을 먹고 탁발을 나가지 않았기 때문에 인육을 먹었다고 의심받는 경우처럼 재가 사회에 의한 오해 야기
- 타 종교의 수행자 전통이 가진 고행적 음식 수행을 따르거나 혹은 따르지 않는 불교의 고행적 수행의 범위 상술

2장에서 논의된 이야기들과는 달리 이 장에서 언급된 인연담들의 주요한 내용은 음식에 대한 탐욕에 굴복함으로써 야기되는 문제

에 대해 비구들에게 경고하려는 측면을 배제할 수 없지만, 비구들의 행위와 재가자들이 가진 수행자에 대한 기대라는 측면에 더욱 강조점이 놓여 있는 듯하다. 앞서 언급된 내용들은 비구니에게도 적용되는 것인데 비구니에게는 이것 외에도 몇 가지 계율이 더 적용된다. 이 계율들은 4장에서 논의될 것이다.

음식에 관한 바일제 계율은 비구들이 음식을 어떻게 얻는가에 초점을 맞추고 있다. 다음 절에서는 음식을 얻은 비구들이 그 음식을 어떻게 먹는가에 대해 다루는 중학법에 대하여 고찰해 보고자 한다.

## 4. 음식 관련 중학법

빨리율 중학법(衆學法, Sekhiya dhammā)은 75개조로 이루어져 있으며 빨리율 바라제목차에서 개인에게 적용되는 마지막 부분의 계율이다.[366] 중학법은 비구와 비구니, 그리고 신참 비구의 일상적 승원 생활을 다루고 있다. 그러므로 신참 비구는 십계와 더불어 중학법을 실천한다.

중학법의 조문 수는 율장 문헌에 따라 다양하다: 마하승기율 66개 조항[367], 사분율 100개 조항[368], 오분율 100개 조항[369], 십송률 107

---

366_ Vin. IV., pp. 185-206.

367_ T. XXII., pp. 399b-412b.

368_ Ibid., pp. 698a-713c.

369_ Ibid., pp. 73c-77b.

개 조항.[370] 75개 조항의 빨리율 중학법은 네 개의 부분으로 분류될 수 있다.

1) 착의와 종교적 실천법: 26개 조항(1~26)
2) 먹는 방법: 30개 조항(27~56)
3) 설법 방법: 16개 조항(57~72)
4) 배변 방법: 3개 조항(73~75)[371]

십송률 주석서인 『살바다비니비바사(薩婆多毘尼毘婆沙)』는 중학법을 여섯 가지로 분류한다.

1) 착의: 16개 조항
2) 재가자 집 방문: 41개 조항
3) 음식 수용: 27개 조항
4) 설법: 19개 조항
5) 배변, 침, 눈물: 3개 조항
6) 사람의 키보다 높은 나무 오르지 않기: 1개 조항[372]

여기서는 빨리율 중학법 중 27번째 조항에서 56번째 조항까지의 음식과 식사에 관한 조항을 다룰 것이다. 이들 음식과 식사에 관

---

**370**_ Ibid., pp. 133c-141b.

**371**_ Hirakawa, 1994, pp. 463-464.

**372**_ Ibid.; T. XXIII., p. 562a.

한 계율 조항을 1) 음식의 맛과 양에 대한 탐욕과 2) 식사 시의 에티
켓, 두 가지 범주로 분류하여 다루고자 한다. 이 모든 계율 조항들은
육군비구의 악행을 언급하는 인연담을 통해 정해진다.

### 음식에 대한 탐욕

29번째 조항: 나는 적절한 양의 콩 커리를 음식으로 받겠
다.[373]

30번째 조항: 나는 발우의 높이만큼만 음식을 받겠다.[374]

34번째 조항: 나는 적당량의 콩 커리와 음식을 먹겠다.[375]

36번째 조항: 나는 좀 더 받기 위하여 콩 커리와 음식을 밥
으로 덮지 않겠다.[376]

37번째 조항: 아프지 않을 때 나는 내가 먹기 위해서 밥과
콩 커리를 더 요청하여 먹지 않을 것이다.[377]

38번째 조항: 나는 잘못을 찾기 위하여 다른 이의 발우를
쳐다보지 않을 것이다.[378]

39번째 조항: 나는 입이 터지게 음식을 먹지 않을 것이다.[379]

---

373_ Vin. IV., p. 190.

374_ Ibid..

375_ Ibid., p. 192.

376_ Ibid..

377_ Ibid., p. 193.

378_ Ibid., p. 194.

379_ Ibid..

이들 일곱 가지 중학법 조항은 비구들이 음식을 받거나 먹을 때 음식의 맛과 양에 대한 탐욕에 빠지지 않을 수 있는 방법을 언급하고 있다. 이 중 앞의 여섯 가지 조항들은 비구들이 음식을 받을 때와 관계되어 있고, 마지막 39번째 조항은 음식을 먹을 때와 관련되어 있다.

### 음식과 식사에 대한 예의

27번째 조항: 나는 감사하게 음식을 받을 것이다.[380]

28번째 조항: 나는 발우에 주의를 집중하면서 음식을 받을 것이다.[381]

31번째 조항: 나는 감사하게 음식을 먹을 것이다.[382]

32번째 조항: 나는 발우에 주의를 집중하면서 음식을 먹을 것이다.[383]

33번째 조항: 나는 조심스럽게 음식을 먹을 것이다.[384]

35번째 조항: 나는 밥을 가운데부터 먹지 않을 것이다.[385]

40번째 조항: 나는 음식을 동그랗게 만들어 먹을 것이

---

**380_** Ibid., p. 190.

**381_** Ibid..

**382_** Ibid., p. 191.

**383_** Ibid..

**384_** Ibid..

**385_** Ibid., p. 192.

다.[386]

41번째 조항: 나는 음식을 입 가까이 가져오기 전에는 입을 벌리지 않겠다.[387]

42번째 조항: 나는 음식을 먹으면서 손 전체를 입 속에 넣지 않겠다.[388]

43번째 조항: 나는 입에 음식이 가득할 때 말하지 않을 것이다.[389]

44번째 조항: 나는 음식을 들어 올려 먹지 않겠다.[390]

45번째 조항: 나는 음식을 야금야금 먹지 않겠다.[391]

46번째 조항: 나는 볼이 터지게 먹지 않겠다.[392]

47번째 조항: 나는 손에서 밥풀을 털면서 먹지 않겠다.[393]

48번째 조항: 나는 밥덩이를 흩뜨리면서 먹지 않겠다.[394]

49번째 조항: 나는 혀를 내보이며 먹지 않겠다.[395]

386_ Ibid.. p. 194.

387_ Ibid.. p. 195.

388_ Ibid..

389_ Ibid..

390_ Ibid..

391_ Ibid., p.196.

392_ Ibid..

393_ Ibid..

394_ Ibid..

395_ Ibid., p.197.

50번째 조항: 나는 입맛을 다시며 먹지 않겠다.[396]

51번째 조항: 나는 후루룩 소리를 내며 먹지 않겠다.[397]

52번째 조항: 나는 손을 핥으며 먹지 않겠다.[398]

53번째 조항: 나는 발우를 핥으며 먹지 않겠다.[399]

54번째 조항: 나는 입술을 핥으며 먹지 않겠다.[400]

55번째 조항: 음식으로 더럽혀진 손으로 물그릇을 받지 않겠다.[401]

56번째 조항: 나는 쌀알이 들어 있는 발우 씻은 물을 사람이 살고 있는 곳에 버리지 않겠다.[402]


이들 조항은 음식을 받을 때, 음식을 먹을 때, 음식을 먹은 후와 관련된 에티켓을 규정한 중학법 규정들이다. 식사 매너에 관한 중학법의 규정들은 비구들이 음식에 대한 탐욕에 따라 행동하는 것을 막는 몇 가지 계율 조항을 포함하고 있다. 그러나 중학법은 주로 비구들의 적절한 품위와 관계된 것이며 특히 재가 보시자들 앞에서 어떻게 먹어야 하는지와 관계되어 있다.

---

**396_** Ibid..

**397_** Ibid..

**398_** Ibid., p.198.

**399_** Ibid..

**400_** Ibid..

**401_** Ibid..

**402_** Ibid., p.199.

중학법은 탁발 시에 받거나 먹는 음식, 그리고 초대식의 음식이나 공공 급식소의 음식을 중심으로 하며, 탁발하여 자신의 거처로 돌아가 그것을 먹는 비구를 묘사한 경우와 대비된다.

빨리율 중학법 식품(食品)은 주로 비구가 재가자의 초대식을 받았을 때 음식을 먹는 것과 관계된 문제를 성문화한 규정이다.[403] 불교 상가와 재가자와의 관계에서 음식은 일상적 접촉과 상호 작용의 주된 접점을 제공한다. 음식과 식사를 통해 이들 두 그룹은 그들이 필요로 하는 것, 즉 음식과 종교적 공덕을 각각 얻는다. 더불어 재가자들은 이 자리를 통해 특정 비구에 대한 출가자로서의 모습을 판단할 수 있다.

음식을 얻는 것과 먹는 것이 분리되어 있는 탁발과는 달리, 초대식은 음식 획득과 소비 행위 양자를 포함한다. 초대식은 세속 사회와 출가자의 문화가 충돌할 수 있는 상황을 포함할 수 있고, 음식과 관련된 규정들은 개별 비구들의 성향과 충돌할 가능성도 배제할 수 없다. 또 음식과 관련된 비구들의 매너는 재가자의 면전에 그대로 드러날 수 있다. 따라서 중학법은 음식과 식사에 관한 비구의 예의를 상세하게 규정한다.

빨리율 중학법 조항은 비구가 음식을 통하여 재가자와 만나는 상황을 위해 제정되었는데, 여기서는 그들의 음식에 대한 예의, 음식에 대한 탐욕 제어와 관련된 구체적 내용이 언급되고 있다. 한편 우리가 고찰한 많은 계율 조항들은 행위를 다루고 있는데 그중 일부

---

403_ Hirakawa, 1994, p. 472.

는 탐욕에 의해 동기화된 것으로 어떤 계율도 탐욕 그 자체를 다루지는 않는다. 이 주제는 음식에 대한 개인의 내적 대응에 영향을 미치는 명상을 고찰한 6장에서 다루어질 것이다.

# 4장. 비구니 불공 음식 계율

비구 그리고 비구니와 관련하여 불교 율장의 계율 조항들은 이들 수행자가 공유하는 계율(共戒, sādhāraṇa)과 공유하지 않는 계율(不共戒, asādhāraṇa)로 구분된다. 이것은 곧 어떤 계율은 비구와 비구니 모두에게 적용되지만 어떤 계율은 비구나 비구니, 한 쪽 그룹에만 적용된다는 것을 말한다. 음식과 관련되어 있는 계율 가운데에도 오직 비구니에게만 적용되는 12가지 불공법(아래 도표 참조)이 있다. 이 장이 다룰 주제는 음식과 관련된 비구니 불공계이다.

| 전체 계율 수 | 비구니 불공계 조항 |
|---|---|
| 1. 승잔법: 17개 | Nos. 5~6: 2개 조항<br>(성적 욕망을 가진 남자로부터 음식 수령 금지) |
| 2. 바일제: 166개 | No. 1. 식산계(食蒜戒),<br>No. 7. 자자생곡계(自煮生穀戒): 2개 조항 |
| 3. 회과법(悔過法)[404]: 8개 | Nos. 1~8(미식에 관한 계율 조항): 8개 조항 |

표 4-1. 음식 관련 비구니 불공계

---

**404**_ 빨리어로는 Pāṭidesaniyā dhammā, 산스끄리뜨어로는 Pratideśanīya로 표기되며 한역 음사어인 바라제제사니(波羅提提舍尼) 혹은 제사니(提舍尼)라고 부른다.

비구니 불공계 승잔법 중 다섯 번째 조항과 여섯 번째 조항은 비록 음식에 대한 언급을 하고 있지만 성적인 요소와 좀 더 관계된 계율 조항이다. 이들 조항은 음식이 비구니와 음식을 제공하는 남성의 접촉 매개로 사용될 수 있는 여지를 제거하고 있다.

5. 성적 욕망을 가지고 비구니가 성적 욕망을 가진 남성으로부터 단단한 음식이나 부드러운 음식을 받아먹는다면, 이 비구니도 또한 첫 행위로 죄가 되는 짓을 저지른 자로서 (일시적으로) 추방되고 승잔이다.[405]

6. 어떤 비구니이든 "그대가 성적 욕망을 가지고 있지 않다면 이 처사가 성적 욕망을 가지고 있는 것과 상관없이 단단한 음식이든 부드러운 음식이든 그대 손으로 받아먹는 것이 무슨 문제가 되겠는가?"라고 말하면, 이 비구니도 또한 첫 행위로 죄가 되는 짓을 저지른 자로서 (일시적으로) 추방되고 승잔이다.[406]

한편 바일제와 회과법의 음식 관련 계율들은 성적 욕망과 관련된 양상이 그 배경에 존재하지만 음식 그 자체와 관련되어 있다. 아

---

405_ Vin. IV., p. 233. yā pana bhikkhunī avassutā avassutassa purisapuggalassa hatthato khādaniyaṃ vā bhojaniyaṃ vā sahatthā paṭiggahetvā khadeyya vā bhuñjeyya vā, ayam pi bhikkhunī pathamāpattikaṃ dhammaṃ āpannā nissāraṇīyaṃ saṃghādisesam.

406_ Ibid., p. 234. yā pana bhikkhunī evaṃ vadeyya: kin te aye eso purisapuggalo karissati avassuto vā anavassuto vā yato tvaṃ anavassutā ingh' aye yan te eso purisapuggalo deti khādaniyaṃ vā bhojaniyaṃ vā taṃ tvaṃ sahatthā patiggahetvā khāda vā bhunja vā'ti, ayam pi bhikkhuni paṭhamāpattikaṃ dhammam āpannā nissāraṇīyaṃ saṃghādisesam.

래에서는 음식에 관한 규정을 제공하고 있는 이들 두 비구니 바라제목차 범주들을 살펴볼 것이다.

# 1. 비구니 바일제

## 1-1. 비구니 바일제 제1조: 식산계

비구니가 마늘을 먹으면 바일제이다.[407]

빨리율 비구니 바일제 첫 번째 조항은, 비구니는 마늘을 먹으면 안 된다는 규정, 식산계(食蒜戒)이다. 비구도 마늘을 먹는 것이 금지되어 있기는 하지만 바라제목차에 근거한 금지는 아니다: 마늘을 먹은 비구에게는 가벼운 처벌인 악작(惡作, Dukkaṭa)의 죄를 묻는다.[408]

거의 모든 율장 문헌들 – 빨리율, 사분율, 오분율, 십송률 – 은 식산계를 비구니 바일제의 첫 번째 조항으로 삼고 있다. 예외로 마하승기율은 식산계를 열 번째 계율 조항으로 삼고 있다.

빨리율 비구니 바일제의 첫 번째 조항인 식산계의 제정 동기를 고찰하기 위해 그 인연담을 살펴보도록 하자.

---

**407_** Ibid., p. 259. Yā pana bhikkhunī lasuṇaṃ khādeyya pācittiyaṃ.

**408_** Vin. II., p. 140; T. XXIII., p. 275b.

그때 비구니 승가는 어떤 재가자로부터 마늘을 보시 받았다: "만일 비구니 스님들께서 마늘이 필요하시면 제가 마늘을 (제공할 수 있습니다)." (그리고 그 재가자는) 밭 지기에게 다음과 같이 당부하였다: "만일 비구니 스님이 오시면 비구니 스님 한 명당 두세 다발의 마늘을 드려라."

그때 사왓띠에 축제가 있었다: 마늘은 가져오자마자 동이 났다. 비구니들이 그 재가자에게 가서 다음과 같이 말했다: "처사님, 우리는 마늘이 필요합니다." 그 재가자가 말했다: "마늘이 없습니다. 스님, 마늘을 가져오자마자 동이 납니다. 마늘 밭으로 한 번 가 보십시오." 비구니 툴라난다 (Thullanandā)는 마늘 밭으로 가서는 과도한 양의 마늘을 가져 왔다. 마늘 밭 지기는 이것을 경멸하고 비난하며 다음과 같은 불만을 터뜨렸다: "이 비구니들은 어찌 적당함을 알지 못하고 그렇게 많은 마늘을 가져가는가?"

불세존이 그들을 꾸짖어 말씀하셨다: "비구들이여, 어떻게 비구니 툴라난다는 적당량을 알지 못하고 많은 마늘을 가져왔는가?" (…) 어떤 비구니이든 마늘을 먹으면 바일제이다.[409]

여기서 이 계율이 성립된 것은 툴라난다 비구니가 마늘을 과도하게 가져 왔기 때문이었는데, 당시 축제에서 마늘은 필요가 많

---

_ Horner, 1993, pp. 243-244.

왔던 품목이었던 듯하다. 비록 너무 많은 마늘을 가져 왔다는 인연
담에서의 문제와 마늘 식용 금지라는 규정 사이의 연관이 불명확하
기는 하지만 이 계율은 재가자에 대한 수행자로서의 적절한 행위를
규정하기 위해 제정된 듯하다. 재가자에 대한 행위 규정의 동기는
바일제 1조의 인연담에 나타나는 전생 이야기를 통해 확인된다.

> 비구들이여, 전생에 툴라난다는 어떤 바라문의 아내였
> 고 그들에게 세 명의 딸이 있었다: 난다(Nandā), 난다와띠
> (Nandavatī), 순다리난다(Sundarīnandā). 비구들이여, 그때 그
> 바라문은 죽어 거위로 태어났고 그의 깃털은 모두 황금으
> 로 된 것이었다. 그는 깃털을 식구들에게 하나씩 주었다.
> 비구들이여, 그때 전생의 툴라난다는 이렇게 생각했다: "이
> 거위는 깃털을 하나씩만 우리에게 준다." 그녀는 거위들의
> 왕을 단단히 잡고는 그의 털을 뽑았다. 다시 자란 그의 깃
> 털은 보통의 하얀 깃털이었다. 비구들이여 그때 툴라난다
> 비구니의 전생은 지나친 탐욕으로 황금을 잃었고, 이제는
> 마늘을 잃게 될 것이다.[410]

『자따까』 136번째 이야기는 위와 동일한 내용이지만 더 길고
자세하다.[411]

---

**410**_ Ibid., p. 244.

**411**_ J. I., p. 474.

홍미롭게도 이 계율에 대하여 빨리어 율장의 경분별(Sutta-vibhaṅga)은 "양파의 경우에는 계율 위반이 아니다"[412]라고 언급하고 있는데, 이는 마늘만을 금지 훈채로 인정한다는 의미에서 다르마 수뜨라(Dharma Sūtras) 문헌이나 대승불교의 훈채 금지 – 마늘, 파, 부추, 달래, 홍거 – 에 대한 견해와 뚜렷하게 대조된다. 빨리어 문헌에서는 두 가지 훈채, 즉 마늘과 양파가 언급되고 있다.[413] 한편 『자따까』는 마늘과 황금을 동일한 수준으로 묘사함으로써 마늘이 불청정한 것이 아니라고 사고하고 있음을 보여 준다고 할 수 있을 것이다.[414]

이 장의 후반부에서 보겠지만 빨리어 율장 문헌의 언급은 마늘을 불청정한 것으로 보는 힌두 다르마 수뜨라, 그리고 대승불교의 여래장계 경전들(Tathāgatagarbha Sūtras)의 부정적인 견해와는 대비되는 것이다.

사분율 비구니 바일제 1조는 빨리율 바일제 1조와 매우 유사한 이야기를 담고 있다. 여기서 툴라난다 비구니는 신참 비구니(samanerī), 행자 비구니(sikkhamanā)와 함께 자주 마늘 밭에 간다. 마늘 농장의 주인이 비구니 한 명당 다섯 단의 마늘만을 허락했지만

---

412_ Horner, 1993, p. 244.

413_ T. XXIV., p. 1005b. 빨리율에서 근본설일체유부율(T. XXIII., p. 230b)을 거쳐 대승 문헌에 이르는 마늘과 양파의 역사 고찰은 꽤 흥미로운 일이 될 것이다. 빨리율에서 마늘은 금지되고 양파는 허용된다. 근본설일체유부율에서는 마늘과 양파 모두 금지된다. 그러나 양파를 먹는 것은 약하게 처벌된다: 마늘 섭취는 7일 격리, 양파 섭취는 3일 격리. 대승 문헌에서 마늘과 양파는 동일하게 처벌된다. Ann Heirman, 2006, p. 62 참조.

414_ 마늘을 황금과 동일한 것으로 묘사하는 것은 마늘이 축제에서 사용되는 것과 관계가 있을지 모른다.

그들은 마늘 농장의 모든 마늘을 가져갔다.[415]

오분율도 많은 손실을 입은 재가자에 대한 이야기를 담고 있다. 여기서는 비구니에게 마늘을 보시함으로써 발생하게 된 재가자의 경제적인 손실이라는 측면에서 다루고 있다.

한 상인이 마늘을 비구니들에게 보시하고 가난하게 되었다. 음식을 얻는 것조차 어려웠다.

식구들이 그에게 말했다: "만일 우리를 부양하지 않으면 떠날 것이고 당신은 비구니들의 하인이 될 수 있을 것이다." 그의 이웃들도 이 이야기를 듣고 말했다: "당신은 가족에게 줄 음식도 없다. 그렇다면 당신은 비구니들을 이러한 이유로 비난하는가?" 이 모든 이야기를 들은, 불교를 믿지 않는 사람이 그에게 말했다: "당신은 비구니들과의 관계 때문에 가난에 빠졌다. 다시 그들과 관계를 갖는다면, 이보다 더 심각한 결과가 야기될 것이다. 이들 비구니는 해탈을 구하는 수행자들이지만 그들은 맛있는 음식에 대한 탐욕이 있다. 이것은 수행자에게 걸맞는 행위가 아니다. 이것은 수행자들의 문화에 어긋나는 것이다." 이 이야기를 듣고 장로 비구니들은 그들을 여러 가지로 질책했다. (…) 만일 비구니가 마늘을 먹으면 바일제를 위반한 것이다. 만일 비구니가 날마늘을 먹으면 그것은 바일제를 위반한 것이

---

415_ T. XXII., p. 737a.

다. 만일 마늘을 익혀 먹으면 그것은 악작이다.[416]

재가 보시자에게 경제적 파탄을 안긴 위의 이야기와는 달리, 오분율은 이 계율이 성립하게 된 이유로 마늘의 냄새에 초점을 맞추고 있다.

> 그때 비구니들이 오전과 오후에 날마늘과 익힌 마늘을 먹
> 었다. 비구니들은 때로 마늘만 먹거나 때로 밥과 함께 마늘
> 을 먹었다. 때문에 비구니들이 사는 장소는 마늘 냄새가 진
> 동했다. 재가자들이 이 냄새를 맡고 비난하였다: "이곳은
> 재가자의 식당 같은 냄새가 난다." 비구니들이 부유한 재가
> 자의 집을 방문했을 때 그 재가자는 비구니들에게서 마늘
> 냄새를 맡고 그들에게 말하였다: "가시오. 그대들 입에서
> 마늘 냄새가 나오." 비구니들은 창피함을 느꼈다.[417]

이 계율이 성립된 이유로 재가자로부터 지나치게 많은 것을 가져감으로써 문제가 야기된 앞의 이야기와 달리, 여기에서는 마늘 자체의 물리적 속성, 즉 냄새를 들고 있다 - 이 이야기는 또한 날것과 익힌 것, 두 가지 마늘에 대하여 다루고 있다. 이 부분은 이 장의 후반부에서 다룰 것이다. 마늘의 물리적 속성이 극단적인 반응을 야기

---

**416_** Ibid., p. 86c.

**417_** Ibid..

하고, 마늘에 대한 상반된 평가를 가졌었기 때문에 여기에서 간략하게 다양한 문명권과 나라에서 마늘 냄새를 어떻게 생각해 왔는지 살펴보려고 한다.

문화지리학자인 프레데릭 시문스(Frederick J. Simoons)는 그의 책 『Plants of life, Plants of death』에서 마늘 냄새에 대한 반응들을 고찰하고 있다. 그는 존 에버린 경의 마늘에 관한 다음과 같은 말을 소개하고 있다: 마늘의 향은 "수용할 수 없는 자극적인 냄새를 가지고 있으며 샐러드에 사용하는 것을 부적당하게 만들고 또한 과거에는 극악한 범죄에 대한 처벌에 포함될 정도였다."[418]

한편 인도 힌두문화에서 마늘의 향은 잠재적인 오염원으로 간주되었다고 시문스는 언급하고 있다.[419]

마늘의 불청정한 냄새는 "지하 세계의 힘과 악을 물리치는 용도"와 관계되어 있다.[420] 시문스는 옥스포드대학 보드레이언도서관의 바우어 사본(Bower Manuscript)을 인용하고 있는데, 이 사본의 언급에 따르면 최초의 마늘은 비슈누에게 살해당한 악마의 피에서 생겨난 것이다.[421] 악을 퇴치하는 마늘의 기능은 적어도 로마 시대까지 그 명성이 소급되고 있다: "티티니우스(Titinius, 기원전 150년)가 쓴 로마 코미디에서 한 등장인물은 마늘을 달아 놓은 줄로 마녀를 퇴치한

---

**418**_ Sokolov, 1975, pp. 70-71. 인용 Simoons, 1998, p. 140.

**419**_ Simoons, 1998, p. 138.

**420**_ Ibid., p. 141.

**421**_ Ibid.

다"고 말하고 있다.[422]

고대 인도 바라문 문헌에는 마늘과 그와 유사한 훈채를 불청정한 것이라고 보는 견해가 지배적이다.

한편 인도에서 경전 시대(기원전 500년~기원후 100년) 이후의 증거들은 꽤 명확하다. 초기 인도에서 마늘(laśuna)은 때때로 양파(palāndu)나 대파와 함께 바라문이나 다른 존경받는 카스트에게는 금기 식물이었으며 술을 마신다거나 신체의 더러운 배설물이 닿았을 때 혹은 돼지고기나 소고기를 먹었을 때처럼 이를 위반했을 때는 참회를 해야 했다.[423]

네 종류의 다르마 수뜨라 문헌이 있다: 『아빠스땀바 다르마 수뜨라(Āpastamba Dharma Sūtra)』, 『가우따마 다르마 수뜨라(Gautama Dharma Sūtra)』, 『바우다야나 다르마 수뜨라』, 『와시슈타 다르마 수뜨라(Vāsiṣṭha Dharma Sūtra)』.[424] 이들 문헌은 다음과 같이 마늘과 훈채를

---

422_ Ibid.

423_ Ibid., p. 152.

424_ 까네(P. V. Kane)는 다음과 같이 다르마 수뜨라의 성립 연대를 추정하고 있다.
  1. The Gautama(기원전 600~기원전 400년)
  2. The Baudhāyana(기원전 500~기원전 200년)
  3. The Āpastamba(기원전 450~기원전 350년(?))
  4. The Vāsiṣṭha(기원전 300~기원전 100년)

  P. V. Kane(1974), History of Dharma sūtra, vol. I., part 1., pp. 22-112. 그러나 올리벨은 각각의 다르마 수뜨라 문헌에 대한 연대를 특정하지 않고 이들 네 가지 다르마 수뜨라의 성립 순서만을 제시하고 있다(Olivelle, 1999, xxxi).
  1. The Āpastamba
  2. The Gautama

금지하고 있다.

| | 아빠스땀바<br>다르마 수뜨라 | 가우따마<br>다르마 수뜨라 | 바우다야나<br>다르마 수뜨라 | 와시슈타<br>다르마 수뜨라 |
|---|---|---|---|---|
| 금지된<br>마늘과<br>타 훈채들 | 까랑자(karañja)<br>마늘, 양파,<br>대파[425] | 마늘[426] | | 마늘, 양파,<br>그린자나(Grnjana)<br>양파[427] |
| 다른 금지된<br>채소들 | 버섯[428] | 버섯과<br>어린 싹들[429] | | 버섯[430] |

표 4-2. 네 가지 다르마 수뜨라에서 금지하는 훈채와 다른 채소들

　　패트릭 올리벨은 금지된 음식과 부적당한 음식을 분류하기 위
하여 '아박샤(abhakṣya)'와 '아보쟈(abhojya)'라는 두 가지 술어를 고찰

---

3. The Baudhāyana
4. The Vāsiṣṭha
『아빠스땀바 다르마 수뜨라』와 『가우따마 다르마 수뜨라』 중 어떤 것이 더 오래 되었는지에
대하여, 뷜러(G. Bühler), 까네, 링가트(R. Lingat), 바네르지(S. C. Banerjee) 등의 학자들
은 『가우따마 다르마 수뜨라』가 『아빠스땀바 다르마 수뜨라』보다 먼저 성립되었다고 주장한
다. 그러나 올리벨, 고스(B. K. Ghose), 메이어(J. J. Meyer), 캉글(R. P. Kangle) 등의 학
자들은 『아빠스땀바 다르마 수뜨라』가 『가우따마 다르마 수뜨라』보다 먼저 성립되었다고 주
장한다(Olivelle, 1999, xxviii).

425_ ADh. 17. 26.

426_ GDh. 17. 32.

427_ VDh. 14. 33.

428_ ADh. 17. 28.

429_ GDh. 17. 32.

430_ VDh..

한다.[431]

그에 따르면 아박샤는 "금지된 음식(abhakṣya)"으로, 먹어서는 안 되는 음식이다. 아박샤는 먹어선 안 되는 동물성 그리고 식물성 음식으로 구성되어 있는데, 그것 없이 생존 불가능한 상황에서는 예외를 인정한다.

다르마 수뜨라 문헌에서 이들 금지된 음식은 요리된 음식의 이름보다는 식재료의 이름으로 언급되어 있다.[432] 네 가지 다르마 수뜨라 문헌 가운데 가장 상세하게 금기 식재료를 언급하고 있는 『가우따마 다르마 수뜨라』는 아박샤 음식을 다음과 같이 열거하고 있다.

다음은 금지된 음식이다: 고슴도치, 토끼, 호저, 고다(Godhā) 도마뱀, 코뿔소, 거북이를 제외한 다섯 개의 발톱을 가진 동물, 양쪽 턱에 이빨을 가진 동물, 털이 많은 동물, 털이 없는 동물, 발굽이 하나인 동물, 깔라윙까(Kalaviṅka) 참새, 플라와(Plava) 헤론, 짜끄라바까 거위, 백조, 까마귀, 깡까(Kaṅka) 왜가리, 민머리 독수리, 매, 물새, 빨간 발과 부리를 가진 새, 사육하는 수탉과 돼지, 젖을 짤 수 있는 암소와 황소, 젖니를 갈지 않은 동물과 아픈 동물과 타당한 이유 없이 죽인 동물의 고기, 어린 새싹, 버섯, 마늘, 수지, 나무를 절개한 곳에서 나오는 빨간 수액,

431_ Olivelle, 2002, pp. 345-354.

432_ Ibid., p. 346.

딱따구리, 바까(Baka) 백로, 발라까(Balāka) 따오기, 앵무새, 맛구(Madgu) 가마우지, 띳띠바(Ṭiṭṭibha) 도요새, 만달라(Māndhāla) 비호(飛狐), 밤에 활동하는 새.[433]

한편 아보쟈는 "적당하지 않은 음식"을 의미한다.[434] 이것은 일반적으로 먹을 수 있는 음식이지만, 이 음식과 관련된 조건이 바뀌면서 먹을 수 없게 된 음식이다. 이러한 음식은 식재료의 이름보다는 요리된 음식의 이름으로 확인된다. 『가우따마 다르마 수뜨라』는 아보쟈 음식을 다음과 같이 열거하고 있다.

다음은 먹기에 적당하지 않은 음식이다: 머리카락이나 벌레가 떨어져 있는 음식, 생리 중인 여성이나 검은 새 혹은 누군가의 발에 닿은 음식, 낙태한 사람이 쳐다 본 음식 혹은 암소가 냄새 맡은 음식, 혐오스러워 보이는 음식, 커드를 제외한 쉰 음식, 다시 요리한 음식, 채소를 제외한 신선하지 않은 음식, 꼭꼭 씹어 먹어야 하는 음식이나 기름기가 많은 음식, 고기, 꿀, 부모와 의절한 사람이 주는 음식, 매춘부가 주는 음식, 극악무도한 범죄자가 주는 음식, 자웅동체인 사람이 주는 음식, 법 집행자가 주는 음식, 목수가 주는 음식, 수전노가 주는 음식, 죄수가 주는 음식, 의사가 주

---

**433**_ Olivelle, 1999, p. 109.

**434**_ Olivelle, 2002, p. 346.

는 음식.[435]

다르마 수뜨라 문헌에서 마늘과 다른 훈채들은 생존을 위해 불가피한 경우를 제외하고는 먹어서는 안 되는 아박샤 음식으로 규정된다. 마늘과 다른 훈채들은 다르마 수뜨라 문헌에서 높은 불청정성을 가진 것으로 간주된다.

후대의 다르마 샤스뜨라(Dharma Śāstra) 문헌도 다르마 수뜨라 문헌의 시각을 계승한다. 예를 들면 『마누법전』도 마늘, 대파, 양파를 "금지된 음식"으로 규정한다.[436] 아래의 도표는 『마누법전』과 『야즈냐발캬법전(Yājñavalkya Smṛti)』(기원후 3~5세기)에서 금지하고 있는 훈채들이다.

|  | 『마누법전』 | 『야즈냐발캬법전』 |
|---|---|---|
| 금지된 훈채 | 마늘, 대파, 양파[437] | 마늘, 대파, 양파[438] |
| 다른 금지된 채소 | 버섯 | 버섯 |

표 4-3. 『마누법전』과 『야즈냐발캬법전』에서 금지하고 있는 훈채들

---

**435**_ Olivelle, 1999, pp. 108-109. 다른 세 종류의 다르마 수뜨라도 금지된 음식(abhakṣya)과 부적당한 음식(abhojya)에 대한 목록을 가지고 있다.
　1. The Āpastamba: A: abhakṣya(1.17.14-39); B: abhojya(1.16.16-32)
　2. The Baudhāyana: A: abhakṣya(1.12.1-15); B: abhojya(1.9.8)
　3. The Vasiṣṭha: A: abhakṣya(14.33-48); B: abhojya(14.1-32).

**436**_ MS. 5.4.

**437**_ Ibid..

**438**_ YDh. 1. 176.

힌두 문헌에 의하면 "금지된 음식"에 대한 규정을 위반하면 상대적으로 엄중한 결과와 참회에 대한 요구가 뒤따른다.『마누법전』의 기록을 보자.

만일 의도적으로 마늘, 양파, 대파, 버섯, 사육하는 돼지와 가금류를 먹으면 재생족은 그들의 카스트를 상실한다. 만일 그들이 의도하지 않고 이들 여섯 가지 식재료 중 하나를 먹으면 산따빠나(sāntapana) 혹은 짠드라야나(cāndrāyaṇa)[439]라고 부르는 참회의식을 행해야 한다. 만일 금지된 다른 음식을 먹으면 하루 동안 단식해야 한다.[440]

『마누법전』은 자신의 카스트적 지위를 상실하게 되는 또 다른 예를 들고 있다.

슈드라(śūdra) 계급의 여인과 결혼함으로써, 슈드라 여인과의 사이에 아들을 봄으로써, 그는 자신의 카스트를 상실한다.[441]

『마누법전』에서 금지된 마늘을 먹는 것에 대한 대가는 슈드라 여인과 결혼하거나 둘 사이에 아이를 낳는 것에 대한 대가와 동일

**439_** MS. 11. 228.
**440_** Ibid., 5. 19-20.
**441_** Ibid., 3. 16.

하며, 이는 힌두 카스트의 상위 계급 사회에서 비육체적 처벌 중 가장 엄혹한 처벌인 카스트 상실이라는 결과를 가져온다고 적시하고 있다.

의도하지 않고 금지된 음식을 먹었을 경우에는 그 죄를 속죄할 수 있는 참회의식을 치르고 자신의 카스트를 유지하는 것이 가능한데, 이러한 참회의식은 청정한 물질 - 이 청정한 물질도 우리의 시각에서는 혐오스러운 것들인데 - , 즉 소똥을 암소의 유제품과 함께 먹음으로써 자신의 입을 청정케 하는 것을 포함한다. 이와 같이 산따빠나(sāntapana) 참회의식에서 위반자는 소의 오줌이나 똥, 커드, 기, 물, 꾸샤(Kuśa) 풀과 함께 요리된 음식을 12일 동안 먹어야 하며 그 중 하루는 단식을 해야 한다.[442] 짠드라야나(cāndrāyaṇa) 참회의식은 엄격함의 정도가 덜한데, 위반자는 의례 음식으로 제공된 음식을 여덟 입 먹어야 한다.[443]

카스트적 행위를 규정하는 힌두 문헌의 시각에서 두드러진 특징은 카스트의 청정(淨)과 불청정(不淨)의 관념을 음식에 대한 청정과 불청정의 관념에 적용시킨 것이다. 그런데 1장에서 본 청정과 불청정 관념에 대한 불교의 명백한 거부, 그리고 2장에서 본 당대 다른 수행자 그룹이 실천했던 음식 고행주의에 대한 명백한 거부에도 불구하고 힌두 문헌의 시각과 대단히 유사한 조치들이 마늘과 다른 훈채를 먹은 자에게 가해지는 모습을 불교 율장 문헌 속에서 확인할

---

**442_** Ibid., 11. 213.

**443_** Ibid., 11. 228.

수 있다.

　불교의 경우 이러한 조치들은 항상 임시적인 것들로서 불교 문헌에서는 이를 '산법(蒜法)'이라 부른다. 이것은 바일제나 악작의 마늘 금지 규정과는 다른 범주이다. 산법은 빨리율이나 사분율에서는 발견되지 않으며 마하승기율, 오분율, 십송률, 근본설일체유부율에서만 발견된다.

　이는 비구나 비구니가 병 때문에 약으로 마늘을 먹었을 경우에 적용되는데, 상가를 오염시키는 마늘 냄새를 없애기 위하여 필요한 조치들이 취해진다.

> 마늘을 먹으면 '산법' 규정을 따라야 한다. 산법 규정을 따른다는 것은 어떤 것인가? 마늘을 먹은 비구는 붓다와 자신의 계사(upādhyāya)와 화상(ācārya)이나 고참 비구를 만나서는 안 되며 불탑이나 아라한탑이나 온실이나 비구들의 식당에 가서는 안 된다.
> 마늘을 먹은 비구는 다른 비구의 방 밖에 서 있어서는 안 되며 다른 비구들과 같은 곳에서 배변이나 배뇨해서는 안 되며 욕실이나 많은 사람들이 앉아 있는 곳에 들어가서는 안 된다. 마늘을 먹은 비구는 사방이 밀폐된 방에 머물러야 한다. 만일 급히 배변이나 배뇨해야 한다면 그들은 정인(淨人)에게 배설할 장소를 파게 해야 한다. 만일 그렇게 할 정인이 없다면 그는 멀리 떨어진 밀폐된 곳으로 가서 배변이나 배뇨를 해야 한다.
> 일단 병에서 회복되면 그가 (머무는) 방과 (다니던) 길을 청소

하고 물을 뿌리고 침대나 침대보나 의자의 먼지를 깨끗하게 털어야 한다. 만일 냄새가 계속 나면 그것들을 빨아야한다. 마늘을 먹은 비구는 방에서 나와 문을 닫고서 하체를 털어야 한다. 하체를 털고 나서 외출해야 한다.[444]

근본설일체유부율의 이 단락에 따르면, 병이 난 비구는 약으로 마늘을 먹을 수 있지만 탑과 같은 신성한 장소뿐만 아니라 승원의 다른 모든 비구들로부터 격리된다. 이와 같은 방식으로 이들 장소는 오염을 피하게 된다.

근본설일체유부 문헌인『근본살바다부율섭(根本薩婆多部律攝)』에 따르면, 마늘을 먹은 사람은 또한 불상 숭배가 금지되고 재가자에 대한 설법이 금지되며 설법 초대를 수락할 수 없다.[445]

불교 율장에서의 마늘에 대한 엄격한 태도를 이해하기 위해 당시 세속 사회에서의 마늘에 대한 태도를 고찰하지 않을 수 없다. 당시 마늘에 대한 세속 사회의 태도는 어떠했는가? 비록 성립 시기는 후대이지만 불교 경전인『아육왕경(阿育王經)』은 아소까왕과 마늘과 관련된 일화를 소개하고 있다.

그때 아소까왕은 심한 병에 걸려 있었다. 똥물이 그의 입에서 흘러 나왔고 그의 몸의 여러 구멍에서 더러운 체액들이

---

**444**_ T. XXIII., p. 275c.

**445**_ T. XXIV., p. 571a.

흘러 나왔다. 당시 가장 유명한 명의도 그를 치유할 수 없었다.

그때 왕비는 아소까왕에게 병의 원인을 설명하면서 마늘을 먹어 그 병을 치유해야 한다고 권하였다. 왕이 대답했다: "나는 끄샤뜨리아이다. 마늘을 먹을 수 없다." 왕비는 다시 아소까왕에게 간청했다: "약으로 생각해서 목숨을 살리기 위해 마늘을 드십시오."

마침내 아소까왕이 마늘을 먹자 기생충들이 죽었고 그의 건강은 회복되었다.[446]

이 경전에서 아소까왕은 앞서 언급한 힌두 문헌에서 발견되는 상층 카스트의 음식 금기 때문에 마늘 먹기를 거부한다. 병이 회복되자 아소까왕은 청정함을 위해 목욕을 한다. 불교 문헌에 이러한 이야기가 실렸다는 것은 마늘과 관련된 불교 상가의 규정이 재가 사회에서 발견되는 카스트 청정성과 관련된 마늘 규정들과 관계를 가지고 있었음을 시사한다. 이는 불교 승원의 음식 관련 규정과 음식에 관한 힌두 다르마 샤스뜨라의 규정 간에 일정한 관계가 있음을 확인해 준다고 할 수 있을 것이다. 금기 음식과 관련된 주제는 육식 금지를 다루는 절에서 다시 논의할 것이다.

마하승기율, 오분율, 십송률, 근본설일체유부율 등 네 가지 율장 문헌에서 발견되는 '산법'에 대한 개념은 힌두 다르마 수뜨라 문

---

**446**_ T.L., p. 145b.

헌의 아박샤 개념과 대단히 유사하다. 하지만 『마누법전』이 언급하고 있는 힌두의 참회 방식이 청정케 할 수 있는 음식 섭취나 단식, 즉 청정화와 참회를 요구함에 반해 불교의 산법은 마늘 냄새가 다른 사람이나 장소, 신성한 대상을 오염시키지 않도록 격리하고 청소하는 방식을 사용한다.

상대적으로 다른 불교 율장 문헌과 비교하여 비교적 일찍 성립된 빨리율과 사분율에 산법이 부재하다는 사실은 힌두의 불청정 관념에 따른 금기 음식(abhakṣya)에 대한 인식이 불교 내에 시간의 경과와 더불어 수용되고 발전되어 왔음을 시사한다고 할 수 있을 것이다. 다만 비구니 바일제의 식산계와 비구, 비구니에 대한 산법 모두는 불교 계율의 중심인 수행자다움과 사회적 품위, 신조를 고려하고 있다.

불교 율장 문헌의 마늘에 대한 바일제 규정 가운데 오분율의 규정은, 앞에서 보았듯이 다른 율장 문헌의 규정과 다른데 여기서는 생마늘을 먹은 비구니는 바일제 위반이며 익힌 마늘을 먹으면 악작이라고 언급하고 있다.[447]

마늘을 날것과 익힌 것으로 분류하는 양상은 사분율과 마하승기율, 십송률 등에도 나타나지만, 생마늘과 익힌 마늘을 먹었을 때 서로 다른 처벌을 적용하는 것은 오분율뿐이다. 한편 빨리율과 근본설일체유부율에는 생마늘과 익힌 마늘의 구분이 나타나지 않는다.

---

447_ T. XXII., p. 86c.

아래의 도표를 통해 마늘 관련 바일제 조항과 산법 규정을 살펴
볼 수 있다. 십송률에서는 마늘에서 덜 냄새가 나는 부분, 즉 껍질,
뿌리를 먹는 것은 단지 악작의 죄에 해당한다.

| | 빨리율 | 사분율 | 마하승기율 |
|---|---|---|---|
| 마늘과 관련한 재가자와의 갈등 | 있음[448] | 있음[449] | 있음[450] |
| 마늘 냄새와 관련된 내용 | 없음 | 없음 | 있음[451] |
| 비구니 바일제 위반 | 있음[452] | 있음 (날 것과 익힌 것)[453] | 있음 (경작된 마늘 혹은 야생 마늘, 생마늘 혹은 익힌 마늘, 마늘 잎 혹은 마늘 껍질)[454] |
| 비구니, 비구, 사마네라(samanera), 사마네리(samaneri)에 대한 악작죄(Dukkaṭa) | 있음 (비구가 마늘을 먹을 때) | 있음 (비구, 식차마나 (sikkhamanā), 사마네라, 사마네리에 대한 악작죄)[455] | 있음 (비구가 마늘을 먹을 때) |
| 산법(蒜法) | 없음 | 없음 | 있음[456] |

---

**448_** T. IV., p. 259.

**449_** T. XXII., p. 736c-737a.

**450_** Ibid., p. 483b.

**451_** Ibid..

**452_** T. IV., p. 259.

**453_** T. XXII., p. 737b.

**454_** Ibid., p. 530b.

**455_** Ibid., p. 737b.

**456_** Ibid., p. 483b-c.

| | 오분율 | 십송률 | 근본설일체유부율 |
|---|---|---|---|
| 마늘과 관련한 재가자와의 갈등 | 있음[457] | 있음[458] | 있음[459] |
| 마늘 냄새와 관련된 내용 | 있음[460] | 있음[461] | 있음[462] |
| 비구니 바일제 위반 | 있음<br>(비구니가<br>생마늘을 먹을 때) | 있음<br>(생마늘, 익힌 마늘,<br>작은 마늘,<br>마늘 잎, 마늘 줄기) | 있음[463] |
| 비구니, 비구,<br>사마네라(samanera),<br>사마네리(samaneri)에<br>대한 악작죄(Dukkaṭa) | 있음<br>(비구니가 익힌 마늘을<br>먹으면 악작;<br>식차마나와 사마네리가<br>마늘을 먹으면, 악작) | 있음<br>(비구니가 마늘 껍질이나<br>마늘 뿌리만을<br>먹으면 악작, 비구가<br>마늘을 먹으면 악작)[464] | 있음<br>(비구가 마늘을<br>먹으면 악작) |
| 산법(蒜法) | 있음[465] | 있음[466] | 있음[467] |

표 4-4. 마늘 관련 바일제 조항과 산법 조항 분류

---

**457_** Ibid., p. 86c.

**458_** T. XXIII., p. 317a-b.

**459_** Ibid., p. 997a.

**460_** T. XXII., p. 176a.

**461_** T. XXIII., p. 275b.

**462_** T. XXIV., p. 230a.

**463_** T. XXIII., p. 997a.

**464_** Ibid., p. 317b.

**465_** T. XXII., p. 176a.

**466_** T. XXIII., p. 275b-c.

**467_** T. XXIV., p. 230b.

불교 율장 문헌들이 생마늘과 익힌 마늘의 차이를 구별하지만, 어떤 문헌도 이 구별에 대한 설명을 하고 있지 않다. 그러나 육식과 마늘, 양파 등의 훈채를 다루고 있는 대승경전에서 그 실마리를 찾을 수 있다.

앞서 근본설일체유부율 등에서 보았듯이, 마늘과 다른 훈채를 금지한 이유는[468] 마늘에 대한 과도한 요구와 마늘이 가진 혐오스런 냄새를 피함으로써 재가 사회와 원활한 관계를 유지하려는 것이었다. 그러나 대승 문헌이 마늘과 훈채를 먹는 것을 금지한 이유는 교리 및 명상과 관련된 종교적인 이상에 무게 중심이 더 놓여 있다.

최초로 훈채를 언급한 대승경전은 『대반열반경(大般涅槃經, Mahāparinirvāṇa Sūtra)』이다. 이 문헌에서는 오직 마늘만이 언급되고 있다.[469] 동일 경전에 대한 이역본(異譯本)인 『불설대반니원경(佛說大般泥洹經)』은 마늘과 흥거(興渠, asafoetida),[470] 두 가지를 언급하고 있다. 이 경전에서 훈채에 대한 언급은 육식 금지에 대한 설명을 도와주는 예로 사용되고 있다. 이 문헌에서는 마늘의 냄새만이 언급되고 있다.

마늘을 먹고 사람들이 모인 곳에 가면, 그 사람들이 혐오감
을 느끼고 그 냄새를 싫어한다.[471]

---

**468_** Ibid., p. 230a.

**469_** T. XII., p. 626b.

**470_** Ibid., p. 869a.

**471_** Ibid..

두 대승 『열반경』 번역본 중 첫 번째로 언급한 『대반열반경』은 이 경에서 다루고 있는 중요한 주제인 육식을 설명하기 위하여 마늘을 언급하고 있다.[472]

『대반열반경』은 사람들이 고기의 지독한 냄새와 고기를 먹는 사람에 대한 두려움 때문에 고기를 먹은 사람에게서 도망치듯이, 마늘의 지독한 냄새 때문에 그것을 먹은 사람에게서 도망친다고 말하고 있다.[473] 마늘과 훈채를 다루고 있는 또 다른 대승경전은 불성 (Tathāgatagarbha, 如來藏)의 개념을 설하고 있는 『입능가경(入楞伽經, Laṅkāvatāra Sūtra)』이다.[474]

> 대혜여! 이와 같이 파, 부추, 마늘, 쪽파는 모두 지독한 냄
> 새가 나고 청정하지 못하고 성스러운 길을 장애한다. 이들
> 훈채는 또한 청정한 장소인 인간계와 천상계를 더럽힌다.
> 어떻게 이들 훈채가 붓다의 정토의 산물일 수 있겠는가?[475]

『입능가경』은 마늘과 다른 훈채를 '지독한 냄새가 나고 청정하지 못한 것'으로 규정하며 나아가 이들 훈채는 종교적 이상을 성취하는 것을 방해한다고 서술하고 있다.

---

**472_** Ibid., p. 626b.

**473_** Ibid., p. 386b.

**474_** 『능가경』은 세 가지 번역본이 있다: 1) 『능가아발타라보경(楞伽阿跋陀羅寶經)』(求那跋陀羅, 443년), 2) 『입능가경(入楞伽經)』(菩提流支, 513년), 3) 『대승입능가경(大乘入楞伽經)』(實叉難陀, 704년). 여기에서 사용된 문헌은 『입능가경』이다.

**475_** T. XVI., p. 564a.

마늘과 훈채에 대한 이러한 강한 혐오성 언급은 힌두 다르마 샤스뜨라 문헌을 상기시키는데, 여기서는 물리적 세계와 카스트 시스템 모두와 관련된 청정·불청정의 인식에 기반하고 있다.

인도 학자인 브라이언 스미스(Brian K. Smith)에 따르면, 채소에 대한 규정과 그것의 수용, 그리고 거부는 힌두 바르나(varṇa) 시스템에 공식화되어 있는 사회관계 속의 계급을 반영한다.[476] 대승 문헌들은 이러한 사회 계급 구조를 수용하고 그러한 계급 구조에서 비구에게 특별히 높은 카스트적 지위를 부여하기 위해 어떤 채소에 대한 반응을 사용한다. 우리는 마늘, 그리고 다른 훈채와 관련해서뿐만 아니라 육식 금지의 전개에 있어서도 유사하게 차별적인 묘사를 대승경전에서 볼 수 있다.

물리적 불청정과 카스트적 불청정의 관계는 카스트 구성원인 짠달라(caṇḍāla)의 불청정과 비윤리성을 반복적으로 언급하고 있는 이들 대승경전 속에서 찾아볼 수 있다.[477]

명상 수행과의 관련 아래 마늘과 훈채 문제에 대단히 천착하는 또 다른 대승경전은 『능엄경(楞嚴經, Śūraṅgama Sūtra)』이다.[478] 『능엄경』 제8장은 원래 미묘하고, 완전하고, 신실하며, 청정하고, 맑은 우리의 마음이 왜곡되어 있고 번뇌를 가지고 있다고 진단한다. 이 경전은 사마디(samādhi)를 닦고 성취할 수 있는 세 가지 점진적인 방법

---

**476**_ Smith, 1994, pp. 208-230.

**477**_ T. XVI., p. 561c, p. 623b.

**478**_ 『능엄경』의 온전한 이름은 "대불정여래밀인수증료의제보살만행수능엄경(大佛頂如來密因修證了義 諸菩薩萬行首楞嚴經)"이다. T. XIX., p. 106b.

을 통해 번뇌의 근본적 원인을 제거해야 한다고 서술하고 있다.[479]

1) 수습(修習): 번뇌 발생의 조건인 원인들을 제거하기 위하여
2) 진수(眞修): 원래의 마음을 가져오기 위하여
3) 증진(增進): 점차적인 수행을 통해 깨달음을 성취하기 위하여[480]

이 세 가지 단계 중에서 첫 번째인 '수습'은 '제일증진수행점차(第一增進修行漸次)'라고 불리며 음식 섭취와 관련되어 있다.

무엇이 번뇌의 조건이 되는 원인인가? 아난이여! 이와 같이 세상에는 열두 종류의 중생이 있다. 그들은 스스로 살 수 없으며 네 종류의 음식을 통해 살 수 있다: 1) 물질적 음식(段食), 2) 촉식(觸食), 3) 사식(思食), 4) 식식(識食). 이 때문에 붓다는 모든 중생은 의지하여 산다고 말씀하신 것이다. 아난다여! 모든 중생은 좋은 음식을 먹으면 살고 독이 있는 음식을 먹으면 죽는다. 따라서 사마디를 구하는 모든 중생은 세상의 다섯 가지 훈채를 먹어서는 안 된다.
이들 다섯 가지 훈채는 익혀 먹으면 음심을 생기게 하고 날

---

**479_** Ibid., p. 141b.

**480_** Ibid..

로 먹으면 화를 생기게 한다. 훈채를 먹는 사람들이 모든 종류의 불교 문헌에 익숙하다 하더라도 시방의 천인과 선인들이 그 냄새와 더러움을 싫어하여 멀리 떠날 것이다. 모든 아귀들도 그 음식 때문에 그에게 가서 그의 입술을 빨고 그도 아귀와 함께 머물 것이다. 복덕은 날로 소진하고 이로움이 없을 것이다.

그러므로 사마디를 닦는 사람이 훈채를 먹으면 보살, 천신, 선인과 시방의 선신들이 와서 보호해 주지 않으며, 대력마왕이 붓다로 자신의 모습을 속이고 나타나 설법하면서 계율을 훼손하고 금하면서 성욕과 분노와 어리석음을 칭찬한다. 죽으면 스스로 마왕의 권속이 되며 마왕의 복덕이 다하면 무간지옥에 떨어진다. 아난이여! 깨달음을 구하는 자는 오신채를 먹어서는 안 된다. 이것을 제일증진수행점차(第一增進修行漸次)라고 한다.[481]

『능엄경』 주석서인 『능엄경전(楞嚴經箋)』은 '좋은 음식을 먹는 것'을 '쌀과 수수를 먹고 오신채를 먹지 않는 것'으로 해석하며 '독 있는 음식을 먹는 것'을 '쌀벌레 혹은 칡 혹은 다섯 가지 훈채를 먹는 것'으로 해석한다.[482] 또 다른 『능엄경』 주석서인 『수능엄의소주경(首楞嚴義疏注經)』은 오신채는 뜨거운 성질을 가지고 있고 냄새가 나며

**481**_ Ibid., p. 141c.

**482**_ X. XI., p. 1057a.

맵기 때문에 그것을 먹는 것은 법신을 죽이는 것과 같아 수행자는 그것을 먹어서는 안 된다고 설명하고 있다.[483] 또 다른 『능엄경』 주석서인 『능엄경관섭(楞嚴經貫攝)』은 오신채가 비록 독은 아니지만 독보다 더 해로우며 따라서 사마디를 닦는 사람은 그것을 먹어서는 안 된다고 하고 있다.[484]

이들 『능엄경』 주석서에서 오신채가 독으로 규정되는 이유는 이것을 먹으면 성욕과 화가 생기기 때문이다. 또 다른 『능엄경』 주석서인 『수능엄경집해훈문기(首楞嚴經集解熏聞記)』는 "오신채는 성욕과 화가 발생하는 근간이기 때문에 오신채를 먹어서는 안 된다"는 점을 명시적으로 언급하고 있다.[485]

지금까지의 고찰을 요약하면, 율장에서 마늘에 대한 최초의 금지는 마늘에 대한 과도한 요구, 예를 들면 축제 기간에 비구니들이 과도한 양의 마늘을 재가자로부터 받아 온다든지 하는 경우와 두 번째로는 마늘이 가진 냄새 때문에 다른 사람에게 불쾌한 영향을 끼치는 경우에 의한 것이었다. 그러나 후대 불교 문헌에서 발견하게 되는 것은 힌두 다르마 수뜨라에서 볼 수 있는 음식과 개인의 청정성 간 연관과 관련되어 있다.

마늘의 물리적 성질을 카스트적 차별과 연관시킨 이러한 사고는 오신채가 다른 사람에게 혐오감을 줄 뿐만 아니라 종교적 깨달음의 진전을 방해한다는 사고로까지 발전한다.

---

**483_** T. XXXIX., p. 925b.

**484_** X. XV., p. 491b.

**485_** X. XI., p. 759c.

람버트 슈미트하우젠(Lambert Schmithausen)은 불교의 식물에 대한 태도에 관한 연구에서 동일한 사회적 맥락에서 발견되는 불교와 다른 종교 전통 사이의 관계를 고찰한다.

그는 먼저 마늘의 중생으로서 가능성을 고찰한다. 그는 자이나교가 가진 이러한 믿음에 주목한다. 자이나교와 같은 이러한 사고에서는 구근이나 구근 같은 뿌리 또는 사탕수수와 같은 식물의 다른 부분을 자르거나 요리하여 생명이 완전히 박탈되지 않는 한 그 식물은 싹을 틔울 수 있는 능력을 가지고 있다고 생각한다. 이러한 생각은 마늘에 있어서도 또한 유효하다.[486] 그러나 불교 문헌에는 채소가 중생이라는 명확한 언급이 존재하지 않는다. 이러한 사실에 근거하여 자이나교와 달리 불교는 마늘을 중생으로 간주하지 않는다고 결론짓는다.[487]

두 번째로 슈미트하우젠은 앞서 고찰한 마늘 보시와 관련된 불교 율장의 인연담을 고찰한다. 앞서 보았듯이 이 인연담은 그 계율 조항과 논리적으로 잘 맞지 않는데 슈미트하우젠은 다음과 같이 언급하고 있다.

이 이야기는 마늘을 보시 받고 가져가도 좋다고 허락받았지만 과도하게 마늘을 가져가거나 마늘 밭을 망쳐 놓거나 또는 그렇게 하여 마늘 밭 주인에게 해를 끼치거나 망하

---

486_ Schmithausen, 1991b, p. 44.

487_ Ibid..

게 한 비구니의 경우를 제시하고 있다. 그러나 발트슈미트 (Waldschmidt)가 이미 지적하였듯이 이러한 설명은 계율 조항 그 자체와는 전혀 맞지 않는다.[488]

따라서 그는 "비구니들이 재가 여인들처럼 마늘을 먹는다"[489] 라고 하는 십송률에서 재가자가 언급한 최음제로서 마늘의 속성에 주목한다. 비록 위에서 언급된 불교 계율의 인연담도 이 부분을 명확히 확인해 주고 있지 않지만 그는 다음과 같이 말하고 있다.

아마도 이와 관련된 실질적인 이유는 마늘이 최음제로 간주되었다는 사실일 것이다. 여자들은 천성적으로 음탐한 경향이 있다고 생각하는 인도 수행자 문화의 전통에서 이것은 사실로 간주되었기 때문에 아마도 이러한 이유가 불교 바라제목차에서 마늘을 먹는 것이 비구니에게만 금지된 이유를 가장 잘 설명해 줄 것이다.[490]

마늘을 최음제로 생각하는 인식은 인도를 포함하여 그리스나 로마 등 고대 사회에 광범위하게 퍼져 있던 사고였다. 인도에서는 "마늘뿐만 아니라 양파도 성욕을 자극하는 식품으로 간주"되었다. 현대 인도 사회에서도 사람들은 마늘, 양파, 고기, 알코올 음료가 성

---

488_ Ibid., p. 45.
489_ T. XXIII., p. 317b.
490_ Schmithausen, 1991b, p. 46.

258

욕을 일으키는 것으로 생각한다.[491]

불교 율장 문헌의 인연담이 이러한 내용을 명시적으로 언급하고 있지 않지만, 마늘을 먹는 비구니는 재가 여인과 동일하게 여겨지며 슈미트하우젠의 해석은 이후 대승경전과 그 주석서에서 마늘과 성욕 간의 연관을 언급한 내용에 의해 확인되고 있다고 보인다.[492]

불교 계율 학자인 안 헤어만(Ann Heirman) 또한 불교 율장 문헌의 인연담에 대하여 의문을 제기하고 있다. 비구니들이 재가자들에게 경제적 해를 야기했다는 것에 대하여, 이러한 설명은 다소 이상한데 왜냐하면 "이러한 경우는 비구니들이 먹고 싶어 하는 모든 식품에 적용될 수 있는 것이기 때문이다"라고 언급하고 있다.[493] 헤어만은 "마늘에 대한 이러한 제한의 주된 이유는 마늘을 먹을 경우 생기는 고약한 냄새 때문에 동료 비구들과 재가자들에게 많은 불쾌감을 주기 때문이다"라고 생각하는 듯하다.[494] 그러나 이러한 설명은 비구니가 마늘을 먹는 것이 왜 비구보다 더 심하게 처벌되어야 하는지에 대한 이유를 설명하지 못한다. 마늘 문제에 대해서는 '불공계(不共戒)', 즉 비구니에 대한 추가적인 계율을 고찰한 후에 다시 언급할 것이다.

---

491_ Simoons, 1998, p. 149.

492_ T. XIX., p. 141c.

493_ Heirmann, et. al., 2006, p. 62.

494_ Ibid., p. 61.

## 1-2. 생곡에 대한 일곱 번째 비구니 바일제 조항

어떠한 비구니든, 생곡을 요구하거나 다른 사람을 시켜 요
구하거나, 그것을 익히거나 다른 사람에게 익히게 하거나,
그것을 가루로 만들거나 다른 사람에게 가루로 만들게 하
거나, 그것을 요리하거나 다른 사람에게 요리하게 한 후 먹
으면 바일제이다.[495]

위의 빨리율 비구니 바일제 일곱 번째 조항은 생곡(生穀, āmaka-
dhañña)과 관련된 것이다. 빨리율의 경분별에서 언급하고 있는 인연
담은 다음과 같다.

사왓띠 기수급고독원에서 수확 철을 맞아 비구니들이 생
곡을 요구하여 그것을 받아 시내로 들어갔다. 그때 성문에
있던 사람들이 "자매여, 곡식을 좀 주고 가시오"라며 비구
니들이 가는 길을 막았다. 이 비구니들은 거주처에 가서 이
사실을 다른 비구니들에게 말하였다. 분별심이 있는 그 비
구니들은 다음과 같이 말하며 이 사실을 퍼뜨렸다: "어떻
게 이 비구니들은 생곡을 요구할 수 있는가?" (…) 불세존
은 그들을 다음과 같이 꾸짖었다: "비구들이여, 어떻게 비

---

**495_** Vin. IV., p. 264. Yā pana bhikkhunī āmakadaññaṃ vinnitva vā viññāpetvā vā bhajjitvā
vā bhajjāpetvā vā koṭṭitvā vā koṭṭapetvā vā pacitvā vā pacāpetvā vā bhuñjeyya
pācittiyaṃ. 비구도 또한 생곡을 받는 것이 허락되지 않는다. 비구가 이 계율을 위반하면 그
는 악작의 처벌을 받게 된다.

구니들이 생곡을 요구한단 말인가?"[496]

빨리율 경분별은 생곡이란 쌀, 벼, 보리, 밀, 수수, 콩, 귀리라고
상술하고 있는데, 생곡과 관련된 이 경분별의 내용은 간략하다.[497]
이와 관련된 좀 더 상세한 내용은 빨리율 생곡 관련 조항과 상응하
는 사분율 비구니 바일제 76번째 조항에 보인다.

세존께서 사왓띠 기수급고독원에 머물고 계셨다. 그때 육
군비구니가 참깨, 쌀, 크고 작은 콩과 보리 등의 생곡을 요
구했다. 이것을 보고 재가자들이 그들을 비웃고 비난했다.
재가자들은 "그들은 음탕하고 사악한 재가 여인과 다름이
없다"고 하면서 만족할 줄 모르고 창피함도 모르는 비구니
들의 탁발 행위를 비난했다.[498]

이 인연담에서 재가자들은 비구니가 생곡을 얻는 것이 적절치
않으며, 그것은 불만족과 음탕함, 즉 식탐, 성욕과 연결되어 있다고
생각한다. 그러나 여기서도 비구니들이 한 행위와 그 비판의 내용
사이에 연관은 불명확하다.

히라카와 아키라[平天彰]나 슈미트하우젠, 두 학자는 이 계율 조
항을 불살생(ahiṃsā)의 입장에서 이해한다. 히라카와는 이 계율 조항

---

**496**_ Horner, 1993, p. 255.

**497**_ Vin. IV., p. 264.

**498**_ T. XXII., p. 739a.

이 제정된 동기가 곡식의 생명과 관련되어 있으며, 곡식이 중생으로 간주된다는 점 때문이라고 짧게 언급하고 있다. 슈미트하우젠은 식물의 지각 능력에 대한 주제를 다룬 논문에서 이 생곡 관련 바일제 조항 성립의 이유를 분석한다.

> (비구나 비구니) 두 경우 모두에 있어서 주요한 동기는 생곡
> (발아할 수 있는 씨앗)을 음식으로 먹기 위해 굽는 등의 방식
> 으로 생곡을 파괴해야 한다는 사실보다는 생곡을 받는 것
> 이 살아 있는 중생을 죽이는 행동으로 간주되었다는 것이
> 다.[499]

식물의 지각과 관련된 계율 조항은 빨리율 11번째 조항에서도 확인할 수 있다.[500] 한편 마하승기율 소소계(小小戒)에서는 생육(生肉)을 받는 것이 제외되었지만, 재가자들의 비판 이후에 생육과 생곡을 받는 것이 금지되었다.[501]

슈미트하우젠은 형용사 '생(生, āma)'과 죽이는 행위와의 연관, 즉 생육(生肉, āmaka-māṃsa)은 상해와 해를 입히는 것과 연관되어 있고 따라서 불살생의 정신을 무너뜨린다는 점에 주목한다.[502] 세이포트 뢰게(Seyfort Ruegg)는 '생육의 냄새(āmagandha)'를 다루면서 '생육

---

**499**_ Schmithausen, 1991b, pp. 40-41.

**500**_ Vin. IV., p.34.

**501**_ Schmithausen, 1991b, p. 41, 각주 232 ; T. XXII., p. 478a.

**502**_ Ibid..

의 냄새'라는 표현과 비유적이고 은유적인 의미에서 "도둑질, 거짓 말, 사기, 간음, 음탕함, 허무함 등"과 같은 윤리적 의미들을 연관시 킨다.[503]

슈미트하우젠은 생곡에 관해서 바라제목차와 경장(Sutta Piṭaka) 사이의 시각적 차이가 존재함에 주목한다.

> 바라제목차 계율 조항은 생곡을 탁발(viññatti)하는 것을 금 지한다. 반면 경장에서는 자발적으로 준 생곡을 받는 것조 차 금지된다. 따라서 경장의 규율이 명백히 더 엄격한 것이 다.[504]

슈미트하우젠은 생곡을 받는 것을 금지하는 경장의 태도는 "아 마도 불교 성립 이전의 좀 더 오래된 수행자의 행위 규범에서 채택 된 것"이라고 언급하고 있다.[505] 앞에서 언급한 구근의 생명성과 마 찬가지로 씨앗의 생명성은 자이나교에서 중요하게 다루어진다. 자 이나교 문헌인 『아짜랑가경(Ācarāṅga Sūtra)』(이 경은 둘로 구성되어 있는데 첫 번째 경은 기원전 5~4세기에 성립된 것으로 추정되며, 두 번째 경은 기원전 2~ 기원후 1세기경으로 추정)은 다음과 같이 서술하고 있다.

탁발을 하는 비구나 비구니는 만일 이러한 것들이 오래되

---

**503**_ Seyfort Ruegg, 1980, p. 240.

**504**_ Schmithausen, 1991b, p. 42.

**505**_ Ibid., p. 42.

거나 생명체가 생겨나거나 자라거나 번창하거나 살아있고
죽지 않았고 목숨이 끊어지지 않았다면 생쌀(āmadāga), 쌀
찌꺼기, 꿀, 술, 기, 술 찌꺼기를 받아서는 안 된다.[506]
탁발을 하는 비구나 비구니는 날것이고 많은 생명을 가지
고 있는 옥수수, 옥수수 덩어리, 옥수수 케이크, 참깨, 참깨
가루, 참깨 케이크와 같은 것을 받아서는 안 된다.[507]

　자이나교에서 생곡이나 씨앗에 대한 태도는 생곡이나 씨앗, 또
는 기타 다른 것들이 죽거나 파괴될 수 있는 중생이거나 그러한 중
생을 포함한다는 자이나교의 시각에서 유래한 것이다. 자이나 문헌
도 생곡을 받는 것을 금지하고 있는데 이것은 비구나 비구니 계율에
서 발견되는 것과 동일한 금지 조항이다. 그러나 그것이 자이나교의
신앙과 교리적으로 부합한다 하더라도 중생에 대한 불교의 교리 체
계와는 부합하지 않는다.
　자이나교에서 씨앗과 식물은 명백히 생명적 존재이다.[508] 자이
나교는 식물을 아홉 가지의 중생 중에서 한 가지 지각 기관을 가진
중생으로 분류한다.

1) 한 가지 감각 기관을 가진 중생(ekendriya pṛthvī-kāya, 땅)
2) 한 가지 감각 기관을 가진 중생(ekendriya ap-kāya, 물)

---

506_ Jacobi, 1884, pp. 109-110.

507_ Ibid., p. 110.

508_ Āyārs, p. 4, pp. 26-31, pp. 41-44. 인용-Schmithausen, 1991b, p. 3.

3) 한 가지 감각 기관을 가진 중생(ekendriya tejah kāya, 불)

4) 한 가지 감각 기관을 가진 중생(ekendriya vayu kāya, 바람)

5) 한 가지 감각 기관을 가진 중생(ekendriya vanaspati kāya, 식물)

6) 두 가지 감각 기관을 가진 중생(dvindriya, 촉감과 맛을 감각 하는 미생물, 벌레 등)

7) 세 가지 감각 기관을 가진 중생(trīndriya, 촉감과 맛과 냄새를 맡을 수 있는 작은 곤충, 나방 등)

8) 네 가지 감각 기관을 가진 중생(caturindriya, 촉감과 맛과 냄 새와 시력을 가진 전갈, 거미 등)

9) 다섯 가지 감각 기관을 가진 중생(pañcendriya, 촉감과 맛 냄 새와 시력과 청력을 가진 소, 물고기, 새 등)[509]

자이나교와 비교하면 불교의 중생 범위는 상대적으로 넓지 않다. 불교 우주론에서 이야기하는 중생은 다섯 종류의 주처에 사는 다섯 종류의 존재를 포함하고 있다: 지옥 중생, 아귀, 축생, 인간, 신 그리고 때로는 여기에 아수라를 포함시킨다.[510]

불교에서 중생을 분류하는 또 다른 기준은 그들이 태어난 방식에 있다: 태생(胎生, jarāyu-ja), 난생(卵生, aṇḍa-ja), 습생(濕生, saṃseda-ja), 화생(化生, opapātika).[511] 이 분류는 중생으로서의 동물에 초점을 맞춘 것이다. 이 두 가지 분류는 비록 씨앗이나 식물을 포함하고 있

509_ Williams, 1963, p. 33.

510_ DN. III., p. 234; MN. I., p. 73; AN. IV., p. 459.

511_ DN. III., p. 230; MN. I., p. 73.

지 않지만 불교 경장 문헌들은 불교 수행자가 씨앗이나 식물을 죽이거나 해를 입히는 것을 금해야 한다고 언급하고 있다.[512] 한편 불교 율장 문헌은 식물만을 언급하고 있다.[513] 이것은 아마도 재가자들의 견해를 수용한 것과 관계가 있는 듯한데, 빨리율에 식물이 중생임을 피력하는 재가자의 이야기를 담고 있기 때문이다.[514] 불교가 식물을 중생으로 여기지 않는다는 점은 식물에 해가 가는 행위를 금하는 규정을 어겼을 경우 다른 살생 관련 조항을 어겼을 때보다 낮은 수준의 처벌이 주어진다는 점을 통해 알 수 있다. 예를 들어 식물 위에 배변하는 것을 금지하는 규정이 있는데, 이를 어길 경우 비구에게는 중학법이, 비구니에게는 바일제가 적용된다.[515]

생곡에 대한 빨리율이나 사분율 비구니 바일제 조항과는 달리, 오분율 비구니 바일제 163번째 조항은 요리(삶기)와 관련된 인연담을 가지고 있다.

> 그때, 비구니들은 날것인 음식 재료들을 삶아 음식을 준비했다. 재가자들이 이들 비구니들을 비난했다: "자신들을 위해 날것인 음식 재료를 삶아 음식을 마련하고서 어떻게 이들은 자신들을 위해 다른 사람에게서 음식을 탁발할 수 있는가? 이들은 종교 수행자의 덕목을 실천하지 않고 종교

---

512_ T. I., p. 83c, 89a, 264c, 273a, 657b, 733b. 인용 Schmithausen, 1991b, p. 8.

513_ Schmithausen, 1991b, p. 10.

514_ Ibid., p. 31.

515_ Ibid., p. 33.

수행자의 길을 버린 것이다." (⋯) 만일 비구니가 날것인 음식 재료를 삶아 자신을 위하여 음식을 요리하면 바일제이다.[516]

빨리율 비구니 바일제 일곱 번째 조항과 상응하는 십송률 비구니 바일제 76번째 조항도 또한 두 비구니의 요리에 관련된 인연담을 가지고 있다.

붓다가 사왓띠에 머물고 계셨다. 그때 나타(羅吒)와 바라타(波羅吒)라는 두 비구니가 있었다. 그들은 매우 좋은 가문 출신이었다. 이 두 비구니들은 아침에 일어나 평소 잘 아는 재가자의 집에 가서 좋은 재료를 사용한 음식을 얻어먹었지만 맛이 형편없었다. (비구니들이) 물었다: "누가 이 음식을 만들었습니까?" 재가자가 말했다: "우리 요리사가 만들었습니다." 비구니들이 말했다: "어떻게 이렇게 형편없는 맛의 음식을 만들 수 있죠?" 재가자가 말했다: "(맛있는 음식을) 만들 수 있습니까?" 비구니들이 말했다: "만들 수 있습니다. 길상한 날에 강가에서 축제 음식을 만들고 싶으면 와서 저희들에게 알려 주세요. 저희가 당신을 위해 음식을 요리해 드리겠습니다."
후에 그 재가자는 길상한 날에 공원에 가서 즐기기 위해

---

**516_** T. XXII., p. 96c.

그 비구니들을 불렀다. 그 비구니들은 와서 음식을 요리
했다. 그때 요리를 돕기 위해 불러 온 다른 요리사가 있었
다. 그는 (부엌에서) 나와 말했다: "누가 이 음식을 요리했습
니까?" 재가자가 말했다: "나타와 바라타라는 비구니가 요
리했다." 그 요리사는 화를 내며 말했다: "이들은 비구니
의 바른 법도를 따르지 않는군요. 내 직업을 빼앗아 버렸습
니다." (…) 만일 비구니가 날것인 음식 재료를 삶고 음식을
요리하면 바일제이다.[517]

빨리율 비구니 바일제 일곱 번째 조항에 상응하는 근본설일체
유부율 비구니 바일제 77번째 조항도 비구니들이 동물 지방, 유제품
으로 과자와 다양한 케이크를 만든 인연담을 가지고 있다.[518]
　　슈미트하우젠은 비구가 아닌 비구니에게만 이러한 계율 조항
이 존재하는 이유가 비구니가 되기 전 영향 받았던 여성의 전통적인
역할과 관련되어 있음을 언급하고 있다.

(이러한 조항이 비구니 계율에만 있는) 이유는 요리가 전통적인
여성의 활동이었기 때문에 비구니에게 있어 맛있는 음식
을 요리하기 위해 생곡을 요구하고자 하는 유혹이 (비구들에

517_ T. XXIII., p. 318a-b. 생곡에 관한 마하승기율 비구니 바일제도 요리를 금하고 있다: T.
　　XXII., p. 530a.
518_ T. XXIII., p. 998b.

비해) 훨씬 더 컸을 것이다.[519]

요리와 여성과의 관계를 좀 더 살펴보자. 중세 유럽, 요리에서의 여성 역할에 대하여 역사학자인 캐롤라인 워커 바이넘(Caroline Walker Bynum)은 "요리는 대단히 여성적인 역할이라서 남성에게는 요리가 신비로울 뿐만 아니라 위협적인 것이다"라고 서술하고 있다.[520]

그녀는 또한 "중세의 남성들은 여성에 대한 적의를 여성들만의 공간에서 무엇이 진행되고 있는지에 대한 의심 속에 투사한다. 그들은 여성이 음식에 대한 제어권을 가지고 있다고 자주 말한다"고 언급한다.[521] 바이넘은 나아가 여성들에게 있어 요리의 역할과 음식의 의미가 무엇인지에 대하여 언급하고 있다: "음식을 요리하는 것은 음식을 통제하는 것이다. 게다가 음식은 여성이 통제할 수 있는 자원일 뿐만 아니라 자신들과 타자들 모두에게 있어서 여성이 통제할 수 있는 자원이다."[522] 그녀에 따르면, 여성에게 있어서 요리와 음식은 타자에 대한 위협과 통제의 수단이다. 이러한 양상은 고대 인도 사회에서도 작동하며, 왜 비구보다 비구니들이 음식에 대해 심하게 통제되었는지 그 이유를 파악하는 데 도움을 줄 수 있을 것이다.

패트릭 올리벨은 인간의 '음식적 활동(food effort)'[523]을 구성하며

---

**519_** Schmithausen, 1991b, p. 42.

**520_** Bynum, 1987, p. 190.

**521_** Ibid., p. 190.

**522_** Ibid., p. 191.

**523_** 이것은 올리벨이 만든 조어이며 한 사회에서 사람들에 의해 행해지는 생산, 저장, 요리, 소비 활동을 포괄한다. Olivelle, 1987, p. 27.

고대 인도의 수행자들이 다양한 방식으로 거부하려고 했던 음식과 관련된 네 가지 활동을 규정한다: "생산 혹은 획득, 저장, 요리, 소비."[524] '요리'는 인도 수행자들을 구분하는 기준이 되기도 한다. 힌두 문헌인 『바우다야나 다르마 수뜨라』는 고행자를 두 그룹으로 분류한다: 요리를 하는 그룹과 하지 않는 그룹, 그리고 이 분류는 다시 그들이 요리하는 음식의 종류를 세분화한다.[525]

### 요리하는 고행자

1) 사르와란야까(Sarvāraṇyaka): 숲에서 나는 모든 것을 먹는다. 사르와란야까는 두 종류인데 숲에서 나는 두 종류의 음식물을 먹는다: 한 그룹은 비가 생겨나게 하는 식물을 먹는 인드라와식따(Indrāvasiktas)이며 다른 그룹은 정액에서 생겨난 동물을 먹는 레또와식따(Retovasiktas)이다. 인드라와식따는 덩굴, 관목, 담쟁이, 나무에서 생겨난 열매를 채집하고 그것을 요리하고 그것으로 아침과 저녁에 매일 불제사를 드리며 얻은 음식의 일정량은 다른 고행자나 손님 혹은 제자들에게 나누어 주며 그 나머지를 먹는다.

   레또와식따는 호랑이나 늑대, 매 혹은 다른 육식 동물이 죽인 동물의 고기를 주워 그것을 요리하여 아침과 저녁

---

**524_** Ibid., pp. 27-28.

**525_** Shiraishi, 1996, p. 44.

에 매일 불제사를 지내며 일정 부분을 다른 고행자나 손님, 제자들에게 주며 그 나머지를 먹는다.

2) 와이뚜쉬까(Vaitusika): 껍질을 벗긴 곡류만을 먹는다. 껍질이 있는 곡식을 피하고 껍질을 벗긴 쌀 알갱이를 얻어 그것을 요리하여 매일 아침과 저녁에 불제사를 지내고 일정 부분을 고행자, 손님, 제자들에게 나누어 주고 나머지를 먹는다.

3) 깐다물라박샤(Kandamūlabhakṣa): 구근과 뿌리만 먹는다.

4) 팔라박샤(Phalabhakṣa): 과일만 먹는다.

5) 샤까박샤(Śākabhakṣa): 잎채소만 먹는다.

## 요리하지 않는 고행자

1) 운마자까(Unmajjakas): 최소한으로 생활한다. 운마자까는 쇠나 돌로 된 도구를 사용하지 않는다.

2) 쁘라브리따쉰(Pravṛttāśins): 발견된 음식만 먹는다. 쁘라브리따쉰은 그들 손에 놓인 음식만을 먹는다.

3) 무케나다인(Mukhenādāyins): 입으로만 음식을 먹는다. 무케나다인은 그들의 입으로만 음식을 먹는다.

4) 또야하라(Toyāhāras): 물로만 살아간다.

5) 와유박샤(Vāyubhakṣas): 공기로만 생존한다. 와유박샤는 음식을 전혀 먹지 않는다.[526]

---

526_ BDh. 3. 3. 3-14.

선행 연구에서 빨리율 비구니 바일제 제7조에 대한 고찰의 주된 초점은 이 계율 조항의 인연담에 내재한 잠재적 이유로서 생곡의 지각력에 대한 것이었다.[527] 그러나 때때로 식물의 지각력에 대한 재가자들의 견해를 수용한 듯 보이지만 불교는 곡물이 지각을 가지고 있다는 견해를 공유하고 있지 않다.

앞에서 보았듯이 오히려 승원에 거주하는 불교 수행자에게 더 중요한 것은 음식 그 자체를 피하기보다 음식을 요리하는 것을 피하는 데 있다. 따라서 여기서의 문제는 요리하는 존재로서 여성의 전통적인 역할과 관련되어 있으며, 이러한 계율 조항들이 진정으로 말하고자 하는 것도 바로 이 점인 듯하다.

이 계율 조항은 아마도 재가 여인이었던 시절에 배운 요리 습관을 갖는 것을 막고, 이것은 그들에게 기대하는 바가 아니라는 것을 명확히 하기 위한 것일 수 있다. 이제 그들은 세속을 버린 수행자들이기 때문에 인연담에서 재가자들이 보인 반응으로도 알 수 있듯이 그들이 요리하는 것은 적절한 행동으로 간주되지 않는다.

이것이 비구가 아닌 비구니에게만 이러한 계율이 적용된 이유 중 하나가 될 수 있을 것이다. 요리는 비구에게 기대되었던 행위도 아니었고, 비구니와 동일한 잠재적 위험성을 가진 행위도 아니었을 것이다. 따라서 비구니 바일제 제7조 뒤에 놓인 그 동기를 고찰할 때 비구니를 포함한 수행자에게 있어 요리의 의미를 충분히 고려해야만 할 것이다.

---

527_ 슈미트하우젠의 연구 참조. Schmithausen, 1991b, p. 40 ; Hirakawa, 1998, p. 444.

## 2. 여덟 가지 미식에 대한 비구니 회과법

빨리율 비구니 회과법은 단 여덟 개의 조항만을 가지고 있다. 이것은 불공계로 비구에게는 적용되지 않는 계율이며, 모두 미식과 관계된 계율 조항이다. 이들 미식 품목은 스스로 아홉 가지 종류의 미식을 요구해서는 안 된다는 빨리율 비구 바일제 39조의 내용과 거의 동일한데, 이 비구 바일제는 빨리율에서 상응하는 비구니 바일제 조항이 없는 비구 불공계이다.

빨리율 비구니 회과법의 모든 내용은 비구니가 자신을 위하여 탁발해서는 안 되는 여덟 종류의 고급 식재료들을 언급한 것이다: 이 바라제목차에서는 여덟 가지 품목 하나하나가 별도의 계율 조항을 이루고 있다. 빨리율 비구니 회과법의 조항은 다음과 같은 식재료를 금하고 있다.

1) 첫 번째 조항: 비구니는 자신이 먹기 위해 기를 탁발해서는 안 된다.[528]

2) 두 번째 조항: 비구니는 자신이 먹기 위해 기름을 탁발해서는 안 된다.[529]

3) 세 번째 조항: 비구니는 자신이 먹기 위해 꿀을 탁발해

---

**528_** Vin. IV. p. 347. Yā pana bhikkhunī agilānā macchaṃ viññāpetvā bhuñjeyya pāṭidesetabbaṃ.

**529_** Ibid.. (⋯) telaṃ (⋯).

서는 안 된다.[530]

4) 네 번째 조항: 비구니는 자신이 먹기 위해 당밀을 탁발
해서는 안 된다.[531]

5) 다섯 번째 조항: 비구니는 자신이 먹기 위해 생선을 탁
발해서는 안 된다.[532]

6) 여섯 번째 조항: 비구니는 자신이 먹기 위해 고기를 탁
발해서는 안 된다.[533]

7) 일곱 번째 조항: 비구니는 자신이 먹기 위해 우유를 탁
발해서는 안 된다.[534]

8) 여덟 번째 조항: 비구니는 자신이 먹기 위해 커드를 탁
발해서는 안 된다.[535]

빨리율은 비구니 회과법 조항이 성립하게 된 인연담을 다음과
같이 전한다.

그때 불세존은 사왓띠 기수급고독원에 머물고 계셨다. 그
때 육군비구니들이 기를 재가자에게 요구하여 먹었다. 사

---

**530_** Ibid., (⋯) madhuṃ (⋯).

**531_** Ibid., (⋯) phāṇitaṃ (⋯).

**532_** Ibid., (⋯) macchaṃ (⋯).

**533_** Ibid., (⋯) mamsaṃ (⋯).

**534_** Ibid., (⋯) khīraṃ (⋯).

**535_** Ibid., (⋯) dadhiṃ (⋯).

274

람들이 한 말이 널리 퍼졌는데 그들은 다음과 같이 말하였다: "어떻게 하여 이들 비구니는 기를 요구하여 먹을 수 있는가? 누가 이 맛있는 것을 좋아하지 않을까?" (…) 불세존은 이들 비구니를 질책했다. (…) 비구니가 기를 요구하여 먹으면 회과법이다.[536]

빨리율에서 확인되는 기 이외에 다른 일곱 가지 미식에 대한 인연담도 위 인연담과 대단히 유사해 여기서 다른 일곱 가지 인연담은 따로 서술하지 않고 바로 기와 관련된 다른 계율들을 다루고자 한다.

사분율 비구니 회과법 조항에 대한 인연담에서 육군비구니들은 기를 요구하여 얻는다. 재가자들은 이들 비구니가 도둑이나 창녀와 다름없다고 비난하였는데 만족을 모른다는 이유 외에 다른 특정한 이유를 언급하고 있지는 않다.[537]

오분율의 인연담은 좀 더 명확한 내용을 담고 있다. 여기서도 비구니들은 자신들이 먹고 싶어 기를 탁발하였는데, 재가자들은 기가 값비싼 음식으로서 당연히 모든 사람들이 먹고 싶어 하는 미식이라고 생각하고 있다. 그들은 비구니들이 맛있는 음식에 집착하는 점보다 종교적 가르침이라는 대의에 관심이 없음을 비판하고 있다. 나아가 재가자들은 이들 비구니가 매력적인 얼굴을 얻기 위하여 음식

---

536_ Horner, 1993, p. 346.

537_ T. XXII., p. 778a.

을 찾는다고 생각하며 이로써 기를 구하는 창녀와 같다고 생각하였다.[538]

마하승기율에서 육군비구니들은 미식 식재료를 파는 시장에서 탁발한 후 각각의 미식을 먹었다: 기를 파는 시장에서는 기를 탁발했고, 기름을 파는 시장에서는 기름을 탁발했고, 꿀을 파는 시장에서는 꿀을 탁발하였으며, 당밀을 파는 시장에서는 당밀을 탁발했고, 고기를 파는 시장에서는 고기를 탁발했고, 생선을 파는 시장에서는 생선을 탁발했고, 우유를 파는 시장에서는 우유를 탁발했고, 커드를 파는 시장에서는 커드를 탁발하였다. 재가자들은 이들 육군비구니의 전문화된 미식 탁발 행위를 비웃었다.[539]

십송률 인연담에서 데와닷따를 따르는 몇몇 비구니들은 우유와 약초를 넣고 끓인 죽을 거부한다. 보시자인 마하나마(Mahānāma)가 그 이유를 한 비구니에게 묻자 커드, 버터, 치즈, 기름, 생선, 고기, 육포, 즉 미식이 제공될 때에만 먹겠다고 대답한다.

사실 이 비구니의 대답은 그다지 자연스럽지 않다. 데와닷따에 대한 부정적 인식 때문에 그를 따르는 그룹들이 호화로운 식사를 추구한 집단으로 묘사되고 있다. 하지만 데와닷따 그룹이 우유까지도 거부하는 채식주의적 음식관을 보였다는 것은 중국 승려의 여행기에서도 언급되고 있는데, 오히려 그들이 붓다가 이끄는 불교 상가와 명확히 대비되는 음식관을 가졌다고 사고하는 것이 더 타당할

538_ Ibid., p. 100a.

539_ Ibid., p. 544a.

276

것이다.[540]

위에서 언급한 비구니 회과법은 이들 미식이 누구나 좋아할 만한 귀한 식재료이기 때문에 수행자들에게는 적절하지 않아 탁발하는 것이 금지되었다고 서술하고 있다. 그러나 비구니 회과법 성립과 관련하여 좀 더 실질적인 이유를 살펴보도록 하자.

비구 계율 또한 비구니 회과법과 매우 유사한 내용의 계율 조항을 가지고 있다: 빨리율 바일제 39조(3장 참조)는 미식에 대한 탁발을 금지하고 있다.[541] 그렇다면 왜 빨리율은 비구 바일제 39조와 겹치는 비구니 회과법을 가지고 있으며, 이를 왜 비구니에게 적용시키고 있는가? 이 질문에 답하기 위하여 성욕에 대한 빨리율의 태도와 이러한 태도가 어떻게 비구, 비구니에게 달리 적용되는지 고찰해야 할 필요가 있으리라 생각된다.

빨리율 비구 바라이죄는 네 개의 조항으로 이루어져 있다. 반면 빨리율 비구니 바라이죄는 여덟 가지 조항으로 구성되어 있다. 비구니는 비구와 비교하여 네 가지 조항을 더 가지고 있는데, 이 가운데 두 가지, 즉 다섯 번째와 여덟 번째는 성욕과 연관된 조항이다.

5. 비구니가 성욕을 가지고 그녀에 대해 성욕을 가진 남자
   가 비비는 것에 동의하거나 서로 비비거나 손을 잡거나
   만지거나 쇄골 아래와 무릎 위를 애무하면 '무릎 위의

---

**540**_ T. XXIII., p. 345b. 현장의 『대당서역기(大唐西域記)』는 우유와 커드를 금지하는 데와닷따의 가르침을 따르는 비구들이 존재했었다는 사실을 언급하고 있다(T. LI., p. 928a).

**541**_ Vin. IV., p. 88.

행위' 때문에 퇴전해야 하고 더 이상 상가에 속하지 못
한다.

8. 비구니가 성욕을 가지고 그녀에 대해 성욕을 가진 남자
가 그녀의 손을 잡거나 그녀의 가사 끝을 만지는 것에
동의하거나 그와 함께 서 있거나 그와 이야기하거나 그
와 만나기 위해 가거나 그가 그녀에게 다가오는 것을 허
락하거나 은폐된 장소에 들어가거나 자신의 몸을 그에
게 맡기거나 하면 (…) 이러한 행위는 올바르지 못한 행
위이기 때문에, 그녀는 또한 퇴전하고 여덟 가지 죄목
중 하나로서 더 이상 상가에 속하지 못한다.[542]

비구니 바라이죄 5조는 13가지 비구 승잔죄 중 두 번째 조항과
대단히 유사한데 승잔죄는 바라이죄보다 그 처벌이 한 단계 덜한 조
항이다.

2. 비구가 성욕에 지배되어 전도된 마음을 가지고 여성과
신체 접촉을 하거나 여성의 손을 잡거나 여성의 머리카
락을 잡거나 사지 중 어디를 애무하더라도 이것은 승잔
죄이다.[543]

---

**542_** http://www.accesstoinsight.org/tipitaka/vin/sv/bhikkhuni-pati.html#pr, 2015. 7. 15.

**543_** http://www.accesstoinsight.org/tipitaka/vin/sv/bhikkhu-pati.html#sg-2, 2015. 7. 15.

위의 비구 승잔죄 2조를 포함하여 13가지 승잔죄 중 첫 번째, 세 번째, 네 번째, 모두 네 가지 조항은 성적인 것과 관계되어 있다.[544] 성교를 다루고 있는 빨리율 바라이죄 중 첫 번째를 제외하고 비구들에게 가장 중대한 성적 행위 위반은 승잔죄에서 다루어진다.

그러나 비구니에게 있어서 성교를 다룬 첫 번째 바라이죄 이외의 성적 비행과 관련된 위반 사항은 비구와 달리 바라이죄로 다루어진다(다섯 번째와 여덟 번째 바라이죄). 비구니가 이들 조항을 위반했을 때는 상가로부터 추방된다. 이와 같이 동일한 내용(비구니 바라이죄 제5조와 비구 승잔죄 제2조)을 가진 계율 위반 행위도 비구니는 비구보다 엄하게 처벌된다.

남자로부터 음식을 받는 것과 관련된 비구니 승잔죄(제5조와 제6조)의 경우에서도 비구니는 비구의 승잔죄 위반보다 엄하게 처벌된다.[545] 이들 두 가지 비구니 승잔죄는 또한 빨리율 바라제목차 가운데 음식과 관련하여 가장 엄하게 처벌되는 계율 조항이다.

앞에서 보았듯이 빨리율 바일제 조항과 관련하여 비구와 비구니는 다른 숫자의 계율 조항들을 가지고 있다. 비구 바일제 92개 조

---

**544_** 1. 잠자는 동안을 제외하고 의도적으로 사정하면 승잔죄이다.
2. 비구가 정욕에 휩싸여 다른 마음을 가지고 여성과 신체 접촉을 하거나 여성의 손을 잡거나 여성의 머리칼을 잡거나 그녀의 사지 중 어느 곳을 애무하면 승잔죄이다.
3. 비구가 정욕에 휩싸여 다른 마음을 가지고 젊은 남자가 젊은 여자에게 하는 방식으로 성교를 암시하는 외설적인 말을 하면 승잔죄이다.
4. 비구가 정욕에 휩싸여 다른 마음을 가지고 자신의 호색함을 채워 주는 것을 칭찬하는 말을 하면서 "자매여, 이러한 행동으로 나처럼 덕 있고 깨끗한 성품을 가진 독신 생활을 하는 사람에게 봉사하는 것이 최선의 봉사이다"라고 성교를 암시하는 말을 하면 승잔죄이다.
http://www.accesstoinsight.org/tipitaka/vin/sv/bhikkhu-pati.html#sg-2, 2015. 7. 15.

**545_** Vin. IV., pp. 233-234.

항 가운데 22개 조항은 비구니와 공유하지 않는 조항들로서 이들 조항 중 아홉 가지 미식의 탁발을 금하는 제39조는 비구니 바일제 항목에 포함되지 않는다. 대신 비구니를 대상으로 여덟 가지 미식의 탁발을 각각 금지한 여덟 가지 회과법이 있다.

그렇다면 미식 탁발을 금지하는 비구니 회과법의 처벌은 비슷한 내용을 가진 비구 바일제 제39조의 처벌보다 더 무거운가? 그리고 처벌의 무게에 있어 회과법과 바일제는 바라이죄, 승잔죄 사이에 존재하는 무게와 어떤 차이가 있는가?

세 가지 범주의 계율들, 즉 바일제, 회과법, 중학법은 모두 위반자에게 가벼운 처벌만을 지우는 계율들이며, 처벌의 무거움은 이들 세 가지 계율에 있어서 중요한 요소로 보이지는 않는다. 다만 비구니 회과법에서 여덟 가지 미식 관련 조항은 많은 계율 조항 중 하나로서가 아니라 바라제목차의 별도 계율적 범주로 다루어져 있다.

요약하면 빨리율 바라제목차는 다양한 방식으로 비구와 비구니에게 차등을 두고 있다. 음식과 관계된 행위나 식탐, 성적 행위, 성욕에 대한 규정에서의 차별은 다른 계율 조항에서의 경우보다 더욱 두드러진다.

**동일한 수준의 위반과 다른 처벌**

1) 비구니 바라이법 제5조와 제8조 처벌 – 비구 승잔법 제2조 처벌

2) 마늘과 생곡에 대한 비구니 바일제 처벌 – 마늘과 생곡에 대한 비구 악작 처벌

## 다른 수준의 위반과 동일한 수준의 처벌

정욕을 가진 남자로부터 음식을 받는 것에 대한 비구니 승잔법 제5조와 제6조 처벌 – 여성과의 신체 접촉에 대한 비구 승잔법 제2조 처벌

## 위반의 단일 적용과 위반의 확장 적용

비구 바일제 제39조, 아홉 가지 미식과 관련한 위반에 대하여 단일 조항 적용 – 비구니 회과법 여덟 개 조항, 별도의 바라제목차 항목을 설정하고 각각의 미식에 대하여 각각의 조항 적용

다음은 5대광율 비구니 회과법의 8대 미식에 관한 내용을 도표화한 것이다.

| | 빨리율 | 사분율 | 오분율 | 마하승기율 | 십송률 |
|---|---|---|---|---|---|
| 1 | 기(sappi) | 기(酥) | 기(酥) | 기(酥) | 기(熟酥) |
| 2 | 기름(tela) | 기름(油) | 기름(油) | 기름(油) | 기름(油) |
| 3 | 커드(dadhi) | 커드(酪) | 커드(酪) | 커드(酪) | 커드(酪) |
| 4 | 우유(khira) | 우유(乳) | 우유(乳) | 우유(乳) | 우유(乳) |
| 5 | 생선(maccha) | 생선(魚) | 생선(魚) | 생선(魚) | 생선(魚) |
| 6 | 고기(mamsa) | 고기(肉) | 고기(肉) | 고기(肉) | 고기(肉) |
| 7 | 당밀(phāṇita) | 흑당밀(黑石蜜) | 당밀(石蜜) | 당밀(石蜜) | 버터(生酥) |
| 8 | 꿀(madhu)[546] | 꿀(蜜)[547] | 꿀(蜜)[548] | 꿀(蜜)[549] | 육포(脯)[550] |

표 4-5. 5대광율의 비구니 회과법에 언급된 미식 항목[551]

빨리율 경분별은 여덟 가지 식품을 다음과 같이 규정하고 있다.

1) 기: 암소, 염소, 버팔로, 그리고 그 고기가 음식으로 사
   용되는 동물에게서 얻은 정제 기름[552]

2) 기름: 참기름, 겨자씨 기름, 꿀이 들어 있는 기름, 피마
   자 기름, 동물 기름[553]

3) 꿀: 벌꿀[554]

4) 당밀: 사탕수수로 만든 것[555]

5) 생선: 물에 사는 것[556]

6) 고기: 식용이 허용된 동물의 고기[557]

7) 우유: 암소, 염소, 버팔로와 그 고기의 식용이 허용된
   동물의 젖[558]

---

**546_** Ibid., p. 347.

**547_** T. XXII., p. 1038c.

**548_** Ibid., p. 212c.

**549_** Ibid., p. 563b.

**550_** Ibid., p. 486b.

**551_** 비교의 편의를 위해 율장 각각의 불교 미식 항목 언급 순서를 변경하였다.

**552_** Vin. IV., p. 347.

**553_** Ibid., p. 348.

**554_** Ibid..

**555_** Ibid..

**556_** Ibid..

**557_** Ibid..

**558_** Ibid..

8) 커드: 암소, 염소, 버팔로와 그 고기의 식용이 허용된
동물의 것[559]

이 여덟 미식 항목에 대한 목록은 빨리율 비구 바일제 39조(3장
표 3-4 참조)의 미식 항목과 대단히 유사하다. 단 이 사이에는 한 가지
항목 차이만이 존재한다. 비구 바일제의 미식 항목에는 비구니 회과
법의 미식 항목에 존재하지 않는 버터[560]가 추가적으로 포함된다는
점이다.

빨리율 비구 바일제의 미식 품목이 아홉 개인데 반해 사분율 비
구 바일제의 미식 품목은 우유, 커드, 생선, 고기 등 단 네 가지 항목
에 불과하다.[561] 이것은 자신들이 섭취할 목적으로 탁발하는 것이 금
지된 미식 품목 외에 기, 기름, 꿀, 흑당밀이 비구니들에게 금지되는
데 반해 비구들은 탁발할 수 있음을 보여 준다. 오분율에서 비구니
는 비구와 비교하여 꿀과 당밀, 두 가지 미식을 탁발할 수 없다.

5대광율에서 여덟 가지 미식을 탁발할 수 없는 비구니 회과법
과 비구 바일제 조항의 차이를 비교해 보면 다음과 같다.

---

559_ Ibid..

560_ Ibid., p. 88.

561_ T. XXII., p. 664b.

**빨리율**

| 비구니 회과법 | 1.<br>기 | 2.<br>기름 | 3.<br>커드 | 4.<br>우유 | 5.<br>생선 | 6.<br>고기 | 7.<br>당밀 | 8.<br>꿀 | |
|---|---|---|---|---|---|---|---|---|---|
| 비구 바일제 | 1.<br>기 | 2.<br>기름 | 3.<br>커드 | 4.<br>우유 | 5.<br>생선 | 6.<br>고기 | 7.<br>당밀 | 8.<br>꿀 | 9.<br>버터[562] |

**사분율**

| 비구니 회과법 | 1.<br>우유 | 2.<br>커드 | 3.<br>생선 | 4.<br>고기 | 5.<br>기름 | 6.<br>기 | 7.<br>꿀 | 8.<br>흑당밀 |
|---|---|---|---|---|---|---|---|---|
| 비구 바일제 | 1.<br>우유 | 2.<br>커드 | 3.<br>생선 | 4.<br>고기[563] | | | | |

**오분율**

| 비구니 회과법 | 1.<br>우유 | 2.<br>커드 | 3.<br>생선 | 4.<br>고기 | 5.<br>기름 | 6.<br>기 | 7.<br>꿀 | 8.<br>당밀 |
|---|---|---|---|---|---|---|---|---|
| 비구 바일제 | 1.<br>우유 | 2.<br>커드 | 3.<br>생선 | 4.<br>고기 | 5.<br>기름 | 6.<br>기[564] | | |

**마하승기율**

| 비구니 회과법 | 1.<br>우유 | 2.<br>커드 | 3.<br>생선 | 4.<br>고기 | 5.<br>기름 | 6.<br>기 | 7.<br>꿀 | 8.<br>당밀 |
|---|---|---|---|---|---|---|---|---|
| 비구 바일제 | 1.<br>우유 | 2.<br>커드 | 3.<br>생선 | 4.<br>고기 | 5.<br>기름 | 6.<br>기 | 7.<br>꿀 | 8.<br>당밀[565] |

---

**562**_ Vin. IV., p. 88.

**563**_ T. XXII., p. 664b.

**564**_ Ibid., p. 55b.

**565**_ Ibid., p. 361c.

**십송률**

| 비구니 회과법 | 1.<br>우유 | 2.<br>커드 | 3.<br>생선 | 4.<br>고기 | 5.<br>기름 | 6.<br>기 | 7.<br>버터 | 8.<br>육포 |
|---|---|---|---|---|---|---|---|---|
| 비구 바일제 | 1.<br>우유 | 2.<br>커드 | 3.<br>생선 | 4.<br>고기 | 5.<br>기름 | 6.<br>기 | 7.<br>버터 | 8.<br>육포[566] |

표 4-6. 5대광율의 미식 품목

위의 도표에서 볼 수 있듯이 비구니 회과법은 각 부파에서 다른 정도의 영향력을 가지고 있었던 듯하다. 다시 말해 비구니 회과법의 미식 항목 숫자와 비구 바일제의 미식 항목 숫자가 거의 동일한 경우에는 비구와 비구니 사이에 차별적 정도가 거의 없지만, 그 둘의 차이가 많이 나는 사분율과 오분율 같은 경우에 있어서는 좀 더 차별적인 결과를 예상할 수 있을 것이다.

---

[566]_ T. XXIII., p. 97a.

# 5장. 금지 음식

이 장에서는 빨리율의 금지 음식을 고찰한다. 3장에서는 비구들의 식사와 관련된 빨리율 바라제목차와 다른 부파의 계율을 고찰하였는데 이들 계율은 특정 음식이나 종류를 금지하는 것은 아니었다. 그 계율은 비구들이 어떻게 해야 그들의 안전을 보장할 수 있는 방식으로 음식을 얻을 수 있고, 세속적인 활동과 재가 생활에 동반될 수 있는 위험을 피할 수 있으며, 보시를 하는 재가자에게 경제적 부담을 지우는 것을 피하고, 비구들의 행위가 수행자의 처신 방식에 대한 재가자의 기대에 저촉되지 않을 수 있는지를 확실히 하는 데에 초점이 맞추어져 있었다.

또 바라제목차에 포함되어 있지만 신참 비구도 따라야 하는 중학법은 음식을 얻은 후에 어떻게 위의(威儀)를 갖추고 먹을 것인가에 대한 방식을 다루고 있다.

물론 술을 마시는 것이나 병중이 아닐 때 미식을 구하는 것은 금지되어 있지만 이외의 다른 음식들은 그 자체로 금지되어 있는 것은 아니다. 그러나 어떤 특정 음식에 대한 금지가 비구니들에게만 적용되는 바라제목차 계율 조항에 포함되어 있는 것을 볼 수 있다. 비구니들에 대한 추가적인 계율이 존재하는 주요한 이유는 요리라는 전통적인 여성의 역할을 수행자로서의 그들 삶에 전이시키는 것을 막기 위함이었다고 앞서 언급했다.

1장에서 보았듯이 불교에서 요리는 특히 우주론적·사회적·육체적 퇴화와 관련되어 있고, 불교 수행자들이 피해야 할 것으로 간주되었다. 이것은 전적으로 음식 자체를 기피하고, 특정한 음식으로만 생존을 유지하며, 해로운 특정 음식을 피하는 다른 비불교 수행자들의 지향과는 다른 것이다(4장 참조).

한편 앞에서 비구니들에 대한 마늘과 생곡 금지의 이유를 고찰할 때, 종교적인 맥락, 즉 식물의 뿌리와 생곡은 생명을 포함하고 있으며 따라서 중생으로 간주될 수 있다는 견해에 근거하여 이러한 금지가 생겨났을 가능성을 살펴보았다. 이러한 견해를 가장 잘 보여주고 있는 종교는 자이나교이다. 이 종교를 통해 우리는 식물성 음식과 동물성 음식에 대한 상세한 금지를 볼 수 있는데, 그들은 감각적 능력의 차이에 따른 중생 구분을 하고 있다.

슈미트하우젠에 따르면 불교 우주론은 자이나교의 그것과 다르며, 따라서 불교는 자이나교의 이러한 시각을 거부한다. 불교는 식물을 중생의 범주에 포함시키고 있지 않다. 그러나 동물은 중생의 범주에 포함되며, 따라서 채식주의가 초기불교의 이슈가 되었다고 예상할지도 모르겠다.

자이나교에서 채식주의의 문제는 과거에도, 그리고 현재에도 중요한 문제이다. 그런데 이 문제는 초기불교 승원이 다루어야 할 중요한 문제였다. 그러나 나중에 보겠지만 초기불교는 그것을 거부하였다. 초기불교의 이러한 태도는 후대의 동아시아불교와는 대비되는 것이라 할 수 있을 것이다. 이 장에서는 초기불교의 육식에 대한 접근 방식을 고찰할 것이다.

앞서 4장에서 본 비구니 바라제목차에서 마늘과 훈채, 그리고 생곡 금지를 고찰할 때, 이러한 음식들이 대개 비구들에게도 금지되었지만 바라제목차 계율 속에 포함된 것은 아니었다는 사실을 언급했었다. 이들 계율은 사소한 잘못을 다루는 범주인 악작으로 간주되었다.

지금까지는 비구와 비구니에 대한 음식 관련 계율을 이해하기 위하여 계율과 그 인연담을 담은 경분별을 주로 고찰하였다. 빨리어 율장에서 두 번째로 큰 대품(Mahāvagga)을 살펴보면, 주로 소소계인 악작으로 범주화된 많은 계율들을 발견할 수 있다. 이 중 제6장인 약건도(藥犍度, Bhesajjakkhandha)는 어떤 종류의 고기를 포함해 특정 음식에 대한 금지 항목을 포함하고 있다. 이 장은 이와 관련된 계율들을 아울러 살펴볼 것이다.

약건도의 음식 종류는 1) 완전히 금지되는 음식, 2) 조건적으로 허락되는 음식, 3) 완전히 허락되는 음식, 이 세 가지로 분류될 수 있다. 육식은 처음의 두 카테고리로 다루어진다.

육류는 빨리율에서 아홉 가지 미식에 포함되어 있듯이 중요한 식재료의 목록에 포함되어 있다. 아홉 가지 미식에는 1) 우유와 유제품, 2) 고기와 생선이 중심적인 위치를 차지하고 있다. 유제품은 귀한 식재료로 간주되어 금지되는데 뒤에서 보겠지만 이것은 중국불교와는 매우 다른 시각이다.

역사적으로 인도불교와 중국불교는 우유와 유제품에 대하여 서로 완전히 다른 시각을 가져왔다. 이것은 소를 대하는 두 지역의 시각 차이가 반영되었기 때문일 것이다. 이는 이 장의 후반부에서 다룰 것이다.

　육류도 미식으로 분류되면서 비구들이 요구하여 먹을 수 없는 음식으로 분류되지만 어떤 육류는 어떤 조건하에서도 금지되는 음식이 된다. 불교에서의 육류에 대한 고찰은 육류와 관련된 두 가지 원칙인 1) 열 가지 금지육, 2) 삼종정육(三種淨肉, tikoṭipari suddhaṃ macchamaṃsam)의 시각을 통해 살펴볼 것이다.

　이 장은 초기불교 수행자의 식사에 육류가 배제되지 않는다는 사실과 어떻게 이것이 정당화되며, 또 어떤 육류들이 그들의 식사에서 배제되고 그 이유는 무엇인가에 초점을 맞추고 있다. 또한 동아시아불교의 그것과 대비하여 인도불교에서 우유와 유제품에 대한 태도를 알아보기 위해 이들 식재료에 관하여 고찰할 것이다.

　한편 대승경전의 육식과 관련된 교리, 수행, 탐욕과 관련된 이슈들을 고찰할 것이다. 이러한 이슈들은 오늘날 동아시아에서 다양한 차원으로 유지되고 있는 전통 속 불교 사찰의 채식 음식 발전과 관련해 중요한 내용을 가질 수 있을 것이다.

## 1. 약건도의 음식 범위

　처벌 수준에 있어서 빨리율 대품 약건도의 계율은 상가 계율에 대한 심각한 위반이라기보다 가벼운 위반으로 취급되거나 적절하게 행동할 수 있도록 권고하는 수준의 처벌이 주어지는 것으로 간주될 수 있을 것이다.

그러나 약건도는 실제 승원 생활에 있어서 상당한 중요성을 가지고 있는데, 그 이유는 여기서 언급된 식재료들이 비구들의 일상적 식생활과 분리될 수 없는 것들이기 때문이다.

빨리율은 음식을 네 가지로 분류한다.

1) 부드러운 음식(bhojana)
2) 단단한 음식(khādaniya)
3) 유동식(sāyaniya)
4) 음료(pāna)[567]

'부드러운 음식'은 매일 먹는 주식을 말한다. 빨리율은 부드러운 음식을 다섯 가지 종류로 분류한다.

1) 밥(odana)
2) 죽(kummāsa)
3) 밀가루(sattu)
4) 생선(maccha)
5) 고기(maṃsa)[568]

밥을 위한 재료인 생곡은 일곱 가지로 분류된다.

---

**567**_ Vin. III., p. 72.

**568**_ Vin. IV., p. 83.

1) 고급미(sāli)

2) 일반미(vīhi)

3) 보리(yava)

4) 밀(godhūma)

5) 수수(kañgu)

6) 콩(varaka)

7) 귀리(kudrūsaka)[569]

이들 곡류는 당시 일상적 식생활에 쓰였을 것으로 보인다. 인도 역사가인 옴 쁘라까쉬(Om Prakash)는 『자따까』와 다른 불교 문헌을 인용하여 고급미, 즉 샬리(Śali) 쌀은 락따샬리(Raktaśāli), 깔라마샬리(Kalamaśāli), 그리고 마하샬리(Mahaśāli)의 세 가지 종류가 있는데 부자들이 가장 선호하는 쌀이었다고 언급하고 있다.

이 중 깔라마샬리는 마가다국에서 재배되며 『우빠사까 다샹가(Upāsaka daśāṅga)』[570]에는 최고의 쌀로 권장된다. 쁘라까쉬는 또한 다음과 같이 언급하고 있다.

보리와 밀 또한 식용되었지만 그다지 대중적이지는 않았다. 보리는 여전히 건조하고 제분하여 음식으로 식용되었다. 밀로 만든 케이크는 자주 언급된다. 꼬드라와

---

**569_** Ibid., p. 264.

**570_** Prakash, 1961, pp. 58-59.

(Kodrava) 수수나 샤마까(Śyāmāka) 수수, 콩(Cīnaka), 쁘리양구(Priyaṅgu) 수수와 같은 거친 곡류는 가난한 사람들과 수행자들에 의해 식용되었다.[571]

이와 같이 빨리율에서의 범주화는 『자따까』, 니까야, 율장에서 확인된다.[572] 빨리율은 '부드러운 음식'과 대비되는 '단단한 음식'을 다음과 같이 정의한다.

단단한 음식이란 다섯 가지 부드러운 음식, 정오 이후에 마시는 음료, 칠일약(七日藥), 진형수약(盡形壽藥)을 제외한 나머지 음식이다.[573]

단단한 음식에 대해서는 다음과 같은 또 다른 규정도 있다.

단단한 음식이란 다섯 가지 부드러운 음식과 양치를 위한 물을 제외한 나머지 음식이다.[574]

위에 언급한 두 가지 규정에 따르면 단단한 음식은 다섯 가지 부드러운 음식과 음식이 아닌 음료, 물 그리고 음식으로 이용될 수

---

571_ Ibid., p. 60.

572_ Ibid..

573_ Vin. IV., p. 83.

574_ Ibid., p. 92.

없는 약을 제외한 나머지를 가리킨다: 7일 동안 저장할 수 있는 약(칠일약)은 기, 버터, 기름, 꿀, 당밀이다. 평생 저장할 수 있는 약(진형수약)은 주식으로 이용될 수 없는 채소, 허브, 소금 등이다. 율장 문헌이 단단한 음식에 대하여 명시적으로 언급하고 있지는 않지만 야채나 과일, 견과류 등이 단단한 음식에 속하는 것들이다.

빨리율에는 여덟 가지 음료가 언급되어 있다.

망고 음료(ambapāna), 자두 음료(jambupāna), 코코넛 음료(cocapāna), 바나나 음료(mocapāna), 꿀 음료(madhupāna), 포도 음료(muddikapāna), 연근 음료(sālukapāna), 파루사까 꽃 음료(phārusakapāna)[575]

이들 음료 이외에도 붓다는 과일 음료(phalarasa)를 허용했다. 그러나 다음과 같은 음료는 허용하지 않았다.

곡류 음료, 야채를 제외한 잎(pattarasa)으로 만든 음료, 감초 꽃잎을 제외한 꽃잎 음료(puppharasa), 사탕수수 음료(ucchurasa)

---

575_ Vin. I., p. 246.

## 2. 우유와 유제품에 대한 시각

인도에서는 고대부터 우유와 유제품이 중요한 식재료로 간주되어 왔다. 이는 주요한 식재료로서 역할을 해 왔지만 빨리율은 비구가 아픈 경우를 제외하고 먹을 수 없는 것으로 금지해 왔다. 이 절에서는 불교에서 우유와 유제품에 대해 어떤 태도를 가져왔는지를 고찰하고자 한다.

### 2-1. 불교 이전 우유와 유제품에 대한 시각

고대 인도의 종교 문헌들이 증명하고 있듯 인도사의 여명기에서부터 우유와 유제품은 인도의 음식과 종교에서 중요한 역할을 해 왔다. 흔히 기원전 1500년대까지 소급된다고 말하는 인도에서 가장 오래된 문헌인 『리그 베다』도 빈번하게 우유(payas)[576]에 대하여 언급하고 있다. 베다는 우유를 '천상수(天上水)'라고 묘사하고 있다.[577] 『아타르바 베다(Atharva-Veda)』에서 우유는 생명과 활력을 주는 '수액' 혹은 '액체'를 의미한다.[578] 가장 이른 시기에 성립된 것으로 간주되는 『샤따빠타 브라흐마나(Śatapatha Brāhmaṇa)』는 우유가 곡류(kṣīraudana)와 함께 요리에 사용되었다는 사실을 기술하고 있다.[579]

---

**576_** ṚV. 1. 164. 28, 2. 14. 10, 4. 3. 9, 5. 85. 2, 10. 30. 13. etc.

**577_** Ibid. 1. 64. 5, 166. 3, 3. 33. 1. 4, 4. 57. 8. etc.

**578_** AV. 3. 5. 1, 10. 1. 12, 13. 1. 9.

**579_** ŚB. 2. 5. 3. 4; 11. 5. 7. 5.

한편 소마(soma)를 섞은 우유는 제사에 이용되었다.[580] 또한 베다 문헌들은 버터(ghṛta)도 제사에 이용되었다고 기술하고 있다. 제사에서 버터는 불속에 던져지는데, 아그니(Agni)는 '버터의 얼굴을 한(ghṛta-pratīka)'[581], '버터로 위무되는(ghṛta-prasatta)'[582], 혹은 '버터를 좋아하는(ghṛta-prī)' 존재로 묘사된다. 『아이따레야 브라흐마나(Aitareya Brāhmaṇa)』는 녹은 버터(ājya)는 신에게 헌공하기 적당하고, 반쯤 녹은 버터(āyuta)는 죽은 조상에게 드리기 적당하며, 버터(ghṛta)는 인간에게 적당하고, 신선한 버터(navanīta)는 태아의 종교적 의식을 치르는 데 적당하다고 서술하고 있다.[583]

가장 이른 시기에 성립된 힌두 법경 중 하나인 『가우따마 다르마 수뜨라』는 유제품이 조상과 브라만을 위한 헌공에서 다른 음식보다 더 높게 평가된다는 사실을 명확히 하고 있다. 이 문헌은 우유와 우유 푸딩은 조상들을 12년 동안 만족시킬 수 있으며, 참깨와 콩, 쌀, 보리와 물은 조상을 한 달 동안 만족시킬 수 있고, 영양 고기, 루루(Ruru) 영양 고기, 토끼, 거북, 멧돼지, 양의 고기는 조상을 몇 년 동안 만족시킬 수 있다고 서술하고 있다.[584] 또한 우유와 커드는 장작, 물, 사료, 뿌리 식물, 과일, 꿀, 안전에 대한 약속, 묻지 않고 보시된 침대, 의자, 주거지, 마차, 볶은 곡물, 사파리(saphari) 생선, 수수,

**580**_ Simoons, 1974, p. 29.

**581**_ ṚV. 1. 143. 7, 3. 1. 18, 5. 11. 1, 10. 21. 7. etc.

**582**_ Ibid. 5. 15. 1.

**583**_ AB. 1. 3.

**584**_ GDh. 15. 15.

화환과 함께 바라문에게 보시하기 적당한 품목이라고 간주하고 있다.[585]

힌두는 '암소의 다섯 가지 산물(pañchagavya: 우유, 커드, 기, 소변, 대변)'을 고대부터 현대에 이르기까지 실용적인 목적뿐 아니라 의례적 정화의 목적으로 이용해 왔다. 인문지리학자인 프레데릭 시문스는, "암소의 다섯 가지 산물을 정화의례를 위해 사용하는 것은 암소가 신성하다는 관념이 성립될 때부터 시작되었으며[586] 이후의 신성한 암소라는 관념의 발전이 의례에서 암소의 우유와 유제품의 위치를 강화시킨 듯하다"고 말하고 있다.[587] 시문스는 기원전 6세기에서 2세기경에[588] 저술된 다르마 수뜨라가 우유와 유제품의 정화제로서 역할을[589] 명백히 언급하고 있으며, 대략 기원전 6세기 말에 시작된 불교의 흥기와 암소 신성 관념의 발전이 거의 동시대의 일이라고 지적하고 있다.[590] 다르마 수뜨라에 따르면 암소의 신성성은 다음과 같이 나타난다고 서술하고 있다.

1) 암소가 지나간 보리로 만든 죽을 먹는 것은 공덕이 있는
   일이다(SBE 14, 1882, p. 299).

---

585_ Ibid. 17. 3.

586_ Simoons, 1974, p. 21.

587_ Ibid., p. 23.

588_ Basham, 1954, p. 112.

589_ 패트릭 올리벨과 까네의 다르마 수뜨라 문헌의 성립 연대에 대한 언급은 4장 참조.

590_ Brown, 1957, p. 35. 참조 Simoons, 1974, p. 29.

2) 암소가 지나간 땅은 청정해진다(SBE 14, 1882, pp. 24, 188).

3) 암소의 울타리는 신성한 장소이며(SBE 2, 1896, p. 276 ; 14, 1882, pp. 117, 249, 311), 암소의 울타리에서는 음식을 받아먹을 수 없는 사람으로부터 얻는다 해도 우유는 마시기에 적당한 것으로 간주된다(SBE 14, 1882, p. 171).

4) 소똥은 더러움을 제거하기 위해 사용되었다(SBE 14, 1882, p. 169).

5) 사람은 소똥을 만짐으로써 청결해질 수 있다(SBE 14, 1882, p. 174).

6) 소똥을 바름으로써 대지는 청정해진다(SBE 14, 1882, pp. 24, 64, 172, 188), 그리고 의례를 행할 장소를 청결케 하기 위해 소똥을 바른다(SBE 14, 1882, pp. 262, 307).

7) 금속물은 소똥으로 문지름으로써(SBE 14, 1882, pp. 168, 190) 혹은 7일 밤낮을 암소의 소변에 완전히 담가 놓음으로써 깨끗해진다(SBE 14, 1882, p. 190).

8) 암소의 우유와 유제품은 청정케 하는 역할로 제공된다. 그리고 처음으로 암소의 다섯 가지 산물은 사람들을 내적으로 청정케 하기 위해 사용되었고(SBE 14, 1882, pp. 131, 183, 324-328), '다섯 가지 산물'로 명명되었다(SBE 14, 1882, pp. 131, 325).[591]

---

**591**_ Simoons, 1974, p. 29.

시문스는 다르마 샤스뜨라에 관하여 언급하면서 가장 이른 시기에 성립된 『마누법전』은 기원후 2~3세기경에 그 최종적 형태가 쓰였을 것이라고 언급하고 있다.[592] 당시 현대 힌두이즘과 유사한 상황이 존재했었는데[593] 시문스는 "암소의 신성성에 대한 교의가 처음으로 강력하게 언명된 굽타 시대(300~550년) 동안[594] 어떠한 종교의 식도 암소의 우유나 유제품 없이 행해지지 않았다"고 하였다.[595] 전체적으로 볼 때, 인도 고전 문헌은 우유와 유제품을 식생활과 종교적 목적에 필수적인 품목으로 간주한다.

## 2-2. 상좌부의 우유와 유제품에 대한 시각

### 2-2-1. 불교 우주론의 우유와 유제품에 대한 시각

1장과 2장에서 식사의 결과로서 우주의 기원과 전개를 설명하고 있는 디가 니까야 27경인 『아간냐경』을 다루었다. 고대 인도에서 유제품의 중요성과 그것의 청정성 간 연관은 최초의 음식으로서의 유제품과 꿀을 묘사하고 있는 이 문헌에 담겨 있다.

그때 지미(地味)는 물 위로 퍼져 나갔다. 그것은 마치 끓인 우유죽이 식었을 때, 그 표면의 막이 퍼져 나가는 것과 같았다. 그것은 색과 냄새와 맛을 가지고 있었다: 그 색은 달

---

**592_** Basham, 1954, p. 112. 인용 Simoons, 1974, p. 29.

**593_** Ibid.. 인용 Simoons, 1974, p. 29.

**594_** Brown, 1957, p. 39. 인용 Simoons, 1974, p. 29.

**595_** Maity, 1957, p. 93, p. 23.

콤한 기와 버터크림 같았고 그 맛은 잘 정제되고 맑은 꿀과 같았다.[596]

이 문헌은 상좌부에서 말하는 음식의 세 가지 본질적 요소인 색과 냄새, 맛을 언급하고 있는데,[597] 나중에 보겠지만 전통적으로 고급 식재료로 간주되는 기, 버터, 꿀과 같은 세 가지 식재료와 최초기의 음식을 비교하고 있다. 음식의 본질적 요소에 대한 분류에서 기와 버터는 뛰어난 색을 가지고 있다고 언급된다.

또 다른 우주론 문헌인 디가 니까야 26경 『짜까밧띠시하나다경』은 인간이 도덕적으로 타락하고 수명이 열 살로 줄어들었을 때 기, 버터, 참기름, 당밀, 소금은 사라지고 꾸드루사(kudrūsa)와 같은 거친 곡식이 주식이 된다고 말하고 있다.

여기서 기와 버터는 인간이 윤리적으로 선했던 시기와 연관되어 있으며 맛있는 음식으로 간주된다. 한편 꾸드루사 곡식은 윤리적으로 선하지 않았던 시대와 연관되며 맛이 없는 음식으로 간주된다 (1장 참조).[598]

## 2-2-2. 빨리율의 우유와 유제품에 대한 시각

우유와 유제품은 빨리율에 자주 언급되는데 이들 품목에 대한 규정은 율장 대품 약건도에서 다루어진다. 약건도에는 오종약, 즉

---

**596**_ Collins, 1993, pp. 341-342.

**597**_ T. XXIX., p. 55a.

**598**_ DN. III., p. 71.

기, 버터, 기름, 꿀, 당밀을 언급하고 있는데 이 중 두 가지가 유제품이다.[599] 음식이 아닌 약으로 이 두 가지를 규정하고 있다는 것은 비구가 아플 때 이들 다섯 가지 식품을 정오 이후에도 이용할 수 있다는 것을 의미하는데 비시식 규정에 따르면 정오 이후에는 먹을 수 없는 것이다(3장 참조).[600] 이러한 규정의 인연담은 이들 오종약이 병약해지거나 식욕을 잃은 비구들에게 영양가 있는 음식을 제공하기 위해 사용되었다고 언급하고 있다.[601]

기와 버터는 오종약에 포함될 뿐만 아니라 바일제 39조의 아홉 가지 '미식', 즉 우유, 커드, 기, 버터, 기름, 꿀, 당밀, 생선, 고기 중 네 가지 유제품에도 포함된다.[602]

미식 목록에 포함되어 있는 식품의 숫자나 종류는 다르지만 모든 주요한 율장들은 유제품을 언급하고 있는데, 이러한 식품의 요구를 금지하고, 이들 식품의 이용을 제한하기 위하여 목록화하고 있다. 비구들이 이러한 음식을 먹는 것은 지나치게 사치스러운 일이고, 이들 음식이 너무 좋은 맛을 가지고 있기 때문이다.

한편 이들 음식은 영양가가 높은 음식이기 때문에 비구들이 병이 들었을 때 영양분을 공급하기 위한 목적으로도 사용된다. 때문에 유제품 중 몇 가지는 오종약으로 허용되며 병이 있을 때는 비시식 규정이나 빨리율 바일제 39조 조항에도 불구하고 사용할 수 있다.

---

**599_** Vin. I., p. 199.

**600_** Ibid., p. 200.

**601_** Ibid., pp. 199-200.

**602_** Vin. IV., p. 88. 관련된 식재료를 강조하기 위하여 앞부분에 배치하였다.

## 2-3. 대승경전의 유제품에 대한 시각

대승『열반경』은 어떠한 종류의 고기도 먹어서는 안 된다고 역설한다. 이 문헌의 육식에 대한 시각은 대승불교 이전 문헌의 주장과는 완전히 다르다. 유제품도 또한 동물로부터 얻어진 식재료이다. 그렇다면 이 경전에 나타난 우유나 유제품에 대한 시각은 어떠한가? 대승『열반경』에서 가섭(Kāśyapa)은 고기를 먹는 것은 자비의 종자를 끊는 것이라고 역설하는 붓다에게 이러한 질문을 하고 있다.

여래(Tathāgata)께서 고기를 먹어서는 안 된다는 계율을 정하셨다면, 우유, 커드, 버터, 치즈, 기와 같은 다섯 가지 미식을 먹는 것 또한 수용할 수 없는 것입니까? 오 선남자여, 자이나교도와 같은 그러한 시각을 가져서는 안 된다.[603]

붓다의 유제품 금지에 대한 거부는 대승『열반경』의 다른 부분에서도 확인되는데, 여기서 붓다는 우유, 커드, 버터, 사탕수수, 쌀, 당밀, 모든 종류의 곡물, 흑당밀, 기름과 같은 최상의 식품을 열거하고 있다.[604] 비록 대승『열반경』이 육식을 엄격하게 금지하고 있지만 이러한 금지를 유제품에까지 확장시키고 있지는 않다.

---

**603_** T. XII., p. 386a, p. 626a ; T. LII. p. 301a-b ; X. XXXVI. p. 400b.

**604_** T. XII., p. 386a. 비교의 편의를 위해 우유와 유제품을 앞에 열거하였다.

유제품 사용에 대한 시각은 대승경전 이전 문헌의 그것과 동일하다. 또 다른 경전인 『앙굴리말라경(Aṅgulimālīya Sūtra)』에서 가섭불로부터 전륜성왕이 된다는 수기를 받은 한 젊은이는 그의 어머니에게 우유, 커드, 생선, 고기, 참깨, 콩과 같은 육체적 힘을 얻을 수 있는 식재료로 음식을 해달라고 부탁하고 있다.[605] 이 경전에서도 우유와 유제품은 영양가 많은 음식으로 간주되며 문제가 되는 식재료로 여겨지지 않는다.

대승불교의 육식에 대한 시각의 변화[606]를 담고 있다고 분류되는 이들 두 대승경전은 우유와 유제품을 맛과 영양이 뛰어나며 금지되지 않은, 먹을 수 있는 식재료로 간주하고 있음을 보여 주고 있다.

그런데 대승경전 중 하나인 『능엄경』은 이러한 입장과 다른 이야기를 담고 있다.

『능엄경』, 『열반경』, 『능가경』은 동아시아불교 음식과 관련하여 중요한 위치를 점하고 있는 경전들이다. 이 경전들은 육식과 훈채(4장 참조)에 대한 엄격한 금지를 강조하고 있다.[607] 그러나 유제품과 관련하여 『능엄경』과 다른 두 경전은 두드러진 시각 차이를 보이고 있다. 본격적인 논의에 앞서 『능엄경』 성립에 관한 내용을 언급하고자 한다.

---

605_ T. II., p. 539a. 비교의 편의를 위하여 식재료의 순서를 바꾸었다.

606_ Suzuki, 2003, pp. 1-5.

607_ T. XXIV., p. 1005b. 대승 『범망경(梵網經, Brahmajāla Sūtra)』은 호산(胡蒜), 염교, 파, 소산(小蒜), 흥거를 오신채로 언급하고 있다. 불교 문헌에는 다양한 오신채 종류의 조합들이 보인다.

『능엄경』은 대승 『열반경』이나 『능가경』과 달리 중국에서 찬술된 경전으로 간주되고 있다.[608] 만일 그렇다면 인도와 중국문화 사이의 지리적·문화적 차이에 근거한 각각의 문헌들 사이의 시각차가 존재할 수 있을 것이다.

앞서 우유와 유제품에 관한 그의 연구를 인용했었던 인문지리학자인 시문스에 따르면 세계는 크게 두 지역으로 나눌 수 있는데, 동물의 젖을 짜고 우유와 유제품을 이용하는 지역과 그렇지 않은 지역이다.

이 분류에서 중국, 일본, 한국과 같은 동아시아 국가들은 가장 넓은 비우유 사용 지역으로 분류된다.[609] 그의 견해에 따르면 우유를 사용하지 않는 동아시아인과 적도 아프리카인들은 동물의 젖을 짜고 우유와 유제품을 이용하는 것에 대한 특별한 신앙과 시각을 가지고 있다. 예를 들어 젖을 짜는 행위는 "어린 새끼로부터 가장 중요한 음식을 빼앗는 행위"와 동일하며 비윤리적인 행위로 간주된다. 나아가 동물의 젖을 짜는 행위는 "천상의 징벌"을 야기할 수 있는 것으로 믿어졌다.[610]

이제 『능엄경』을 고찰함으로써 동아시아불교가 우유와 유제품에 대하여 어떠한 시각을 가지고 있는지를 고찰해 보고자 한다. 아래 인용문에서 『능엄경』은 명확히 유제품의 사용에 반대한다.

---

**608**_ Iwaki, 2004, pp. 638-642.

**609**_ Simoons, 1980, p. 83.

**610**_ Ibid., p. 84.

비구들이 동쪽 나라에서 온 실, 면, 비단으로 만든 옷을 입지 않고, 이 나라로부터 온 가죽신을 신지 않고, 동물의 가죽과 모피로 만든 옷을 입지 않고, 우유와 커드와 기를 먹지 않으면 이러한 비구는 진정 세속을 벗어나 윤회의 사슬에서 해탈한다.[611]

『능엄경』은 동아시아의 선불교 전파에 있어 중요한 역할을 담당해 온 대중적인 경전이다. 이 경전은 많은 주석서를 가지고 있는데 로날드 엡스타인(Ronald Epstein)은 이 경전에 대한 주석서의 숫자가 127개에 달한다고 말하고 있다.[612]

동아시아에서 저술된 수많은 『능엄경』 주석서에는 우유와 유제품에 관한 시각을 볼 수 있는 많은 언급들이 담겨 있다.

『능엄경』은 특히 음식과 명상 수행과의 연관을 중시하는데, 명상 수행에 들어가기 위해서는 우리의 행위에서 음욕, 살생, 도둑질을 근절해야 한다고 서술하고 있다.

『능엄경』에서 유제품을 이용하지 않는 것은 사마디에 들어가는 전제 조건으로 간주되는데,[613] 모든 『능엄경』 주석서들은 유제품에 관한 문제를 음욕, 살생, 도둑질 중 살생의 범주에서 다룬다. 이들 주석서는 우유와 유제품에 대한 중국불교의 독특한 시각을 명확히 드러내고 있다.

---

**611_** T. XIX., p. 132a

**612_** http://online.sfsu.edu/rone/Buddhism/authenticity.htm, 2013. 5. 15.

**613_** X. XI., p. 839c.

『능엄경지장소(楞嚴經指掌疏)』는 우유와 유제품을 사용하는 것에 대하여 다음과 같이 비판하고 있다.

우유는 암소의 젖을 말한다. 커드는 우유를 가공해서 만들어지며 버터는 커드로부터 만들어진다. 가장 정제된 것은 '기'라고 한다. 비록 죽이는 것은 아니라 할지라도 지나치게 우유를 짜는 것은 소에게 신체적 손상을 야기할 수 있는 것이다.
자비를 가진 사람이 송아지의 음식을 빼앗아 자기가 먹는 것이 올바른 행동일 수 있는가? 따라서 비구들은 또한 비단실이나 옷감으로 짠 옷을 입어서는 안 되며 우유나 커드 등을 먹어서는 안 된다.[614]

이 주석서는 비록 실제로 살생이 이루어지지 않는다 하더라도 우유나 유제품을 사용하는 것이 동물에게 해가 될 수 있으며, 우유와 유제품을 사용함으로써 많은 윤리적 문제가 야기될 수 있음을 지적하고 있다.

또 다른『능엄경』주석서인『능엄경관섭』은 우유와 유제품 사용의 비윤리성과 종교적 실천의 윤리성을 대비하고 있다.

---

614_ X. XVI., p. 210b.

청정 비구와 보살의 최고의 자비심은 나무와 풀에게도 미치기 때문에 땅을 파거나 길가의 풀조차도 꺾지 않는다. 그런데 어떻게 그렇게 큰 자비심을 가진 그들이 중생의 피와 살로 음식을 삼을 수 있겠는가? 피와 살을 먹어서는 안 되며 누에고치로부터 만들어진 비단실, 비단 천, 비단 옷을 입어서도 안 되며, 가죽신, 가죽옷, 모피 옷을 입어서도 안 된다. 우유, 커드, 기는 동물의 신체 부위로 만들어지며 이것은 동물의 신체 중 일부이다.[615]

이 주석서는 우유와 유제품이 동물의 신체 중 일부임을 강조하며 유제품을 먹는 것이 동물을 죽이거나 상해를 입히는 것과 밀접하게 연관되어 있다고 말하고 있다. 이 주석서는 그러나 유제품을 먹는 것이 실제 살생을 포함한다고 생각하지는 않는다.

그런데 현대 영국에서는 일부 유제품 생산 과정에서 우유를 생산하기 위해 암소를 교미시켜 송아지를 낳게 한 후 송아지는 태어나자마자 살처분하는 일이 자행되고 있다.[616] 위의 『능엄경관섭』의 인용에서는 이러한 살생에 관한 내용이 드러나지 않지만 다음에 인용할 주석서는 현대 영국의 예와 같이 당시 송아지가 살처분되는 낙농

---

**615_** X. XV., p. 474b.

**616_** 거의 모든 유제품은 그것을 생산하기 위해 소를 죽이거나 상해하는 방식에 의존한다. 예외적인 경우는 다음 사이트 참조. http://www.ahimsamilk.org/, 2013. 6. 16. 이 단체는 소를 도살하지 않고 우유와 유제품을 생산하여 판매한다. 우유나 유제품을 생산하기 위하여 암소나 황소가 살처분되거나 학대받지 않고 있다고 이 단체는 말하고 있다.

업이 전제되는 내용을 보여 주고 있다.[617] 이 인용문에 나타나는 중
국의 상황은 인도에서의 암소 신성성과는 거리가 매우 멀다. 이와
동일한 내용의 인식이 『능엄경』 주석서, 『목인잉고(木人剩稿)』에 언
급되고 있다.

> 이윤을 추구하기 때문에 그들은 송아지가 먹을 우유를 남
> 기지 않는다. 이러한 행위는 (송아지의) 생명을 위협한다. 때
> 문에 우유를 마셔서는 안 된다. 우유의 양을 늘리기 위해
> 송아지를 죽인다. 이러한 사실을 통하여 우유는 살생을 통
> 해 생산된다는 것을 알 수 있다. 때문에 우유는 먹기에 적
> 당하지 않은 것이다.[618]

이들 『능엄경』 주석서에서 우유는 간접적인 살생과 해를 야기
할 뿐만 아니라 직접적인 살생과 해를 야기하는 비윤리성 때문에 먹
기에 적당하지 않은 음식으로 간주된다. 이것은 유제품이 건강에 해
로운지에 관한 문제[619] 등과 함께 현재에도 유제품과 관련된 사회적
이슈 중 하나이다.

---

**617_** 영국 낙농 산업에서 송아지 살처분과 관련해서는 다음 사이트 참조. http://www.animalaid.
org.uk/h/n/CAMPAIGNS/vegetarianism/ALL/477/, 2015. 9. 15. 호주의 경우는 다음 사
이트 참조. http://www.theaustralian.com.au/news/nation/killing-of-young-calves-is-
dairy-industrys-dark-secret/story-e6frg6nf-1226204115002, 2015. 9. 15.

**618_** JT. XXXV., p. 485b.

**619_** 우유는 천식을 포함한 알레르기와 관계된 소화 문제를 야기하는 것으로 여겨져 왔다. 건강
문제에 대한 글을 기고해 온 존 맥두걸(John McDougall) 박사는 우유와 고름이 동일한 체
액에서 나온다는 점을 언급하면서 유제품이 건강에 심각한 해가 되는 이유에 대한 독특한
분석을 내놓고 있다. http://www.rense.com/general38/pus.htm, 2013. 7. 7.

불교 문헌에서 유제품에 대한 중국과 인도의 극명하게 대비되는 시각을 살펴보기 위하여, 앞서 살펴본 『능엄경』과 『능엄경』 주석서의 내용을 중국 구법승이 쓴 여행기와 비교해 볼 필요가 있다.

7세기 말(675~685년) 인도에서 불경 공부와 여행을 한 중국 구법승 의정(義淨)은 반딴나(Bantanna, 般彈那寺) 승원에서의 식사 때 모습을 다음과 같이 묘사하고 있다.

다음으로 그들은 건반(乾飯)과 다양한 양념과 치즈를 넣고 휘저은 걸쭉한 콩 요리를 제공했다. 식사를 할 때 그들은 오른손을 사용한다. 배가 반쯤 찼을 때, 떡과 과일을 제공하고 마지막으로 우유와 커드와 설탕을 제공한다. 갈증을 느끼면 여름과 겨울에 동일하게 찬물을 마신다. 이것이 비구들이 먹는 음식이다. 의식을 행할 때에도 동일하게 먹는다. 의식을 행할 때 의례에는 넉넉하게 (음식이) 마련되어야 한다고 생각한다. 때문에 떡이나 밥이 쟁반과 대접에 넉넉히 담기고 버터와 커드가 승원 내 여러 장소에서 제공된다. 때문에 모든 재가자들도 식사를 받을 수 있다. 이것은 바로 율장에서 언급한 것 바로 그것이다: 일승광(日勝光)왕이 직접 붓다와 비구들에게 음식을 대접할 때, 버터와 커드가 제공되고도 남았고 땅에는 그것들이 넘쳐흘렀다.[620]

---

**620_** T. LIV., p. 209c.

한편 7세기 초 인도에서 수학하고 여행한 현장의 『대당서역기 (大唐西域記)』는 데와닷따를 따르는 비구들은 우유와 커드를 먹지 않았다고 언급하고 있다.[621]


## 3. 육식에 대한 시각

육식은 종교적 음식 금기에서 빈번하게 언급되는 주요한 이슈이다. 빨리어 불교 문헌에서도 육식은 음식 금기와 가장 밀접하게 연관되어 있다. 여기에서 육식 금지는 두 가지 형태를 가지고 있다: 1) 완전한 금지(예: 열 가지 금지된 고기), 2) 조건적 허용(예: 삼종정육).

다음 절에서는 이 두 가지 이슈를 고대 인도의 육식에 대한 시각의 역사적 발전이라는 측면에서 다루어보고자 한다. 왜 육식에 대하여 금지와 제약이 가하졌는가를 살펴볼 것이며, 특히 음식에 대한 탐욕이라는 이슈가 육식에 관한 이러한 규정에 영향을 주었는지에 대해서도 고찰할 것이다.

### 3-1. 상좌부 이전의 육식에 대한 시각

가장 오래된 인도 문헌인 『리그 베다』는 제사와 의례 그리고 손님을 위한 도살과 육식에 대하여 자주 언급하고 있다. 베다 문헌들

---

**621_** T. LI., p. 928a.

은 주요 신격들이 육식을 즐겼다는 사실을 자주 서술하고 있다. 『리그 베다』는 인드라 신에게 고기를 헌공하는 큰 제사를 드렸고, 여기서 인드라 신은 백 마리의 버팔로 고기를 먹었다고 언급하고 있다.[622] 아그니 신은 황소와 불임 암소를 먹었고, 소마(Soma) 신 또한 동물 도살과 연관되어 있다.[623] 동물의 고기가 베다 제사에 사용되었고, 제사 후에 사람들이 먹었다는 사실을 통해 볼 때,[624] 베다 종교가 동물 도살과 육식을 하고 있었다는 점은 명백하다.

옴 쁘라까쉬는 식육과 동물 도살을 반대하는 경향이 후기 베다 시대에 등장하였다고 언급하고 있다.

> 후기 베다 시대에 육식 특히 소고기에 대한 혐오의 감정이 거의 모든 저작에서 발견된다. 『아타르바 베다』는 소고기를 먹는 것을 조상에 대한 범계로 간주한다. 브리하스빠띠(Bṛhaspati)는 암소를 먹는 사람의 자손을 데려간다고 말한다. 제사에서 말을 도살하는 것을 금하는 언급도 있다. 서원을 지키는 사람들은 일반적으로 육식을 자제하며 바라문은 정화된 고기와 청정한 동물의 고기만을 먹는다.[625]

---

**622_** ṚV. VIII., 12. 8ab. 인용 Jha, 2002, p. 29.

**623_** Jha, 2002, p. 36.

**624_** Ibid., p. 29.

**625_** Prakash, 1961, pp. 17-18.

인도 역사학자인 자(D. N. Jha) 교수 또한 소고기 식용에 대한 반 감이 야즈냐발캬(Yājñavalkya) 시대에 그 토대를 얻었다고 언급하고 있다.[626]

쁘라까쉬는 청정육과 불청정육이라는 관념이 잘 발달했고 개 고기나 인육, 마을의 수탉, 멧돼지, 육식 동물의 고기를 먹는 것 이 죄로 간주되는 슈로따 수뜨라(Śrauta Sūtra), 그리햐 수뜨라(Gṛhya Sūtra), 다르마 수뜨라(Dharma Sūtra)와 같은 깔빠 수뜨라(Kalpa Sūtra) 시대의 육식을 언급하고 있다.[627]

청정육과 불청정육이 존재하고 오직 청정육만을 먹을 수 있다 는 관념을 고려할 때, 초기불교에서 금하는 동물의 고기는 불교만의 고유한 음식 관련 사고에 기인한 것이 아니라 좀 더 광의의 고대 인 도문화 속 불청정과 터부의 관념에 기인한 듯 보인다.

### 3-2. 빨리율의 육식에 대한 시각

모든 종류의 음식에 대하여 빨리어 불교 문헌에 담긴 시각은 다른 인도종교, 특히 자이나교의 시각과 비교해 보았을 때 상대적 으로 유연하다. 그럼에도 불구하고 빨리어 율장은 열 가지 동물의 고기를 완전히 금하고 있으며, 삼종정육에 관한 규정도 열거하고 있다.

---

**626**_ Jha, 2002, p. 36.

**627**_ Prakash, 1961, pp. 39-40.

### 3-2-1. 십종육(十種肉) 금지

빨리어 율장 약건도는 열 가지 동물의 고기를 먹는 것을 금지하고 있다. 열 가지 금지된 고기는 다음과 같다.

1) 인간
2) 코끼리
3) 말
4) 개
5) 뱀
6) 사자
7) 호랑이
8) 표범
9) 곰
10) 하이에나[628]

다른 부파의 율장도 열 가지 금지된 동물의 고기를 열거하고 있다. 주요한 불교 부파의 열 가지 금지된 고기의 목록은 거의 중복되지만 다소 차이도 있다.

---

[628]_ Vin. IV., pp. 216-220.

| 빨리율[629] | 사분율[630] | 오분율[631] | 마하승기율[632] | 십송률[633] | 근본설일체유부율[634] |
|---|---|---|---|---|---|
| 1 | 인간 | 인간 | 인간 | 인간 | 인간 | 인간 |
| 2 | 코끼리 | 코끼리 | 코끼리 | 코끼리 | 코끼리 | 코끼리 |
| 3 | 말 | 말 | 말 | 말 | 말 | 말 |
| 4 | 개 | 개 | 개 | 개 | 개 | 용(뱀) |
| 5 | 뱀 | 용(뱀)[635] | 뱀 | 용(뱀) | 뱀 | |
| 6 | 사자 | | 사자 | 사자 | | |
| 7 | 호랑이 | | 호랑이 | 돼지 | | |
| 8 | 표범 | | 표범 | 원숭이 | | |
| 9 | 곰 | | 곰[636] | 독수리 | | |
| 10 | 하이에나 | | | 새[637] | | |

표 5-1. 불교 주요 율장이 식육을 금지하는 동물

---

**629_** Ibid..

**630_** T. XXII., pp. 868b-869a.

**631_** Ibid., pp. 148b-149a.

**632_** Ibid., pp. 486a-487a.

**633_** T. XXIII., pp. 185c-187a.

**634_** T. XXIV. pp. 3c-5b.

**635_** 사분율 육식 금지 동물의 원래의 순서는 다음과 같다.
1. 코끼리, 2. 말, 3. 용(뱀), 4. 개, 5. 인간.

**636_** 오분율 육식 금지 동물의 순서는 다음과 같다.
1. 인간, 2. 코끼리, 3. 말, 4. 사자, 5. 호랑이, 6. 표범, 7. 곰, 8. 개, 9. 뱀.

**637_** 마하승기율이 식육을 금지하는 동물의 열거 순서는 다음과 같다.
1. 인간, 2. 용(뱀), 3. 코끼리, 4. 말, 5. 개, 6. 새, 7. 독수리, 8. 돼지, 9. 원숭이, 10. 사자.

빨리어 율장은 병중의 비구에게 고깃국을 제공하겠다고 약속한 신심 깊은 재가 여인에 관한 이야기를 통해 인육 식용 금지 규정을 다루고 있다. 많은 노력에도 불구하고 고기를 얻지 못하게 되자 이 재가 여인은 자신의 허벅지 살을 잘라 국을 끓여 그 비구에게 제공했다. 이 이야기를 듣고 붓다는 그 국이 어떤 종류의 고기로 만든 것인지 묻지 않은 비구를 질책했다.[638]

다른 부파의 율장들도 비슷한 내용의 인연담을 전하고 있는데 여기서도 등장하는 재가 여인은 자신의 허벅지 살을 제공하고 있다.[639]

마하승기율을 제외한 다른 율장에는 제공된 것이 어떤 종류의 고기인지 묻지 않은 것을 악작죄라고 언급하고 있다. 또 거의 모든 율장에서 열 가지 고기 중 인육을 먹는 것을 가장 중대한 죄라고 여긴다.[640]

인육을 먹은 것과 관련된 대부분의 율장 계율에서 붓다는 자신에게 제공된 것이 어떤 종류의 고기인지 묻지 않은 것에 대해 비구를 질책한다.

십송률은 사람들이 인육을 먹는 것을 혐오한다고 서술하고 있다.[641] 근본설일체유부도 이러한 사실을 적시하고 있는데, 인육 먹는

---

**638**_ Vin. I., pp. 216-218.

**639**_ 사분율: T. XXII., pp. 868c-869a ; 오분율: T. XXII., pp. 148b-148c ; 마하승기율: T. XXII., 486a-486c ; 십송률: T. XXIII., pp 185c-186b ; 근본설일체유부율: T. XXIV., pp. 3c-4b.

**640**_ 마하승기율만이 인육을 먹는 것에 대한 처벌을 언급하고 있지 않다.

**641**_ T. XXIII., p. 96a.

것을 윤리성의 문제와 연결시키는 것이 아니라 청정성의 문제와 연관시킨다. 여기서 붓다는 다음과 같이 비구들에게 말하고 있다.

> 인육을 먹으면 사람들이 그를 혐오한다. 고기 가운데 인육
> 은 가장 악취를 풍기는 것이며 가장 더러운 것이며 가장 혐
> 오스러운 것이다. 때문에 먹어서는 안 된다.[642]

근본설일체유부 율장은 인육의 문제에 대하여 윤리성의 문제보다는 불청정성의 문제를 언급하고 있다. 이는 힌두 다르마 수뜨라의 금지 음식 규정(abhakṣya)을 상기시킨다(4장 참조).

빨리율의 두 번째 금지육은 코끼리 고기이다.

어느 날 왕의 코끼리가 죽었다. 당시는 먹을 것이 부족한 시기였고, 사람들은 그 코끼리 고기를 먹게 되었다. 그들은 코끼리 고기를 탁발 나온 비구들에게 주었고, 비구들은 그 고기를 먹었다. 그러자 사람들이 왕권의 상징인 코끼리 고기를 먹었다며 비구들을 비난하였고, 왕이 알면 문제가 생길 것을 두려워하였다.[643]

빨리율, 사분율, 십송률, 근본설일체유부율에서 코끼리 고기를 먹는 것이 금지된 이유는 코끼리가 왕과 연관되어 있고, 군사적 목적으로 이용되었기 때문이라고 서술되어 있다.[644]

---

**642**_ T. XXIV., p. 4a.

**643**_ Vin. I., p. 219.

**644**_ 사분율:T.XXII.,p.868b; 십송률:T.XXIII.,p.186b; 근본설일체유부율:T.XXIV.,p.4c.

코끼리는 전쟁에서 군대 편제의 중요한 부분을 담당하고 있었다. 『까만다끼야 니띠사라(Kāmandakiya Nītisāra)』[645]는 적을 무찌르고 전쟁에서 승리하는 것은 코끼리의 역할에 달렸으며 군대에는 가능한 한 많은 코끼리가 필요하다고 언급하고 있다.[646]

기원후 5세기 인도의 위대한 문호인 깔리다사(Kālidāsa)는 사람들을 해치는 코끼리라 하더라도 왕의 코끼리를 죽이는 것은 적절치 못한 행동이라고 서술하고 있다.[647]

코끼리는 군사적 목적 이외에도 건설 현장의 일과 짐 나르기 등 큰 힘이 요구되는 작업 등에서 경제적 중요성을 가진 동물이었다. 또한 코끼리의 상아는 고대 인도에서도 귀중한 상품이었다.[648]

이렇듯 군사적·경제적 중요성 때문에 코끼리는 귀중하고 높은 지위를 가진 동물이었다.

유사한 이유로 말도 인도 군사 편제에서 중요한 부분을 이루는 단위였고, 코끼리와 마찬가지로 중요한 동물로 간주되었으며, 승속을 불문하고 사람들이 말고기를 먹는 것은 적절치 못한 행위로 간주되었다. 이들 두 동물은 왕국의 중요한 동물로 간주되었다.[649]

왕권과의 연관, 군사적·경제적 중요성과 이 동물이 차지하고 있는 높은 위치 때문에 코끼리 고기를 먹는 것은 잘못이라는 해석과

---

**645_** Banarji, 1971, p. 258.

**646_** *Kāmandakīya Nītisāra*. XIX., p. 62. 인용 Dutt, 1896, pp. 128-129.

**647_** *Raghuvaṃśa*. V., p. 50 ; IX., p. 74.

**648_** Maity, 1957, p. 129.

**649_** *Kāmandakīya Nītisāra*. IV., p. 66.

대비되는 견해로, 다른 율장에서는 코끼리 고기가 금지된 것은 그 고기가 청정하지 못한 것이기 때문이라는 시각이 존재한다.[650] 오분율은 코끼리 고기의 혐오성을 언급하고 있으며, 사람들은 코끼리 고기를 불청정하고 냄새나며 더러운 것이라고 생각했다.[651] 마하승기율에서 코끼리 고기를 금지한 인연담은 다음과 같다.

> 빔비사라왕의 코끼리가 죽자, 짠달라도 코끼리 고기를 먹고 비구들도 그 고기를 먹었다. 이때 지와까(Jīvaka)가 붓다의 처소에 가서 이 사실을 그에게 알렸다. (…) 수행자는 재가자들의 존경을 받는 사람들이기 때문에 비구들이 코끼리 고기를 먹지 못하게 해 달라고 지와까는 붓다에게 요청하였다.[652]

위와 같이 마하승기율 또한 코끼리 고기를 먹는 것은 존경받지 못하는 행위라고 언급하고 있다. 코끼리 고기에 대한 이러한 규정들은 당시 사회에서 코끼리 고기에 대한 불청정의 사고와 관련되어 있다고 할 수 있을 것이다.

빨리어 율장에서 말고기와 관련된 인연담은 코끼리 고기에 관한 인연담과 대동소이하다. 여기에서 이 계율 조항이 성립되게 된 이유는 왕권의 상징이며 군사적 용도로 말이 사용된 것과 관계되어

---

**650_** 오분율: T. XXII., p. 148c ; 마하승기율: T. XXII., p. 487a.

**651_** T. XXII., p. 148c.

**652_** Ibid., pp. 486c-487a.

있다.[653] 때문에 코끼리와 말을 죽이는 것은 왕에 의해 처벌될 수 있는 일이었다는 점을 충분히 추론해 볼 수 있을 것이다.[654]

오분율과 마하승기율은 말고기에 대해 빨리율과 다른 시각을 가지고 있다. 이들 율장에서 말고기는 불청정하고 더러운 고기로 언급되며 따라서 이 고기를 먹는 사람을 혐오하고, 경멸하는 당시 사고와 관계되어 있는 듯하다.[655]

전체적으로 볼 때, 코끼리 고기와 말고기를 먹는 것을 금하는 주요한 이유는 이 두 동물이 왕권과 연관되어 있고 군사적인 중요성을 가지고 있기 때문이다. 이 두 가지 동물을 잃는 것은 군사적으로 왕국의 안위를 위험에 빠뜨릴 수 있는 사안으로 보았음을 의미한다. 빨리율에서 식육을 금하는 열 가지 동물 중 코끼리와 말에 대한 시각은 초기경전에서 가장 중요한 재가적 존재로 여겨지는 왕권과 불교 상가 사이의 관계를 반영하고 있다고 할 수 있다.

빨리율에서 개는 혐오스럽고 불청정한 동물로 간주된다.[656] 이는 당시의 종교적·문화적 시각을 반영하고 있는 것으로, 힌두 다르마 수뜨라는 개를 극히 불청정하고 오염된 존재로 간주한다. 『마누법전』은 슈라다 제가 끝난 후 바라문에게 제공된 음식을 짠달라, 돼

---

**653_** 사분율: T. XXII., p. 868b; 십송률: T. XXIII., p. 186b; 근본설일체유부율: T. XXIV., p. 5a.

**654_** Vin. I., p. 219.

**655_** 오분율: T. XXII., p. 148c; 마하승기율: T. XXII., p. 487a.

**656_** Vin. I., p. 219.

지, 수탉, 개, 생리 중인 여성에게 보여서는 안 된다고 서술하고 있다.[657] 수드라 계급의 사람들이 먹다 남긴 음식처럼, 개와 접촉된 음식은 먹지 말아야 할 음식으로 규정된다.[658] 빨리율에 나타난 개에 대한 이미지는 이들 바라문적 시각과 유사하다. 십송률에서 붓다는 다음과 같은 근거로 개고기 식용을 금지한다.

> 개고기를 먹고 나서 현자를 만나거나 그가 당신을 만나러 올 때 비구가 개고기를 먹는다는 것을 알게 되면 당신은 짠 달라와 마찬가지이다 라고 생각하여 그들은 당신을 떠나고 내칠 것이다. (개고기를) 먹는 것은 악작죄이다.[659]

오직 빨리율과 십송률만이 당대의 사회적 관습으로서 개고기에 대한 금지와 불청정의 관념 사이에 관계를 이해할 수 있는 아주 상세한 이야기를 제공해 주고 있다.

당대의 불청정 관념과 개에 대한 혐오의 감정은 명시적이고 강했던 듯하다. 비록 불교 상가가 개를 그렇게 대할 의도가 없었다고 하더라도 재가 사회와의 관계를 고려해 볼 때 당대의 관습적 사고를 무시하기는 쉽지 않았을 것이다.

빨리율에서 뱀(ahi)에 대한 시각은 두 가지이다: 뱀은 한편으로

---

**657_** MS. 3. 240.

**658_** Olivelle, 2002, p. 352.

**659_** T. XXIII., p. 186c.

는 공포스럽고 해로운 존재이며, 다른 한편으로는 경외심을 불러일으키고 친절한 도움을 주는 존재로 그려진다.[660] 빨리어 율장에서 뱀의 왕인 수빳사(Supassa)는 뱀이 비구들을 물어서[661] 해칠 수 있다고 말하고 있으며, 사분율에서 뱀의 왕인 선현용왕(善現龍王)은 뱀이 초능력과 위엄을 가지고 있으며 노하면 한 나라 전체를 불태울 수 있다고 말하고 있다.[662] 다른 동물과 관련된 인연담과는 달리 뱀 고기를 금하게 된 인연담에서 뱀 – 뱀의 왕[663]이거나 뱀 무리의 일원[664] – 이 붓다와 대화를 나누고 있는데, 이 이야기를 통해 당대 민간에서 뱀 신앙이 성행하였음을 알 수 있다.

빨리어 율장 문헌과 힌두 문헌은 뱀 신앙(nāga worship)이 적어도 후기 베다 시대 이후로 일반 민중들 사이에서 대중적인 신앙이었음을 보여 주고 있다.

뱀 신앙은 부분적으로 치명적 독을 가지고 있는 뱀에 대한 공포에 근거하고 있다. 힌두 그리햐 수뜨라 중 『아슈와라야나 그리햐 수뜨라(Āśvalāyana Gṛhya Sūtra)』에서 사람들은 뱀이 자신들을 해치지 않기를 기원하면서 음식을 바친다고 서술하고 있다.[665]

---

**660_** Vin. I., pp. 219–220.

**661_** Ibid., p. 219.

**662_** T. XXII., p. 868b.

**663_** Ibid., p. 149a, p. 868b. 빨리율은 일반적인 뱀을 의미하는 경우 'ahi'라는 표현을 사용한다. 그러나 뱀의 왕이나 숭배의 대상으로서의 뱀을 언급하는 경우에는 'nāga'라는 표현을 사용한다.

**664_** Ibid., p. 486c; T. XXIV., p. 5a.

**665_** ĀGS. II. 1. 9–10.

불교 문헌에 나타나는 뱀 고기에 대한 금지는 뱀 신앙에서 엿볼 수 있는 뱀에 대한 공포와 경외의 상반된 태도를 반영하고 있는 것으로 생각된다.

빨리어 율장 대품 약건도는 야생 육식 동물의 고기를 먹는 것을 금하고 있다.[666] 또한 힌두 다르마 수뜨라도 육식 동물의 고기를 금지 음식(4장 참조)으로 규정하고 있는데,[667] 『가우따마 다르마 수뜨라』는 "고슴도치, 토끼, 호저, 고다(Godha) 왕도마뱀, 코뿔소, 거북이를 제외한 다섯 개의 발톱을 가진 동물과 양턱에 이빨을 가진 동물"을 먹는 것을 금하고 있다.[668]

이러한 『가우따마 다르마 수뜨라』의 규정은 빨리어 율장 대품 약건도가 언급하고 있는 다섯 야생 동물을 포함시킬 수 있는 규정이다. 만일 비구가 사자, 호랑이, 표범, 곰, 하이에나와 같은 맹수의 고기를 먹는다면 이 동물들이 비구들을 공격할 것이라고 빨리어 문헌은 기술하고 있다.[669] 불교 학자인 슈미트하우젠은 자신의 논문 「A Note on the origin of ahiṃsā」에서 힌두 문헌에는 동물들이 자기 동족을 죽인 사람에게 복수하는 많은 예들이 있다고 언급하고 있다.[670] 예를 들면 『마이뜨라야니 상히따(Maitrāyaṇi Saṃhitā)』에는 다음

---

**666_** Vin. I., p. 220.

**667_** Olivelle, 2002, p. 346.

**668_** GDh. 17. 27-28.

**669_** Vin. I., p. 220.

**670_** Schmithausen, 2000b, p. 257.

과 같이 서술되어 있다.

중생을 죽이거나 해치면 그들은 동일하거나 유사한 방식
으로 너에게 복수할 것이다.[671]

동물에 대한 살생을 전제하는 희생제에 대한 재평가가 『바가와
따 뿌라나(Bhāgavata Purāṇa)』에 보인다.

무자비하게 도살되는 희생제의 동물이 도살자에 의해 가
해진 극심한 고통을 기억하면서 격렬한 분노와 함께 자신
을 죽인 자를 살해한다.[672]

많은 브라흐마나 문헌들은, 점증하는 관심을 받고 있는 채식주
의가 희생제에 근거한 세계관에서 광의의 인과응보에 근거한 세계
관으로 이행한 결과라는 슈미트하우젠의 견해에 힘을 실어 주고 있
다.[673] 이것은 불교에서 육식 동물을 먹는 것에 관한 계율에 반영되
어 나타나 있다.

고대 인도의 종교 수행자들은 정글과 같은 외딴 장소에서 수행
을 했으며 종교 수행자들이 맹수의 먹이가 되는 일이 드물지 않았
다. 빨리어 율장에 언급된 다섯 종류의 맹수 고기를 금지한 것은 그

---

**671**_ *Maitrāyaṇi Saṃhitā*. 3. 1. 8.

**672**_ BhP. 4. 28. 26.

**673**_ Schmithausen. 2000. pp. 253–282.

러한 고기를 일상적으로 먹는 것에 대한 대응이었다기보다 맹수들로부터 자신들을 보호하기 위한 일종의 조치였던 듯하다.

빨리어 율장 대품 약건도에 전하는 사자, 호랑이, 표범, 곰, 하이에나 고기를 금지한 인연담들은 이들 육식 동물이 자신의 동족을 먹은 비구들을 죽일 것이라고 서술하고 있다.[674]

불교 학자인 존 키쉬닉(John Kieschnick)은 열 가지 동물의 식육 금지에 대한 이유를 다음과 같이 정리하고 있다: "특정한 동물의 고기를 식용 금지한다는 사고에서, 두려움은 비구들에게 사회적·육체적 영향을 가지고 있다."[675] 불교 계율 학자인 안 헤어만과 드 로(De Rauw)는 좀 더 충실한 설명을 위해 위에서 인용한 근거들을 정확히 반영한 짧지만 좀 더 상세한 설명을 하고 있다.

인육을 먹는 것은 최악의 위반이다. 이것은 설명을 요하지 않는다. 인간은 먹을 수 없다.

말과 코끼리를 먹지 않는 이유는 이들 동물이 매우 귀하고 왕의 군대에 속해 있기 때문이거나(T. 1425, T. 1428, T. 1435, T. 1448, Vin) 이 동물의 고기가 나쁜 냄새가 나거나 청정하지 않기 때문이다(T. 1421).

뱀 혹은 나가(Snakes/nāgas, 바다나 강에 사는 뱀 같은 동물, cf.

---

674_ Vin. I., p. 220.

675_ Kieschnick, 2005, p. 188.

Nakamura, 1985〔1981〕, p. 1422)는 이들 존재에 대한 외경심과 두려움 없이 먹어서는 안 된다(T. 1421, T. 1425, T. 1428, T. 1435, T. 1448, Vin).

육류에 대한 금지는, 비구나 비구니가 자신들을 먹을 수도 있다는 사실을 알고, 관련된 동물들이 이들 수행자를 공격할지도 모른다는 사실에 의해 주로 설명된다(T. 1421: 사자, 호랑이, 표범, 곰, 개, T. 1425: 개, 까마귀, 독수리, T. 1428: 개, Vin: 사자, 호랑이, 표범, 곰, 하이에나).

또 다른 이유는 어떤 종류의 고기는 경멸당하는 하위 카스트의 사람들이 먹는 고기이기 때문이다. 그것을 먹음으로써 비구나 비구니들은 부유한 재가 보시자들의 존경을 상실한다(T. 1425: 코끼리, 말, T. 1435: 코끼리, 말, 뱀, 그리고 좀 더 확실하게는 개고기 식용(186b3 - 17)).

마지막으로 빨리어 율장은 추가적인 설명 없이 개고기를 혐오스러운 것으로 간주한다.[676]

시모다(Shimoda)는 열 가지 육식 금지 동물 중 사람, 코끼리, 말, 뱀에 초점을 맞추어 이들 동물의 육식 금지 이유를 네 가지로 분류한다.

1) 논리적 요구에 의해
2) 왕권에 의해

---

[676]_ Heirman and Rauw, 2006, p. 61.

3) 뱀에 대한 대중적 신앙에 의해

4) 바르나(varṇa) 시스템과의 연관에 의해


시모다는 또 각 불교 부파들의 율장에 제시되어 있는 식육 금지 동물의 목록이 불일치하기 때문에, 이들 동물의 식육 금지는 불교 부파가 분열한 이후에 성립한 것이라고 언급하고 있다.[677]


지금까지 고찰한 빨리어 율장 대품 약건도에 언급된 열 가지 금지된 고기에 관한 내용을 통해 이 절을 결론지으려 한다.

첫 번째로 종교는 높은 수준의 윤리성에 기반하기 때문에 불교 상가는 당대 사람들이 비판하는, 인육을 먹는다는 중대한 윤리성의 상실을 무시할 수 없었을 것이다.

코끼리나 말고기에 대한 금지는 이 두 동물이 가진 군사적·경제적 중요성, 그리고 왕권과의 연관성에 관련 있는 듯하다. 특히 왕은 상가에게 위협이 될 수 있는 존재이자, 잠재력이 가장 큰 재가 신자, 그리고 보시자이기 때문이다.

개고기에 대한 시각은 불청정함과 관련된 사회적 관념과 연관되어 있다. 개는 일반적으로 가장 낮은 카스트인 짠달라와 연결되는데, 불교 상가를 개고기, 그리고 짠달라와 연결시키는 것은 불교 상가를 유지하는 데 사회적으로 심각한 문제를 야기할 수 있었을 것이다.


---

677_ Shimoda, 1989, p. 13.

뱀 고기에 대한 금지는 양면적 존재 – 위험한 존재이자 은혜를 베푸는 존재 – 로서 뱀에 대한 당대 사람들이 가진 민간 신앙과 깊이 연결되어 있었다고 말할 수 있을 것이다.

한편 다섯 육식 동물의 고기에 대한 금지는 여러 문헌에서 언급되고 있듯이 자신이 먹은 동물이 복수할 것이라는 잠재적 우려와 연관되어 있다고 할 수 있다. 이는 정글에서 수행하고 육식 동물과 지근거리에서 생활하며 그들과 조화롭게 살아야 할 필요가 있었던 수행자들의 안전 조치라고 할 수 있을 것이다. 그러나 또 다른 부파의 율장에서는 다른 시각으로 각각의 고기를 금지한다.

위에 언급된 각각의 동물 고기는 서로 다른 이유 때문에 금지되고 있다. 그것은 청정성의 관념, 그 동물과 관련된 실제적 우려, 복수에 대한 두려움, 사회적 눈총과 터부 등과 관련되어 있다.

종합적으로 말한다면 인도의 사회적 관습과 특히 금지 음식에 관한 바라문적 시각이 특정 동물의 육식 금지 계율이 성립되는 데 중대한 영향을 끼쳤다고 말할 수 있을 것이다.

### 3-2-2. 세 가지 관점에서 청정한 고기와 생선에 대한 조건적 허용

세 관점에 근거한 청정육(淸淨肉) 규정은 각각의 이유로 금지된 열 가지 동물 고기를 제외한 육식 허용 논리로 작용한다. 물론 이는 대승불교 이전의 내용이다. 이 절에서는 십종육 규정과 다른 육식 허용 조항에 대해 고찰하고자 한다.

3장과 4장에서 살펴보았던, 수행자들에 대한 윤리적 기대치와 불교의 자비, 그리고 업보와의 관련성 등을 고려해 보면, 초기불교에서 채식이 어느 정도의 고려 대상이었는지를 이해할 수 있을 것이다. 불교 문헌들은 붓다 당시부터 상가 내에 이와 관련한 논쟁이 있었음을 시사함으로써 그러한 점을 확인해 주고 있다.

앞서 고찰한 열 가지 금지된 육류를 제외하고 붓다의 육식에 대한 입장, 즉 일반적인 육식의 수용은 상가 안팎의 도전을 받았다. 육식에 관한 상가 내부의 도전 중 가장 유명한 예는 붓다의 사촌동생인 데와닷따에 의해 제기된 논쟁이다.

빨리어 율장의 언급에 따르면 데와닷따는 상가가 따라야 할 추가적인 다섯 가지 계율을 제안했다. 그중 하나가 채식을 주창한 것이었다. 데와닷따가 제시한 다섯 가지 계율 규정은 다음과 같다.

1. 비구는 평생 동안 숲에서 살아야 한다. 만일 마을에 들어오면 계율 위반이다.
2. 비구는 평생 동안 걸식을 통해 생활해야 한다. 만일 재가자의 초대식을 받으면 계율 위반이다.
3. 비구는 평생 동안 분소의를 입어야 한다. 만일 부유한 재가자들로부터 옷을 받으면 계율 위반이다.
4. 비구는 평생 동안 나무 밑에서 살아야 한다. 만일 지붕이 있는 거처에 산다면 계율 위반이다.
5. 비구는 평생 동안 생선과 고기를 먹어서는 안 된다. 만일 생선과 고기를 먹으면 계율 위반이다.[678]

---

678_ Vin. II., p. 197.

이들 다섯 가지 조항은 비구들의 일상생활과 관계되어 있으며, 이 조항들은 당시 불교 상가가 요구하는 것보다 훨씬 고행적인 생활 방식을 제안한 것이다.

빨리어 율장에 언급된 데와닷따의 다섯 가지 조항에서 음식과 관련된 조항은 두 가지이다.

재가자의 초대식을 통해, 좀 더 안락하게 하루의 식사를 해결하기보다는 걸식을 통한 방식으로 음식을 얻어야 한다고 언급한 두 번째 조항과 생선, 고기가 배제되는 식사를 언급한 다섯 번째 조항이다. 그러나 두 개의 다른 부파 율장을 통해 보면 데와닷따가 제안한 다섯 가지 조항의 초점은 좀 더 음식과 관련되어 있으며 유제품이나 소금의 섭취까지도 제한하는 조항이 추가되어 있다.

오분율은 데와닷따의 다섯 가지 조항을 다음과 같이 열거하고 있다.

1. 소금을 먹어서는 안 된다.
2. 버터밀크를 먹어서는 안 된다.
3. 생선과 고기를 먹어서는 안 된다.
4. 걸식한 음식만 먹어야 한다.
5. 여름 8개월은 옥외에서 살고 겨울 4개월은 승원에서 살아야 한다.[679]

---

**679**_ T. XXII., p. 164a.

근본설일체유부는 데와닷따가 제시한 다섯 가지 조항을 다음과 같이 서술하고 있다.

1. 우유와 커드를 먹어서는 안 된다.
2. 생선과 고기를 먹어서는 안 된다.
3. 소금을 먹어서는 안 된다.
4. 재가자가 보시한 옷을 찢어서는 안 되며 준 그대로 입어야 한다.
5. 마을의 방사에 머물러야 한다.[680]

여러 불교 부파들이 언급한 데와닷따의 다섯 가지 조항 중 음식에 관련된 조항은 육식을 금해야 하며 엄격한 채식주의를 따라야 한다는 내용이다. 데와닷따의 요구에 대하여 붓다는 비구들이 삼종정육의 규정을 준수한다면 고기를 먹을 수 있다는 자신의 견해를 피력한다.

이 견해에서 생선과 고기가 비구에게 제공될 목적으로 준비되어서는 안 된다는 점을 명시하고 있으며, 동물이 비구의 음식을 위해 도살되어서는 안 된다는 점을 명확히 하고 있다. 만일 비구가, 그 고기가 자신을 위해 준비된 것을 보지 못하고, 듣지 못하고, 의심되지 않으면, 다시 말해 그 동물이 자신을 위해 도살된 것이 아니라면 세 가지 관점에서 청정한 것이 된다.[681] 붓다는 이 관점을 상가 밖에

---

**680_** T. XXIV., p. 149b. 근본설일체유부가 마을의 방사에 머물러야 한다고 하는 이유는 재가자들이 제공한 장소를 버려두어서는 안 된다는 것을 말한다.

**681_** Vin. II., p. 197.

서 제기된 채식 관련 논란에서도 사용하고 있다.

이전에 자이나교 신자였다가 불교로 개종한 시하(Sīha) 장군이 붓다와 비구들을 식사에 초대했다. 이때 많은 자이나교도들이 붓다가 자신을 위해 도살된 고기인 줄 알면서도 고기 요리를 먹었다고 붓다를 비난하였다.[682]

걸식을 통해 음식을 받을 때에는 그 음식이 비구들을 위해 특별히 만들어진 게 아니라는 사실이 확실하고, 비채식 음식을 비구들에게 제공하는 것도 특별히 비구들을 위해 따로 음식을 마련해야 하는 재가신자들의 부담을 덜 수 있다는 점이 명백하다. 하지만 초대식의 경우 음식이 초대한 대상을 위해 특별히 준비된 것이기 때문에, 즉 음식 준비를 위해 도살된 동물은 비구들의 식사를 위해 도살된 것이라는 논리에 바탕한 비판이었다.

이러한 비판에 대하여 붓다는, 비구는 자신 때문에 도살되었다는 사실을 인지하고서 고기나 생선을 먹어서는 안 되며, 고기와 생선은 세 가지 관점에서 청정(anujānāmi tikoṭiparisuddhaṃ macchamaṃsam addiṭṭham asutaṃ aparisaṅkitan ti)[683]할 때에만 허용된다는 점을 확실히 하였다. 이러한 육식의 허용은 빨리어 율장 대품과 소품(Cullavagga), 두 경우 모두에서 확인된다.[684]

빨리율, 사분율, 오분율, 십송률은 만일 보고, 듣고, 의심스럽다

---

**682**_ Vin. I., p. 237.

**683**_ Ibid., p. 238. 사분율: T. XXII., pp. 871a-872b; 오분율: T. XXII., p. 148c; 십송률: T. XXIII., p. 190a-c.

**684**_ Vin. I., pp. 237-238; T. XXII., p. 149c, p. 871a-871b; T. XXIII., 190 a-c.

는 세 가지 관점에서 청정하다면(tikoṭiparisuddhaṃ) 생선과 고기를 먹을 수 있다는 규정을 포함하고 있다.

'parisuddhaṃ'이라는 술어에 대하여 일본 불교학자인 시모다는, 이 표현은 고기가 청정하지 못하다는 사실을 전제하는 것이며 이들 네 부파의 율장이 이러한 규정을 정립한 것은 청정과 불청정에 관련된 사회적 인식에 대한 대응이었다고 주장한다.[685]

근본설일체유부는 'parisuddhaṃ'이라는 술어를 사용하지 않는 대신 '적절하지 않은'이라는 의미를 가진 'akalpika'라는 술어를 사용한다고 언급하고 있다.[686] 한편 'parisuddhaṃ'이라는 술어는 마하승기율에서도 사용되지 않는다.[687]

시모다는 이 단어의 용법에 대한 예를 제시하고 있다. 식육 금지 내용이 언급된 『마누법전』에 나오는 1) 'śuci'와 2) 'śuddha'의 용법도 기근과 같은 어려운 시기에는 고기를 먹는 것이 허용되며 청정화(śuci 혹은 śuddha)된다고 시모다는 언급하고 있다.

불교의 율장이 육식을 허용하는 논리는 『마누법전』이 육식에 청정성을 부과하는 것과 동일하다고 그는 생각한다. 즉 고기가 불청정하지만 세 가지 조건이 충족된다는 점에 근거하여 청정성이 고기에 부여된다고 생각한다. 이 말은 이전에 불청정했던 것이 세 가지 조건의 충족으로 인하여 청정해졌음을 말하는 것이다.[688]

---

685_ Shimoda, 1989, p. 9.

686_ *Bhaiṣajyavastu*, Gilgit Manuscript vol.3, part 1, p. 237. 인용 Shimoda, 1989, p. 8.

687_ T. XXII., 486a. 'akalpika(부적절한)', 이 표현이 여기서 사용되고 있다.

688_ Shimoda, 1989, p. 10.

인도 학자인 올리벨은 '부적절한 음식'을 의미하는 'abhojya'의 개념을 다음과 같이 규정하고 있다.

부적절한 음식을 가리키는 'abhojya'는 일반적으로 허용되지만 어떤 상황의 발생으로 인하여 먹기에 적절치 않게 된 음식을 가리킨다. 이러한 음식들은 식재료로서가 아닌 실제 먹을 수 있는 음식의 이름으로 언급된다. 머리칼이나 벌레에 의해 오염된 음식, 불청정한 남자나 여자가 만진 음식, 음식을 제공받을 수 없는 자로부터 주어진 음식이나 쉬거나 상한 음식, 이 모든 음식이 '부적절한(abhojya) 음식'이다.[689]

시모다의 삼종정육에 대한 시각은 올리벨이 음식 금기를 구분한 두 가지 중, 먹어서는 안 되는 음식으로 구분한 '아박샤' 규정과 '생존을 위한 불가피한 상황'이라는 조건에 가장 잘 맞아 떨어지는 해석이다. 시모다는 '청정'을 의미하는 언어적 표현을 근거로 들어 그의 논리에 정당성을 확보한다. 때문에 그의 논리에서 육류는 기본적으로 먹어서는 안 되는 음식으로 간주된다는 전제를 갖게 된다. 그러나 초기불교가 음식에 대한 정 혹은 부정의 사고를 전제하기보다는 행위와의 관련에 의한 정, 부정의 실천적 사고를 한다는 점을 감안한다면, 올리벨의 금기 음식 분류 중 아보샤 음식 규정에서 언급한 어떤 상황이나 조건의 발생 때문에 음식이 부적절하게

---

**689**_ Olivelle, 2002, p. 346.

된다는 규정을 불교 삼종정육의 예에 적용시켜 비구가 자신이 먹는 고기의 살생과 연관되는 세 가지 조건으로 해석하는 것이 초기불교 음식관의 맥락에서 더 적절한 것이 아닐까 생각된다.

동물들이 명백히 비구들을 위한 음식을 위해 도살되어서는 안 된다는 규정은 고통과 슬픔을 느끼는 능력을 가진 동물에 대한 고려에 의해 성립된 듯하다. 이러한 측면은 맛지마 니까야『지와까경 (Jīvaka Sutta)』(MN 55)의 붓다의 언급을 통해 확인할 수 있다. 이 경에서 붓다는 자신과 그 비구들의 음식을 위해 동물을 도살하는 것에 대한 문제점을 설명하고 있는데, 여기서 붓다는 도살 과정을 다섯 가지 요소로 분류하고 있다.

1) '가서 저 동물을 끌고 와라' 라고 말하기
2) 목줄을 잡아끌고 오기
3) '가서 저 동물을 도살하라' 라고 말하기
4) 도살
5) 붓다와 비구들에게 이러한 음식을 제공하는 것 (…) 이 모두는 허용될 수 없는 것이다.[690]

앞서 청정 혹은 불청정(오염)이라고 규정하는 개념 논리에 불교의 율장과 힌두 다르마 수뜨라 간 유사성이 존재한다고 말했지만 여기에는 중요한 차이가 있다.

---

690_ MN. I., p. 371.

힌두 다르마 수뜨라에서 '부적절한 음식(abhojya)'으로 적용되는 것은 주로 외부적 요인에 의해 먹기에 부적당한 음식이다. 『가우따마 다르마 수뜨라』는 다음과 같이 서술하고 있다.

머리카락이나 벌레가 떨어진 음식, 생리 중인 여성이 만진 음식, 검은 새가 건드린 음식 혹은 다른 사람의 음식, 낙태 시술자가 쳐다본 음식 혹은 소가 냄새 맡은 음식, 토한 것처럼 보이는 음식, 커드를 제외한 쉰 음식, 다시 요리된 음식, 야채를 제외한 신선하지 않은 음식, 오래 씹어야 하거나 기름기가 많은 음식, 고기, 꿀, 부모와 의절한 사람, 매춘부, 중범죄자, 자웅동체인 사람, 법 집행관, 목수, 수전노, 옥리, 의사, 활을 사용하지 않고 사냥하는 사람, 다른 사람 혹은 한 무리의 사람 혹은 적이 먹다 남긴 음식을 먹는 사람, 앞에서 열거된, 함께 먹으면 다른 사람들을 오염시키는 사람이 주는 음식, 잘못 요리된 음식, 사람들이 식사를 마쳤거나 규정에 어긋나게 일어나는 자리의 식사 혹은 다른 정도의 존경의 표시가 동일한 지위의 사람에게 행해지는 곳에서의 식사 그리고 동일한 존경의 표시가 다른 지위의 사람에게 표해지는 곳에서의 식사, 그리고 무례하게 주어지는 음식[691]

---

**691_** GDh. 17. 9-21.

이 인용문에서 보면 사회적 터부, 청정성의 계급화에 근거한 오염의 외부적 요소들이 음식을 '부적절한' 것으로 만든다.

이와 대조적으로 삼종정육의 관점에서 청정하다면 고기도 먹기에 적절한 것으로 규정함에 있어서, 청정과 불청정을 나누는 결정적인 요소는 비구가 음식을 받을 때의 인식임을 알 수 있다: 자신 때문에 동물이 도살되었다는 합리적인 이유를 가지고 있는가? 도살이 이루어지는 다섯 가지 요소 중 어떤 것을 비구가 보거나 들었는가? 자신을 위해 도살이 행해졌다고 의심하고 있는가?

이 경우에 있어서 청정성의 원천, 오염원의 제거는 내적인 것이다. 비구는 자신이 먹는 음식이 청정한지 혹은 그렇지 못한지에 대한 책임을 가지고 있다. 그는 자신에게 음식으로 제공되는 동물의 도살에 직접적으로 연결되어 있지 않고 그 살생의 매개자로 역할하지 않았는가를 확실히 해야만 한다.

맛지마 니까야『지와까경』은 비구에게 제공된 음식이 세 가지 관점에서 청정해야 한다는 점을 다른 방식으로 서술한다. 이 경은 세 가지 관점에서 청정한 생선과 고기에 관한 규정의 존재를 전제하고 있는 듯하다. 여기서 고기의 청정성은 세 가지 종류의 청정성이 하나의 항목을 구성할 뿐이다. 음식은 세 가지 점에서 청정해야 한다: 1) 음식이 청정하고, 2) 먹는 자가 청정하고, 3) 보시자가 청정해야 한다. 음식의 청정이 의미하는 것은 육식이 허용되는 세 가지 조건에 대한 술어에서 명확해진다. 그러고 나서 붓다는 다른 두 가지 청정이 의미하는 바를 설명한다. 첫 번째로 음식에 대한 그의 태도가 청정하다면 비구는 청정한 것이라는 점이 다음과 같이 설명된다.

그때 그 재가자나 재가자의 아들이 좋은 음식을 그에게 제공한다. 비구는 (다음과 같이) 생각해서는 안 된다: "좋은 음식으로 이 재가자나 재가자의 아들이 나에게 보시하면 얼마나 좋을까?" 그는 이와 같이 생각하지 않는다. 그는 음식에 얽매이지 않고, 집착하지 않고, 완전히 매몰되지 않고 음식의 위험을 보면서 그것으로부터 벗어나는 것을 인식하면서 걸식을 먹는다.[692]

맛지마 니까야 『세카경』은 비구가 가져야 할 음식에 대한 올바른 태도에 대하여 상세히 서술하고 있다.

현명하게 반추하면서 성스러운 제자는 즐거움을 위해서도 아니요, 취하기 위해서도 아니요, 육체적 미나 매력을 위해서도 아닌 이 육체의 유지와 지속을 위하여, 불편함을 제거하기 위해, 그리고 성스러운 생활에 도움이 되기 위하여, "이와 같이 나는 새로운 느낌을 생기게 하지 않고 오래된 느낌을 끝낼 것이다. 그리고 나는 건강하고 비난받지 않으며 편안하게 살 것이다"라고 생각하면서 음식을 먹는다.[693]

어떻게 세 가지 관점에서 음식이 청정해야 하는가에 대한 맛지

---

692_ MN. I., p. 369.

693_ Ibid., p. 355.

마 니까야 『지와까경』의 붓다의 설명으로 돌아가 보면, 앞서 언급한 도살 과정의 다섯 가지 구성 요소 중 어떤 것과 연관될 때 재가자의 불청정·불공덕의 축적이라는 요소가 존재한다는 것을 발견할 수 있다. 도살 과정의 다섯 가지 구성 요소를 다시 한 번 보자.

1) '가서 저 동물을 끌고 와라'라고 말하기
2) 목줄을 잡아끌고 오기
3) '가서 저 동물을 도살하라'라고 말하기
4) 도살
5) 붓다와 비구들에게 이러한 음식을 제공하는 것 (…) 이 모두는 허용될 수 없는 것이다.[694]

여기서 붓다는 재가자들이 자신과 비구들의 음식을 위해 동물을 도살하는 일에 관련되어서는 안 된다고 권고하고 있다. 다만 다른 곳에서의 예를 통해 볼 때, 다른 방식으로 고기를 얻는 것이 불공덕이 되지는 않아 보인다. 빨리어 율장 대품 약건도의 수삐야(Suppiyā)에 대한 이야기에서 그녀는 아픈 비구를 위해 국을 끓일 고기를 보시하겠다고 약속한다. 그러나 그날은 동물 도살이 금지된 날인 관계로 어디에서도 고기를 구할 수 없었고, 그녀는 자신의 허벅다리 살을 잘라 그 비구에게 보시하였다.[695] 이는 아픈 비구를 위

---

694_ Ibid., p. 371.

695_ Vin. I., pp. 216-218. 빨리어 율장은 하인이 왜 고기를 구할 수 없었는지에 대한 이유를 언급하고 있지 않지만, 다른 다섯 가지 중요한 율장들은 그날이 동물 도살이 금지된 날이었다

해 국을 끓일 고기를 사는 것이 당대에 일상적인 일이었다는 것을
의미한다.

맛지마 니까야 『지와까경』에서 보았듯이, 대개 빨리어 율장은
부적절한 음식과 관련된 힌두 규정처럼 특정한 종류의 음식이나 특
정인에 의해 보시된 음식을 금지하지 않는다.[696] 음식이나 먹는 자,
그리고 보시자가 청정한 세 가지 요인이 충족된다면 육식도 허용된
다. 육식의 사례는 빨리어 율장 약건도에서 드물지 않게 발견되며

---

고 언급하고 있다.
오분율: T. XXII., p. 48c; 사분율: T. XXII., p. 868c-869a; 마하승기율: T. XXII., p.
468a-b; 설일체유부: T. XXIII., p. 185c; 근본설일체유부: T. XXV., p. 4a-b.

**696_** 자이나교의 음식에 대한 시각을 이해하는 것은 당대 인도의 음식에 대한 시각을 이해하는
데 필수적이다. 폴 둔다스(Dundas, 1992, p. 177)는 초기 자이나교 수행자들이 비구들이
그랬던 것처럼 동일한 조건에서 고기 요리를 수용하였으며 그들은 엄격한 채식주의자는 아
니었다고 언급하고 있다. 『The History of Vegetarianism and Cow Veneration in India』라
는 저작은 마하비라의 육식에 관한 논쟁을 서술하고 있는데 까파디아(Kapadia) 같은 학자
는 마하비라가 육식을 하였다는 견해에 반대하면서 마하비라가 육식을 하였다는 자이나교
경전의 언급은 비유일 뿐이라는 견해를 수용하였다(Bollee, 2010, p. 13). 둔다스는 한 걸음
더 나아가 자이나교의 엄격한 채식주의는 『아슈따까쁘라까라나(Aṣṭakaprakaraṇa)』를 저
술한 하리바드라(Haribhadra)에 의해 8세기 이후에 대두되었다고 언급하고 있다(Dundas,
2000, p. 102). 자이나교 주석가인 헤마찬드라(Hemacandra)는 육식이 금지되는 것은 동물
이 도살되기 때문일 뿐만 아니라 그 죽은 동물 몸 안에서 살고 있는 많은 미생물이 죽기 때
문이라고 언급하고 있다(인용 Dundas, 2000, p. 102). 다음은 초기 자이나교의 육식과 채
식주의를 다루고 있는 저작들이다.

1. Albrecht Wezler, *Die wahren 'Speiseresteesser'(Skt. vighasœśin)*, Mainz: Akademie
der Wissenschaften und der Literatur, 1978.
2. Ludwig Alsdorf, *The History of Vegetarianism and Cow-Veneration in India*, London
and New York: Routledge, 2010.
3. Paul Dundas, 'The Meat at the Wedding Feast: Kṛṣṇa, Vegetarianism and a Jain
Dispute', in Joseph T. O'Connell (ed.), *Jain Doctrine and Practice: Academic
Perspective*, University of Toronto: Centre for South Asian Studies, 2000, p. 95-112.
4. W. B. Bollée, 'Le Végetarisme défend par Haribhadrasþri contre un bouddhiste et un
brahmane', in N. K. Wagle and F. Watanabe (ed.), *Studies on Buddhism in Honour of A.
K. Warder*, University of Toronto: Centre for South Asian Studies, 1993, pp. 22-28. (이
들 자료는 에딘버러대학(Edingburgh University) 폴 둔다스(Paul Dundas) 교수가 추천한
것이다.)

---

이것은 문제가 있는 행위로 언급되지 않는다.

불교 신자들은 비구들을 자신의 집에 초대하여 그들에게 고기 요리를 대접한다. 빨리어 율장 대품 약건도에 나오는 한 대신은 붓다와 비구들을 초청하여 다른 많은 음식과 고기 요리를 대접하고 있다.[697] 우리는 앞에서 시하 장군이 그러한 대접을 붓다와 비구들에게 하는 것을 보았다.[698] 이와 관련하여 불교는 육식과 관련된 규정을 제시하고 있는데 여기서 강조되고 있는 것은 의도적인 마음이다.[699] 불교학자인 슈미트하우젠도 언급하고 있듯이, 이것은 중생에 대한 살생이나 상해를 금지하는 불교적 태도가 '적용 가능성의 한계 내에 머물고 있다'는 것을 의미한다.[700]

### 3-2-3. 빨리어 율장에 보이는 육식

빨리어 율장 대품 약건도에는 고대 인도의 다양한 식재료들이 언급되어 있다. 이미 앞에서도 많이 언급하였듯이 육식과 관련된 사례들도 이 문헌에서 다수 발견된다. 아래의 도표는 약건도에 언급된, 재가자들에 의해 제공된 동물성 음식을 정리한 것이다.

---

**697_** Vin. I., pp. 222-223.

**698_** Ibid., pp. 236-238.

**699_** 빨리어 율장에서 다양한 사례의 의도에 대한 강조를 발견할 수 있다. 한 예를 들어 보면, 어떤 사람이 숲에 불을 질러 사람이 죽게 되었는데 이 사람은 죽일 의도를 가지고 있지 않았기 때문에 살인죄에 해당되지 않는다고 서술하고 있다. V. III., p. 85.

**700_** Schmithausen, 1991, p. 29.

| | 음식 유형 | 섭취자 | 보시자 |
|---|---|---|---|
| 1 | 동물성 기름<br>(곰, 물고기, 악어, 돼지, 당나귀)[701] | 붓다와 비구들 | 언급 안 됨 |
| 2 | 돼지 생고기와 피[702] | 병든 비구 | 언급 안 됨 |
| 3 | 고기국[703] | 병든 비구 | 언급 안 됨 |
| 4 | 인육[704] | 병든 비구 | 수삐야(Suppiyā, 재가녀) |
| 5 | 동물의 고기<br>(코끼리, 말, 개, 뱀, 사자,<br>호랑이, 표범, 곰, 하이에나)[705] | 비구들 | 재가자 |
| 6 | 고기 요리[706] | 붓다와 비구들 | 정부 대신(재가신자) |
| 7 | 고기 요리[707] | 붓다와 비구들 | 시하(Sīha) 장군(재가자) |

표 5-2. 빨리어 율장에 보이는 육류 혹은 육류 관련 음식 섭취의 예

위에 언급된 빨리어 율장 약건도에 나오는 육류 식용의 모든 예들은 일상적 걸식을 통해 얻은 음식(6, 7), 약으로 얻은 음식(1, 2, 3), 이후에 금지된 육류(4, 5), 초대식으로 얻은 육류 음식(6, 7)으로 분류할 수 있다.

---

**701_** Vin. I., p. 200.

**702_** Ibid., pp. 202–203.

**703_** Ibid., p. 206.

**704_** Ibid., pp. 216–218.

**705_** Ibid., pp. 218–220.

**706_** Ibid., pp. 222–223.

**707_** Ibid., pp. 233–238.

특별한 음식을 마련하여 비구들을 초대하는 초대식은 당대에 재가자들 사이에서 아주 일반적인 관행이었다. 이때 재가자들은 좋은 음식을 마련하여 붓다와 비구들에게 제공한 듯하다. 재가자들은 자신의 독실한 신앙심과 존경심을 붓다와 비구들에게 보여 줄 가장 적절한 방법으로 귀한 식재료인 육류를 사용한 음식을 제공하지 않았나 생각된다.

위에 언급된 예를 통해 볼 때, 재가자들이 비구들에게 고기 요리를 대접하는 것은 예외적인 일이 아니었음을 추론할 수 있다.

한편 위의 도표는 야생 동물이나 가축이 고기 요리나 약용으로 이용되었음을 보여 주고 있다. 비록 일상적인 예는 아니겠지만, 인육, 날고기, 동물의 피도 비구들이 식용하였음을 보여 준다. 빨리어 율장에서 인육과 야생 동물의 고기는 이후 모두 금지되었다. 한편 날고기의 경우 빨리어 율장에서는 병중이라는 조건 아래 허락되지만 다른 율장에서는 금지되고 있다.

일본 불교학자인 시모다는 불교 율장에 나타나는 육식에 대한 다양한 찬성과 반대의 경향들을 다루고 있다. 그는 또한 빨리어 율장, 십송률과 달리 마하승기율에서 생고기는 금지되고 있음을 서술하고 있다. 시모다는 설산부(雪山部, Haimavata)의 경전인 『비니모경(毘尼母經)』이 데와닷따의 다섯 가지 추가적인 계율 조항을 수용하고 있음을 언급하고 있다.[708] 근본설일체유부 율장은 대승 여래장계 경전에서 언급되고 있는 마늘, 파, 부추에 대한 금지의 내용을 담고 있

---

**708_** Shimoda, 1989, p. 13 ; T. XXIV. No. 1463, *Pinimu jing*(毘尼母經).

다.[709] 이들 부파 율장의 언급 내용을 통해 볼 때, 대승 여래장계 경전에서 보이는 육식과 훈채 금지의 경향이 대승 이전의 부파 율장에서 이미 그 맹아를 보이고 있는 듯하다.

### 3-3. 대승불교의 육식에 대한 시각
#### 3-3-1. 육식에 대한 태도

육식에 대한 초기불교의 시각은 대승경전에서 큰 전환을 맞게 된다. 빨리어 불교 문헌의 경우 육식의 문제는 몇 가지 경우를 제외하고 경장이 아닌 율장의 테두리 안에서 다루어졌다. 그러나 대승불교에서는 경전 속에서 육식 문제를 주로 언급하고 있음을 발견할 수 있다. 대승경전에서의 육식에 대한 논의는 육식에 대하여 계율뿐 아니라 교리적·수행적 측면에서도 언급되고 있다.

대승경전에 나타나는 육식에 대한 태도는 빨리어 불교 문헌의 그것보다 훨씬 더 엄격하다. 『능가경』은 육식에 대한 철저한 금지의 예를 보여 주고 있다.

> 대혜여! 이제 『능가경』은 어떠한 때에, 어떤 종류의 육류
> 도, 어떠한 상황에서도 육식을 해서는 안 된다고 말한다.
> 그러므로, 대혜여! 내가 육식을 금지한 것은 단지 한 사람
> 에게 적용되는 것이 아니라 현재와 미래의 모든 사람에게

---

**709_** T. XXIV., p. 230a.

적용되는 것이다.[710]

　앞서 유제품에 대한 태도를 다룬 부분에서 언급한 일군의 대승 경전들이 있다.『능가경』의 여러 번역본들 -『능가아발타라보경』[711], 『입능가경』[712],『대승입능가경』[713] - 은 이들 경전의 제목을 언급하고 있다:『상액경(象腋經, Hastikakṣyā Sūtra)』,『대운경(大雲經 혹은 大方等無想經, Mahāmegha Sūtra)』,『대반열반경』[714],『앙굴리말라경』,『능가경』.

　육식에 관한 내용을 다루고 있는 또 다른 경전인『문수사리문경 (文殊師利問經, Mañjuśrīparipṛcchā Sūtra)』[715] 또한 육식 금지를 다루고 있는 경전의 이름을 이들 경전의 성립 순서에 따라 언급하고 있다:『상구경(象龜經, Hastikakṣyā Sūtra)』,『대운경』,『지만경(指鬘經, Aṅgulimālīya Sūtra)』.[716] 또한 육식 금지와 훈채 금지를 다루고 있는『범망경(梵網經 盧舍那佛說菩薩心地戒品 第十, Brahmajāla Sūtra)』이 있다.[717]

---

710_ T. XVI., p. 563c.

711_ T. XVI. No. 670.

712_ T. XVI. No. 671.

713_ T. XVI. No. 672.

714_ T. XII. No. 0374, No. 0375, No. 0376.『대반열반경(Mahāparinirvāṇa Sūtra)』은 세 종류의 한역이 있다.
　1)『불설대반니원경(佛說大般泥洹經)』은 418년 법현(法顯)에 의해 한역되었다.
　2)『대반열반경(大般涅槃經)』은 421년 담무참(曇無讖)에 의해 한역되었다.
　3) 위와 동일한 이름의『대반열반경(大般涅槃經)』이 436년 혜엄(慧嚴) 등에 의해 한역되었다.

715_ T. XVI., p. 514b.

716_ T. XIV., p. 493a.

717_ 『범망경』은 구마라집(鳩摩羅什, Kumārajīva)이 번역한 경전으로 알려져 있으나 중국 찬술이라는 논란도 존재한다. T. XXIII. No. 1484.

여기서는 육식 금지를 다룬 가장 중요한 두 경전, 즉 『대반열반경』과 『능가경』에 근거하여 육식 문제를 다루고자 한다.

먼저 육식에 대한 시각이 초기불교와 다르게 완전히 전변한 것은 어떤 이유에서인가? 『대반열반경』에 근거하여 그 이유를 추론할 수 있을 것이다. 『대반열반경』은 "삿된 교리를 설하는 이교도들조차 육식을 금하고 육식을 하지 않으며 다른 이들도 육식을 하지 못하게 하고 있다"고 하면서 육식과 관련한 당시의 사회 분위기를 서술하고 있다. 이러한 내용은 육식에 대한 불교의 시각 변화가 불교 교단 외부의 상황과 밀접하게 연관되어 있음을 보여 주고 있다.

이 경전에서 대혜(大慧)는 붓다가 왜 비구나 다른 사람들에게 육식을 금하지 않는지를 묻는다.[718] 대혜의 물음에 대하여 붓다는 다음과 같이 답변한다.

> 대혜여! 나의 제자들은 일반 사회의 중상으로부터 삼보(三寶: 佛, 法, 僧)를 보호하기 위하여 육식을 하여서는 안 된다. 그 이유는 무엇인가? 재가자들이 비구가 육식하는 것을 보면, 불교에 청정한 수행을 하는 진정한 사문과 바라문이 어디에 있는가? 라고 생각할 것이며 성자들이 원래 먹어야 할 것들을 버리고 중생의 고기를 먹는 것은 나찰(rākṣasa)이 배가 가득하게 고기를 먹고 술에 취해 꼼짝 않고 자는 것과

---

**718_** T. XVI., p. 561a.

같다고 생각하기 때문이다.[719]

이러한 언급은 불교 상가가 비구들의 행위에 기대치를 가지고 있는 재가자들로부터의 비판에 직면하고 있었음을 나타내는 것이라고 해석될 수 있다. 율장의 계율들이 수행자의 행위에 대한 재가자들의 기대치에 부응하여 제정된 것(3장 참조)과 마찬가지로, 대승경전들 또한 다른 종교 그룹 수행자들의 엄격한 음식 관련 실천에 비견되는 채식주의를 주창하게 된다. 만일 비구들이 실천적 문제에서 청정하지 못하다고 재가자들에게 낙인찍힌다면 비록 비구들이 불교의 뛰어난 교의에 자신감을 갖고 있다 하더라도 이는 곧 재가자들의 불교에 대한 신앙을 손상시키는 요인이 될 것이다. 불교의 채식주의가 재가자들의 요구에 의한 것이라는 사실은 『앙굴리말라경』에서 확인된다.[720]

대승 『열반경』에서 가섭보살은 붓다에게 1) 세 가지 관점에서 청정한 고기와 생선, 2) 열 가지 식용 금지 동물과 아홉 가지 관점에서 청정한 고기와 생선[721], 3) 미식으로서의 고기와 생선[722]이라는 문제에 대한 답변을 요구한다.

---

**719_** Ibid., p. 562a.

**720_** T. II., p. 541a.

**721_** X. XI., p. 496a. 이 『능엄경』 주석서는 9종 정육(淨肉)의 존재를 설명하고 있는데 삼종 정육의 내용 각각을 다시 세 가지로 분류하고 있다: 예를 들어 삼종정육의 첫 번째 규정인 '보지 않음'의 규정은 1) 방편: 살생 이전(누군가 동물을 끌고 와 칼로 그 짐승을 죽이려 하는 것을 보는 것), 2) 근본적인 죄: 실제 도살 장면을 보는 것, 3) 차후 방편: 살생 후 기뻐하는 것이다.

**722_** T. XII., p. 386a.

대승『열반경』은 몇 가지 제한 규정을 가지고 있지만 본질적으로 육식이 허용되는, 대승불교 이전의 경전에서 다루어진 육식에 대한 모든 중요한 이슈에 대하여 붓다에게 답변을 요구한다.

붓다는 이러한 모든 대승 이전의 육식 관련 이슈에 대하여 궁극적으로 육식을 금지하기 위한 것이었다고 답한다. 또한 그가 제정한 이전의 육식 관련 규정이 불가피한 상황에서 제정된 것이었다고 설명하고, 대승 이전의 경전에서 언급된 것과 달리 고기와 생선은 귀하거나 맛있는 음식이 아니며, 사탕수수, 쌀, 당밀, 다양한 곡물, 흑당밀, 우유, 커드, 버터, 기름이 맛있는 음식이라고 말한다.[723]

『능가경』은 육류를 두 가지로 분류한다: 1) 다른 사람에 의해 도살된 동물로부터 얻은 고기, 2) 자연사한 동물로부터 얻은 고기. 이 경전은 또한 재가자의 관점에 근거한 두 가지 분류를 언급하고 있다: 1) 먹을 수 있는 고기, 2) 먹을 수 없는 고기. 아래 표 5-3은 빨리어 율장에서 언급된 열 가지 먹을 수 없는 금지 동물과 『능가경』에 나타난 금지된 육류를 도표화한 것이다.

| **빨리어 율장** | 인간 | 코끼리 | 말 | 뱀 | 개 | 사자 | 호랑이 | 표범 | 곰 | 하이에나[724] |
|---|---|---|---|---|---|---|---|---|---|---|
| **『능가경』** | 인간 | 코끼리 | 말 | 뱀 | 개 | 용 | 귀신 | 원숭이 | 돼지 | 소[725] |

표 5-3. 빨리어 율장과 『능가경』에서 식용 금지된 동물

---

723_ Ibid..

724_ Vin. IV., pp. 216-220.

725_ T. XVI., p. 563c.

『능가경』에 언급된, 재가자에 의해 금지된 육류의 종류와 빨리어 율장의 비구들을 위해 금지된 육류 사이의 차이는 다음과 같다: 1) 위에 언급된 도표에서 처음 언급된 다섯 가지 식용 금지 동물 – 인간, 코끼리, 말, 뱀, 개 – 의 종류는 같다. 여기서 언급된 동물들은 나머지 동물보다 좀 더 중요한 동물로 간주되는 듯하다. 2) 『능가경』에서 언급된 식용 금지 동물 중 뒤의 다섯 동물은 빨리어 율장에서 식용을 금지한 뒤의 다섯 동물과 달리 야생의 맹수가 포함되어 있지 않다. 3) 『능가경』에서 용, 귀신, 원숭이를 식용 금지 동물로 언급한 것은 민간 신앙의 영향에 의한 것으로 보인다. 4) 『능가경』의 경우 돼지와 소가 육식 금지 동물의 목록에 포함되어 있다. 『능가경』에서 금지된 육류의 종류 가운데 관심을 끄는 것은 다르마 수뜨라에서 먹을 수 있는 육류로 규정된 소고기이다.

　『능가경』은 붓다가 육식을 금하였다고 서술하고 있는데 여기서의 육식 금지는 대승 이전에 허용되지 않은 육류의 식용 금지만을 언급한 것이 아니라 모든 종류의 동물 도살과 판매를 금하는 것이다.[726] 대승 『열반경』과 『능가경』은 본질적으로 육식이 허용되는 빨리어 율장의 삼종정육 규정을 비판하고 있다. 이것은 삼종정육 규정이 살생과의 연관을 제한할 뿐 육식을 금하지는 않고 있기 때문이다.

　대승경전들은 육식과 관련하여 결과론적 문제를 제기한다. 즉 고기 소비는 동물 도살을 야기한다는 시각이다. 『능가경』은 고기를 구매하는 것은 동물을 죽이는 것과 동일하다고 간주한다.

---

**726_** Ibid..

소비할 고기가 없으면 사람들은 여러 장소에서 고기를 구입한다. 돈을 벌기 위해 상인은 (동물을) 도살하는데 이것은 소비자를 위해 (동물을) 도살하는 것이다. 따라서 (고기를) 사는 사람은 죽이는 사람과 차이가 없다.[727]

앞에서 살펴본 바와 같이 빨리어 율장은 아홉 가지 미식을 언급하고 있다: 1) 우유, 2) 커드, 3) 생선, 4) 고기, 5) 기, 6) 기름, 7) 꿀, 8) 당밀, 9) 버터.[728]

대승『열반경』에서 붓다는 우유, 유제품, 당밀, 기름 등의 사용을 허용하고 있지만 고기와 생선은 명확히 금지하고 있다. 붓다는 이 음식의 목록을 고기와 생선을 제외시키기 위하여 사용하고 있으며 이들 제외된 음식 대신에 이전 빨리어 율장에서는 언급되고 있지 않은 '쌀'을 포함시키고 있다.[729]

대승『열반경』은 또한 고기를 먹고 다른 중생을 만나면 그들이 고기 냄새 때문에 두려움을 느낀다고 말하고 있다.『능가경』도 중생이 고기 먹은 사람의 냄새 때문에 두려워한다고 언급하고 있다. 나아가 이 경전은 육식을 카스트 시스템의 가장 낮은 신분인 짠달라와 연결시키고 있다.

대혜여! 나의 제자들이 내가 설한 법문을 들었다 하더라

---

**727_** Ibid., p. 563b.

**728_** Vin. IV., p. 88.

**729_** T. XII., p. 386a.

도, 그가 주의 깊게 실천하지 않고 고기를 먹는다면, 그는 짠달라의 일원이요 나의 제자가 아니며 나도 그의 스승이 아니다. 그러므로 나의 권속이 되고자 하는 이는 어떠한 고기도 먹어서는 안 된다.[730]

붓다는 육식을 불청정하고 비난받을 행위라고 규정한다. 아래의 『능가경』 부분은 고기를 불청정한 것으로 강조한다.

대혜여! 보살은 모든 종류의 고기를 (다음과 같이) 생각하여야 한다: 모든 종류의 고기는 부모의 붉고 흰 불청정한 고름과 피가 섞여 만들어진 불청정한 것이다. 따라서 보살은 고기가 불청정하며 먹어서는 안 된다는 것을 실천해야 한다.[731]

대승 『열반경』에서는 가섭보살에게 고기가 포함된 걸식한 음식을 먹는 방법을 알려 주고 있다. 그것은 고기가 섞인 음식에서 고기를 분리하여 버리고, 나머지 음식을 물로 씻어 내는 방법이다.

발우에 고기가 묻었지만 고기 맛이 발우에 스며들지 않았다면 (육식 금지에) 저촉됨이 없이 먹을 수 있을 것이다. 눈으

---

**730**_ T. XVI., p. 561c.

**731**_ Ibid..

로 볼 수 있는 정도의 크기를 가진 고기를 먹어서는 안 된다. 만일 먹으면 (육식 금지를) 위반한 것이다.[732]

빨리어 불교 문헌에서 비구는 고기 음식을 포함하여 재가자들에 의해 보시된 어떠한 음식도 먹을 수 있었다. 이제 이들 대승불교 경전의 육식에 대한 시각에 근거하여 비구들은 식사를 하기 전에 자신의 발우에서 모든 육류를 주의 깊게 제거해야만 한다. 대승『범망경』에서 볼 수 있듯이 대승불교에서 육식의 문제는 추가 규정이나 계율과 연관되어 있다. 『범망경』은 두 가지 범주로 구분되는 위반 내용에 대한 목록을 담고 있다: 1) 십중계(十重戒), 2) 사십팔경계(四十八輕戒). 고기를 먹는 것은 사십팔경계 중 세 번째 경계(輕戒) 위반이다.[733]

대승『열반경』은 음식이나 옷 등에 대한 불교의 시각이 자이나교의 그것과 다르다는 점을 명확히 하고 있다. 다섯 종류의 맛있는 식재료 – 우유(乳), 커드(酪), 버터밀크(酪漿), 버터(生酥), 치즈(熟酥) – , 참기름(胡麻油), 비단으로 만든 모든 옷, 마노와 조개, 가죽 제품, 금은으로 된 발우 등 금지 품목을 들고 나서 붓다는 가섭보살에게 불교의 견해와 자이나교의 견해를 동일시하지 말라고 충고한다.[734] 자이나교에서 버터는 고기, 술, 꿀과 함께 엄격히 금지된다.[735]

---

**732**_ T. XII., p. 386c.

**733**_ T. XXIV., p. 1005b.

**734**_ T. XII., p. 626a. 不應同彼尼乾所見.

**735**_ Williams, 1963, p. 54.

그러나 불교에서의 경우 육식이 가장 엄격하게 금지되는『능가경』에서조차 우유 정제 기름인 기는 보살들을 위한 적절한 음식으로 권고된다. 자이나교는 움직이는 생명체의 살생을 포함하는 모든 것을 엄격히 금지한다.[736] 심지어 가섭보살이 언급한 품목들은 누에고치, 마노, 조개, 동물 가죽과 같이 직간접적으로 생명체에 대한 살생과 관련되어 있는 것들이다.

### 3-3-2. 육식과 자비

육식을 엄격하게 금하고 있는 대승경전들은 육식을 금하는 이유로 자비와 보살의 자비로운 성격을 언급한다. 보살은 대승불교의 이상적인 존재로서, 지혜와 자비를 구현하고 있는 존재로 규정된다. 보살 개념에서 깨달음은 그 자체로 목적이 아니며, 자비가 오히려 종교적 이상 성취를 위한 최고의 선이라고 말할 수 있다.[737] 논리적으로 보살이 중생을 죽이거나 상해할 수 없는데, 왜냐하면 본질적으로 보살의 자비로운 덕성은 중생의 구체적인 괴로움에 응답해야 하는 것이기 때문이다.[738]

대승『범망경』은 육식이 자비의 종자를 끊는다고 언급하고 있으며,[739] 대승『열반경』또한 동일한 언급을 하고 있고,[740]『능가경』도

---

**736_** Ibid., p. 106.

**737_** Hamilton, 1950, p. 150.

**738_** Schroeder, 2001, p. 3.

**739_** T. XXIV., p. 1005b.

**740_** T. XII., p. 626a.

육식이 보살의 자비로운 본성을 파괴한다고 서술하고 있다.[741] 이들 대승경전에 있어서 육식의 문제는 단지 사소한 계율상의 문제가 아니라 수행자가 보살이 되는 것을 가로막는 근본적인 문제이기 때문이다.

### 3-3-3. 육식에 대한 욕망을 바라보는 시각

『능가경』에서 육식 습관은 태초 이래로 시작되어 왔으며 그때부터 지금에 이르기까지 중생이 고기 맛에 집착해 왔다고 언급되어 있다.[742] 이 경전은 고기에 대한 집착의 원인은 그 맛에 있다고 말하고 있다.[743] 『능가경』은 육식의 폐해를 열거하고 있는데 고기를 먹는 사람은 그 욕구를 만족시킬 수 없으며 음식의 적정량을 알지 못한다고 서술하고 있는데,[744] 또 육식을 성욕과 연관시키는데,[745] 육식이 육체적 에너지를 증강시킨다는 점을 들어 성욕과의 연관을 서술하고 있다.

육식은 육체적 에너지를 증강시킨다.
그 에너지 때문에 삿된 생각이 싹튼다.
그 삿된 생각은 탐욕을 야기한다.

---

**741_** T. XVI., p. 561a.

**742_** Ibid., p. 561b.

**743_** Ibid., p. 562b.

**744_** Ibid., p. 562c.

**745_** Ibid..

때문에 고기를 먹어서는 안 되는 것이다.

육식은 탐욕을 싹트게 한다.

탐욕은 무명을 야기한다.

무명은 음욕을 증강시킨다.[746]

『능가경』은 고기 맛에 대한 집착이 중생을 육도에 윤회케 하는 것으로 인식하며,[747] 육식에 대한 집착을 끊는 것을 깨달음을 얻는 것과 연결시키고 있다.[748] 이 경전은 일반적인 음식에 대하여 고름과 피와 같다고 서술하고 있다: 음식을 먹을 때 즐거움을 위해 먹어서는 안 되며 육체를 유지하기 위해 먹어야 하고 음식은 상처에 바르는 약처럼 생각해야 한다고 말하고 있다.[749] 다음 장에서 보겠지만 음식을 고름이나 피와 같은 육체의 불청정한 물질로 간주하는 시각은 상좌부에서 음식의 혐오상을 관찰하는 염식상, 그리고 현저하게 다른 시각과 수행상의 방법론을 가지고 있는 설일체유부 및 대승불교의 염식상에서도 찾아볼 수 있다.

**746**_ Ibid., p. 564b.

**747**_ Ibid., p. 561b.

**748**_ Ibid..

**749**_ Ibid., p. 562b.

# 6장. 음식 관련 수행

이전 세 장에서는 일상적인 생활과 관련된 불교에서의 음식에 대한 시각을 고찰하고, 불교 수행자들이 음식에 대하여 어떻게 행위하여야 하는가에 대한 규정들을 다루었다. 또한 불교 수행자들이 율장과 대승경전에서 발견되는 추가적인 규정에 따라 지켜야 할, 그리고 해서는 안 되는 행위도 살펴보았다. 한편 음식에 대한 고행주의적 불교 수행인 두타행에 대해서도 언급하였다.

앞서 다룬 이들 계율 조항이나 실천은 불교 수행자의 외적 행위를 제어하기 위한, 즉 음식에 대한 외적 대응에 관한 내용을 담고 있는 것들이다. 이 장에서는 음식에 대한 집착과 갈애의 문제에 있어서 음식에 대한 내적 대응, 즉 음식 관련 수행을 다루고자 한다. 두 가지 중요한 수행, 즉 염식상과 염처 수행(念處修行, satipaṭṭhāna)이 이 장이 다루고자 하는 주제이다.

# 1. 염식상과 신념처

음식에 대한 갈애를 해결하는 데 있어서 염식상과 염처 수행은
그 기능과 효과라는 측면에서 동일성과 차별성을 가지고 있다. 때문
에 이 두 수행에 대한 본격적인 고찰에 앞서 둘 사이의 관계에 대한
논의가 필요할 것으로 생각된다. 디가 니까야는 신념처(身念處, kāya-
satipaṭṭhāna)를 확립하기 위한 14가지 종류의 수행 방법을 언급하고
있다.

1) 입출식념(入出息念)

2) 행주좌와(行住坐臥)

3) 정지(正智, 자신이 현재 하고 있는 행위를 명확히 인지한다. 먹는
   것, 마시는 것, 씹는 것 등)

4) 신체 부위의 부정성에 대한 관찰(內身觀察)

5) 사대(四大: 地, 水, 火, 風)에 대한 관찰(몸이 사대로 구성되어
   있음을 안다)

6) 구상관(九相觀, 外身觀察, 塚間想)

   ① 팽창상(膨脹想)

   ② 청어상(靑瘀想)

   ③ 농란상(膿爛想)

   ④ 탁상(啄想)

   ⑤ 담상(噉想)

   ⑥ 혈도상(血塗相)

   ⑦ 이산상(離散想)

⑧ 백골상(白骨想)

⑨ 멸괴상(滅壞想)[750]

이 14가지 신념처 수행 중 세 가지, 즉 신체 부위의 부정성(不淨性)에 대한 관찰, 사대에 대한 관찰, 구상관은 대상의 혐오성에 관한 수행에 기초한 염식상과 관련되어 있다. 방법론적 측면에서 염식상은 두 가지가 있다: 1) 상좌부 염식상, 2) 설일체유부와 대승불교의 염식상이다.

빨리어 니까야에서 신념처 수행은 몸에 대한 관찰을 강조한다. 위에서 보았듯이 14가지 신념처 수행 중 11가지는 몸에 대한 관찰과 관계되어 있다.

빨리어 디가 니까야 『대념처경(Mahāsatipaṭṭāna Sutta)』(DN 22)은 세 가지 종류의 연속적인 몸에 대한 관찰을 언급하고 있다: 1) 내신 관찰(內身觀察, 몸 안의 부위에 대한 혐오상 관찰), 2) 사대에 대한 관찰(몸을 구성하고 있는 지, 수, 화, 풍, 네 가지 요소에 대한 관찰), 3) 외신 관찰(外身觀察, 九相觀, 塚間想).[751] 연속적인 몸에 대한 관찰은 맛지마 니까야 열번째 경전인 『염처경(Satipaṭṭāna Sutta)』에서도 볼 수 있다.[752]

한역 아함경 또한 유사한 형태의 '신체 부위의 부정성에 대한 관찰'을 언급하고 있다. 81번째와 98번째 중아함경 경전들[753]과 98

---

**750**_ DN. II., pp. 292–298.

**751**_ Ibid., pp. 293–297.

**752**_ MN. I., pp. 57–59.

**753**_ T. I., p. 556a, p. 583b.

번째 증일아함경[754]은 빨리어 니까야와 동일한 방식으로 세 가지 연속적인 몸에 대한 관찰을 언급하고 있다. 다만 '사대에 관한 관찰'에 있어서 빨리어 니까야는 사대, 즉 지, 수, 화, 풍에 대한 관찰을 언급하고 있는 반면 중아함경의 두 경문은 육대(六大), 즉 지(地), 수(水), 화(火), 풍(風), 공(空), 식(識)을 언급하고 있다.[755]

'신체 부위의 부정성에 대한 관찰'을 위해 빨리어 니까야와 한역 아함경은, 이 수행은 우리의 몸이 부정한 것으로 가득 차 있기 때문에 집착할 만한 것이 존재하지 않는다는 점을 관찰하기 위한 것이라고 언급하고 있다. 잡아함경은 이 수행이 감각 기관을 보호하게 하여 마음을 제어할 수 있게 해 준다고 말하고 있다. 이 경전은 나아가 이 수행을 통해서 눈이 시각적 대상을 볼 때, 눈은 색깔이나 형태에 집착하지 않으며, 따라서 마음은 세속적 욕망, 집착, 사악한 것과 불선법에 물들지 않는다고 언급하고 있다.[756]

'신체 부위의 부정성에 대한 관찰'은 32가지 신체 부위, 장기, 체액, 배설물에 대한 관찰을 통한 혐오상을 다음과 같이 수행한다.

비구는 발바닥에서부터 두피 아래의 피부로 둘러싸인 부정물로 가득 찬 바로 이 몸을 다음과 같이 관찰한다: "이 몸에

---

**754_** T. II., p. 568a.

**755_** T. I., p. 556a, p. 583b. 22번째 디가 니까야와 열 번째 맛지마 니까야, 그리고 위에 언급한 중아함경과 증일아함경은 세 가지 연속적인 몸에 대한 관찰을 언급하고 있다. 그러나 1,165번째 잡아함경은 오직 내신(內身), 즉 '몸 안 부위의 부정성에 대한 관찰'만을 언급하고 있다. T. II., p. 311a-b.

**756_** T. II., p. 311b.

는 머리칼, 몸의 털, 손발톱, 이빨, 피부, 살, 힘줄, 뼈, 골수, 신장, 심장, 간, 흉막, 비장, 폐, 장간막, 창자, 위, 변, 담즙, 담, 고름, 피, 땀, 지방, 눈물, 기름, 침, 콧물, 체액, 소변이 들어 있다." 마치 양쪽이 뚫린 부대에 산벼, 일반 벼, 녹색 강 낭콩, 참깨, 현미와 같은 다양한 곡식이 들어 있고 시력 좋은 사람이 부대를 열어 보면서 "이것은 산벼이고 이것은 일반 벼고 이것은 녹두이고 이것은 강낭콩이고 이것은 현미이다"라고 말하는 것과 같이 비구도 또한 "이 몸에는 머리칼이 있고 (…) 소변이 들어 있다"라고 이 몸을 관찰한다.[757]

상좌부에서 염식상은 이러한 수행에 근거하고 있다고 할 수 있다. 그러나 상좌부 염식상은 신체의 부분들이나 장기, 체액과 같은 것을 관찰할 뿐만 아니라, 소화 과정에 있어서 몸 내부에서의 음식 변화상을 관찰하는 수행을 포함한다. 즉 내신 관찰과 음식 상태 변화의 혐오상을 수행한다. 상좌부 염식상에 관한 논의는 이 장의 뒷부분에서 상세히 언급할 것이다.

비구는 화장터에 버려진 하루, 이틀 혹은 3일된 부풀어 오르고 피부색이 변하고 부패하여 터진 시체를 보듯이 이 몸을 저 시신과 비교하여 생각한다: "이 몸은 저 시신과 동일한 성질을 가지고 있다. 이 몸도 저 시신과 같이 될 것이다.

---

**757_** DN. II., pp. 293–294.

이 몸도 저 시신과 마찬가지로 예외일 수 없다"라고 관찰하
여 머문다. 그래서 그는 이 몸을 내적으로, 외적으로 그리
고 내외적으로 관찰하여 머문다. 그는 이 세상의 어떤 것에
도 집착하지 않고 초연히 머문다.

비구들이여, 이것이 비구가 몸을 몸답게 관찰하여 머무는
것이다. 다시 비구는 까마귀와 매와 독수리에 의해 쪼아 먹
히고 개와 자칼과 많은 짐승들에게 먹힌 시체를 본 것처럼
이 몸과 저 시신을 비교하여 생각하면서 "이 몸은 저 시신
과 같은 성질을 가졌으며 이 몸도 저 시신과 같이 될 것이
다. 이 몸도 저 시신과 마찬가지로 예외일 수 없다"라고 관
찰하고 머문다.

다시 비구는 힘줄로 연결된 살과 피가 묻은 해골과 (…) 힘
줄로 연결된 살과 피와 분리된 해골 (…) 제멋대로 뼈가 붙
고 사방으로 흩어져 손뼈는 이곳에, 다리뼈는 저곳에, 정강
이뼈는 여기에, 허벅지 뼈는 저기에, 엉덩이뼈는 여기에,
척추 뼈는 저기에, 머리뼈는 여기에 흩어진 시신을 이 몸과
비교하여 생각한다. (…)

다시 비구는 백골이 된 뼈, 마치 조개처럼 보이는 뼈 (…)
뼈 무더기, 1년된 뼈 (…) 다 썩어 가루가 된 시신을 이 몸과
비교하여 생각한다. "이 몸은 저 시신과 같은 성질을 가졌
으며 이 몸도 저 시신과 같이 될 것이다. 이 몸도 저 시신과
마찬가지로 예외일 수 없다."[758]

---

**758_** Ibid., pp. 295-299.

설일체유부와 대승불교의 염식상은 신체의 부정상에 대한 관찰(內身觀察)과 바로 위의 인용문에서 언급한, 신념처에서 시신의 변화상을 관찰하는 구상관(九相觀) 관찰 방식을 수용하고 실천한다. 시신의 변화상을 관찰하는 구상관, 즉 외신관찰(外身觀察)은 설일체유부와 대승불교의 염식상 수행 방식과 직접적인 관련을 가지고 있는 것으로, 상좌부의 염식상과는 연관이 없다. 이 부정관 수행도 설일체유부 및 대승불교의 염식상과 관련하여 이 장의 후반부에서 상세히 다루어질 것이다.

이제까지 언급한 염식상 관련 내용을 요약하면, 염식상은 신념처의 14가지 수행 방법 중 하나였던 수행 방법이라고 말할 수 있다. 그러나 빨리어 불교 문헌을 중심으로 한 상좌부 전통에서 염식상은 『청정도론』에 이르러 40가지 수행 주제 중 독립된 하나의 주제라는 지위를 획득하게 되는 반면 설일체유부와 대승불교에서 염식상은 한 수행 주제의 구성 요소 중 하나로서 기능한다는 차이를 가지고 있다. 이 주제 또한 이 장의 관련 부분에서 상술될 것이다.

## 2. 염식상

### 2-1. 『청정도론』 이전의 상 수행

빨리어 니까야는 네 종류의 상(想, saññā) 수행에 대하여 설명하고 있는데 여기서 염식상은 하나의 항목을 이루고 있다. '상' 수행은 사상(四想), 오상(五想), 칠상(七想), 구상(九想), 십상(十想)의 종류가 있다. 예를 들어 십상 수행은 다음과 같은 항목을 가지고 있다.

1) 부정상(不淨想, asubha saññā)

2) 사상(死想, maraṇa saññā)

3) 염식상(厭食想, āhāre paṭikūla saññā)

4) 일체세간불가락상

(一切世間不可樂想, sabbaloke anabhirata saññā)

5) 무상상(無常想, anicca saññā)

6) 무상고상(無常苦想, anicce dukkha saññā)

7) 고무아상(苦無我想, dukkhe anatta saññā)

8) 단상(斷想, pahāna saññā)

9) 이염상(離染想, virāga saññā)

10) 멸상(滅想, nirodha saññā)[759]

한역 장아함경과 증일아함경은 오상, 칠상, 구상, 십상, 네 가지 종류의 상 수행에 대하여 설명하고 있다. 한편 대승경전은 한 종류, 즉 열 가지 항목을 가진 '십상' 수행만을 언급하고 있다.

상 수행은 그 종류도 다양하지만 이를 언급하고 있는 문헌에 담긴 수행의 결과에 대한 내용에도 차이가 존재한다. 아래의 표 6-1은 각 문헌에서 언급하고 있는 상 수행의 종류와 그 수행의 결과를 도표화한 것이다.

---

**759_** Vajirañāṇa, 1962, pp. 64-65.

## 상 수행의 종류

| 빨리어 경전 | 『청정도론』 | 아함경 | 대승경전 |
|---|---|---|---|
| 오상[760]<br>칠상[761]<br>구상[762]<br>십상[763] | 일상(一想, 독립된<br>수행 주제로서의<br>일상)[764] | 오상[765]<br>육상[766]<br>칠상[767]<br>구상[768]<br>십상[769] | 십상[770] |

## 상 수행의 공덕

| 빨리어 경전 | 『청정도론』 | 아함경 | 대승경전 |
|---|---|---|---|
| 집착을 여의게<br>한다 | 번뇌가 제어된다 | 번뇌를 제거할 수<br>있다 | 식탐과 성욕 등을<br>끊는다[778] |
| 탐욕을 줄여 그<br>것을 여의게 한다 | 근행정(近行定,<br>upacāra samādhi)에<br>이른다 | 깨달음을 얻고<br>점차 열반에<br>근접할 수 있다 | 탐심과 같은<br>삼독심을<br>제거한다[779] |
| 마음의 평정과<br>지혜를 얻게 한다 | 맛에 대한<br>탐욕에서<br>벗어난다 | 무루행(無漏行)을<br>성취한다 | 탐욕을<br>제거한다[780] |
| 깨달음과 열반에<br>도달하게 한다[771] | 다섯 가지<br>감각 기관에서<br>일어나는 탐욕을<br>완전히 이해하게<br>된다 | 열반계(涅槃界)에<br>도달할 수 있다[776] | 열 가지 장애를<br>제거한다[781] |
| 번뇌를 멸하게<br>한다[772] | | 유루심(有漏心)을<br>끊는다[777] | 열반을 얻는 데<br>일조한다[782] |
| 심해탈(心解脫)과<br>혜해탈(慧解脫)을<br>가져오게 한다[773] | 다섯 가지 감각<br>기관이 야기하는<br>탐욕을 완전히<br>이해함으로써<br>색온(色蘊)을<br>완전하게<br>이해한다[775] | | 선(善)과<br>불선(不善)을<br>구별케 한다 |
| 불사(不死)에<br>근접하게 하며<br>궁극적으로<br>불사를<br>가져온다[774] | | | 궁극적으로<br>열반을 얻게<br>한다[783] |

표 6-1. 불교 문헌의 상 수행 종류와 공덕

『청정도론』은 음식에 대한 집착이 종교적 이상 추구를 방해하는 번뇌를 야기할 수 있다고 언급하고 있다. 따라서 비구가 먹어야 할 음식의 양을 알고 또한 수행하여 명상의 목적을 성취함에 있어서

760_ AN. III., p. 79, p. 83 ; SN. V., pp. 129–131, p. 345.

761_ AN. III., p. 46.

762_ DN. III., pp. 289–290.

763_ AN. V., p. 105.

764_ Vism., p. 341.

765_ T. I., p. 51b.

766_ T. II., p. 270b.

767_ Ibid., p. 11c, p. 52a, p. 54b, p. 546b.

768_ Ibid., p. 56c.

769_ T. II., p. 780a.

770_ T. V., p. 12a ; T. XII., p. 588a ; T. XXV., p. 229a.

771_ AN. III., p. 83.

772_ Ibid..

773_ Ibid., p. 84.

774_ AN. IV., p. 387.

775_ Vism., p. 347.

776_ T. II., p. 780a.

777_ Ibid., p. 780b.

778_ T. XXV., p. 217c.

779_ Ibid..

780_ Ibid..

781_ T. XXX., p. 437a.

782_ T. XII., p. 588a.

783_ Ibid..

자신의 감각 기관을 어떻게 제어해야만 하는지를 인식하는 것이 필수 불가결한 일이라고 말하고 있다.

맛지마 니까야와 앙굿따라 니까야는 음식의 적절한 양을 알고 음식 맛에 탐닉하지 않는 방법을 잘 알기 위해서 염식상 수행을 권고하고 있다.[784] 스리랑카의 학승인 바지라냐나(Vajirañāṇa) 비구는 "염식상을 수행하는 주된 목적은 음식이 야기할 수 있는 탐욕과 감각적 동요를 제거하고 (음식에 대한) 집착으로부터 마음을 자유롭게 하기 위한 것이다"라고 언급하고 있다.[785]

염식상을 수행하는 방법은 니까야와 같은 초기 빨리어 경전에 언급되어 있는데, 앙굿따라 니까야에서 염식상은 하나의 명상 주제로서 십상 수행 중 외적 대상을 가진 하나의 수행 요소로 열거되고 있다.[786]

이 십상은 사정려(四靜慮, jhāna), 사범주(四梵住, brahma-vihāra), 사념처(四念處, satipaṭṭhāna), 사정근(四正勤, sammappadhāna), 사여의족(四如意足, iddhipāda), 오근(五根, indriya), 오력(五力, bala), 칠각지(七覺支, bojjhaṅga), 팔정도(八正道, ariya aṭṭhaṅgika magga), 팔해탈(八解脫, vimokkha), 팔승처(八勝處, abhibhāyatana), 십변처(十遍處, kasiṇa), 육수념(六隨念, anussati), 사정념(四正念, sati)과 함께 열거되어 있다. 이와 같이 염식상은 101가지 수행 주제 중 하나로 니까야 문헌에 나타난다.[787]

---

784_ MN. I., p. 354 ; MN. III., pp. 2ff ; AN. I., pp. 113ff.

785_ Vajirañāṇa, 1962, p. 56.

786_ AN. I., pp. 34-40.

787_ Vajirañāṇa, 1962, pp. 58-66.

반면 빨리어 아비달마 문헌은 그 수행 체계에서 염식상을 언급하고 있지 않다. 예를 들어 『법집론(法集論, Dhammasaṅgaṇi)』은 사정려, 팔변처, 팔승처, 삼해탈, 사범주, 십부정관(十不淨觀, asubha), 사무색계정(四無色界定, arūpa-jhānas)으로 구성된 명상 주제에서 염식상을 언급하고 있지 않다.[788]

후대 『청정도론』의 저본으로 여겨지며, 빨리어로 찬술되었을 것으로 추청되는 『해탈도론』에서는 염식상이 언급되고 있다.[789] 『해탈도론』 7장은 염식상이 포함된 38가지 명상 주제를 언급하고 있다. 이들 명상 주제는 다음과 같다.

1) 십일체입(十一切入: 地, 水, 火, 風, 青, 黃, 赤, 白, 空處, 識處)

2) 십부정상(十不淨想: 膖脹想, 青淤想, 爛想, 棄擲想, 鳥獸食噉想, 身肉分張想, 斬斫離散想, 赤血塗染想, 虫臭想, 骨想)

3) 십념(十念: 念佛, 念法, 念僧, 念戒, 念施, 念天, 念死, 念身, 念數息, 念寂寂)

4) 사무량심(四無量心: 慈, 悲, 喜, 捨)

5) 관사대(觀四大)

6) 식부정상(食不淨想)[790]

7) 무소유처(無所有處)

---

788_ Ibid., pp. 68-70; Ds., pp. 166-264.

789_ 빨리어 『위무띠마가(Vimuttimagga)』는 산실되었으며 『위무띠마가』의 한역본인 해탈도론만이 현존하고 있다. T. XXXII(解脫道論).

790_ 염식상은 식염상(食厭想), 식부정상(食不淨想), 탐식상(貪食想), 관식상(觀食想) 등의 이명을 가지고 있다.

8) 비비상처(非非想處)[791]


이 수행 주제들은 수행자로 하여금 마음을 집중하게 할 수 있고 개인의 성향에 따라 선택되어야 할 대상으로 설명된다.[792]

『청정도론』은 명상 수행을 40가지 명상 주제로 체계화하였다. 이 문헌에서 염식상은 40가지 수행 주제 중 하나로서 언급된다.『청정도론』이 언급하고 있는 40가지 수행 주제는 다음과 같다.


1. 십변처(十遍處, kasiṇa)

2. 십부정상(十不淨想, asubha)

3. 십수념(十隨念, anussati)

4. 사무색계정(四無色界定, arūpa-jhāna)

5. 사범주(四梵住, brahma-vihāra)

6. 염식상(厭食想, āhāre paṭikūla saññā)

7. 사계분별(四界分別, dhātuvavatthāna)[793]


염식상은『청정도론』에 이르러 40가지 주제 중 음식과 관련된 유일한 명상 주제로 독립적인 위치를 가지기까지 다른 상 수행과 연관되면서 다양한 변화들을 겪어 왔다. 대체로 염식상은 부정상(不淨想, asubha saññā)이나 혹은 사상(死想, maraṇa saññā)과 함께 열거되며

---

791_ T. XXXII., p. 411a.

792_ Ibid..

793_ Vajirañāṇa, p. 71, 1962.

여러 항목을 가진 상 수행의 한 항목으로 언급된다.

빨리어 니까야 중 앙굿따라 니까야는 상 수행에 관하여 빈번하게 언급하고 있다. 여기에서 언급되고 있는 명상 항목 그룹 중 가장 단순한 형태의 그룹은 다섯 가지 상 수행 항목을 포함하고 있는 그룹이다. 그러나 다섯 가지 항목을 가진 이들 상 수행의 구체적인 항목 내용은 동일하지 않다. 예를 들어 『아사왁카야경(Āsavakkhaya Sutta)』은 다음과 같이 오상 수행의 항목들을 열거하고 있다.

> 또 다른 해탈에 이르는 오법(五法)이 있다. 첫 번째는 신부
> 정상(身不淨想), 두 번째는 식부정상(食不淨想), 세 번째는
> 일체세간불가락상(一切世間不可樂想), 네 번째는 일체행무
> 상상(一切行無常想), 다섯 번째는 사상(死想)이다.[794]

『아사왁카야경』에서 언급하고 있는 또 다른 오상의 각 항목은 다음과 같다.

1) 부정상(不淨想)
2) 사상(死想)
3) 과환상(過患想)
4) 식부정상(食不淨想)

---

[794]_ AN. III., p. 83. 한역 장아함경은 빨리어 경전과 동일한 종류의 수행 항목을 담은 오상 수행을 언급하고 있다. 그러나 오상 수행 항목의 열거 순서에는 다소 차이가 있다: 1. 신부정상(身不淨想), 2. 식부정상(食不淨想), 3. 일체행무상상(一切行無常想), 4. 일체세간불가락상(一切世間不可樂想), 5. 사상(死想). T. I., p. 51b.

5) 일체세간불가락상(一切世間不可樂想)<sup>795</sup>

『아사왁카야경』에서 언급하고 있는 세 번째 형태의 오상의 각 항목은 다음과 같다.

1) 무상상(無常想)

2) 무아상(無我想)

3) 사상(死想)

4) 식부정상(食不淨想)

5) 일체세간불가락상(一切世間不可樂想)<sup>796</sup>

상윳따 니까야의『다가우 우빠사까경(Dāghāvu Upāsaka Sutta)』에서 언급하고 있는 네 번째 형태의 오상 각 항목은 다음과 같다.

1) 무상고상(無常苦想)

2) 무아고상(無我苦想)

3) 단상(斷想)

4) 이상(離想)

5) 멸상(滅想)<sup>797</sup>

---

**795_** AN. III., p. 79.

**796_** Ibid..

**797_** SN. V., p. 345.

상윳따 니까야의 『따타가따디경(Tathāgatādi Sutta)』에서 언급하고
있는 다섯 번째 형태의 오상 각 항목은 다음과 같다.


1) 백골상(白骨想)

2) 충식상(蟲食想)

3) 청어상(靑瘀想)

4) 단괴상(斷壞想)

5) 팽창상(膨脹想)[798]


위에 언급된 다섯 종류의 오상 각각의 상 수행 항목을 모두 합
하면 17가지 항목이다.


1) 부정상(不淨想, asubha saññā)

2) 식부정상(食不淨想, āhāre paṭikkula saññā)

3) 일체세간불가락상

　　(一切世間不可樂想, sabbaloke anabhirata saññā)

4) 무아상(無我想, anatta saññā)

5) 무아고상(無我苦想, dukkhe anatta saññā)

6) 단상(斷想, pahāna saññā)

7) 과환상(過患想, ādīnava saññā)

8) 이상(離想, virāga saññā)


---

**798_** Ibid., pp. 129-131.

9) 멸상(滅想, nirodha saññā)

10) 무상상(無常想, anicca saññā)

11) 무상고상(無常苦想, anicce dukkha saññā)

12) 사상(死想, maraṇa saññā)

13) 백골상(白骨想, aṭṭhika saññā)

14) 충식상(蟲食想, puḷavaka saññā)

15) 청어상(靑瘀想, vinīlaka saññā)

16) 단괴상(斷壞想, vicchiddaka saññā)

17) 팽창상(膨脹想, uddhumātaka saññā)


위에서 언급한 문헌들은 이들 다섯 가지 항목을 가진 오상 수행을 하면 집착을 여의게 되며, 탐욕이 적어지고, 번뇌의 멸진과 마음의 적정, 지혜, 깨달음, 열반으로 향하게 된다고 적시하고 있다.[799] 오상 수행을 하게 되면 번뇌의 절멸을 가져올 뿐 아니라[800] 나아가 심해탈(心解脫)의 과보를 가져오고, 심해탈의 과보의 공덕을 가져오며, 혜해탈(慧解脫)의 과보를 가져오고, 혜해탈의 과보의 공덕을 가져온다고 언급하고 있다.[801]

잡아함경은 육상(六想) 수행을 언급하고 있다. 육상 수행은 오상 수행이 칠상 수행으로 넘어가는 과도기적 모습을 보여 준다. 육상 수행의 항목에서는 무상상, 무상고상, 고무아상 등 칠상 수행에서

**799**_ AN. III., p. 83.

**800**_ Ibid..

**801**_ Ibid., p. 84.

보이는 주요 상 수행의 항목들이 포함되고 오상 수행에서 언급되었던 신부정상 등의 항목들이 제외되어 있다. 육상 수행의 항목은 다음과 같다.

1) 일체행무상상(謂一切行無常想)

2) 무상고상(無常苦想)

3) 고무아상(苦無我想)

4) 관식상(觀食想)

5) 일체세간불가락상(一切世間不可樂想)

6) 사상(死想)

일반적으로 칠상 수행은 오상 수행, 1) 신부정상, 2) 식부정상, 3) 일체세간불가락상, 4) 사상, 5) 무상상에 두 가지 항목, 즉 무상고상, 무아고상이 추가된 형태이다.[802] 앙굿따라 니까야에서 염식상은 칠상 수행의 한 항목으로 설명된다.

칠상(七想)이란 무엇인가? 첫 번째는 신부정상(身不淨想)이다. 두 번째는 식부정상(食不淨想), 세 번째는 일체세간불가락상(一切世間不可樂想), 네 번째는 사상(死想)을 항상 기억하는 것, 다섯 번째는 일체행무상상(一切行無常想)을 생각하는 것, 여섯 번째는 무상고상(無常苦想), 일곱 번째는 고무

---

**802_** AN. IV., p. 46.

아상(苦無我想)이다.[803]

    칠상 수행의 두드러진 특징은 오상과 달리 칠상 수행의 각 항목 내용이 거의 동일하다는 것이다. 그러나 한역 경전에서 여러 칠상의 각 항목을 나타내는 표기는 차이를 보이고 있다.[804]

    한역 아함경과 『대집법문경(大集法門經)』은 칠상 수행을 다음과 같이 다르게 명명하고 있다.

1) 칠생법(七生法)[805] : 부정법(不淨想), 식부정상(食不淨想), 일체세간불가락상(一切世間不可樂想), 사상(死想), 무상상(無常想), 무상고상(無常苦想), 고무아상(苦無我想)[806]

2) 칠법(七法) : 위와 동일[807]

3) 칠상(七想) : 위와 동일[808]

4) 칠해탈행상(七解脫行想) : 『대집법문경』의 칠상(七想) 수행의 명칭과 각 항목은 아함경과 다소 차이를 가지고 있다: 부정상(不淨想), 사상(死想), 음식불탐상(飲食不貪想),

---

**803_** Ibid.. 이 칠상의 항목들은 빨리어 앙굿따라 니까야에 상응하는 칠상의 한역 항목들이다: T. I., p. 11c, p. 52a, p. 54b.

**804_** 빨리어 문헌에서 칠상을 표현하는 방식은 두 가지이다: 칠상 혹은 칠법 참조. AN. IV., p. 46, p. 148.

**805_** T. I., p. 54c.

**806_** Ibid., p. 546b.

**807_** Ibid., p. 52b.

**808_** Ibid., p. 54c.

일체세간불가락상(一切世間不可樂想), 무상상(無常想), 무
상고상(無常苦想), 고무변상(苦無邊想)[809]

칠상을 수행하는 목적은 오상을 수행하는 목적과 거의 동일하
다. 그러나 칠상 수행의 두드러진 특징은 대상에 대한 집착을 벗어
나는 것뿐만 아니라 무상, 고, 무아와 관련한 상 수행 항목에서 알
수 있듯이 현상 세계에 대한 불교적 시각을 갖는 것에 중점이 놓여
있다고 말할 수 있을 것이다.

일반적으로 구상 수행은 다른 두 가지 항목을 칠상 수행에 추가
함으로써 구성된다. 앙굿따라 니까야와 장아함경에서 염식상은 구
상 수행 중 하나로 열거된다.

무엇이 구생법인가? 이른바 구상(九想)이니, 즉 부정상(不
淨想), 관식상(觀食想), 일체세간불가락상(一切世間不可樂想),
사상(死想), 무상상(無常想), 무상고상(無常苦想), 고무아상
(苦無我想), 진상(盡想), 무욕상(無欲想)이다.[810]

디가 니까야의 『다수따라경(Dasuttara Sutta)』은 구상 수행에 멸
진정(滅盡定, nirodha-samāpatti)을 추가하여 십상 수행을 구성하고 있
다.[811] 앙굿따라 니까야의 57번째 경은 부정관을 포함하는 십상 수

**809_** Ibid., p. 232c

**810_** AN. IV., p. 387 ; T. I., p. 56c.

**811_** DN. III., p. 290.

행의 항목을 열거하고 있다.

1) 부정상
2) 무아상
3) 사상
4) 염식상
5) 일체세간불가락상
6) 백골상
7) 충식상
8) 청어상
9) 단괴상
10) 팽창상[812]

증일아함경은 십상 수행을 해야 하는 이유에 대하여 다음과 같이 설명하고 있다.

십상(十想)을 닦으면, 번뇌가 사라지고 통찰력을 얻어 깨닫게 되며 점차 열반에 가까이 가게 된다. 열 가지란 무엇인가? 백골상(白骨想), 청어상(靑瘀想), 방창상(膖脹想), 식불소상(食不消想), 혈상(血想), 담상(噉想), 유상무상상(有常無常想), 탐식상(貪食想), 사상(死想), 일체세간불가락상(一切世

**812**_ AN. V., p. 106.

間不可樂想). 이와 같이 비구여, 그대들이 이 십상을 닦으면
번뇌를 제거하고 열반을 얻을 수 있다.[813]

이 십상 수행은 두 종류의 상 수행, 즉 시체를 관찰하는 부정상
수행 항목과 외적 대상인 현상을 관찰하는 항목을 포함하고 있다.
위에서 보았듯이 염식상 수행은 빨리어 니까야와 한역 아함경에서
다른 상 수행 항목과 결합하며 음식에 대한 탐욕을 제거하기 위한
명상 수행 방법으로서의 위치를 지속시켜 왔다. 그러나 니까야와 아
함경에서 염식상은 독립적인 명상 주제로서의 지위는 갖지 못하였
다는 한계를 가지고 있었다.

## 2-2. 상좌부의 염식상
### 2-2-1. 염식상
앞에서도 보았듯이 염식상은 빨리어 니까야에 언급되어 있지
만 다양한 종류의 '상' 수행 항목을 포함하는 상 수행 – 예로 오상, 칠
상, 구상, 십상 – 에서 하나의 구성 항목으로 존재하였다. 빨리어 니
까야는 이 수행의 명칭을 언급하는 것 외에 별도의 상세한 염식상
수행에 대한 내용을 담고 있지 않다.

염식상 수행과 관련한 상세한 내용은 빨리어 주석 문헌인『청
정도론』에서 찾아볼 수 있다. 『청정도론』은 빨리어 니까야, 설일체
유부, 대승불교와는 달리 염식상 수행을 상좌부의 40가지 수행 주제

---

813_ T. II., p. 780a.

중 하나의 독립적인 수행 방법으로 정립하고 있다.

『청정도론』은 염식상이 소화되지 않은 음식의 이미지 등을 통해 신념처를 성취한다고 언급하고 있다.[814] 이에 반해 설일체유부와 대승불교 경전들은 염식상이 신념처 수행을 통해 신체 부분, 장기, 체액의 불청정성에 대한 관찰과 연관된다고 말하고 있다. 비록『청정도론』에서 염식상이 신념처 수행에서 비롯되어 신체의 불청정성과 관련된 혐오상의 전통을 계승하고 있다 하더라도, 그것은 설일체유부나 대승불교처럼 신체 부분, 장기, 배설물에 대한 혐오의 방식과 동일한 것은 아니다. 결국 상좌부와 설일체유부 및 대승불교는 염식상 수행에 있어 동일한 목적과 대상을 가지고 있지만 그 수행 방식은 동일하지 않다.

『청정도론』은 음식이 인간을 음식에 집착하게 만들기 때문에 다름 아닌 몸을 유지시킨다는 목적만을 위해 음식을 먹는다는 시각을 가져야 한다고 말하고 있다.[815]

『청정도론』은 음식에 대한 열 가지 혐오상을 통해 염식상을 수행해야 한다고 말하고 있다. 이것은 음식을 1) 섭취 이전 단계, 2) 소화 단계, 3) 배설 단계를 통해 음식 상태의 변화상을 관찰하는 것이다.

---

814_ Vism., p. 347.

815_ Ibid., p. 341.

## 2-2-2. 염식상의 효과와 한계

『청정도론』은 염식상 수행이 다음과 같은 효과를 가져온다고 언급하고 있다.

1) 음식 맛에 대한 욕망을 가라앉게 한다.
2) 다섯 가지 감각적 욕망이 완전히 이해된다.
3) 색온(色蘊)이 이해된다.
4) 소화되지 않은 음식 상태의 혐오상을 통해 신념처 수행
　을 성취한다.
5) 불청정을 지각하는 단계에 들어간다.
6) 선처(善處)에 태어난다.[816]

그러나 『청정도론』은 또한 염식상이 본격적 수행 단계로서 근본정(根本定, appanā samādhi)의 단계가 아닌 그 예비 단계, 즉 근행정(近行定, upacāra samādhi)에까지만 이를 수 있다고 언급하고 있다.[817] 『청정도론』은 염식상과 함께 근행정에 이르는 수행 체계에 대하여 언급하고 있다.

'신지념(身至念, kāyagatāsati)'을 제외한 여덟 가지 수념(隨念, anussati)과 입출식념(入出息念, ānāpānasati)과 사계분별(四界分

---

**816_** Ibid., p. 347.
**817_** Ibid., p. 69.

別), 이들 열 가지 명상 주제들은 근행정을 가져온다.[818]

위 인용문에서 볼 수 있듯『청정도론』은 음식에 대한 욕망을 제거하는 데 있어서 염식상이 그 효과에 한계를 가지고 있다고 말한다. 결국 상좌부에서 염식상 수행의 결과는 음식에 대한 욕망을 완전히 제거하는 것이 아니라 그것을 가라앉히는 것이다. 염식상의 기능과 한계에 대한 내용은 설일체유부와 대승불교의 염식상을 다루는 절에서 상세히 다루어질 것이다.

### 2-2-3. 염식상 수행의 열 가지 혐오적 양상

염식상 수행의 방식은 음식의 혐오상을 인식하는 것이다.『청정도론』은 음식에 대한 혐오상을 심(尋, vitakka)과 사(伺, vicāra)의 마음 작용을 가지고 음식에 대한 열 가지 혐오상을 관찰하는 것이라고 서술하고 있다.

'심(尋)'은 대상에 마음을 향하도록 하는 작용이며, '사(伺)'는 대상에 대하여 마음을 지속시키는 작용이다. 이 두 가지 마음 작용은 초선정(jhāna)에서 사마디의 요소로서 자주 언급되는 마음 작용이다.[819]『청정도론』에서 염식상은 반복적으로 수행되면 음식에 의해 야기되는 장애가 가라앉는다고 언급하고 있다.[820]

『청정도론』은 염식상 수행에 대한 가장 상세한 정보를 제공하

---

818_ Ibid., p 90.

819_ MN. I., p. 174, p. 181, p. 204 ; MN. III. p. 4.

820_ Vism., p. 347.

고 있다. 염식상을 수행하고자 하는 사람은 물질적 음식에 대한 혐오상을 열 가지 측면에서 관찰해야 한다고 말한다. 이들 열 가지 혐오상은 물질적 음식의 본질에 대한 시각, 그리고 음식의 혐오상에 대한 우리 감각 기관의 적용과 관련하여 중요한 의미를 가지고 있다. 『청정도론』은 음식의 혐오상에 대한 첫 번째 양상을 다음과 같이 서술하고 있다.

● 첫 번째 혐오상: 가는 것에 대한 혐오상
『청정도론』은 음식에 대한 첫 번째 혐오상을 이야기한다. 여기에서는 음식을 얻기 위해 마을에 가는 도중 만나는 혐오스러운 대상에 관해 상세히 묘사되고 있다.

> (걸식을 위해) 가는 것에 대한 혐오상: 아침에 그는 사람들로 붐비지 않는, 독거의 지극한 행복감을 제공하는 숲을 떠나 마치 화장터로 떠나는 자칼처럼 음식을 얻기 위하여 마을로 출발하여야 한다.
> 그리고 이와 같이 그가 떠날 때 그는 발에서 떨어진 먼지와 겍코(gecko)의 배설물 등으로 덮인 깔개를 밟아야 한다. 다음으로 그는 올빼미와 비둘기 등의 배설물이 잔뜩 묻은 위의 테라스보다 더 혐오스러운 문간을 보아야만 한다. 다음으로 바람에 날려 떨어진 오래된 풀과 잎에 더럽혀지고 병든 행자의 소변, 배설물, 침, 코에 더럽혀지고 우기에 빗물과 진흙 등으로 더럽혀져 문간보다 더 혐오스런 땅을 밟아야 한다. 그리고 땅보다 더욱 혐오스런 승원에 이르는 길을

보아야 한다.

승원을 걸어 나오면서 보리수와 사당에 예를 드린 후 토론장에 서서 그는 '진주 송이 같은 사당과 공작새의 꼬리털 다발같이 사랑스런 보리수와 신들의 거처와 같이 좋은 승원을 보는 대신 그러한 훌륭한 장소에 등을 돌리고 음식을 위해 밖으로 나가야 하는구나'라고 생각한다. 그리고 마을로 가는 도중에 나무의 그루터기와 가시와 빗물의 힘으로 패인 울퉁불퉁한 길을 보아야만 한다.

다음으로 마을의 입구 근처에 도달했을 때, 아마도 코끼리의 사체나 말의 사체, 버팔로의 사체, 뱀의 사체, 개의 사체가 그를 기다리고 있을지 모른다. 그뿐만 아니라 그 사체가 풍기는 냄새로 괴로움을 겪을지 모른다.

다음으로 그는 마을 입구에 서서 사나운 코끼리나 말 등의 위험을 피하기 위하여 마을의 거리를 살펴보아야 한다.[821]

『청정도론』에 언급된 첫 번째 혐오상은 염식상의 두 가지 특징을 보여 주고 있다: 하나는 평화롭고 쾌적한 상태의 장소와 혐오스럽고 불청정한 장소, 이 두 곳을 극명하게 대비시키고 있다는 점이다. 다른 하나는 물질적인 음식에 대한 점차적인 혐오성의 증가에 대한 묘사이다.

나중에 보겠지만 이것은 근본적으로 감각적 혐오의 장면이 배

---

**821_** Ibid., pp. 342–343.

제되어 있는 설일체유부와 대승불교의 염식상과는 현저히 대비되는 것이다.

이 첫 번째 혐오상에서 그 대비의 구조를 살펴보면 위 인용문의 첫 번째 단락은 "사람들로 붐비지 않는, 독거의 지극한 행복감을 제공하는" 명상 수행 장소를 묘사한다.[822] 세 번째 단락에서 "사당"과 "보리수"는 각각 "진주 송이"와 "공작새의 깃털" 같이 "사랑스러운" 것으로, 그 거처는 "신들의 궁전"처럼 훌륭한 장소로 묘사된다.[823] 음식을 얻는 일과 관련이 없다면 비구가 머물고 수행을 하는 이 장소들은 혐오성과는 정반대의 장소들인 것이다. 이상적이고 쾌적한 장소들에 대한 이러한 묘사는 직접적으로 연결되었든 간접적으로 연결되었든 음식의 혐오성을 두드러지게 한다.

『청정도론』 이전에 찬술된 『해탈도론』도 걸식과 관련된 장소와 관계없는 장소 사이의 극명한 대비의 모습을 보여 주고 있다.[824] 이 두 장소 사이의 대비는 『청정도론』과 『해탈도론』에서 아주 유사하게 묘사되고 있다. 『해탈도론』은 음식을 얻는 것과 관계없는 장소들을 자연의 아름다움과 종교적 이상 성취를 위한 이상적인 장소로 묘사한다. 이들 장소는 "향기로운 꽃들이 피어 있고 새들이 노래하며 동물들의 소리가 들리고 땅은 평평하고 극히 깨끗하며 울퉁불퉁한 곳이 없으며 그러한 장소에서는 마음이 번뇌에 싸이지 않고 불법을 암송하며 항상 수행으로 마음을 닦으며 선업을 실천하기를 즐겨 한다"

822_ Ibid., p. 342.

823_ Ibid..

824_ T. XXXII., p. 440c.

고 말하고 있다.[825]

　이러한 묘사는 '깨끗하고 맑은 물과 울퉁불퉁하지 않고 평평한 땅'에서 음식이 이상적인 상태로 존재하는, 즉 음식의 혐오상을 가지고 있지 않은 이상적 장소를 나타내기 위한『세기경』의 묘사 내용을 상기시킨다(1장 참조).[826]

　이와 같이『청정도론』의 이 이야기의 구조는 두 가지 장소로 나뉜다. 하나는 음식이 존재하지 않는 이상적인 조건의 장소와 음식이 존재하는 혐오스런 상태의 장소이다.

　음식을 구하기 위해 가는 혐오상 관련 장소와 명상 장소, 즉 사당 또는 보리수와 같은 구체적 장소를 대비시킨 것은『청정도론』과『해탈도론』이 차이가 없는 듯하다. 그러나『해탈도론』은 음식 얻기로 인해 발생하는 문제들은 음식 얻기의 감각적 혐오성과 관계있을 뿐 아니라 음식을 구하는 데 있어서의 종교적·윤리적 혐오성과 관계있다고 생각한다.

　음식 얻기와 연관되어 묘사되는 장소는 혐오성의 수위가 점증하는 것으로 묘사된다.


1) 깔개(발에서 떨어진 먼지와 겍코의 배설물 등)

　↓

2) 문간(올빼미, 비둘기 등의 배설물)

　↓

---

825_ Ibid..

826_ T. I., p. 118a.

3) 땅(오래된 풀과 나뭇잎, 병든 행자의 소변, 배설물, 침, 코와 우기의
   빗물, 진흙 등)

   ↓

4) 승원에 이르는 길(땅보다 더 혐오스러운 상태)

   ↓

5) 마을로 가는 길(그루터기, 가시, 평탄치 않은 길)

   ↓

6) 마을 입구 근처(코끼리, 말, 버팔로, 뱀, 개 등 동물 사체의 모습과
   냄새)

   ↓

7) 마을 입구(사나운 코끼리, 말 등에 의한 위험)


열 가지 음식에 대한 혐오상의 다른 항목에서 보겠지만『청정
도론』의 염식상 첫 번째 양상에 대한 설명은 음식 얻기의 혐오상에
초점을 맞추고 있다.

염식상 수행의 매뉴얼으로서『청정도론』은 음식 얻기에 관한
혐오상에 초점을 맞추어 식탐을 제거하고 걸식에서의 혐오성을 관
찰하기 위한 가장 상세한 내용을 보여 준다.『청정도론』은 이러한
설명에서 음식 그 자체에 좀 더 초점을 맞추고 있다. 한편『해탈도
론』은 걸식을 위한 도정 외에 음식 얻기로 인해 야기되는 다른 문제
들에 대해서도 언급하고 있다.

이 수행을 하는 사람은 중생이 음식을 얻는 데 있어 많은
문제를 가질 수 있음을 인식한다: 그들은 살생과 도둑질

같은 많은 악행을 저지른다. 또한 그는 중생이 갖가지 형태의 괴로움을 당하며 살해되거나 구속되는 것을 안다. 또한 그는 그러한 중생이 구걸하고 찾고 남을 속이며 거짓으로 힘써 노력하는 모습을 보이는 것과 같은 갖가지 악행을 저지르는 것을 본다. 이와 같이 음식이 혐오와 환란을 일으키게 하는 것을 본다.[827]

『해탈도론』은 다음과 같이 음식 얻기에 의해 야기되는 악행을 언급하고 있다.

1) 비윤리성: 살생, 도둑질, 사기
2) 비인간성: 살인, 구속
3) 불청정성: 소변, 대변, 진흙 밟기, 개나 돼지가 있는 장소 지나가기
4) 위험과 어려움: 사나운 코끼리나 말이 모여 있는 장소 지나가기, 다른 사람의 집 앞에서 음식을 구하며 침묵한 채 서 있기[828]

『청정도론』에도 언급되어 있는 불청정, 위험, 어려움에 대한 내용 이외에 『해탈도론』은 비윤리성과 비인간성의 문제를 제기한다.

---

827_ T. XXXII., p. 440b.

828_ Ehara, Soma and Kheminda, 1961, pp. 206-207.

명상 수행의 방법론적 측면에서 이들 두 가지 요소는 음식을 얻기 위한 외출과 관련하여 혐오성을 강화시키는 요인으로 기능할 수 있다. 한편 세속 사회에서 음식 얻기로 인해 더 자주 발생하는 비윤리적·비인간적 행위에 대한 언급은 음식 얻기에 의해 야기되는 문제가 승원과 세속 사회의 환경에 국한되는 『청정도론』과 대비된다. 『청정도론』에서 언급하고 있는 음식 얻기와 명상에 관련된 장소 간의 대비는 물리적으로 쾌적한 환경인가의 여부에 초점이 맞추어져 있다면, 『해탈도론』의 경우에는 종교적 실천, 그리고 이상의 지향과 관계된다.

> 이곳은 다툼과 소란이 없으며 비구들이 깨달음을 닦는 이
> 곳은 범천(梵天)의 거주처와 같고 이와 같은 거처에서는 마
> 음에 탐착이 없으며 항상 수행을 하고 법을 염송하며 선행
> 을 닦는다.[829]

『청정도론』의 첫 번째 혐오상에 대한 언급에서 가장 혐오스러운 모습은 동물 사체의 모습과 악취와 관련된 내용이다.

> 다음으로 마을의 입구 근처에 도달했을 때, 아마도 코끼리
> 의 사체나 말의 사체, 버팔로의 사체, 뱀의 사체, 개의 사체
> 가 그를 기다리고 있을지 모른다. 그뿐만 아니라 그 사체가

---

**829_** T. XXXII., p. 440c.

풍기는 냄새로 괴로움을 겪을지 모른다.[830]

리차드 스티븐슨(Richard J. Stevenson)은 그의 저작 『The Psych-
ology of Flavour』에서 "음식을 입안에 넣기 이전에 음식을 먹는다
는 결정과 주로 관계된 두 가지 감각은 후각과 시각이며"[831], "무엇을
먹어야 하는지에 대한 많은 결정은 그 잠재적 음식이 입안에 도달하
기 이전에 결정된다"[832]라고 언급하고 있다. 『청정도론』에서 시각과
후각에 의해 지각되는 혐오적 경험은 음식 얻기와 동물 사체의 모
습, 그리고 냄새를 연결시킴으로써 음식에 대한 혐오감을 불러일으
키는 방식이다.

『청정도론』은 시간적 순서에 따라 염식상의 두 번째 양상을 설
명한다. 염식상의 첫 번째와 두 번째 양상인 '가는 것에 대한 혐오상'
과 '구하는 과정에 대한 혐오상'은 『해탈도론』의 '구하는 것에 대한
혐오상'의 단계에 해당한다. 『청정도론』과 『해탈도론』에서 염식상의
각각의 양상에 대한 비교표는 아래와 같다.

| 『해탈도론』 | 『청정도론』 |
| --- | --- |
| 1. 구하는 과정에 대한 혐오상 | 1. 가는 것에 대한 혐오상<br>2. 구하는 것에 대한 혐오상 |
| 2. 씹는 것에 대한 혐오상 | 3. 먹는 것에 대한 혐오상 |

---

**830_** Vism., p. 343.

**831_** Stevenson, 2009, p. 161.

**832_** Ibid., p. 166.

| | |
|---|---|
| 3. 용기에 대한 혐오상<br>4. 유출되는 것에 대한 혐오상 | 4. 분비물에 대한 혐오상<br>5. 용기에 대한 혐오상<br>6. 소화되지 않은 것에 대한 혐오상<br>7. 소화된 것에 대한 혐오상 |
| 5. 결과된 것에 대한 혐오상 | 8. 결과된 것에 대한 혐오상 |
| | 9. 배설에 대한 혐오상 |
| | 10. 묻는 것에 대한 혐오상 |

표 6-2. 『해탈도론』과 『청정도론』의 물질적 음식의 혐오적 양상[833]

● 두 번째 혐오상: 구하는 것에 대한 혐오상

『청정도론』은 첫 번째 혐오상에 이어서 음식을 얻기 위해 마을에 들어간 이후의 음식에 대한 혐오상을 서술한다.

손에 그릇 하나를 들고 동냥하는 거지처럼 그는 이 집 저 집 마을의 거리를 헤매야 한다. 그리고 우기에는 빗물과 진창에 정강이까지 다리가 빠지며 (헤매야 한다). 한 손에는 발우를 들고 먼지와 풀과 불어온 바람의 먼지를 온몸에 뒤집어쓴다. 이러저러한 집 문 앞에 이르면, 그는 청파리로 뒤

---

833_ 빨리어 『위슈디마가(Visuddhimagga)』 일본어 번역인 남전대장경(南傳大藏經)의 『청정도론』은 『해탈도론』의 첫 번째 혐오상이 『청정도론』의 두 번째 혐오상에 해당한다고 언급하고 있으나 이것은 사실과 다르다. 왜냐하면 『해탈도론』의 첫 번째 혐오상은 명백히 『청정도론』이 첫 번째와 두 번째 혐오상에서 언급한 내용을 포함하고 있기 때문이다. 따라서 『해탈도론』의 첫 번째 혐오상은 『청정도론』의 첫 번째와 두 번째 혐오상에 상응하는 것으로 간주되어야만 한다. 그러나 남전대장경에서 『해탈도론』과 『청정도론』의 다른 혐오상에 대한 두 문헌 간의 연관은 대체로 정확하다. 南傳大藏經. LXII., p. 247.

덮이고 모든 종류의 벌레가 들끓는 생선 씻은 물, 고기 씻은 물, 쌀 씻은 물, 침, 코, 개와 돼지의 배설물이 뒤섞이고 거기서 날아 온 파리가 그의 가사 자락과 발우와 머리에 앉는, 배수로와 오수 구덩이를 보거나 밟아야 한다.

그리고 그가 탁발하는 집에 들어갔을 때, 어떤 사람은 주고 어떤 사람은 주지 않는다. 그리고 그들이 음식을 줄 때, 어떤 사람은 어제 한 밥을 주거나 상한 떡을 주거나 상한 소스 등을 준다. 어떤 사람은 음식도 주지 않고 '스님, 다른 집으로 가 보세요'라고 말하고 어떤 사람들은 말도 하지 않고 못 본 체한다. 어떤 사람은 얼굴을 피하고 또 어떤 이는 '꺼져 버려, 까까중아'라고 욕설을 한다. 거지처럼 이렇게 마을에서 걸식을 위해 떠돌다가 거기서 떠나야만 한다.[834]

『청정도론』은 마을에서 음식을 얻기 위해 빗물과 진창 등 물리적으로 혐오스러운 장소에 다리가 빠지고, 음식을 위해 갖가지 모욕적인 상황을 참아야 한다고 서술한다.[835] 『청정도론』이 묘사하고 있는 혐오성의 개념은 비구들에 대한 사회적 무관심, 비우호적 대우, 적대감을 포함한다.

한편 『해탈도론』은 이러한 양상을 첫 번째로 묘사한다: "그는 불결한 장소에서 진창과 배설물을 밟아야 한다. 그는 다른 사람의

---

**834_** Vism., p. 343 요약 인용.

**835_** Ibid..

집 앞에서 침묵한 채 오래 서 있어야 한다."[836]

음식 습관의 심리학을 다루고 있는 매리언 헤더링튼(Marion M. Hetherington)과 바바라 롤스(Barbara J. Rolls)는 그들의 논문에서 특정 음식과 연관된 간접적인 부정적 경험조차도 그 음식을 거부하게 만드는 원인이 될 수 있다고 언급하고 있다.[837] 즉 위에 언급한 음식과 연관된 부정적 경험은 음식 그 자체에 대한 부정적 인식에 이르게 할 수 있는 가능성을 높이는 것이다.

● 세 번째 혐오상: 먹는 것에 대한 혐오상
『청정도론』은 물질적 음식의 세 번째 혐오상 단락에서 음식 그 자체에 대한 혐오로 논의를 시작한다.

> 이와 같이 음식을 얻어 마을 바깥의 편안한 장소에서 편안히 앉은 후 음식에 아직 손을 대지 않았으면, 음식을 나누어 먹을 만한 사람을 만나면, 존경할 만한 비구나 그럴 만한 사람을 초대할 수 있을 것이다. 그러나 음식에 대한 욕망으로 음식에 손을 대자마자 '좀 드셔 보세요'라고 말하기 부끄러울 것이다. 음식에 손을 대어 쥐는 순간, 땀이 그의 다섯 손가락을 통해 흘러서 마르고 바삭한 음식을 젖게 하고 손가락을 젖게 할 것이다.
> 그리고 음식에 손을 대어 음식의 좋은 모양이 무너지고 동

---

**836**_ T. XXXII., p. 440c.

**837**_ Hetherington and Rolls, 1996, p. 268.

글동글한 모양으로 뭉쳐져 입속에 넣게 되면 아랫니는 막
자사발이 되고 윗니는 막자가 되며 혀는 손이 되어 그가 혀
로 음식물을 회전시키며 혀끝으로 얇게 침을 묻히고 혀 뒤
쪽으로 많은 침을 묻히고 이쑤시개가 닿지 않는 부분의 치
아에 낀 더러운 것이 음식에 묻어 치아라는 막자로 분쇄하
면 음식은 개밥통의 개밥처럼 되어 간다.

이와 같이 부서지고 더러운 것이 묻은, (원래의) 색과 냄새
를 상실한 이 이상한 혼합물은 개밥통의 개의 토사물처럼
아주 혐오스러운 상태가 된다. 그러나 그러함에도 불구하
고 눈이 볼 수 있는 곳에 있지 않은 관계로 입안으로 삼켜
진다.[838]

이 세 번째 혐오상은 음식을 씹고 입안에서 침과 섞이는 혐오스
러운 모습을 묘사한다. 일반적으로 말해 입안의 음식에 대한 묘사에
서 가장 중요한 부분은 혀의 미각에 관계되어 있다. 그러나 음식 섭
취의 이 단계에서 물질적 음식의 혐오성을 드러낼 때 맛을 통한 혐
오성의 묘사는 한계를 가질 수밖에 없다. 왜냐하면 입에서 느껴지는
맛은 반드시 혐오성을 야기하지는 않으며 오히려 즐거워할 만한 것
일 수 있기 때문이다.

『아비달마대비바사론』도 또한 염식상을 수행하는 데 있어서 감
각 기관의 특별한 역할에 대해 언급하고 있다.

---

838_ Vism., p. 344.

부정상(不淨想, asubha saññā)은 그 대상으로서 색처(色處, rūpa āyatana)를 가지고 있는데 왜냐하면 이 명상 수행은 안식의 적용에 의해 수행되기 때문이다. 염식상은 물질적 음식의 혐오상을 관찰하는 명상이다. 따라서 이 명상은 향·미·촉처를 그 대상으로 가지고 있다. 그러나 혹자는 염식상이 그 대상으로서 색처를 가지고 있다고 말하는데, 왜냐하면 이 명상도 또한 안식의 적용에 의해 수행되는 것이기 때문이다.[839]

『해탈도론』의 두 번째 혐오상인 '씹는 것에 대한 혐오상'도 『청정도론』의 세 번째 혐오상인 '먹는 것에 대한 혐오상'과 유사하다.

저 수행자는 이와 같이 음식을 얻은 후, 그 자리에 앉아 (음식을) 어채와 섞어 부드럽게 만든다. 손으로 잘 고르고 입으로 잘 씹고 입술로 잘 모으고 치아로 잘 씹고 혀로 잘 섞고 침과 체액으로 하나가 되게 한다. 이것은 개의 토사물처럼 아주 혐오스럽고 보기 힘들다. 이와 같이 수행자는 '씹는 것에 대한 혐오상'을 통해 염식상을 닦는다.[840]

이 단계에서 음식에 대한 혐오상은 음식의 색과 모양이 파괴됨

---

**839**_ T. XXVII., p. 838b.

**840**_ T. XXXII., p. 440c.

으로써 야기된다. 따라서 안식(眼識)이 이 혐오상과 관계되어 있다고
할 수 있다.

● 네 번째 혐오상: 분비물에 대한 혐오상

붓다와 연각불 그리고 전륜성왕은 담즙, 가래, 고름, 피로
구성되어 있는 네 가지 체액 중 하나만을 가지고 있다. 그
러나 공덕이 적은 사람들은 네 가지 모두를 가지고 있다.
그래서 음식이 섭취되고 뱃속으로 들어오면 담즙이 과도
하게 많아져 진한 마두까(madhuka) 기름이 묻은 것처럼, 가
래가 많아지면 마치 나가발라(nāgabala) 잎사귀의 즙이 묻은
것처럼, 고름이 많아지면 산패한 버터밀크가 묻은 것처럼,
피가 많아지면 마치 염색한 것처럼 아주 혐오스러운 것이
된다. 이러한 방식으로 분비물에 대하여 혐오상이 관찰되
어야 한다.[841]

담즙, 가래, 고름, 피, 이 네 가지 분비물에 대한 언급은 신지념
(身至念, kāyagatāsati)의 경우에서처럼 주로 몸의 불청정성과 관련되어
있다. 신지념에서 몸은 32가지 요소로 구성된 것으로 언급된다: "담
즙, 가래, 고름, 피, 머리카락, 몸의 털, 손톱, 치아, 피부, 살, 힘줄,
뼈, 골수, 신장, 심장, 간, 횡경막, 비장, 폐, 창자, 내장, 목구멍, 똥,

---

**841**_ Vism., p. 344.

땀, 지방, 눈물, 기름기, 침, 코, 관절의 기름, 소변."[842] 이 신체의 분비물을 염상하는 것은 신념처 수행 중 하나로 디가 니까야『대념처경』에서도 언급되고 있다.[843]

● 다섯 번째 혐오상: 용기에 대한 혐오상
음식이 위장으로 들어가고 이 분비물 중 하나와 섞이면 음식이 들어간 위장은 더 이상 황금 접시, 크리스털 접시, 은 접시 등이 아니다. 그와 반대로 열 살짜리 아이가 삼켰다면, (음식은) 10년 동안 씻지 않은 오물통 같은 곳에 들어간 것이다. 만일 20년, 30년, 40년, 50년, 60년, 70년, 80년, 90년 된 사람이 삼켰다면, 만일 100년 된 사람이 삼켰다면 100년 동안 씻지 않은 오물통 같은 장소에 들어간 것이다. 이것이 용기에 대하여 혐오성을 관찰하는 방법이다.[844]

다섯 번째 혐오상은 음식이 들어간 위장을 오물통에 비유한다. 『해탈도론』에서 '용기(위장)에 대한 혐오상'은 세 번째 혐오상이며『청정도론』과 유사한 설명을 하고 있다.『해탈도론』은 "이와 같이 이들 음식은 삼켜져 위장으로 들어가 불청정한 것과 섞여 거기에 머문다"라는 짧은 설명으로 이 혐오상의 단계를 설명하고 있다.[845]

---

842_ Ibid., p. 240.

843_ DN. II., pp. 293-294.

844_ Vism., p. 344-345.

845_ T. XXXII., p. 440c.

『청정도론』의 열 가지 혐오상 단계 중 네 번째부터 여덟 번째 단계까지는 음식이 몸속에 있는 관계로 인간의 감각 기관이 음식을 관찰할 수 없다. 다섯 감각 기관이 기능하지 못할 때 여섯 번째 감각 기관인 의근(意根, mano-āyatana)에 의한 추론에 의지하지 않을 수 없다.

인간의 여섯 가지 감각 기관 중 이성적 인식을 담당하고 있는 여섯 번째 의근은 다섯 가지 육체적 감각 기관이 행하는 것만큼의 혐오상을 야기할 수 있는가?

리차드 스티븐슨은 "전적으로 인식에 근거하여 만들어지는 혐오가 존재한다"고 언급하고 있다.[846] 다시 말해 "단지 부정적인 정보만으로도 혐오스러운 것과 접촉할 때 눈에 띄게 피하려고 하는 모습을 야기할 수 있다"는 것이다.[847] 조사 자료를 인용하면서 그는 "인식적 혐오가 맛 경험에 근거하여 생기는 혐오보다 더 강하고 지속적일 수 있다"고 지적한다.[848] 이것은 인식적 혐오가 신체 감각 기관의 접촉 없이 부정적인 정보에 의해 야기될 수 있음을 의미한다.

● 여섯 번째 혐오상: 소화되지 않은 것에 대한 혐오상
음식이 위장에 도달했을 때, 소화되지 않는 동안, 음식은 앞서 언급한 동일한 장소에 머무는데 이곳은 완전히 어둠에 휩싸여 있고 한 줄기 바람도 스며들지 않으며 여러 가지 똥 냄새가 진동하고 지독한 썩은 내와 혐오감으로 가득 찬

---

846_ Stevenson, 2009, p. 174.

847_ Ibid..

848_ Ibid..

곳이다. 우기의 먹구름이 가뭄에 비를 내릴 때, 천민 마을 입구의 구덩이에 쌓인 풀과 나뭇잎과 골풀과 뱀, 개, 인간의 사체가 태양열에 달구어져 그 구덩이가 기포와 거품 등으로 덮이듯이 당일과 어제와 그제 먹은 것이 그곳에 함께 있으면서 여러 층의 가래가 묻고 체열에 의해 발효되고 소화됨으로써 생긴 기포와 거품에 덮여 있다. 이것은 아주 혐오스러운 상태이다. 이것이 소화되지 않은 것에 대한 혐오상을 관찰하는 방법이다.[849]

이 여섯 번째 혐오상은 위장에서 여전히 소화되지 않은 상태의, 그리고 소화되는 과정의, 신체의 열에 의해 발효되고 있는 물질적 음식을 묘사하고 있다. 위장에 있는 음식의 상태는 볼 수 없지만 다른 예들을 통하여 이러한 혐오상을 상기함으로써 위장 내 음식의 혐오상을 추측할 수 있다. 소화되지 않은 음식에 대한 이러한 묘사는 또한 인식적 혐오와 관련되어 있다고 말할 수 있을 것이다.

● 일곱 번째 혐오상: 소화된 것에 대한 혐오상
음식이 몸의 열에 의해 완전히 소화되었을 때, 금이나 은 등의 광석이 (녹아) 금이나 은이 되는 것과 달리 거품이나 기포를 내뿜으며 배설물이 되거나 반듯한 흙손으로 갈색 점토를 관에 가득 채우듯, 음식을 담고 있는 위장을 채우며

---

**849**_ Vism., p. 345.

소변이 되어 방광을 채운다. 이것이 소화된 것에 대하여 염식상이 관찰되어야 하는 방식이다.[850]

일곱 번째 혐오상은 소화된 음식이 내장 안에서 배설물이나 소변이 되는 혐오스런 상태를 묘사한다. 디가 니까야 『아간냐경』에서 배설물의 존재는 배설 기관이자 성 기관인 신체 요소를 전제하며, 음식에 의해 야기되는 문제는 성욕과 관련된 문제를 야기하는 전제가 된다.[851] 여기서 음식에 대한 혐오상은 물리적 양상에 의해 묘사되지만 그것은 『아간냐경』에서 묘사되듯이 음식에 대한 윤리적·사회적 혐오성으로 확장될 수 있다. 그러나 『청정도론』의 혐오성에 대한 묘사는 물질적인 음식의 혐오성에 대한 것에 국한된다.

● 여덟 번째 혐오상: 결과된 것에 대한 혐오상
음식이 제대로 소화되면 머리칼, 체모, 손톱, 이빨 등과 같은 다양한 종류의 것들을 만들어 낸다. 음식이 제대로 소화되지 않으면 가려움, 백선, 천연두, 나병, 전염병, 폐결핵, 감기, 육체적 불안정성 등을 가져온다. 이러한 것이 음식이 야기하는 결과이다. 이것이 혐오상이 결과물에 대해서 관찰되는 방식이다.[852]

---

**850_** Ibid..

**851_** DN. III., p. 88.

**852_** Vism., p. 345.

여덟 번째 혐오상은 소화된 음식이 야기하는 혐오성을 묘사한다. 음식이 소화되면 불청정성을 만들고 음식이 소화되지 않으면 그 결과 다양한 질병이 발생한다. 『청정도론』의 이 여덟 번째 양상은 『해탈도론』의 분류에서 전체 다섯 가지 양상 중 마지막 양상인 '취(聚)'에 해당하며 이 두 문헌의 묘사 내용은 유사하다.

이렇게 소화된 음식은 머리칼, 체모, 손톱 등이 된다. 음식은 신체의 101가지 부분을 이룬다. 만일 제대로 소화되지 않으면 101가지 병을 생기게 한다. 이와 같이 '모인 것(聚)'으로써 불내식상(不耐食想)을 닦아야 한다.[853]

이것이 『해탈도론』의 마지막 염식상이다. 그러나 『청정도론』은 배설 전후의 혐오상을 다루고 있는 두 개의 혐오상 항목을 더 가지고 있다.

『해탈도론』에서 다루어지는 염식상의 특징은 음식에 대한 탐욕을 제거하기 위하여 혐오상을 야기하는 비윤리성·비인간성 등과 같은 사회적 요소나 시각적·후각적·인식적 혐오와 같은 감각적 요소들을 이용하는 데에 있다. 반면 『청정도론』은 주로 시각적·후각적·촉각적인 감각적 혐오와 인식적 혐오를 통한 염식상을 추구한다.

---

**853_** T. XXXII., p. 441a.

● 아홉 번째 혐오상: 배설에 대한 혐오상

물질적 음식에 대한 아홉 번째 혐오상에서 『청정도론』은 배설에 대한 혐오상을 묘사한다. 여기서는 배설 전후와 관련한 혐오상을 다룬다.

> 음식을 삼키면 하나의 문으로 들어간 음식은 그 후 여러 가지 문으로 나온다: "눈에서는 눈꼽, 귀에서는 귀지". 그리고 음식을 먹을 때는 많은 사람들과 함께 먹더라도 똥이나 오줌 등으로 변해 배설을 할 때에는 혼자 배설한다. 첫날 기쁘고 즐겁게 행복과 기쁨에 가득차서 음식을 먹는다. 두 번째 날 인상을 찌푸리고 혐오스러움을 느끼며 낭패한 얼굴로 그 냄새를 피하기 위해 코를 막는다. 첫째 날에는 탐욕스럽게 욕심에 가득차서 게걸스럽게 열중해 음식을 먹는다. 그러나 하루가 지난 두 번째 날에는 불쾌하게 느끼고 수치스럽게 느끼며 굴욕감을 가지고 혐오감을 느끼면서 배설한다.[854]

이 단계의 혐오상에서 『청정도론』은 배설에 대한 감각적 혐오상뿐만 아니라 집착과 혐오성을 야기하는 음식과 배설물에 대한 대비를 통해 인간의 양면적 태도를 보여 주고 있다. 『청정도론』에서 음식의 혐오성에 대한 인식은 먹기 전의 감각적 혐오에서 출발하여

---

854_ Vism., pp. 345-346.

위장에서의 음식 상태와 관련한 인식적 혐오를 거쳐 배설에 관한 감각적 혐오로 종결된다.

● 열 번째 혐오상: 묻는 것에 대한 혐오상

열 번째 물질적 음식에 대한 혐오상에서 『청정도론』은 음식 섭취, 소화, 배설이라는 모든 과정에 동반하는 묻는 것에 대한 혐오성을 묘사한다.

음식을 먹을 때, 손, 입술, 혀, 입천장에 (음식을) 묻힌다. 음식을 묻힘으로써 혐오스러운 모습이 된다. 그리고 씻을 때조차 그 냄새를 제거하기 위하여 거듭 씻어야만 한다. 쌀을 끓일 때조차 곡식 등을 덮고 있는 껍질이나 붉은 가루가 끓어올라 솥의 입구나 가장자리, 뚜껑에 묻는다. 그리고 또한 먹었을 때 소화 과정 동안에도 넘쳐 오르고 온몸에서 일어나는 신체의 열에 의해 끓어오른다. 그것은 이빨에 묻은 치석이 된다. 그것은 혀, 입천장 등에 각각 묻은 침과 가래가 된다. 그리고 그것은 눈, 귀, 코, 생식기의 통로에 각각 묻는 눈꼽, 귀지, 콧물, 소변, 배설물이 된다.

그리고 이러한 신체 구멍에 그러한 것이 묻었을 때, 매일 씻더라도 깨끗하거나 유쾌하지 않게 된다. 이러한 신체 구멍 중 하나를 씻고 나서 손을 다시 씻어야만 한다. 이러한 신체 구멍 중 하나를 씻고 나서 소똥이나 진흙, 그리고 향기 나는 가루로 두세 번을 씻은 후에 조차도 혐오스러움은 사라지지 않는다. 이것이 묻는 것에 대하여 혐오성을 관찰

하는 방식이다.[855]

　　상좌부의 염식상은 신체 부분이나 장기, 신체의 분비물 등과 같은 몸의 불청정성을 관찰할 뿐만 아니라 음식 상태 변화의 불청정성도 관찰한다. 이러한 의미에서 상좌부의 염식상은, 이 장의 후반부에서 보겠지만, 설일체유부나 대승불교의 염식상과는 다른 독특한 수행 방식이다. 한편 상좌부의 염식상이 위에서 언급한『청정도론』의 열 가지 혐오상에서 묘사된 육체의 불청정성을 관찰하는 방식을 부분적으로 수용한다는 점에서 신념처의 방식을 계승하고 있다고 말할 수 있다.

## 2-3. 설일체유부와 대승불교의 염식상

　　설일체유부의 논서들은 수행의 방식이란 측면에서 매우 다른 염식상에 대해 언급하고 있다. 초기 논서인『아비달마집이문족론(阿毘達磨集異門足論, Abhidharma-saṅgītī-paryāya-pāda-śāstra)』에서 이론적으로 완성된 모습을 보이는『아비달마대비바사론』까지, 설일체유부 논서들은 일관되게 동일한 방식의 염식상을 기술하고 있다. 한편 대승불교는 설일체유부의 염식상 방식을 계승하고 있다.

　　이 장의 앞부분에서 보았듯이 신념처의 14가지 수행 중 세 가지는 우리 몸 안팎을 불청정한 것으로 관찰하는 것과 관계되어 있는데 설일체유부와 대승불교는 염식상의 방법으로 이 방식을 수용하

---

**855_** Ibid., p. 346.

고 있다.

설일체유부 논서 중 『아비달마집이문족론』[856]은 염식상을 언급
하고 있다. 그러나 이 논서의 염식상에 대한 시각은 『해탈도론』이나
『청정도론』과 같은 빨리어 불교 문헌의 그것과는 상당한 차이를 보
이고 있다.

『아비달마집이문족론』은 오상 수행과 육상 수행, 두 종류의 상
수행을 언급하고 있다. 이 문헌에서 오상 수행은 '성숙해탈상(成熟解
脫想)'이라고 불리며 각각의 항목은 다음과 같다.


1) 무상상(無常想)

2) 무상고상(無常苦想)

3) 무아상(無我想)

4) 염역식상(厭逆食想)[857]

5) 오사상(五死想)[858]


오상 수행 외에 일체세간불가락상(一切世間不可樂想)이 포함된


---

**856_** Hirakawa, 1993, pp. 131-132. 설일체유부 아비달마는 '육족(六足)과 일신(一身)'이라 불
리는 일곱 개의 논서를 가지고 있다. 『아비달마집이문족론』은 여섯 개의 '다리(足)' 중 하나
인 논서이며 이 문헌은 일곱 개의 논서 중 가장 일찍 성립된 것이다. 이 일곱 개의 논서 중
『아비달마발지론(阿毘達磨發智論, Abhidharma-jñānaprasthāna-śāstra)』은 가장 중요한
논서로 간주되며 이 논서는 '몸(身)'에 해당한다. 이들 논서들은 기원전 2세기에서 1세기경
에 성립된 것으로 간주되며 모두 한역대장경 속에 존재하고 있다.

**857_** 염식상은 『아비달마집이문족론』에서 염역식상(厭逆食想)이란 용어로 불린다.

**858_** T. XXVI., p 423c.

육상 수행이 있다.[859] 이 설일체유부 논서의 가장 두드러진 특징은 염식상을 수행하는 방식이다. 『아비달마집이문족론』은 염역식상(厭逆食想, āhāre paṭikūla saññā)을 수행하는 방법을 다음과 같이 설명하고 있다.

비구들은 부정상(不淨想)을 통해 물질적 음식을 관찰해야만 한다.[860]

이 문헌은 불청정상을 통해 염식상을 수행해야 한다고 명확히 언급하고 있다. 이 문헌은 신념처에서의 신체 표면이나 내부 장기 등의 혐오상을 관찰하는 '내신관찰(內身觀察)'[861]과 시체가 변해 가는 모습을 관찰하는 '관신부정(觀身不淨)'[862]을 포함하는 신념처의 수행을 수용한 듯하다. 그렇다면 수행자는 어떻게 염식상을 닦아야 하는 가? 『아비달마십이문족론』은 다음과 같이 그 수행 방법을 설명하고 있다.

이 명상은 어떻게 닦는가?
모든 죽과 밥에 대하여 팽창한 시신이라는 승해(勝解,

---

859_ Ibid., p. 432c.

860_ Ibid., p. 423c.

861_ T. I., p. 77b, p. 556a, p. 583b; T. II., p. 311a.b., p. 568a.

862_ T. I., p. 11c.

adhimokkha)를 일으켜야 한다.[863]

죽과 국과 고깃국에 대하여 사람의 묽은 똥이라는 승해를
일으켜야 한다.

버터와 우유와 커드에 대하여 사람의 뇌수라는 승해를 일
으켜야 한다.

치즈와 기름과 설탕과 꿀에 대하여 사람의 비계와 지방이
라는 승해를 일으켜야 한다.

보릿가루에 대하여 뼛가루라는 승해를 일으켜야 한다.

차빠띠(chapati)[864]에 대하여 사람의 피부라는 승해를 일으
켜야 한다.

소금에 대하여 부서진 이빨이라는 승해를 일으켜야 한다.

연근과 그 줄기 채소의 줄기와 잎에 대하여 엉킨 털과 해골
이라는 승해를 일으켜야 한다.

즙과 음료수에 대하여 사람의 고름과 피라는 승혜를 일으
켜야 한다.

물질적 음식에 대하여 이와 같이 혐오스럽고 무너지는 것
이라는 것에 대하여 동시적 주의 집중(俱行作意)을 일으켜

---

**863_** 상좌부나 설일체유부가 염식상 수행을 언급할 때, 이들은 다양한 명상적 요소와 관련된 심소(心所)에 대하여 언급한다. 『청정도론』(Vism., p. 346)은 염식상 수행에 동반되는 심소인 심(尋, vitaka)과 사(伺, vicāra)를 언급하고 있다. 한편 설일체유부의 『아비달마집이문족론』은 염식상 수행에서 작의(作意, manasikāra)와 승혜(勝解, adhimokkha)의 역할을 언급하고 있다. 모든 심소는 '대상에 대한 주의 집중'과 관련되어 있고 마음이 대상의 본질을 이해하는 기능을 가지고 있다(T. XXVI., p. 423c).

**864_** 번역어인 차빠띠에 해당하는 이 문헌의 원래 표현은 떡(餅)이지만 우리가 알고 있는 한국식 떡에서는 피부가 연상되지 않는다. 그래서 북인도인들의 주식으로서 얇고 둥그란 모양의 성인 손 전체 크기와 비슷한 밀가루로 만든 부침개 모양의 차빠띠로 번역하였다.

야 한다.[865]

『아비달마십이문족론』은 물질적 음식을 신념처 수행에서 언급된 내외신(內外身)의 부정(不淨)을 통해 관찰한다. 이 수행에서 음식 상태의 변화는 관찰 대상이 아니다. 이 수행에 있어 중요한 요소는 개별 음식의 특징을 신체적 혐오상과 연결시키는 것이다.

이 염식상 수행에서 내외신의 염오상(厭汚相)이 이용된다. 외신(外身)의 일부로서 팽창한 시신과 뼛가루, 내신(內身)의 일부로서의 고름, 피, 피부, 골수 등이 신념처 수행에서와 같이 언급된다.

위의 인용문은 부정상 수행 방식에 기초하여 개별 음식 품목과 신체적 요소를 병치시킨다. 염식상 수행을 위해 부정상 수행과 동일한 방식을 채용한 것은 설일체유부가 이 두 가지 수행의 본질을 동일한 것으로 보고 있다는 점을 알려 준다.

『아비달마대비바사론』은 이 두 수행, 즉 염식상과 부정상의 차이를 설명하는데, 이 두 수행의 목적이 다르다고 말한다. 이 문헌에 따르면 부정상을 수행하는 것은 성적 욕망을 제거하기 위한 것이 목적이며, 염식상의 목적은 음식에 대한 탐욕을 제거하기 위한 것이다.[866] 수행의 대상과 관련하여 『아비달마대비바사론』은 이 두 수행이 현색(顯色, 색깔)과 형색(形色, 모양과 형태)을 대상으로 한다는 견해가 있음을 이야기하고 있다.[867] 그러나 이러한 견해에 대하여 음식의

---

**865**_ T. XXXVI., p. 423c.

**866**_ T. XXVII., p. 842b.

**867**_ Ibid..

본질은 향(香), 미(味), 촉(觸), 삼처(三處, āyatanas)와 관계되어 있으며 염식상은 이러한 대상들을 다루고 있다며 비판한다.[868]

　『아비달마대비바사론』은 신체의 부정성과 염식상을 연결시키는 사고를 가지고 있다. 여기에서는 염식상 수행의 방법을 다음과 같이 설명하고 있다.

　　만약 걸식 시에 떡을 얻었을 때는 (그것을) 사람의 위장이라
　　고 생각하여야 한다.
　　만약 보릿가루(죽)을 얻었을 때는 (그것을) 뼛가루 죽이라고
　　생각하여야 한다.
　　만약 소금을 얻었을 때는 (그것을) 사람의 이빨이라고 생각
　　하여야 한다.
　　만약 밥을 얻었을 때는 (그것을) 구더기라고 생각하여야 한다.
　　만약 야채를 얻었을 때는 (그것을) 사람의 털이라고 생각하
　　여야 한다.
　　만약 국을 얻었을 때는 (그것을) 소변이라고 생각하여야 한다.
　　만약 우유나 커드를 얻었을 때는 (그것을) 사람의 뇌라고 생
　　각하여야 한다.
　　만약 연유나 꿀을 얻었을 때는 (그것을) 사람의 기름과 지방
　　이라고 생각하여야 한다.
　　만약 생선이나 고기를 얻었을 때는 사람의 고기라고 생각

**868**_ Ibid..

하여야 한다.

만약 여러 가지 음료를 얻었을 때는 (그것을) 사람의 피라고 생각하여야 한다.

만약 당과(糖菓)를 얻었을 때는 마른 똥이라고 생각하여야 한다.

만약 승가와 함께 식사를 하면서 깨끗한 풀을 얻었을 때는 (그것을) 죽은 사람의 머리칼로 생각하여야 한다.

침상과 의자에 앉을 때는 (그것을) 뼈 무더기라고 생각하여야 한다.

음식을 얻었을 때는 (그것을) 깨끗하지 못하다고 생각하여야 한다.[869]

시각, 후각, 촉각, 인식적 요소와 음식의 혐오를 일으키는 사회적 상황을 이용한 빨리어 문헌의 염식상 방식과 비교하여 이 방식은 식재료의 이름과 같은 의미론적 지식에 주로 의지하고 있다. 상좌부에서 염식상의 수행 방식은 음식 섭취 이전과 이후의 음식 상태 변화에 대한 지속적인 관찰을 요구한다. 한편 설일체유부의 방식은 음식 상태 변화의 관찰을 요구하지 않고, 신체 부분들이나 장기, 체액, 분비물과 연관된 식재료의 혐오성을 마음속에 지속적으로 각인시킨다.

설일체유부의 염식상 수행 방식은 대승불교에 의해 계승된다.

---

**869**_ T. XXVII., p. 840b.

『대지도론』은 다음과 같이 염식상을 묘사한다.

염식상은 음식이 불청정한 것으로부터 만들어졌다는 것을
관찰하는 것이다. 이와 같이 고기는 정액과 핏물이 흐르는
관에서 생겨난 것이며 이곳은 고름과 피가 머무는 곳이다.
이와 같이 연유와 우유와 커드는 피가 변해서 만들어진 것
이다. (그것은) 농익은 고름과 다를 바가 없다.[870]

왜 상좌부와 설일체유부, 이 두 불교 부파의 염식상 수행에 차
이가 존재하는가?
빨리어 주석서인 『청정도론』은 음식을 청정하다거나 혹은 불청
정한 것으로 규정하지 않고 단지 "물질적 음식이 있을 때, 집착이 있
고 집착은 위험을 야기한다"[871]라고만 언급하고 있다.
또 다른 빨리어 문헌인 『해탈도론』은 다음과 같이 표현한다.

다양한 맛을 가지고 있으며 청정한 사람들이 소중히 하고
색과 맛을 가진 음식조차 그것이 우리 몸속으로 들어가면
부정(不淨)해진다.[872]

적어도 빨리어 문헌들은 음식이 본질적으로 부정(不淨)한 성질

---

870_ T. XXV., p. 231b.

871_ Vism., p. 341.

872_ T. XXXII., p. 44b.

을 가지고 있다는 언급을 하고 있지 않다. 그러나 설일체유부나 대승불교 문헌들은 물질적 음식의 본질에 대하여 완전히 다른 시각을 가지고 있다. 설일체유부 문헌인 『아비달마대비바사론』은 음식의 본질에 대하여 다음과 같은 상세한 설명을 하고 있다.

> 수행자가 염식상을 일으킬 때, 손 안의 혹은 발우 안의 음식이 어디에서 와서 만들어졌는지 관찰해야 한다. (음식이) 곡식 등에서 왔음을 알고 나서, 다시 곡식 등은 어디에서 왔는지를 관찰해야 한다. (곡식이) 밭의 여러 종자로부터 왔음을 알고 나서, 다시 종자는 어디서 생겨났는지를 관찰해야 한다. (종자가) 여러 가지 진흙과 더러운 똥에서 왔음을 안다. 이와 같이 관찰하고 나서 이 음식은 연속적으로 부정(不淨)한 것으로부터 생겼다는 것을 알아야 한다.[873]

이 설일체유부 문헌은 음식이 부정물(不淨物)에서 생겨났다고 설명하고 있으며 따라서 음식 그 자체는 부정한 본질을 가지고 있다고 설명한다. 앞에서 인용한 용수(龍樹, Nāgārjuna)의 『대지도론』에서도 보았듯이 대승불교 문헌 또한 음식에 대한 이러한 시각을 공유하고 있다.[874]

상좌부와 설일체유부 간의 차이는 음식에 대한 다른 견해에 있

---

**873**_ T. XXVII., p. 840a.
**874**_ T. XXV., p. 231b.

는 듯하다. 설일체유부와 대승불교의 염식상은 물질적인 음식이 부정한 것들로부터 생겨났다는 견해를 가지고 있다. 예를 들어 '고기는 정액과 피에서 생겼고 이곳은 고름과 피가 머무는 곳이다. 피는 변화하여 커드, 우유, 연유가 된다'고 사고한다.[875]

음식 그 자체가 부정(不淨)하다는 이러한 시각에서는 음식을 먹기 이전부터 배설에 이르기까지의 음식 상태 변화를 관찰하는 것은 불필요하며, 음식의 혐오상만을 머릿속에 각인하는 것만으로 충분해 보인다.[876]

현대 심리학은 '음식 혐오'를 두 가지 방식으로 설명한다: 1) 감각적 혐오, 2) 인식적 혐오. 감각적 혐오는 감각 기관을 통한 실제 경험에 근거한다: 예를 들면 어떤 열매의 독성으로 고생한 경험을 통해 그것에 대한 혐오가 생기며, 기름기가 많은 음식에 체한 경험은 기름기가 많은 음식에 대한 기피를 가져올 수 있다고 한다. 한편 인식적 혐오는 실제로 피해를 본 경험과 상관없이 마음속에 형성되어 있는 부정적 연관과 관련되어 있다: 예를 들어 어머니가 그 자식

---

**875_** Ibid..

**876_** 1) 상좌부나 2) 설일체유부와 대승불교의 염식상 수행 방식과 다른 『성실론』(T. XXXII. No. 1646)의 염식상 수행 방식이 존재한다. 이 문헌에서는 상좌부와 설일체유부, 그리고 대승불교에서 볼 수 있는 염식상 수행 방식이 결합된 방식을 볼 수 있다.

질문: 염식상을 어떻게 수행해야 하는가?
답: 음식의 본질은 부정한 것이다. 맛 좋은 요리와 과일도 모두 부정한 것이다. 따라서 그것에 대한 혐오성을 인식해야 한다. 깨끗하고 향기로우며 맛있는 음식이 청정할 때, 그것은 몸에 이로움을 주지 못한다. 씹히고 침에 젖은 토사물 같은 음식이 장기에 들어갔을 때 몸에 이로움을 주는 것이다. 따라서 (음식이) 부정하다는 것을 인식해야 하는 것이다.

『성실론』은 음식은 부정하다고 간주한다는 입장에서, 음식의 본질에 대한 시각에 있어서 설일체유부나 대승불교와 유사하고 음식의 부정성을 관찰하는 방식에 있어서는 상좌부의 전통과 유사하다.

에게 독이 있는 어떤 열매에 대하여 경고를 하면 그 후 그 아들은 그 것에 대한 거부감을 가질 수 있으며 마찬가지 방식으로 '돼지고기는 부정(不淨)하고 더럽다'는 믿음이 종교적 음식 금기 이면에 자리 잡을 수 있는 것이다. 설일체유부와 대승불교 염식상의 방식은 음식에 대한 의미론적 정보를 통해 혐오성을 야기하는 인식적 혐오라고 규정할 수 있을 것이다. 심리학자인 리차드 스티븐슨은 "인식적 혐오가 감각적 혐오보다 더 강력하고 지속적이다"라고 말한다.[877]

## 3. 음식적 탐욕의 근본 처방으로서 사념처(四念處) 수행

염식상과 염처 수행, 이 두 수행 중 상좌부 불교는 후자를 음식에 대한 탐욕을 제거하는 근본적인 수행으로 간주한다.

빨리어 불교 문헌은 자주 음식에 대한 탐욕을 제거하는 것과 관련된 정형구를 언급한다.

- 여기 덕을 갖춘 성스러운 제자는 감각의 문을 제어하고 먹는 것에 절제가 있으며 염처 수행에 전념한다.[878]
- 비구들은 계율을 견고하게 지키고 감각 기관을 제어하고 먹는 데 있어서 적당함을 이해하며 염처 수행을 닦는

---

**877_** Stevenson, 2013, pp. 160-168.

**878_** MN. I., pp. 354-355.

다.[879]

- 먼저 그는 감각의 문을 살피며 먹는 데에 있어서 적당함
  을 알고 항상 사띠(sati)를 확립한다.[880]

맛지마 니까야로부터의 인용문은 상세하게 그 의미를 설명하고
있다: 1) "성스러운 제자는 덕을 갖추고 있다"는 문장은 "그 비구가
계율에 근거한 절제된 생활을 하고 있다"라는 것을 의미한다.[881] 2)
"성스러운 제자는 감관의 문을 제어한다"라는 말은 그 비구가 시각적
색이나 형태를 볼 때 그것에 집착하지 않음을 의미한다. "만일 그가
눈의 감관을 제어하지 않으면 탐욕과 슬픔과 같은 삿되고 불선(不善)
한 상태가 그를 침범할 것이다. 그는 계율적 규정을 실천하고 시각을
제어하며 시각이 야기하는 탐욕을 제한한다."[882] 그는 눈과 같이 귀,
코, 혀, 몸, 마음과 같은 다른 감각 기관의 경우에도 동일한 수행을
실천한다. 3) "먹는 것에 있어서 적당함"이란 "현명하게 생각하는 성
스러운 제자는 음식을 즐거움을 위해서나, 혹은 취하기 위해서나, 혹
은 육체적 아름다움이나 매력을 위해 먹는 것이 아니라 오직 이 몸을
유지·지속시키기 위하여 (배고픔이 야기하는) 불편함을 제거하고 성스
러운 생활을 돕기 위해 먹는다"는 것을 의미한다.[883] 4) "성스러운 제

---

**879_** AN. III., p. 135.

**880_** AN. I., p. 113.

**881_** MN. I., 355.

**882_** Ibid..

**883_** Ibid..

자가 사띠(sati)를 확립하는 방법"이란 "낮이나 밤이나 비구가 장애가 되는 마음 상태로부터 자신의 마음을 청정케 하여 행주좌와에 있어서 그 마음에 사띠가 확립되고 알아차림의 상태에 있는 것"을 의미한다.[884] 앙굿따라 니까야에서 언급한 두 인용문은 사띠 확립을 가장 중요한 내용으로 언급하고 있다.

감각적 욕망은 여섯 감각 기관에서 비롯되며, 여성의 아름다움에 대하여 어떠한 감정도 느끼지 않고 여성을 단지 뼈 무더기로 바라보았던 마하 띳사(Mahā Tissa) 비구의 경우에서처럼 감각 기관은 제어되어야 한다고 『청정도론』은 말하고 있다.[885] 성적 매력을 있는 그대로 인식하기 위해서는 이성의 매력적인 몸매, 손, 발, 미소, 웃음, 말, 앞모습, 뒷모습 등 특정한 모습에 집착해서는 안 된다. 마찬가지로 음식은 감각적 욕망을 야기하는 대상이기 때문에 음식의 맛에 대한 욕망은 제어되어야 하고 음식의 양에 대한 집착 또한 제어되어야 한다.

음식 맛에 대한 욕망을 제거하고 음식량에 대한 집착을 제어하기 위해서 『청정도론』이 설한 13가지 두타행 중 음식과 관련된 다섯 가지 두타행의 실천이 언급된다. 이들 음식 관련 두타행은 계행(戒行, sīla)의 측면에서 음식 맛에 대한 욕망, 그리고 음식량에 대한 제어와 관련된 실천행이다. 나아가 일종의 부정상으로서, 염식상 수행은 사마디라는 측면에서 두 가지 장애를 제거하기 위해 행해져야 한

---

884_ Ibid..

885_ Vism., p. 21.

다.『청정도론』에서 사띠 확립(satisadhana)은 감각 기관을 제어하기 위한 근본적인 조치로 간주된다.

감각 기관을 제어하는 것은 사띠 확립에 의해 성취되어야 한다. 감각 기관을 제어하는 것은 사띠 확립을 의미하며 감각 기관에 의해 야기되는 탐욕은 사띠 확립에 의해 (더 이상) 생기지 않는다.[886]

잡아함경 1171경에는 감각 기관에 의해 야기되는 탐욕을 제어하기 위해 왜 신념처 수행을 닦아야 하는지 서술되어 있다. 이 경전은 신념처 수행이 우리가 감각 대상에 집착하는 것을 막아 준다고 언급하고 있다. 이 경전은 여섯 가지 감각 기관을 여섯 가지 동물에 비유하고 있다: 1) 눈 – 개, 2) 귀 – 새, 3) 코 – 뱀, 4) 혀 – 여우, 5) 몸 – 악어, 6) 마음 – 원숭이.

우리의 감각 기관이 각각 감각 대상을 가지고 있듯이, 이들 동물은 그들이 원하는 장소에 가고자 한다: 1) 개는 마을에 가고자 한다, 2) 새는 하늘로 날아가고자 한다, 3) 뱀은 구멍으로 들어가고자 한다, 4) 여우는 무덤가로 가고자 한다, 5) 악어는 물로 가고자 한다, 6) 원숭이는 숲으로 가고자 한다. 붓다는 이 여섯 가지 동물들이 우리의 여섯 가지 감각 기관에 비유되며, 이 동물들은 기둥, 즉 신념처

---

**886_** Ibid., p. 29.

에 단단히 묶여야 한다고 설명하고 있다.[887] 이들 여섯 가지 동물이 그들이 좋아하는 장소로 가고자 하는 방식은 우리의 여섯 감각 기관이 그들이 좋아하는 감각 대상을 구하는 것과 같은 방식이다.

1) 안근(眼根, Eye-sense organ)은 항상 유쾌한 시각적 형태나 색깔을 원하고 불쾌한 시각적 형태나 색깔을 싫어한다.

2) 이근(耳根, Ear-sense organ)은 항상 유쾌한 소리를 원하고 불쾌한 소리를 싫어한다.

3) 비근(鼻根, Nose-sense organ)은 항상 유쾌한 향기를 원하고 불쾌한 냄새를 싫어한다.

4) 설근(舌根, Tongue-sense organ)은 항상 유쾌한 맛을 원하고 불쾌한 맛을 싫어한다.

5) 신근(身根, Body-sense organ)은 유쾌한 촉감을 원하고 불쾌한 촉감을 싫어한다.

6) 의근(意根, Mind-sense organ)은 항상 유쾌한 대상을 원하고 불쾌한 대상을 싫어한다.[888]

잡아함경 244경에는 이 문제의 핵심은 감각 기관이 감각 대상에 집착하는 것이라고 언급되어 있다.

---

887_ T. II., p. 313b.

888_ Ibid., p. 313a-b.

여섯 가지 마구니의 갈고리가 있으니 무엇이 여섯 가지인가?

눈이 시각적 형태와 색깔에 빠지고 집착하면 이것이 마구니의 갈고리이다.

귀가 소리에 빠지고 집착하면 이것이 마구니의 갈고리이다.

코가 향기에 빠지고 집착하면 이것이 마구니의 갈고리이다.

혀가 맛에 빠지고 집착하면 이것이 마구니의 갈고리이다.

몸이 촉감에 빠지고 집착하면 이것이 마구니의 갈고리이다.

마음이 마음의 대상에 빠지고 집착하면 이것이 마구니의 갈고리이다.[889]

잡아함경의 또 다른 부분에서는 신념처 수행의 결과를 다음과 같이 설명하고 있다.

신념처를 잘 닦으면 유쾌한 시각적 형태나 색깔을 보더라도 집착하지 않고 불쾌한 시각적 형태나 색깔을 보더라도 혐오하지 않는다. (…) 마음과 마음의 대상에 대하여 유쾌한 마음의 대상을 구하고자 하지 않고 불쾌한 마음의 대상을 혐오하지 않는다.[890]

---

**889_** Ibid., p. 58c.

**890_** Ibid., p. 313b.

설일체유부 문헌인『아비달마순정리론』은 음식에 대한 집착의 과정을 다음과 같이 설명하고 있다.

어떤 이유로 음식에 대한 욕망과 갈애가 생겨나는가? 음식 때문에 다양한 즐거운 느낌들이 생기고, 그러한 즐거운 느낌 때문에 다양한 갈애가 생겨날 수 있다. 다양한 갈애가 생겨났을 때, 갈애에 의한 집착은 필연적인 것이 된다. 음식은 갈애의 직접적인 원인이며 갈애가 생겨날 때 음식은 필요 불가결한 것으로 기능한다. 이 때문에 음식이 갈애의 원인이라고 말하는 것이다.[891]

『유가사지론』은 마음의 작용과 염처 수행의 기능에 초점을 맞추어 감각 대상에 집착하지 않는 방법을 설명한다.

마음(意)과 마음 대상(法)이 조건이 되어 의식(意識)이 발생한다. 이 의식은 비리분별(非理分別)과 함께 작용하여 번뇌를 일으킨다. 이 의식은 좋아할 만한 색법(色法)에 대하여 염착(染著)을 생기게 하고 좋아할 만하지 않은 색법에 대해서는 증에(憎恚)를 생기게 한다. 그러나 또한 염처 수행의 증상력(增上力)으로 비리분별이 일으키는 번뇌의 마음을 막아 마음에 번뇌가 생기지 않게 한다. 이것을 일러 염처가

---

891_ T. XXIX., p. 513a.

마음을 방호(防護)한다고 말한다.[892] (…)

이 가운데 무엇이 능방호(能防護)인가? 정념(正念)을 방어
하여 지키고 정념을 항상 세밀하게 닦는 것을 능방호라고
한다. 무엇이 소방호(所防護)인가? 안근(眼根)을 막아 지키
고 이(耳)·비(鼻)·설(舌)·신(身)·의근(意根)을 막아 지키는
것, 이것을 소방호라 한다.[893]

『청정도론』은 감각 기관의 제어가 염처 수행에 의해 성취될 수
있다고 언급하고 있다. 이 문헌은 다음과 같이 말하고 있다.

왜냐하면 그것은 사띠에 의해 성취되기 때문이니 감각 기
관의 기능에 사띠가 확립되면 탐욕이나 다른 (번뇌가) 침입
하는 문제가 생기지 않는다. (…) 이러한 제어는 끊임없는
사띠 확립으로 부정적 심 활동을 방지함으로써 제대로 행
해져야 한다.[894]

---

**892**_ T. XXX., p. 406c.

**893**_ Ibid., p. 407c.

**894**_ Vism., p. 36.

# 결론

이 책은 불교의 빨리어 문헌과 한역 문헌에 근거하여 5대 율장의 음식 소비와 관련한 인연담, 규정, 계율을 수집·분석하였다. 방법론적으로 텍스트 분석에 기초하고 있으며 음식에 대한 태도의 근저에 놓인 사고를 이해하기 위해 또한 불교사를 통하여 비구와 비구니의 생활을 규정하였다. 또 현재의 불교 승원 생활에도 지속적으로 영향을 미치고 있는 음식 규정을 이해하기 위하여 다양한 버전의 『아간냐경』 관련 경전과 율장 문헌들을 비교하였고, 초기경전과 율장 문헌의 내용을 해명해 주는 주석서, 논서, 수행론을 포함한 후대의 문헌들도 이용하였다. 여기에서 사용된 주요 문헌으로는 경전, 아비달마 논서, 『청정도론』, 『해탈도론』, 설일체유부 및 대승불교 논서 등을 들 수 있다.

　이 책은 또한 불교의 채식주의 이행과 인도와 중국의 사회문화적 상황이 채식의 본질에 어떻게 영향을 미쳤는가를 확인해 주는, 성립 시기가 다른 대승경전의 다양한 문헌적 근거들을 고찰하였다.

　이 책은 음식에 대한 불교의 고유한 시각을 고찰하고자 했다. 불교의 음식에 대한 태도는 붓다가 고행주의적 음식 수행을 폐기하고 우유죽을 먹은, 붓다 생애 속의 사건을 통해 예증된다: 이때 붓다가 먹은 음식은 그가 깨달음을 얻는 데 일조한다.

붓다의 초전법륜에 관한 이야기에 따르면 그가 이후 확립한 수행자의 삶의 방식은 고행적 음식 수행과는 차이가 있는, 초기불교의 음식에 대한 시각과 더불어 시작된다. 이것은 고행적 수행 전통과 비교하여 음식 섭취의 적당함을 추구하는 '중도(中道)'적 방식으로 불린다: 이 방식은 감각적 욕구를 추구하는 재가적 생활 방식과 거리가 있으며, 동시에 극단적인 고행주의와도 차이가 있다. 심신과 종교적 이상 추구를 건강하게 뒷받침할 수 있는 음식의 중요성은 음식을 언급하고 있는 많은 경, 율 문헌 속에서 강조된다.

피해야 할 것은 음식에 대한 탐착이다: 비구나 비구니는 음식의 맛, 양에 대한 집착이 없어야 한다. 불교 수행자는 생산에 관여해서는 안 되며, 특별히 좋은 음식을 구하고자 재가자에게 경제적 부담을 지워서는 안 된다. 이것은 초기불교 문헌에서 불교의 첫 번째 계율인 불살생이 육식과 관련된 규정으로 해석되지 않는다는 것을 의미한다. 하지만 이러한 실용적인 중도적 입장과는 달리 불교 내에는 음식에 대한 좀 더 고행주의적이고 부정적인 시각이 존재하고 있었음을 목도할 수 있다.

한편 시공간의 변화와 더불어 수행자가 어떻게 행위하여야 하는가에 대한 재가자의 기대가 변화하고 있음을 발견할 수 있다. 불교 계율과 규정들은 변화를 통해 그러한 기대를 수용하였다. 이러한 변화의 일부는 음식에 대한 탐착을 다루는 염식상과 같은 명상 수행조차 변화시켰다.

처음에는 음식에 대한 불교적 가르침과 음식에 대한 계율의 주요한 목적이 사성제의 고전적인 네 종류로 정형화된 문제의 원인과 해결 방식에 따라, 우리의 괴로움의 근본 원인인 탐착을 조치하여 해결하는 것을 의도하고 있다고 생각하였다. 그러나 우주론적 타락의 기원을 말하고 있는 『아간냐경』에서 언급된 음식에 대한 탐욕의 중요성에도 불구하고, 그리고 이 탐욕에 대처하기 위한 음식 관련 수행에도 불구하고, 위에 언급한 문헌들을 고찰할 때 드러나는 것은 음식에 대한 탐착 제거라는 측면만은 아니었다. 오히려 음식에 대한 계율 규정에 영향을 미치는 요소는 상당히 다면적이라는 사실을 발견하게 된다.

마음의 탐욕이나 번뇌의 제거가 중요한 요소이기는 하지만, 물질생활을 재가 신자들의 후원에 의지하고 있는 종교 그룹 사이의 경쟁 상황에서 영향을 미쳤던 주요한 요소는 종교 수행자의 행위에 대한 재가자들의 윤리적 기대치일 수 있다. 이는 자비가 논쟁의 주요한 요소로 작용하는 대승불교에서 채식을 수용한 경우를 보더라도 알 수 있다. 또한 의학적인 요인도 중요하게 작용한다. 상대적으로 이른 시기에 붓다가 일일 일식(一日一食)을 주장한 경전에서나 이보다 후대 문헌인 명상 수행의 이로움을 언급하고 있는 대승경전 및 논서에서도 의학적 요인이 하나의 중요한 요인으로 언급된다.

이 책은 빨리어 문헌인 『아간냐경』, 그리고 이와 관련된 빨리어 문헌들과 『아간냐경』과 상응하는 한역 문헌, 빨리어 및 한역 주석서에서 발견되는 불교 우주론을 재고찰함으로써 음식에 대한 불교의 시각에 대해 알아보았다. 『아간냐경』이 제시하는 초기불교의 음식에 대한 시각을 이해하는 방식과 초기불교의 우주 형성론, 승원의 실천행 사이의 밀접한 관계에 대한 고찰이 이 책 1장과 2장의 핵심을 구성한다.

이러한 관계는 두 학자, 패트릭 올리벨과 스티븐 콜린스에 의해 논의되었다. 올리벨은 힌두교에서 초기 베다의 음식에 대한 긍정적 사고가 고행주의적 수행론이 주류를 형성하는 이후 시대에 와서 음식에 대한 부정적 시각으로 어떻게 이행해 갔는지를 고찰한다. 그는 이러한 이행이 어떻게 고행적 실천을 담고 있는 문헌에 언급되어 드러나 있는지를 보여 주고 있다. 베다 문헌 중 우주의 기원을 언급하고 있는 몇몇 문헌에서는 먹는 자와 먹히는 자로 구분되기 이전 음식은 존재하지 않았다고 한다. 따라서 이들 문헌은 전적으로 음식 소비를 피하려는 출가 형태를 옹호한다. 이것은 힌두교 내에서 음식의 양, 타입, 빈도, 요리의 정도를 제한하려는 다양한 고행주의적 실천에 이르게 한다. 피해야 할 음식의 범위는 윤회로부터 해탈을 구하는 수행자의 지표로 간주된다. 후대에 이러한 힌두교의 고행주의적 시각의 요소들은 불교 계율 속에서도 찾아볼 수 있는데, 비시의 식사 제한, 붓다에 의해 권유된 일일 일식, 다양하게 허용된 고행적 실천, 즉 두타행이 실천되었으며 이러한 두타행은 음식의 질, 양, 먹는 횟수를 제어하는 방식을 포함한 수행이다.

힌두교의 우주론에 반해, 불교의 우주 형성론이 담긴 『아간냐경』은 인간이 타락하기 이전인 최초기에 음식이 존재하였음을 인정한다. 그런데 우주 형성론을 다루는 불교 문헌은 음식을 미묘한 음식과 거친 음식, 즉 미세식(微細食)과 추단식(麤段食)으로 구분한다. 이 문헌은 중생의 추단식에 대한 탐욕과 음식의 질적 악화, 신체의 악화, 사회적 상태의 악화를 연결시킨다. 인간의 탐욕은 이들로 하여금 음식물에 대한 수확, 저장, 가공으로 나아가게 하고 이러한 과정은 폭력을 야기하며 질서 회복을 위한 왕권을 필요로 하는 단계로 나아가게 한다고 말하고 있다.

일단의 출가자들은 사회적 울타리 밖에서 살아가며 필요할 때만 먹음으로써 이러한 음식 관련 활동을 피할 수 있다. 초기불교 문헌들은 불교 수행자의 중도적 생활을 지지한다: 승원의 수행자도 먹어야 하지만 음식물을 저장하는 등의 활동을 하지 않고 하루하루 그들의 먹는 문제를 해결한다. 그들은 음식을 저장하거나 요리하지 않는다. 그리고 그들은 음식에 탐착해서는 안 된다. 이러한 측면은 비구와 비구니에 관한 내용을 다루는 이 책의 3장과 4장에서 좀 더 명확해진다.

여러 학자들이 『아간냐경』에서 브라흐마니즘(Brahmainism)과 당대 사회를 비판하는 방식에 대해 고찰하였으며, 리차드 곰브리치, 올리벨, 콜린스는 『아간냐경』이 수행자의 행위에 대한 전형을 제시하는 방식에 대하여 고찰하였다. 이들 학자의 연구 결과를 기반으로 이 책에서는 미세식과 추단식 사이의 차이에 대한 이해와 음식 상태의 악화, 성 기관과 성욕 간의 관계에 대한 이해에 초점을 맞추어 음식 관련 논의를 진전시켰다. 이러한 논의의 발전적 전개를 위하여 『아간냐경』의 내용을 근거로 불교 우주론과 생리학을 고찰하였는데 여기서는 추단식을 먹는 것은 감각적 욕망의 영역인 욕계(kāma-dhātu)뿐이며 욕계보다 상위 세계의 중생은 희열을 먹는다는 점에 초점을 맞추어 고찰하였다. 또한 삼계(三界) 중생의 존재적 차이에 따라 음식의 물질성 여부나 음식에 대한 경험이 다양하다는 사실에 대해 상세히 고찰한 후, 추단식의 섭취와 음식 배설물을 배출하는 배설 기관의 발생을 연관시키는 내용을 다룬 한역 주석 문헌들을 고찰하였다. 음식과 그 배설물에 대한 이해는 불교 의학 문헌에서 태어나기 전까지 미세식을 먹고 산다고 사고된 자궁 속 태아의 생리학에도 적용된다. 이들 문헌의 저자들에게 있어서 이러한 시각은, 태아는 추단식이 야기하는 음식물 찌꺼기를 배출할 필요가 없음을 의미한다. 음식물 찌꺼기를 배출할 배설 기관, 즉 항문과 요도는 성적 행위와 연관되고 또 그것을 가능케 하는 것으로 간주된다. 『아간냐경』의 내용을 통해 거친 음식인 추단식과 성욕 사이의 필연적인 연관이 제시된다. 『아간냐경』이 제시하고 있는 내용에 대한 보다 상세한 내용은 후대 주석 문헌에서 살펴볼 수 있는데, 이 경전의 내용적 논리라는 측면에서 이치에 부합하며 『아간냐경』이 윤곽을 보여 주고 있는 우주와 사회 악화에 있어서의 모든 양상을 처음으로 명확히 설명해 주고 있다.

『아간냐경』의 불교 승원 생활에서 요구되는 행위에 대한 모델을 제시하는 방식을 고찰하면서 스티븐 콜린스의 저술에 근거하였는데, 여기서는 『아간냐경』에서 묘사된 모범적 행위와 삿된 행위 그리고 율장의 계율 속에서 발견되는 이상적 행위와 금지 행위 사이의 밀접한 연관에 주목했다.

2장에서는 붓다의 고행주의적 음식 제한 거부와 비시에 음식을 섭취하지 않는 것에 대한 정당화, 고행주의적 성격을 가진 음식 제한을 허용한 이유 등을 상세히 고찰하였다. 이 장에서는 또한 고행주의적 실천행의 허용, 즉 두타행과 일일 일식을 권장한 경전의 내용을 다루었다. 이 두 가지 이슈 – 두타행과 일일 일식 – 는 그들의 생활에서 음식을 최대한 배제하려고 했었던 비불교 수행자들이 지향했던 가치가 불교 내에서도 드러난 것으로 보일 수 있다. 하지만 그러한 우주론적 이해를 거부했었던 불교 문헌에서 이러한 실천행은 다른 방식으로 정당화된다.

불교 경전에서 일일 일식의 실천은, 좀 더 많은 끼니를 얻기 위해서는 수행자에게 많은 시간이 소비된다는 점과 재가 사회와의 빈번한 접촉, 그리고 심야의 접촉이 야기하는 위험과도 연관된다. 일일 일식이 권장되는 또 다른 이유는 적당량의 음식 섭취에 의한 건강상의 이점 때문이다. 이는 불교 경전에서 언급되고 있는데 적당한 양의 식사가 가져오는 건강상의 이점은 후대 중국불교 문헌에서도 언급되는 것으로, 이들 문헌은 육체적 건강과 평정한 마음의 상태를 연관시키고 있다.

이들 문헌에 따르면 음식의 제한에 대한 반발은 음식에 대한 탐욕에 의해 야기되는 것으로 인식된다. 이 장에서는 음식에 대한 탐욕 때문에 현생과 전생에서 자신들의 종교적 삶을 파괴한 이들의 내용을 담은 『자따까』 이야기를 다루었다. 음식의 맛에 대한 집착은 비구가 수행자로서의 삶을 포기하고 재가 생활로 돌아가는 중요한 이유로 인식된다. 『아간냐경』에서 언급된 식탐과 성욕 사이의 연관은 후대 중국 주석 문헌으로 이어지고, 이 두 가지 요소의 연관은 또한 삼독심 중 하나인 진에와 연관된다.

3장에서는 음식과 연관된 불교 계율을 다루었다. 비시에 먹지 않는 것은 행자, 비구, 비구니의 십계 중 하나이다. 음식에 관한 계율은 개인으로서의 비구와 비구니의 행위를 규정하는 전체 바라제목차의 약 20퍼센트를 차지한다. 그럼에도 불구하고 음식의 수용, 획득, 식사를 규정하는 이들 음식 관련 계율은 비구 계율에 있어 상대적으로 처벌이 엄격하지 않은 계율, 즉 바일제, 회과법, 중학법에 속한다. 한편 동일한 내용의 범계도 비구니에게 있어서는 상대적으로 좀 더 엄격하게 적용되는데, 두 개의 음식 관련 계율이 비구니 승잔법에 속하며 이러한 계율을 위반할 때에는 승가의 정식 갈마가 요구되는 중대한 위반으로 간주된다.

3장 전체에 걸쳐서 빨리어 율장에 근거해 음식 관련 비구 계율을 고찰하였으며 이러한 빨리율을 현존하는 주요 한역 율장의 계율과 상세하게 비교·고찰하였다. 음식 관련 계율을 고찰함에 있어서 각각의 계율을 설명함과 동시에 개별 계율과 관련된 다양한 식재료의 범주에 대해서도 다루었으며, 각각의 음식 관련 계율의 인연담과 다양한 관련 내용을 여타 율장 문헌과의 비교를 통해 언급하였다. 이들 율장 문헌 속에서 언급되는 인연담은 붓다 시대보다 몇 세기 후대의 것일 수도 있다. 각 부파의 율장이 언급하는 동일한 음식 관련 계율의 내용은 어떤 경우 유사하며, 또 어떤 경우에는 상당히 다르거나 최소한 강조점이 다른 경우도 존재한다. 그럼에도 불구하고 이들 율장 문헌은 문헌이 성립되었던 당대 광의의 종교적·사회적 맥락뿐만 아니라 이들 계율 조항 전체를 성문화한 당사자들의 다양한 관심을 말해 주고 있다. 또한 이들 계율 내용 속에서 다른 수행 전통에 속하는, 고행주의적 실천을 따르려는 비구들에 대한 설명도 보게 된다.

계율의 제정에는 다양한 요인들이 작용하는데 특히 재가자들이 가지는 혐오감이나 재가자들의 조상제에 대한 비구들의 비의도적 방해, 즉 재가자들이 사망한 자신들의 혈육에게 바친 음식물을 먹는 것과 같은 행위에 대한 분개 등이 이에 해당한다.

계율 제정에 작용한 또 다른 요인으로는, 비구가 인육을 먹는 다는 의심을 받는 것과 같은 것들인데 재가자들에게 혐오감을 야기하고 다른 종교의 실천적 전통, 즉 후대 샤이비즘(Śaivism)에 기록된, 화장터에서 수행하는 고행자와 혼동함으로써 야기되는 의심들도 작용하고 있다.

재가자들은 비구들이 자신들에게 짐이 되어서는 안 되며, 수행자에게 걸맞는 행동을 해야만 하고, 집착하는 바가 없어야 하며, 음식을 독점하는 것을 피해야 한다고 생각한다. 또 비구들이 세속사나 일상사에 관한 일로 재가자와 어울리고 잡담하는 것을 적절하지 않다고 본다.

계율 제정에 작용한 또 하나의 요인은 비구들은 그들에게 보시하고자 하는 사람들을 실망시켜서는 안 된다는 점이다. 예를 들면 비구들은 비록 보잘것없는 음식이라 할지라도 이를 피해서는 안 되며, 초대를 한 재가자가 가난한 사람이라 할지라도 초대식을 먹기 전에 다른 곳에서 음식을 먹어서는 안 된다. 음식을 저장하려는 유혹, 평판에 흠이 가는 행위나 위생적인 문제도 계율 제정의 한 요인으로 작용한다.

바라제목차에서 가장 경미한 계율인 중학법의 음식 관련 계율은 재가자의 면전에서 갖추어야 할 비구들의 위의와 관련되어 있다. 중학법의 계율은 경전이 형성되어 가면서 비구들에게 보시하는 다양한 형태가 대두되었음을 보여 준다. 음식을 얻는 방법은 탁발뿐 아니라 초대식이나 수행자를 위한 음식 제공처인 복덕사에서 얻는 방법이 있었음을 보여 준다. 중학법 계율은 주로 탁발식이 아닌 상황에서 비구의 위의와 관련되어 있으며, 재가자들 앞에서 음식을 먹는 상황과 관련된 상세한 내용을 다루고 있다.

몇 가지 음식 관련 계율의 성립과 관련된 인연담, 특히 '육군비구'와 관련된 이야기는 수행자들의 이상과는 정면으로 배치되는 외설적인 행위를 담고 있다. 술 금기와 관련된 인연담은 수행자들의 일상적 행위에서의 이탈뿐 아니라 수행자로서 견지해야 할 마음챙김 상태의 상실이라는 문제를 반영한다. 그러나 계율 전체를 놓고 볼 때, 음식에 대한 탐욕이라는 측면을 두드러진 방식으로 다루고 있다고 보기는 어렵다. 오히려『자따까』에서 발견되는 탐욕과 관련된 이야기에서 이러한 측면이 두드러진다고 말할 수 있을 것이다. 율장의 계율 조항이 보다 관심을 갖는 측면은 재가 후원자들과의 관계이다.

4장에서는 바라제목차 중 음식과 관련된 비구니 불공계를 다루었다. 비구니 불공계는 여성에 대한 태도와 관련한 많은 논의, 그리고 불청정한 것으로 간주되는 음식물에 대한 범주화와 밀접하게 연관되어 있다.

여기서 우리는 힌두 다르마 수뜨라에서 발견되는 부정(不淨)의 관념이 불교 율장에 스며든 모습을 볼 수 있다. 초기불교는 육체적 오염에 근거하여 브라흐마니즘의 청정 관념을 거부하고 그것을 윤리적 행위에 근거한 청정의 관념으로 대체했다. 그러나 마늘과 훈채에 대한 브라흐마니즘적 금기는 불교 계율 조항에도 영향을 미쳤다. 예를 들어 바일제 계율에서 마늘은 비구니에게 금지된 식재료이지만 또한 비구에게 금지된 식재료이기도 하다. 그러나 비구에게 이 금지 조항은 바일제가 아니라 그보다 훨씬 경미한 계율인 악작으로 처벌된다. 병 때문에 마늘을 먹어야 하는 비구들은 격리 및 청결 조항이 규정된 '산법'을 따라야만 한다. 산법은 빨리어 율장과 사분율에서는 발견되지 않고 마하승기율, 오분율, 십송률, 근본설일체유부율에서 발견된다. 이러한 금지의 양상은 이들 율장이 북인도 상황을 반영하고 있을 가능성과 브라흐마니즘의 청정성 규정들이 힘을 얻어 가던 후대에 성립되었을 가능성을 보여 준다고 할 수 있다.

다른 한편으로 산법 규정은 다른 이의 공간을 마늘 냄새로 오염시키는 것을 피하려는 불교적 규정의 확장이란 측면으로도 볼 수 있을 것이다. 왜냐하면 불교 계율에 있어서 개인은 부정한 존재로 간주되지 않는다. 따라서 힌두 상위 카스트와 같이 카스트를 상실하거나 정화 물질을 먹을 필요가 없다. 브라흐마니즘 문헌에서 보이는 정화를 위한 규정을 불교가 수용한 모습은 대승불교에서 자주 발견되는데 여기서 재가자에 대한 고려는 두드러지지 않으며 훈채와 번뇌와의 연관이 좀 더 두드러지게 드러난다.

이와 같이 처음으로 힌두 음식 금기를 수용한 불교는 점차 후대로 가면서 그러한 음식 금기가 근거하고 있는 청정의 관념을 수용한다. 다만 불교에서 부정성의 관념은 카스트의 상실을 야기한다는 측면보다 종교적 이상 성취를 가로막는 장애라는 측면으로 사용된다.

히라카와 아키라나 람버트 슈미트하우젠 같은 학자들은 생곡 탁발 금지나 마늘 섭취 금지와 같은 계율을 고찰한다. 이들은 이러한 계율들로부터 불교 우주론과 배치될 수 있는, 불교가 식물을 중생으로 사고하는지의 여부를 고찰해 왔다. 이는 식물을 중생의 범

주에 포함시키는 자이나교의 수행자 그룹에 더 적합해 보이는 계율
들을 불교가 수용했는지 여부에 관한 고찰이다.

　일부 학자들은 마늘이 성적 욕망을 증대시킨다는 일반적 관념
에 대하여 고찰한다. 빨리어 율장과 여타 광율의 인연담은 이 문제
에 대하여 다양한 대답을 하고 있다. 한편 요리와 연관된 인연담에
대한 고찰을 통해 비구니에 대한 추가적인 계율들이 여성들에게 부
여되었던 전통적 영역, 즉 요리를 수행자로서 그들의 생활에 가져
올 수 없도록 하기 위한 것이었다고 결론짓는다. 이는 음식 저장과
요리를 그 자체로 타락적이고 수행자가 피해야 할 요소로 간주하는
『아간냐경』의 내용을 확인시킨다. 비구니 불공계는 여성들이 수행
자로서 살아감에도 불구하고 비수행자적인, 요리와 같은 행위를 지
속할 위험 속에 있다는 것을 확인시킨다. 이것은 인도문화에서 음
식을 준비하는 여성의 역할과 관계되어 있다.

　다른 비구니 불공계는 고급 음식을 요구하는 행위를 금지한다.
이러한 행위는 외모를 가꾸려는 매춘부와 같다는 비난을 야기할 수
있기 때문이다.

　비구계와 비구니계를 비교해 고찰해 보면 자주 드러나는 주요
한 차이들을 볼 수 있다: 비구니계의 내용은 비구계에도 나타나는
경우를 볼 수 있는데, 비구계에서는 덜 중요한 계율로 간주되거나
덜 강조된다. 음식 금지의 엄격성이라는 측면에서 비구와 비구니 사
이의 이러한 차이는 비구니에 대한 차별과 관련되어 있거나 후대에
형성된 비구니 계율들을 반영하고 있다는 점이 명백해 보이는데, 비
구에게도 적용되는 경우에 있어서는 율장의 마지막 부분에, 즉 바라
제목차 항목 외의 규정으로 부연된다. 그리고 사분율이나 오분율에

서 비구들은 비구니에 비해 상대적으로 많은 수의 고급 식재료들을 요청하는 것이 허용된다는 점에서 각 부파 율장 사이의 차이들도 주목해야 할 부분이다. 이들 두 율장은 비구의 경우 각각 네 가지와 여섯 가지 고급 식재료만을 금지하고 있는데, 반면 비구니의 경우에는 여덟 가지 고급 식재료를 금지한다. 다른 모든 율장에서는 비록 처벌의 엄격성에 차이가 있지만 여덟 가지나 아홉 가지 식재료들이 비구나 비구니들에게 금지되고 있다.

비록 초기불교는 특정 식재료에 대한 금기를 부과하고 있지 않지만, 4장에서 마늘과 훈채 그리고 고급 식재료의 요청과 관련해서는 예외적임을 보게 된다.

5장에서도 육류와 관련된 예외적인 경우를 보게 된다. 이 주제를 고찰하기 위해서는 경분별의 바라제목차가 아니라 율장 대품의 약건도를 살펴보아야 한다. 여기서는 죽이거나 목격하거나 요청하는 행위와 같은 살생 관련 행위와의 비연관성에 의해 육식의 청정성이 어떻게 확보되는가에 대하여 고찰하였다.

이 장에서는 또한 인육을 포함한 열 가지 금지 육류를 다루었다. 이 열 가지 종류의 육식에 대한 금지 이유는 다양하다. 당시 코끼리와 말은 전쟁에 있어서 필수 불가결한 동물이라는 이유, 뱀은 신앙 대상이라는 이유에서 식육이 금지되었다. 또 부정한 존재로 취급되는 개, 그리고 사자나 다른 맹수와 같은 경우 복수에 대한 두려움 등이 이들 동물에 대한 식육 금지의 이유로 열거된다.

식육이 금지된 동물 외 육류의 경우 자신을 위해 요리되었다는 사실을 인지하지 못하였다면 그 고기는 청정한 것으로 간주된다. 몇

몇 경전들은 음식과 관련하여 다른 형태의 청정성을 제공하는데, 이는 이전에 언급된 『아간냐경』에서 보이는 탐욕과 집착의 부재이다. 그러한 문헌에서 발견되는 윤리적 접근은 서양윤리학의 결과론적 윤리와 대비되는 덕의 윤리라고 불리는 것과 유사하다: 비구가 고기를 얻기 위해 살생을 부추기거나 목격하지 않는 한, 재가자가 비구를 위하여 고기를 구하는 것은 문제가 되지 않는다. 따라서 강조점은 비구의 청정성에 있는 것이지 동물을 죽이는 것을 피하는 데 있지 않다. 붓다와 비구들이 육식을 하는 예는 율장 전체에 걸쳐 목격되고 있으며 빨리어 율장 대품 약건도에 언급된 금지육도 그러한 예 중 일부이다. 이러한 율장 문헌의 시각은 불교에서 채식주의가 대두되는 여래장계 경전이 등장한 시대의 대승불교 시각과는 상당히 다르다. 채식주의는 비구와 비구니에게 좀 더 엄격한 고행주의적 생활을 주창한 데와닷따의 오계에 나타난다. 데와닷따는 당시 불교 상가에서 비구와 비구니의 선택적 규정들을 필수적인 것으로 만들고자 했다. 붓다에 의해 그의 견해는 거부되었지만 이 문제는 채식주의를 주장하는 여래장계 대승경전에서 다시 등장하였다.

재가자들이 '수행자는 육식을 피해야 한다'는 사고를 가지고 있었고, 혹은 적어도 육식을 피함으로써 좀 더 고행주의적인 모습을 보이는 수행자들에게 우호적이었기 때문에, 처음 이들 경전에서 채식주의는 수행자 그룹 간 경쟁 속에서 수용되었을 것이다. 채식주의의 수용과 관련된 또 다른 이유로는 금지되거나 허용되는 육류를 구별하기 곤란하다는 사실일 것이다.

많은 대승경전들이 자비에 근거하여 채식주의를 옹호하였는데, 육체적 청정성의 관념이나 육식이 성욕과 같은 종교적 번뇌를 야기한다는 사고 또한 『능가경』과 같은 문헌에서 채식주의를 정당화하는 근거가 되었다.

우유를 피해야 할 동물성 식품으로 바라보는 대승경전과 그것을 승원의 음식이며 청정한 물질이라 사고하는 대승경전 사이에는 뚜렷한 구분이 존재한다. 유제품에 대한 인도와 중국의 시각차를 고찰한 후, 이 차이가 이들 경전이 성립된 지역의 음식문화적 차이를 반영한 결과라고 결론지었다.

그럼 대부분의 율장 문헌이 비구들의 처신에 대한 재가자의 기대치와 관계되어 있다면, 음식에 대한 탐욕을 피하기 위해 강조했던 점은 무엇인가? 고급 식재료를 걸식하는 것을 금지한다든지 하루 종일 먹는 것을 금지한다든지 하는 방식에 의해 음식에 대한 탐욕을 제어하는 것과 같은 음식 제한 조치들이 도움이 되었겠지만 비구와 비구니는 어떻게 음식에 대한 인식적 대처를 했는가?

불교 수행자의 음식에 대한 인식적 대처와 관련하여 마지막 장은 염식상에 대한 두 가지 수행 방식을 다루었다. 상좌부의 염식상 수행 방식을 상술하고 있는 『청정도론』은 걸식 시의 혐오상과 음식이 소화되는 과정의 부정성(不淨性)을 강조하는 반면, 설일체유부의 염식상은 음식의 부정성에 대한 관념을 각인시킨다. 다시 말해 설일체유부는 부정관(不淨觀, asubha bhāvanā)의 방식을 염식상 수행에 적용하며 음식을 기본적으로 부정한 물질로 사고한다. 반면 상좌부 전통에서 음식 그 자체는 기본적으로 부정한 것으로 규정되지 않으며 탁발과 소화의 과정과 연관하여 부정성이 언급된다.

불교 염식상 수행 방식의 실효성과 관련하여 현대 심리학의 연구 성과를 참조하였는데, 현대 심리학의 시각에서도 부정관 방식의 염식상은 음식 혐오와 관련하여 효과적이고 정교한 방식임을 알 수 있다.

불교 문헌을 통한 이 연구를 통해 비구와 음식의 관계, 그리고 비구와 음식 제공자, 즉 재가자와의 관계를 다루는 경문, 계율, 수행 방법을 포함하여 불교가 음식의 문제를 다루는 체계를 발견할 수 있었다.

니까야와 『자따까』 문헌은 음식에 대한 탐욕이 인간을 윤회적 삶에 빠뜨리고 사회적 문제를 야기한다고 사고한다. 율장 문헌과 육식을 금지한 대승경전은 수행자의 행위에 대한 재가자의 요구를 반영하며 음식 이슈는 이러한 요구를 통해 드러난다. 재가자의 기대와 요구가 변화함에 따라 계율 규정들도 수행자의 행위에 대한 관념의 발전을 수용하여 변화하였으며 육체적 청정의 문제까지도 수용하게 되었다.

다양한 부파 율장 문헌의 성립 시기 문제를 인도사에서 두드러지는, 음식에 대한 시각이라는 측면에서 천착해 보는 것도 유력한 방법 중 하나로 보인다. 그러나 이러한 율장 문헌 간 차이는 지리적 차이에 근거했을 가능성도 없지 않다. 상좌부의 빨리율과 법장부의 사분율은 마늘과 관련된 계율이나 규정에서 보이는 것처럼 정(淨)·부정(不淨) 관념과 같은 카스트적 시각에 덜 노출되어 있었던 듯하다.

스리랑카불교사에는 다양한 부파의 율장 문헌이 존재했었다. 이를 비교해 보면, 법장부의 사분율은 가장 이른 시기에 성립되었다는 인상을 주는 네 가지의 가장 적은 숫자의 탁발 금지 미식 식재료를 언급하고 있고, 빨리어 율장은 가장 긴 아홉 가지의 미식 식재료를 언급하고 있다. 그렇다면 식재료 그 자체는 특정 지역이나 시기에 국한된 것이 아니므로 빨리율이 후대에 성립된 것이며 보다 엄격한 것인가? 대략 기원후 1세기경 현재의 형태가 성립되었다고 하는 바라문교 문헌인 『마누법전』에 따라 짠달라, 즉 불가촉천민을 언급하고 있는 오분율과 마하승기율은 카스트적 시각에 근거하여 코끼리와 말고기의 식육을 거부하는 논리를 언급하고 있다. 이들 두 율장은 마늘 식용을 거부하는 네 가지 율장에 포함된다. 근본설일체유부율도 카스트적 시각으로 마늘을 인식하고 있으며 마늘 식용을 다른 율장에 비해 좀 더 부정시하고 있다. 이 부파의 율장은 다른 훈채에 대한 금지뿐 아니라 마늘 식용에 있어서도 가장 엄격한 계율을 가지고 있다. 이러한 근거들을 통해 볼 때 근본설일체유부율이 훈채와 관련하여 가장 늦게 성립된 것이며, 수행자 그룹 간 경쟁적 양상과 청정성 때문에 카스트에 기반한 음식 제한을 수용하였다고 할 수 있을 것이다.

비구니 회과법과 비구에게 적용된 미식 금지 조항에서 언급된 고급 식재료 숫자의 차이를 비교함으로써, 비구니 회과법의 조항이 비구들의 미식 금지 조항보다 후대에 성립되었으며 비구니 회과법은 시간과 장소의 변화에도 불구하고 변하지 않았다는 결론에 도달하였다. 그러나 또한 여성에 대한 태도 때문에 그들에게 좀 더 엄격한 계율 규정이 적용되는 방식에 대해서는 좀 더 면밀한 고찰이 필요할 것이다.

전체적으로 음식 관련 계율은 종교적 상황이나 시대적·지리적 지표로써 간주될 수 있을 것이다. 그러나 이들 율장 문헌 성립 시기를 판단하기 위한 기준과 관련된 제 측면에 대한 면밀한 고찰이 이 문제에 대한 어떠한 확언 이전에 반드시 필요할 것이다.

# 참고문헌

# 1. 빨리어 문헌

- *Aṅguttara nikāya*. (1961–1979). (eds.) R. Morris, Vols. I–III, and E. Hardy, Vols. IV–V. London: The Pali Text Society.

- *Dīgha nikāya*. (1889–2006). (eds.) T. W. Rhys Davids and J. E. Carpenter, Vols. I–II, and J. E. Carpenter, Vol. III. London: The Pāli Text Society.

- *Dhammapada commentary*. (1906–1993). (eds.) Helmer Smith, Vols. I–I.I; H. C. Norman, Vols. II–IV; L. S. Tailang, Vol. V. London: The Pāli Text Society.

- *Jatāka*. (1877–1992). (eds.) V. Fausbøll, Vols. I–VI; Dines Andersen, Vol. VII. London: The Pāli Text Society.

- *Khuddakapāṭha*. (1915 and 1978) (ed.) Helmer, Smith. London: The Pāli Text Society.

- *Majjhima nikāya*. (1888–2006). (eds.) V. Trenckner, Vol. I; R. Chalmers, Vols. II–III; M. Yamazaki and Y. Ousaka, Vol. IV. London: The Pāli Text Society.

- *Saṃyutta nikāya*. (1884–2006). (eds.) L. Feer, Vols. I–V; Mrs. C. A. F. Rhys Davids, Vol. VI. London: The Pāli Text Society.

- *Sutta nipāta*. (1913 and 1990). (eds.) Dines Andersen and Helmer Smith. London: The Pāli Text Society.

- *Theragāthā & Therīgāthā*. (1883–1990). (eds.) H. Oldenbeg and R. Pischel, K. R. Norman and L. Alsdorf. London: The Pāli Text Society.

- *Udāna*. (1885 and 1982). (eds.) P. Steinthal. London: The Pāli Text Society.

- *Vinaya*. (1879–1993). (eds.) H. Oldenberg, Vols. I–V. London: The Pāli Text Society.

- *Visuddhimagga*. (1920 and 1921). (eds.) Mrs. C. A. F. Rhys Davids, Vols. I–II; (1975). Reprinted as one. London: The Pāli Text Society.

## 2. 한문 문헌

1) **Taisho Shinshu Daizhokyo** 大正新修大藏經. (eds.) J. Takakush and K. Watanabe. Tokyo. 1924-1935.

Vol. 1

- No. 1: 佛說長阿含經 *Foshuo chang ahan jing* (*Dīrgha Āgama*), (tr.) 佛陀耶舍 Fo tuo ye she (Buddhayaśa) and 竺佛念 Zhu fo nian.

- No. 24: 起世經 *Qishi jing*, (tr.) 闍那崛多 Du na jue duo (Jñānagupta).

- No. 26: 中阿含經 *Zhong a han jing* (*Madhyama Āgama*), (tr.) 僧伽提婆 Seng ga ti po (Saṅghadeva).

Vol. 2

- No. 99: 雜阿含經 *Za ahan jing* (*Saṃyukta Āgama*), (tr.) 求那跋陀羅 Qiu na ba tuo luo (Guṇabhadra).

- No. 120: 央掘魔羅經 *Yang jue mo luo jing* (*Aṅgulimālīya Sūtra*), (tr.) 求那跋陀羅 Qiu na ba tuo luo (Guṇabhadra).

- No. 125: 增壹阿含經 *Zeng yi a han jing* (*Ekottara Āgama*), (tr.) 僧伽提婆 Seng ga ti po (Saṅghadeva).

Vol. 3

- No. 152: 六度集經 *Liu du ji jing*, (tr.) 康僧會 Kang seng hui.

Vol. 8

- No. 223: 摩訶般若波羅蜜經 *Mohe ban ruo boluo mi jing* (*Pañcaviṃśatisāhasrikāprajñāpāramitā Sūtra*), (tr.) 鳩摩羅什 Jiu mo luo shi (Kumārajīva).

- No. 227: 小品般若波羅蜜經 *Xiaopin banruo boluomi jing* (*Aṣṭādaśasāhasrikā prajñāpāramitā*), (tr.) 鳩摩羅什 Jiu mo luo shi (Kumārajīva).

Vol. 12

- No. 374: 大般涅槃經 *Daban niepan jing* (*Mahāparinirvāṇa Sūtra*), (tr.) 曇無讖 Tan wu chen (Dharmakṣema).

- No. 376: 佛說大般泥洹經 *Foshuo daban nihuan jing* (*Mahāparinirvāṇa Sūtra*), (tr.) 法顯 Faxian.

- No. 387: 大方等無想經 *Da fangdeng wu xiang jing*, (tr.) 曇無讖 Tan wu chen.

Vol. 14

- No. 468: 文殊師利問經 *Wenshu shi li wen jing* (*Mañjuśripariprccha Sūtra*), (tr.) 僧伽婆羅 Seng ga po luo (Saṅghavarman).

Vol. 16

- No. 670: 楞伽阿跋多羅寶經 *Lengg abaduoluo bao jing* (*Laṅkāvatāra Sūtra*), (tr.) 求那跋陀羅 Qiu na ba tuo luo (Guṇabhadra).

- No. 671: 入楞伽經 *Rulengga jing* (*Laṅkāvatāra Sūtra*), (tr.) 菩提留支 Puti liu zhi (Bodhiruci).

- No. 672: 大乘入楞伽經 *Dacheng rulengga jing* (*Laṅkāvatāra Sūtra*), (tr.) 實叉難陀 Shi cha nan tuo (Śikṣānanda).

Vol. 17

- No. 783: 佛說十二頭陀經 *Fo shuo shier toutuo jing*, (tr.) 求那跋陀羅 Qiu na ba tuo luo (Guṇabhadra).

- No. 814: 佛說象腋經 *Fo shuo xiang ye jing*, (tr.) 曇摩蜜多 Tan mo mi duo (Dharma mitra).

Vol. 19

- No. 945: 首楞嚴經 *Shou leng yan jing* (*Śūraṅgama Sūtra*), (tr.) 般剌蜜帝 Ban la mi di (Pramiti).

Vol. 22

- No. 1421: 五分律 *Wufen lu* (*Mahīśāsaka vinaya*), (tr.) 佛陀什 Fo tuo shi (Buddhajīva) and 竺道生 Zhu dao sheng.

- No. 1425: 摩訶僧祇律 *Mohesengqu lu* (*Mahāsāṃghika vinaya*), (tr.) 佛陀跋陀 Fo tuo ba tuo (Buddhabhadra) and 法顯 Faxian.

- No. 1428: 四分律 *Sifen lu* (*Dharmaguptaka vinaya*), (tr.) 佛陀耶舍 Fo tuo ye she (Buddhayaśa) and 竺佛念 Zhufonian.

Vol. 23

- No. 1435: 十誦律 *Shisong lu* (*Sarvāstivādin vinaya*), (tr.) 弗若多羅 Fo ruo duo luo (Puṇyatara).

- No. 1442: 根本說一切有部毘奈耶 *Genbenshuoyiqieyoubu pinaiye* (*Mūlasarvāstivādin vinaya*), (tr.) 義淨 Yijing.

Vol. 24

- No. 1458: 根本薩婆多部律攝 *Genben sapoduobu lushe*, (tr.) 義淨 Yi jing.

- No. 1463: 毘尼母經 *Pinimu jing*, Unknown author.

- No. 1484: 梵網經 *Fan wang jing* (*Brahmajāla Sūtra*), (tr.) 鳩摩羅什 Jiu mo luo shi (Kumārajīva).

Vol. 25

- No. 1509: 大智度論 *Dazhidu lun* (*Mahāprajñā pāramitā śāstra*), 龍樹 Long shu (Nāgārjuna). (tr.) 鳩摩羅什 Jiu mo luo shi (Kumārajīva).

Vol. 26

- No. 1536: 阿毘達磨集異門足論 *Apidamo jiyimenzu lun* (*Abhidharma Saṅgitiparyaya*), Śāriputra. (tr.) 玄奘 Xuan-zang.

Vol. 27

- No. 1545: 阿毘達磨大毘婆沙論 *Apidamo da piposha lun* (*Mahāvibhāṣa Śāstra*), Five Hundreds of *Mahārahants*. (tr.) 玄奘 Xuan-zang.

Vol. 29

- No. 1558: 阿毘達磨俱舍論 *Apidamo jush lun* (*Abhidharma kośabhāsya*), Vasubandhu. (tr.) 玄奘 Xuan-zang.

- No. 1562: 阿毘達磨順正理論 *Apidamo shunzhengli lun* (*Abhidharma nyāyānusāra śāstra*), Saṅghabhadra. (tr.) 玄奘 Xuan-zang.

Vol. 30

- No. 1579: 瑜伽師地論 *Yuqieshidi lun* (*Yogācāra bhūmi śāstra*), Maitreya. (tr.) 玄奘 Xuan-zang.

Vol. 32

- No. 1646: 成實論 *Chengshi lun* (*Satyasiddhi śāstra*), (tr.) 鳩摩羅什 Jiu mo luo shi (Kumārajīva).

- No. 1648: 解脫道論 *Jietuo dao lun* (*Vimuttimagga*), Upatissa. (tr.) 僧伽婆羅 Seng gap o luo (Saṅghapala).

Vol. 40

- No. 1804: 四分律刪繁補闕行事鈔 *Sifen lu shanfanbuquexingshichao*, 道宣 Dao xuan.

- No. 1815: 梵網經古適記 *Fanwan jing guji ji*, 太賢 Tae Hyun.

Vol. 46

- No. 1911: 摩訶止觀 *Mohe zhiguan*, (tr.) 智顗 Zhiyi.

- No. 1916: 釋禪波羅蜜次第法門 *Shi chan boluomi cidi famen*, 智顗 Zhiyi.

Vol. 50

- No. 2043: 阿育王經 *Ayouwang jing*, (tr.) 僧伽婆羅 Saṅghavarman.

- No. 2058: 付法藏因緣傳 Fufacangyinyuan chuan, (tr.) 吉迦夜, 曇曜 Jijiaye and Tan yao.

Vol. 51

- No. 2085: 高僧法顯傳 *Gaoseng faxian chuan*, 法顯 Fa xian.

- No. 2087: 大唐西域記 *Datang xiyuji*, 玄奘 Xuan-zang.

Vol. 53

- No. 2121: 經律異相 *Jing lu yi xiang*, 旻寶唱 Min bao chang.

Vol. 55

- No. 2154: 開元釋教錄 *Kaiyuan shi jiao lu*, 智昇 Zhi sheng.


2) *Manji zokuzokyo* 卍字續藏經. **(ed.) Kyoto. 1905-1912.**

Vol. 11

- No. 269: 首楞嚴經集解熏聞記 *Shou leng yan jing ji jie xun wen ji*, 仁岳 Ren yue.

- No. 270: 楞嚴經要解 *Lengyanjing yaojie*, 戒環 Jie huan.

- No. 271: 楞嚴經箋 *Lengyanjing jian*, 可度 Ke du.

Vol. 15

- No. 303: 楞嚴經貫攝 *Leng yan jing quan she*, 劉道開 Liu dao kai.

Vol. 16

- No. 308: 楞嚴經指掌疏 *Lengyanjing zhizhangshu*, 通理 Tong li.

Vol. 39

- No. 1799: 首楞嚴義疏注經 *Shoulengyan yishuzhu jing*, (tr.) 子璿 Zi xuan.


3) **Jiaxing dazing jing** 嘉興大藏經. **(ed.) Ming. 1589-1677.**

Vol. 35

- No. B326: 木人剩稿 *Murenshenggao*, 開㵩 kai wei.

## 3. 영문 및 일문 자료

- Abe, J. (2001). *A Study of Dhūtaṅga: Based on Pāli Buddhism*. Tokyo: ShunJusha.

- Alsdorf, Ludwig. (2010). *The History of Vegetariansim and Cow-Veneration in India*. London and New York: Routledge.

- Banerji, S. C. (1971). *A Companion to Sanskrit Literature: a period of over three thousand years*. Delhi: Motilal Banarsidass.

- Bapat, P. V. (1937). 'Dhutaṅgas (or the Ascetic Practices of Purification in Buddhism)'. *Indian Historical Quarterly*. Vol. 13, pp. 44–51.

- Basham, A. L. (1951). *History and Doctrines of the Ajivikas: a vanished Indian religion*. Delhi: Motilal Banarsidass.

- _____. (1954). *The Wonder That Was India: a survey of the history and culture of the Indian sub-continent before the coming of the Muslims*. London: Sidgwick & Jackson.

- Benn, James. A. (2005). 'Buddhism, Alcohol, and Tea in Medieval China'. In R Sterckx, (Ed.) (1984). *Of Tripod and Palate: Food, Politics, and Religion in Traditional China*. New York: Palgrave Macmillan.

- Bodiford, William M. (2005). (ed.) *Going forth: Visions of Buddhist Vinaya*. Honolulu: University of Hawaii Press.

- Bollée, W. B. (1993). 'Le Végétarisme defend par Haribhadrasūri contre un bouddhiste et un brahmane', in N. K. Wagle and F. Watanabe (ed.) *Studies on Buddhism in Honour of A. K. Warder*. University of Toronto: Centre for South Asian Studies: pp. 22–28.

- Bronkhorst, J. (1993). *The Two Traditions of Meditation in Ancient India*. Delhi: Motilal Banarsidass.

- _____. (1995). 'The Buddha and the Jains Reconsidered'. *Asiatische Studien/Etudes Asiatiques*. Vol. 49, No. 2, pp. 333–350.

- _____. (1998). *The Two Sources of Indian Asceticism*. Delhi: Motilal Banarsidass.

- Burghart, Richard. (1978). 'Hierarchical Models of the Hindu Social System'. *Man*. Vol. 13, No. 4, pp. 519–536.

- Bynum, C. Walker. (1987). *Holy Feast and Holy Fast: the religious significance of food to medieval women*. California: University of California Press.

- Carrithers, M. (1989). 'Naked Ascetics in Southern Digambar Jainism'. *Man*. Vol. 24, No. 2, pp. 219–235.

- Chakraborti, H. (1973). *Asceticism in Ancient India in Brahmanical, Buddhist, Jaina, and Ajivika Societies from the Earliest Times to the Period of Sankaracharya*. Calcutta: Punthi Pustak.

- Chalmers, R.; Francis, H. T; Cowell, E. B and Rouse, W. H. D. (tr.) (1895–2013). *The Jātaka or Stories of the Buddha's Former Births*. London: The Pāli Text Society. (Vol. I–VI and Index volume).

- Chandra, Pratap. (1971). 'Was Early Buddhism Influenced by the Upanisads?'. *Philosophy East and West*. Vol. 21, pp. 317–324.

- Chapple, G. K. (1993). *Nonviolence to Animals, Earth, and Self in Asian Traditions*. Delhi: Indian Book Centre.

- Collins, S. (1993). 'The Discourse on What is Primary (Aggañña-Sutta)'. *Journal of Indian Philosophy*. Vol. 21, No. 4, pp. 301–393.

- Crosby, K. (2014). *Theravada Buddhism: Continuity, Diversity, and Identity*. West Sussex: Wiley Blackwell.

- Dakeuchi, Yoshihide. (1994). 'The Notion of the Impurity of Food (*āhāre paṭikkulasaññā*) in Early and Abhidharma Buddhism'. *Journal of Indian and Buddhist Studies*. Vol. 42, No. 2, pp. 917–922.

- Douglas, M. (1995). *Purity and Danger: An Analysis of the Concepts of Pollution and Taboo*. London: Routledge.

- Dundas, Paul. (1985). 'Food and Freedom: The Jaina sectarian debate on the nature of the kevalin'. *Religion*. Vol. 15, No. 2, pp. 161–98.

- _____. (1992). *The Jains*. London: Routledge.

- _____. 'The Meat at the Wedding Feast: Kṛṣṇa, Vegetarianism and a Jain Dispute in Joseph T. O'Connell (ed.), *Jain Doctrine and Practice: Academic Perspectives*, University of Toronto: Centre for South Asian Studies: pp. 85–112.

- Dutt, M. N. (1896). *Kamandakiya Nītisara*. Calcutta: Elysium press.

- _____. (tr.) (2005). *Yājñavalkyasmṛti*. Delhi: Parimal Publications.

- Dutt, S. (1962). *Buddhist Monks and Monasteries of India*. London: George Allen and Unwin.

- Ehara, Rev. N. R. M, Soma Thera and Kheminda Thera (tr.) (1961). *The Path of Freedom*. Colombo: M. D. Gunasena & Co. Ltd.

- Findly, E. B. (2002). 'Borderline Beings: Plant Possibilities in Early Buddhism'. *Journal of the American Oriental Society*. Vol. 122. No. 2, pp. 252–263.

- Fusimoto, A. (2002). 'Do Plants Have Lives?: Two Kinds of *Jīvitindriya* by the *Theravādins*'. *Journal of the Nippon Buddhist Association*. Vol. 68, pp. 87–109.

- Garrett, F. (2008). *Religion, Medicine and the Human Embryo in Tibet*. London: Loutledge.

- Gellner, E. (1983). *Nations and Nationalism*. Ithaca: Cornell University Press.

- _____. (1988). *Plough, Sword and Book*. Chicago: University of Chicago Press.

- Gokhale, B. G. (1970). 'The Brahmanas in early Buddhist literature'. *Journal of Indian History*. Vol. 48, pp. 51–61.

- Gombrich, R. F. (1992a). 'The Buddha's Book of Genesis?', *Indo-Iranian Journal*. Vol. 35, pp. 179–191.

- _____. (1992b). 'Why is a *khattiya* called a *khattiya*? The *Aggañña Sutta* revisited.' *Journal of the Pali Text Society*. Vol. 17, pp. 213–214.

- Gorman, Michael J. (2010). *The Elements of Biblical Exegesis: A Basic Guide for Students and Ministers, Revised and Expanded Edition*. Peabody: Hendrickson Publishers, Inc.

- Grey, L. (1994). *A concordance of Buddhist birth stories*. Oxford: Pali Text Society.

- Griffiths, P. (1981). 'Concentration or insight: the problematic of Theravada Buddhist meditation–theory'. *The Journal of the American Academy of Religion*. Vol. 49, pp. 605–624.

- _____. (1983). 'Buddhist *jhāna*: a Form–Critical Study'. *Religion*. Vol. 13, pp. 55–68.

- Gunawardana, R. A. L. H. (1984–1985). 'Obstetrics and Theories of Reproduction in Ancient and Early Medieval Sri Lanka.' *KALYĀṆĪ: Journal of Humanities and Social Science of the University of Kelaniya*. Vols. III and IV, pp. 1–21.

- Gupta, L. P. (1999). *Biogenic Secrets of Food in Ayurveda*. Delhi: Chaukhamba Sanskrit Pratishthan.

- Hamilton, C. H. (1950). 'The Idea of Compassion in Mahayana Buddhism'. *Journal of American Oriental Society*, vol. 70, No.3, pp. 145–150.

- Harnik, G. F. (1995). 'Religion and Food: An Anthropological Perspective'. *Journal of the American Academy of Religion*. Vol. 63, No. 3, pp. 565–582.

- Harrison, P. (1990). *The Samadhi of Direct Encounter with the Buddhas of the Present*. Tokyo: The International Institute for Buddhist Studies.

- Hayashima, Kyosho. (1964). *Early Buddhism and Social life*. Tokyo: Iwanami Shoten, Publishers.

- Heesterman, J. C. (1988). 'Householder and wanderer'. In T. N. Madan (ed.), *Way of life: King, Householder, renouncer: essays in honour of Louis Dumont*. Delhi: Motilal Banarsidass.

- Heim, M. (2004). *Theories of the Gift in South Asia: Hindu, Buddhism, and Reflections on Dana*. London: Routledge.

- _____. (2014). *The Forerunner of All Things: Buddhaghosa on Mind, Intention, and Agency*. New York: Oxford University Press.

- Heirman, A. and T. De Rauw. (2006). 'Offenders, sinners and criminals: The consumption of forbidden food'. *Acta Orientalia Academiae Scientiarum Hung*. Vol. 59, No. 1, pp. 57–83.

- Hetherington, M. M. and B. J. Rolls. (1996). 'Sensory-specific satiety: Theoretical frameworks and central characteristics'. In Capaldi, Elizabeth. D. (ed.), *Why We Eat What We Eat: The psychology of eating*. Washington DC: American Psychological Association.

- Hill, S. E. (2011). *Eating to Excess: The Meaning of Gluttony and the Fat Body in the Ancient World*. California: Praeger.

- Hirakawa, Akira. 1964. *Studies in Early Buddhism*. Tokyo: Shunjusha.

- _____. (1993). *A History of Indian Buddhism*. P. Groner (tr.). Delhi: Motilal Banarsidass.

- _____. (1994). *A Study of 250 precepts* (二百五十戒の 研究). Tokyo: Shunjusha.

- _____. (1998). *A Study of Bhikkhuni Vinaya* (比丘尼律の 研究). Tokyo: Shunjusha.

- Horner, I. B. (tr.) (1938–2014). *The Book of the Discipline*. Oxford, The Pali Text Society.

- Hujimoto, A. (2002). 'Do Plants Have Lives?: Two Kinds of *Jīvitindriya* by the *Theravādins'. Journal of the Nippon Buddhist Association*. Vol. 68, pp. 87-109.

- Hume, R. E. (tr.) (1985). *The Thirteen Principal Upanishads*. Delhi: Oxford University Press.

- Huxley, Andrew. (1996). 'The Vinaya: Legal System or Performance-Enhancing Drug?' In T. Skorupski (ed.), *The Buddhist Forum* Vol. IV, London: SOAS. pp. 141-163.

- Ikegami, Y. (2002). 'Variety of the Nature in the Early Buddhism'. *Journal of the Nippon Buddhist Association*. Vol. 68, pp. 13-33.

- Iwaki, Eiki. (2004). 'Tiantai Commentaries on the Śuraṅgamasamādhi-Sūtra in Song Times and Later.' *Journal of Indian and Buddhist Studies*. Vol. 52. No.2, pp. 638-642.

- Iwamoto, Yutaka. (1978). *The Origin and Development of Buddhist Narrative*. Tokyo: Kaimei Shoin.

- Jacobi, Hermann. (tr.) (1884, repr. 1968). *Jaina Sutras* (SBE Vol. 22). Delhi: Banarsidass.

- Jaini, P. S. (1979). *The Jaina Path of Purification*. Berkeley: University of California Press.

- _____. (1993). 'Jaina Attitude toward Eating' In R. Smet and K. Watnanbe (eds.), *Jain Studies in Honour of Jozef Deleu*. Pp. 339-354.

- Jamison, S. W and Brereton, J. P. (tr.) (2014). *The Rigveda: the earliest religious poetry of India*. Oxford: Oxford University Press.

- Jha, D. N. (2002). *The Myth of the Holy Cow*. London: Verso.

- Jones, J. J. (tr.) (1945). *The Mahavastu*. London: Luzac & Company, LTD.

- Kane, P. V. (1974). *History of Dharmasastra* Vol. II, Part II. Poona: Bhandarkar Oriental Research Institute. pp. 757-800.

- Kapadia, H. R. (1933). 'Prohibition of Flesh-Eating in Jainism'. *The Review of Philosophy and Religion*. Vol. 4, No. 2, pp. 232-239.

- Khare, R. S. (1992). *The Eternal Food: Gastronomic Ideas and Experiences of Hindus and Buddhists*. Albany: State University of New York Press.

- Kieschnick, J. (2005). 'Buddhist Vegetarianism in China.' In: R. Sterckx. (ed.) *Of Tripod and Palate: Politics, and Religion in traditional China*. New York, Basingstoke: Palgrave Macmillan.

- Kloppenborg, Ria. (1990). 'The Buddha's redefinition of *tapas* (ascetic practice)'. *Buddhist Studies Review*. Vol. 7, pp. 49–73.

- Kondo, E. (1960). 'Meaning of alms–round in Zen'. *Journal of Indian and Buddhist Studies*. Vol. 8, No. 2, pp. 666–671.

- Korsmeyer, C. (1999). *Making Sense of Tasting*. Ithaca and London: Cornell University Press.

- Lanman, C. R and Whitney, W. D. (1993). *Atharva-veda-saṃhitā*. Delhi: Motilal Banarsidass.

- Lorenzen, D. N. (1972). *The Kāpālikas and Kālāmukhas: two lost Saivite sects*. Berkeley: University of California Press.

- Macdermott, J. P. (1989). 'Animals and Humans in Early Buddhism'. *Indo-Iranian Journal*. Vol. 32, No. 4, pp. 269–280.

- Maity, S. K. (1957). *Economic Life of Northern India in the Gupta Period (Cir. A. D. 300-550)*. Calcutta: The World Press Private Ltd.

- Maria, J. S. (1978). *Anna Yoga*. London: Rider.

- Malalasekera, G. P. (1928). *The Pali Literature of Ceylon*. London: Royal Asiatic Society.

- Marriott, M. (1989). 'Constructing an Indian Ethnosociology'. *Contribution to Indian Sciology*. Vol. 23, pp. 1–39.

- Matsunami, Yoshihiro. (1979). 'Conflict within the Development of Buddhism.' *Japanese Journal of Religious Studies*, 6 (1/2), 329–345.

- Mehta, R. (1937). 'Asceticism in Pre–Buddhist days'. *Indian Culture*. Vol. 3, pp. 571–584.

- Mishra, Y. K. (1987). *Asceticism in ancient India*. Vaishali: Research Institute of Prakrit, Jainology & Ahimsa.

- Mizuno, Kogen. (1954). 'The Relationship between the Mahayana literature and Nikaya Buddhisms.' In Miyamoto, Shooson. *A Historical Study of Establishment of Mahayana Buddhism*. Tokyo: Sansiedo Shuppan. pp. 273–313.

- _____. (1997). 'Comparative study of the *Vimuttimagga* and the *Visuddhimagga*.' In *A Study of Buddhist literature* (the Collection of works by Mizuno Kogen, vol.1). Tokyo: Shunjusha.

- Mittananda Bhikkhu and Oskar von Hinuber. (2000). 'The Cause of the Buddha's Death. *Journal of the Text Society*. Vol. 26, pp. 105–117.

- Nakamura, Hajime. (1974). *The Formation of Early Buddhism*. Tokyo: Shunjusha. pp 425-449.

- _____. (1989). *Iwanami Buddhist Dictionary*. Tokyo: Iwanami Shoten.

- _____. (1992). *The Establishment of Early Buddhism*. Tokyo: Shunjusha. (the Collection of Nakamura Hajime works, Vol. 14).

- Ñāṇamoli Bhikkhu. (1978). *The Life of the Buddha*. Candy: Buddhist Publication Society.

- _____. (tr.) (1991). *The Path of Purification*. Kandy: Buddhist Publication Society.

- Ñāṇamoli, Bhikkhu and Bhikkhu Bodhi (tr.) (1995/2010). *The Middle Length Discourses of the Buddha: A Translation of the Majjhima Nikaya*. Massachusetts: Wisdom Publications.

- Newton, D. (1998). *Deity and Diet: The Dilemma of Sacrificial Food at Corinth*. Sheffield: Sheffield Academic Press.

- Norm, Phelps. (2004). *The Great Compassion*. New York: Lantern Books.

- O'Flaherty, W. Doniger (1976). *The Origins of Evil in Hindu Mythology*. Berkeley: University of California Press.

- Okano, K. (2002). 'The Relationship among Human beings, animals and plants in Cosmological History in Sammatiya school in India.' *Journal of the Nippon Buddhist Research Association*. Vol. 68, pp. 71-85.

- _____. (2004). 'The Name of a Mythical Food in the *Aggañña-Sutta*: lasa/ras/rasa.'. *Journal of Indian and Buddhist Studies*. Vol. 52, No. 2, pp. 858-851.

- Oldenberg, H. (tr.) (1886). *The Griha Sutras* SBE 29. Oxford: Oxford University Press.

- Olivelle, P. (1974 A). 'The Notion of āśrama in the Dharmasūtras'. *Wiener Zeitschrift fur die Kunde Sudasiens*. Vol. 18, pp. 27-35.

- _____. (1974 B). *The Origin and the Early Development of Buddhist Monachism*. Colombo: Cunasena.

- _____. (1981). 'Contributions to the Semantic History of Samnyāsa'. *Journal of the American Oriental Society*. Vol. 101, pp. 265-274.

- _____. (1984). 'Renouncer and Renunciation in the Dharmaśāstras'. In: R. W. Lariviere. (ed.) *Studies in Dharmasastra*. Calcutta: Firma KLM. pp. 81–152.

- _____. (1987). 'From feast to past: food and the Indian ascetic', In *Panels of The VIIth World Sanskrit Conference: Rules and Remedies in Classical Indian Law*. Vol. IX. Leiden: E.J. BRILL. pp. 17–36.

- _____. (tr.) (1992). *Saṃnyāsa Upaniṣads: Hindu scriptures on asceticism and renunciation*. Oxford: Oxford University Press.

- _____. (1993). *The Asrama System: The History and Hermeneutics of a Religious Institution*. Oxford: Oxford University Press.

- _____. (1995a). 'Food in India: A Review Essay', *Journal of Indian Philosophy*. Vol. 23, pp. 367–380.

- _____. (tr.) (1995b). *Rules and Regulations of Brahmanical Asceticism. Yatidharmasamuccaya of Yadava Prakasa*. Albany, NY: State University of New York Press.

- _____. (1997). 'Amṛta: Women and Indian Technologies of Immortality', *Journal of Indian Philosophy* 25 no. 5: 427–49.

- _____. (tr.) (1999). *The dharma Sūtras: the Law Codes of Āpastamba, Gautama, Baudhāyana and Vasiṣṭha*. Oxford: Oxford University Press.

- _____. (2002). 'Abhaksya and abhojya: An exploration in Dietary Language'. *Journal of American Oriental Society*. Vol. 122, No. 2, pp. 345–54.

- _____. (tr.) (2004). *The Law Code of Manu*. Oxford: Oxford University Press.

- _____. 2010. 'Dharmaśāstra: a textual history'. in: *Hinduism and Law: An Introduction*. (eds). Timothy Lubin, Donald R. Davis, Jr and Jayanth, K. Krishnan. Cambridge: Cambridge Univesity Press.

- _____. (2011). Ascetics and Brahmins: Studies in Ideologies and Institutions. Anthem Press. Accessed from http:// universitypublishingonline.org/anthem/aaa/chapter.jsf?bid=CBO97818 43318026&cid=CBO9781843318026A009 on 15/5/2015.

- Prakash, Om. (1961). *Food and Drinks in Ancient India: (From earliest times to C. 1200 A. D)*. Delhi: Munshiram Manoharlal.

- Prebish, Charles. S. (1994). *A Survey of Vinaya Literature*. Taiwan: Jin Luen Publishing House.

- Pruitt, William (ed.) and Norman, K. R. (tr.) (2001) *The Patimokkha*. Oxford: The Pali Text Society.

- Reynolds, F. (1972). 'The Two Wheels of Dhamma', in B. L. Smith (ed.), *The Two Wheels of Dhamma*. Chambersburg: American Academy of Religion.

- Reynolds, F. E. and Reynolds, M. B. (1982). *Three Worlds According to King Ruang: A Thai Buddhist Cosmology*. Berkeley: University of California Press.

- Rhys Davids, C. A. F. and Rhys Davids, T. W. (1899–1995). *Dialogues of the Buddha*. London: Pali Text Society. (3 Vols).

- Rhys Davids, T. W. and William Stede (1921–25). *Pali-English Dictionary*. London: Pali Text Society.

- Ruegg D. Seyfort. (1980). *Ahimsa and Vegetarianism in the History of Buddhism*. In S. Balasooriya et al. (ed.), *Buddhist Studies in Honour of Walpola Rahula*. London: The Roundwood Press.

- Ryan, P. D. (1998). *Buddhism and the Natural World: Towards a Meaningful Myth*. Birmingham: Windhorse Publication.

- Sahni, Pragati. (2011). *Environmental Ethics in Buddhism: A Virtues Approach*. London: Routledge.

- Sato, Mitsuyu. (1972). *A Study of the Early Buddhist Order in the Vinaya Pitaka*. Tokyo: Sankibo Busshorin.

- Sayers, M. R. (2008). 'Feeding the Ancestors: Ancestor Worship in Ancient Hinduism and Buddhism.' Ph.D Dissertation. Austin: The University of Texas.

- Schmidt, H. P. (1997). 'Ahimsa and rebirth.' *Witzel*. pp. 207–234.

- Schmithausen, L. (1991a). *Buddhism and Nature*. Tokyo: The International Institute for Buddhist Studies.

- _____. (1991b). *The problem of the Sentience of Plants in Earliest Buddhism*. Tokyo: The International Institute for Buddhist Studies.

- _____. (2000). 'Buddhism and the Ethics of Nature: Some Remarks.' *The Eastern Buddhist*. Vol. 32, No.2, pp. 26–78.

- _____. (2000b). 'A Note on the origin of ahiṃsā.' In Ryutaro Tsuchida and Albrecht Wezler (Hrsg), *Haranandalahari. Volume in Honour of professor Minoru Hara on his seventieth Birthday*. Reinbek: Dr. Inge Wezler, pp. 253–282.

- _____. (2009). *Plants in Early Buddhism and the Far Eastern Idea of the Buddha-Nature of Grasses and Trees*. Lumbini: Lumbini International Research Institute.

- Schopen, Gregory. (1996). 'The Suppression of Nuns and the Ritual Murder of Their Special Dead in two Buddhist Monastic Texts'. *Journal of Indian Philosophy*. Vol. 24, pp. 563–592.

- _____. (2007). 'The Learned Monk as a Comic Figure on Reading a Buddhist Vinaya as Indian Literature'. *Journal of Indian Philosophy*. Vol. 35, pp. 201–226.

- Schroeder, J. H. (2001). *Skillful Means: the Heart of Buddhist Compassion*. Hawaii: University of Hawaii Press.

- Schubring, W. 1935. *The Doctrine of the Jainas. Described after the Old Sources*. (tr.) Wolfgang, B. 2nd English Edition. 2000. Delhi: Motilal Banarsidas.

- Seyfort Ruegg, D. (1980). 'Ahimsa and Vegetarianism in the History of Buddhism'. In Somaratra et al. (eds.) *Buddhist Studies in honour of Walpola Rahula*. London: Srilanka: Gordon Frazer. pp. 234–241.

- Sharma, K. N. (1961). 'Hindu Sects and Food Pattern in North India'. In L. P. Vidyarthi. (ed.) *Aspects of Religion in Indian Society*. Ranchi: Bihar Council of Social and Cultural Research. pp. 45–58.

- Shimizu, Y. (2007). 'The Point of View of Plants in Primitive Buddhism'. *The Journal of Buddhist Studies and Humanities*. Vol. 85, No. 4, pp. 19–35.

- Shimoda, Masahiro. (1989). 'Reconsideration of the Three Kinds of Pure Meat'. *Buddhist Culture*. Vol. 22, No. 25, pp. 1–21.

- _____. (2000). *A Study of the Mahāparinirvāṇa Sūtra: A Experimental Methodology of Mahāyāna sutras*. Tokyo: Shunzusha Publisher.

- Shirashi, Ryokai. (1996). *Asceticism in Buddhism and Brahmanism: A Comparative Study*. Tring (the UK). The Institute of Buddhist Studies.

- Simoons, F. J. (1974), 'The purificatory role of the five products of the cow in Hinduism'. *The Ecology of Food and Nutrition*. Vol. 3, No. 1, pp. 21–34.

- _____. (1980). *Food, Ecology and culture*. London: Cordon and Breach Science Publishers.

- _____. (1998). *Plants of Life, Plants of Death*. Madison: University of Wisconsin Press.

- Singer, P. (1975). *Animal Liberation*. New York: Avon.

- Skilton, Andrew. (2002). 'An early Mahāyāna transformation of the story of *Kṣāntivādin*: 'The Teacher of Forbearance''. *Buddhist Studies Review*. Vol. 19, No. 2. pp. 115–136.

- Smith, B. K. (1990). 'Eaters, Food and Social Hierarchy in Ancient Inida: A Dietary Guide to a Revolution of Values'. *Journal of American Academy of Religion*. Vol. 58, No. 2, pp. 179–205.

- _____. (1991). 'Classifying Animals and Humans in Ancient India'. *Man*. Vol. 26, No. 3, pp. 527–548.

- _____. (1994). *Classifying the Universe: The Ancient Indian Varṇa System and the origins of Caste*. Oxford: Oxford University Press.

- Sokolov, R. (1975). 'A Plant of ill Repute'. *Natural History*. Vol. 84, No. 3, pp. 70–71.

- Spencer, C. (1993). *A Heretics Feast. A History of Vegetarianism*. London: Fourth Estate.

- Stevenson, R. J. (2009). *The Psychology of Flavour*. Oxford: Oxford University Press.

- Stewart, J. J. (2010). 'The Question of Vegetarianism and Diet in Pali Buddhism.' *Journal of Buddhist Ethics*, 17, pp. 100 – 140.

- Sutherland, G. H. (1991). *The Disquises of the Demon: The Development of the Yakṣa in Hinduism and Buddhism*. Albany: State University of New York Press.

- Suzuki, D. (2000). *The Laṅkavātara Sūtra*. London: Kegan Paul International.

- Suzuki, T. (2003). 'The Ban on Meat Eating in the *Mahāmegha Sūtra*'. *Research Journal of Yamakuch Prefectual colleage*. Vol. 9, p. 2.

- Takeuchi, Y. (1985). 'The viewpoint of food in Early and Sectarian Buddhism'. *The Journal of Indian and Buddhist Studies*. Vol. 42, No. 2, pp. 166–172.

- _____. (1993). 'The Relationship between Meditative Thought and food in Pali Buddhist Texts'. *Study of Zen Studies*. Vol. 71, pp. 113–147.

- _____. (1994 A). 'A Comparison of the cultivation of the Contemplation of Repulsiveness in Nutriments between Southern Theravada and the Sarvāstivadin schools'. *Buddhist Studies*. Vol. 23, pp. 37–53.

- _____. (1994 B). 'Different Aspects of the Contemplation of Repulsiveness in Nutriments'. *Journal of Indian and Buddhist Studies*. Vol. 43, No. 1, pp. 127–133.

- Tambiah, S. J. (1976). *World Conqueror and World Renouncer: A Study of Buddhism and Polity in Thailand against a Historical Background*. Cambridge: Cambridge University Press.

- _____. (1989). 'King Mahāsammata: the First King in the Buddhist Story of Creation and his Persisting Relevance'. *Journal of the Anthropological Society of Oxford*. Vol. 20, pp. 101–122.

- Tatia, N. (1971). 'The Jain Ideal of Ahimsa and Its Influence on other Indian Religions and Gandhi's Ahimsa'. *Vaishali Institute Research Bulletin*. pp. 145–160.

- Thanissaro Bhikkhu. (tr.) (2007). *Pācittiya: Rules entailing confession* (*Bhikkhu Pāṭimokkha The Bhikkhus' Code of Discipline*) Accessed from http://www.accesstoinsight.org/tipitaka/vin/sv/bhikkhu-pati.html#pc on 15/5/2015.

- Turner, A. Cox, L. and Bocking, B. (2013). 'A Buddhist Crossroads: Pioneer European Buddhist and Globalizing Asian network 1860–1960.' *Contemporary Buddhism*. Vol. 14, No. 1, pp. 1–16.

- Thieme, J. and Raja, I. (2009). *Table is laid: The Oxford Anthology of South Asian Food Writing*. New Delhi: Oxford University Press.

- Ulrich, E. Katherine. (2007). 'Food Fight: Buddhist, Hindu, and Jain Dietary Polemics in South India'. *History of Religions*. Vol. 46, No. 3, pp. 228–261.

- Unschuld, P. U. Tessenow, Hermann and Zheng Jiusheng. (2011). *Huang Di nei Jing su wen: An Annotated Translation of Huang Di's inner classic—Basic Questions*. Berkeley: University of California Press.

- Vajirañāna, Parawahera. (1975). *Buddhist Meditation in Theory and Practice: A General Exposition according to the Pali canon of the Theravada School*. Kuala Lumpur: Buddhist Missionary Society.

- Vetter, T. (1988). *The Ideas and Meditative Practices of Early Buddhism*. Leiden: Brill.

- Waldau, P. (2002). *The Specter of Speciesism*. Oxford: Oxford University Press.

- Walker, B. C. (1980). *Holy Feast and Holy Fast*. Berkeley, London: University of California Press.

- Walshe, M. (1995). *The Long Discourses of the Buddha: A Translation of the Digha Nikaya*. Massachusetts: Wisdom Publications.

- Walters, Jonathan, S. (1990) 'The Buddha's Bad Karma: A Problem in the History of Theravāda Buddhism.' *Numen*, 37 (1), 70–95

- Wasson, C. G. (1982). 'The Last Meal of the Buddha with Memorandum by Walpola Rahula and Epilogue by Wendy Doniger O'Flaherty'. *Journal of the American Oriental Society*. Vol. 104, No. 4, pp. 591–603.

- Watanabe, K. (1993). 'The Life of Plants'. *Journal of Indian and Buddhist Studies*. Vol. 41, No. 2, pp. 94–100.

- Wayman, A. (1961). *Analysis of the Sravakabhumi*: Manuscript. Berkeley: University of California Press.

- Webster, S. and Rhiannon de Wreede. (2012). *Embryology at a Glance*. West Sussex: John Wiley & Sons.

- Wezler, Albrecht. (1978). *Die wahren 'Speiseresteesser' (Skt. vighasāśin)*. Mainze: Akademie der Wissenschaften und der Literatur.

- Wiltshire, M. G. (1990). *Ascetic Figures before and in Early Buddhism. The Emergence of Gautama as the Buddha*. Berlin: New York: Mouton de Gruyter.

- Williams, R. (1963). (reprint. 1998). *Jaina Yoga: a survey of the mediaeval Śrāvakācāras*. Delhi: Morilal Banarsidass Publishers.

- Wujastyk, Dominik. (1998). *The Roots of Ayurveda: Selections from Sanskrit Medical Writings*. New Delhi: Penguin.

- Yasui, K. (1963). 'Prohibition of Meat-eating in the *Laṅkāvatāra-sūtra*'. *Journal of Otani Studies*. Vol. 43, No. 2, pp. 1–13.

- Yifa. (2002). *The Origins of Buddhist Monastic Codes in China: An Annotated Translation and Study of the Chanyuan Qinggui*. Honolulu: University of Hawaii Press.

- Yokuno, M. (1998). *Jizan and the Realization of Buddha by Grasses and Trees*. *Journal of Indian and Buddhist Studies*. Vol. 47, No. 1, pp. 93–96.

- Zimmermann, F. (1987). *The Jungle and the Aroma of Meat: An Ecological Theme in Hindu Medicine*. Berkeley: University of California Press.

- Zydenbos, R. (1999). 'The Ritual Giving of Food to a Digambara Renunciant.' In N. K. Wagle and O. Qvarnastrom. (eds.) *Approaches to Jain Studies*. University of Toronto: Center for South Asian Studies. pp. 291–303.

- Zysk, K. G. (1982). 'Studies in Traditional Indian Medicine in the Pāli Canon: Jivaka and Ayurveda'. *Journal of the International Association of Buddhist Studies*. Vol. 5, pp. 70-86.

- _____. (1990). 'The Indian Ascetic traditions and the Origins of Ayurvedic medicine'. *Journal of the European Ayurvedic Society*. Vol. 1, pp. 119-124.

- _____. (1993). *Religious Medicine*. London: Transaction Publisher.

- _____. (1996). *Medicine in the Veda*. Delhi: Motilal Banarsidass.

- _____. (1998). *Asceticism and Healing in Ancient India: Medicine in the Buddhist Monastery*. Delhi: Motilal Banarsidass.

**공만식**

- 영국 런던대 SOAS와 King's College에서 음식학과 종교학 수학(2016)
  박사 학위 논문: 「Food and Craving in Early Buddhist Monasticism focusing on Pali Literature」
- 인도 델리대에서 인도불교사와 초기불교 수학(2004)
  박사 학위 논문: 「A Critical Study of the Buddha's Biography」
- 동국대 연구초빙교수 역임(2008~2010)
- 동국대 불교학과 석사, 학사

# 불교음식학 — 음식과 욕망

2018년 2월 5일 초판 1쇄 발행

지은이 공만식
발행인 박상근(卟弘) • 편집인 류지호 • 상무 이영철
책임편집 김재호 • 편집 김선경, 이상근, 양동민, 주성원, 김소영
디자인 쿠담디자인 • 제작 김명환 • 마케팅 허성국, 김대현, 최창호, 양민호 • 관리 윤정안
펴낸 곳 불광출판사 (03150) 서울시 종로구 우정국로 45-13, 3층
　　　　대표전화 02) 420-3200 편집부 02) 420-3300 팩시밀리 02) 420-3400
　　　　출판등록 1979. 10. 10. (제300-2009-130호)

ISBN 978-89-7479-385-2 (93220)

이 도서의 국립중앙도서관 출판예정도서목록(CIP)은
서지정보유통지원시스템 홈페이지(http://seoji.nl.go.kr)와
국가자료공동목록시스템(http://www.nl.go.kr/kolisnet)에서 이용하실 수 있습니다.
(CIP제어번호: CIP2018001393)